教育部哲学社会科学研究重大课题攻关项目"新时代提高保障和改善民生水平研究"（18JZD043）成果

# 民生保障的中国之治
## 提高保障和改善民生水平研究

高和荣 著

中国社会科学出版社

图书在版编目（CIP）数据

民生保障的中国之治：提高保障和改善民生水平研究/
高和荣著 . —北京：中国社会科学出版社，2023.12
　ISBN 978-7-5227-2598-7

　Ⅰ.①民…　Ⅱ.①高…　Ⅲ.①社会保障—研究—中国
Ⅳ.①D632.1

　中国国家版本馆 CIP 数据核字（2023）第 169886 号

出 版 人　赵剑英
策 划 人　朱华彬
责任编辑　王　斌　李　立
责任校对　谢　静
责任印制　张雪娇

出　　　版　中国社会科学出版社
社　　　址　北京鼓楼西大街甲 158 号
邮　　　编　100720
网　　　址　http://www.csspw.cn
发 行 部　010-84083685
门 市 部　010-84029450
经　　　销　新华书店及其他书店

印　　　刷　北京君升印刷有限公司
装　　　订　廊坊市广阳区广增装订厂
版　　　次　2023 年 12 月第 1 版
印　　　次　2023 年 12 月第 1 次印刷

开　　　本　710×1000　1/16
印　　　张　26.25
插　　　页　5
字　　　数　430 千字
定　　　价　158.00 元

# 前　言

    民生蕴含治国理政的目标，不仅是对个体福利增进的关怀，更是对人民安康、社会安宁、国家强盛治理目标的求索。因此，民生虽然指向民众的生活需要，是民众生活过程的历史总结与抽象概括，但它却是一个整体性概念，揭示整个社会的民众生活状态与生活境遇，蕴藏着人们的生活理想，激励着人们向更加美好的生活努力。正是具有了如此禀赋，保障和改善民生研究才成为与时俱进的命题，成为共享改革成果、迈向共同富裕的必要手段。

    "民为天生，生为大德。"民生自古以来就为历代先贤所提倡、为君王所尊崇。没有哪一个国家对"民贵君轻"之说有中国社会这般历史久远，没有哪一个国家对于人民疾苦有中国古代这般细微体察，没有哪一个国家对于人民美好生活的畅想犹如中国古代社会这般孜孜以求，更没有哪一个国家对于民生思想的传承及民生政策的践行有中国古代社会这般丰富多彩。可以说，民生研究富含中国独特的历史文脉，坚定文化自信回溯中国古代的思想智慧，坚守文化自觉立足中国古代的社会文化。

    "德惟善政，政在养民。"民生是打开中国社会长治久安的钥匙，构成治国理政的重要抓手。我国民生实践具有历史的积淀、文化的滋养以及社会的涵容，善养民生在历史长河中熠熠生辉照耀时代答卷人。立足新发展阶段、构建新发展格局、践行新发展理念，民生实践必然会超越传统社会的"保、安、利、富、教、勤"等阶段及层次，不断扩大民生供给范围、增加民生资金投入、提升民生福祉水平、促进国家与社会长治久安。这表明，我国民生实践在现实中追求卓越，在发展中加以充实，呈现出"提高"与"改善"的发展势头，体现出民生建设一般规律。

    提高保障和改善民生水平是集学术性与实践性为一体的重大理论问题和现实问题。我们采取整体论研究视角，坚持方法论整体主义原则，会通社会学、公共管理、经济学与政治学等视角，把民生保障当成集社会、经济及政治为一体的综合性范畴。理论上坚持底线公平、基础普惠与全民共享，明确民生保障具有不同于欧美发达国家的社会保障、社会福利等概念的独特定位，把它当成扎实迈向中华民族伟大复兴中国梦征程的概念，明确新时代中国民生建设的理论内容及理论体系，有助于最终建构中国特色的学术话语体系。实践上结合当代中国民生事业的发展，将民生划分为"托底型""基本型""改善型""富裕型"等四种类型，并在"富裕型"民生中提出迈向"共同富裕"的民生理想及实践追求，使得"民生"成为中国特色学术话语体系基础性范畴。

从推进国家与社会治理体系及治理能力现代化建设维度，围绕新时代提高保障和改善民生水平这一议题，本书确定了谋篇布局的主导思想、立足基点与写作原则。从绪论到第二章，较为全面地阐述了民生的概念内涵、历史传统，对古已有之的民生概念进行了梳理和解读，意在说明传统社会的民生实践是现今保障和改善民生水平的历史基础，新时代提高保障和改善民生水平必须对传统社会的民生治理实践加以分析和阐释，这是理解今天民生事业的前提。第三章着眼国家治理角度，总结了改革开放以来我国民生建设取得的成就、积累的经验以及存在的问题。第四章分析了保障和改善民生提出的时代背景、经济要求以及社会需要，为提高保障和改善民生水平提供现实依据。第五章论证了提高保障和改善民生水平所应坚持的底线公平、基础普惠与全民共享等理论基础，这是扎根于中国大地的本土理论。第六至八章从纵向和横向两个维度对民生结构进行阐释，同时使用量化技术方法建立一套评价指标体系，进而从整体上测量民生建设的总体成效和水平。第九至十三章，独创性地阐述了民生的五个类型层次，指出从富裕型民生走向共同富裕型民生的逻辑、历史及现实的必然。第十四章剖析了提高保障和改善民生水平的政策与制度支撑。第十五至十六对提高保障和改善民生水平的实现路径及未来走向进行了展望，旨在以本研究作为新起点，为未来民生建设与研究提供进一步的思考和参考。

与学界现有的关于民生的研究相比，本研究力图挖掘与追寻我国民生实践的历史根据与现实关切，阐明民生保障作为中国特色的保障形式既具独特性又能与其他国家开展对话。本研究透过结构功能分析、指标体系建构、保障水平测量，尽可能精准科学地划分民生四种类型，使之既具经验性更具解释性。民生研究只有不断提升，进入民众日常所需，进行本土的知识建构，与时俱进地前瞻思考，才能持续助力国家与社会治理体系及治理能力现代化建设，才能真正促进国家长治之安。

# 目　　录

# 绪论　从治国安邦高度开展民生研究

民生是一个永恒的问题，随着国家的产生与兴起，它日益成为一个根本问题。古有孔子"足食足兵民信"之言，近有鲁迅笔下的闰土"只觉得苦，却又形容不出"之说。民生问题是人民群众最关心和最直接的利益问题，提高保障和改善民生水平，让发展成果更多更公平地惠及全体人民，朝着实现全体人民共同富裕的方向不断迈进，是经济社会发展的客观要求，也是国家长治久安的可靠保证。改革开放以来，中国民生事业相继经历了摆脱贫困、解决温饱以及奔向小康等阶段。进入新世纪，党和政府更加关注就业、教育、医疗、居住、养老等方面的民生建设，持续加大民生投入力度。2004 年中央首次提出"社会建设"，加快向经济、政治、文化、社会及生态文明等五位一体的布局迈进。党的十八大以来，政府根据新时代经济社会发展及人民日益增长的美好生活需要，把完善民生保障体系建设摆在更加突出的位置，提出了"保障和改善民生"这一时代性命题，对我国民生体系进行顶层设计，逐渐建成世界上规模最大的社会保障体系。党的十九届四中全会站在历史与现实、当下和未来相统一，国内与国际相比较的高度首次提出"民生保障"范畴，强调民生建设是国家治理体系与治理能力现代化的基础，保障和改善民生成为执政为民的集中表现，"民生保障"成了对"社会保障""社会福利"等概念的超越与深化，展示了我们在社会保障领域的理论自信与制度自信。

## 第一节　研究背景

当今世界正经历百年未有之大变局，中国正处于实现中华民族伟大复兴的关键时期。进入新时代，国内主要社会矛盾已经发生根本性的转变，人民日益增长的美好生活需要同不平衡不充分的发展之间的矛盾成为社会的主要矛盾。社会矛盾的变化深刻影响民生建设的主要任务及主攻方向。适应社会形势的变化，党和政府更加重视保障和改善民生，创新社会治理一大批惠民举措落地实施，人民生活不断改善，获得感显著增强。2020 年全球新冠疫情肆虐，然而中国不但实现了经济逆势增长，还打赢了脱贫攻坚战。2021 年中国进入"具有里程碑意义"的"十四五"阶段①，人均 GDP 超过世界平均水平，达到 1.25 万美元。

经济的持续快速发展为民生事业插上了翅膀，政府加大民生事业建设投入力度，建成了世界上最大的社会保险体系，养老、医疗等项目实现了制度全覆盖以及人员全覆盖。与此同时，政府逐步加大社会保障财政支出，社会保障待遇与经济发展水平实现同步增长，人民健康水平特别是预期寿命稳步提高。另外，各级政府切实筑牢民生底线，致力于精准扶贫，显示政府着力保障和改善民生、努力实现发展成果由人民共享的施政理念及施政行动，社会保障改革向着更加公平、更可持续的方向迈进，社会保障的治理效能得到显著提升。2021 年 2 月 26 日，中央就完善覆盖全民的社会保障体系进行集体学习，强调民生保障是"治国安邦的大问题"，集中反映了中国保障和改善民生事业持续发展、科学发展的历史根据与现实需要，深刻体现了民生事业发展的客观要求。

首先，与欧美发达国家把社会保障当成公民社会权利的诉求与彰显不同，中国的民生保障从一开始就被当成治国安邦的制度设计，是国家治理体系的一部分，现在和将来仍然是国家治理体系的有机组成部分。因此，中国的民生保障致力于覆盖全体国民而不是某个特定社会阶层，民生保障特别注重治理效能，通过顶层设计将它与解决社会问题、促进社会发展与社会进步结合起来。党的十八大以来，我们更是把它与打赢脱贫攻坚战紧密结合起来，与社会分配及社会公平结合起来，与全面建成小康社会结合起来，与社会保障服务能力和水平结合起来，让民众有更多的获得感。我们把民生保障当作治国之道，强调"治国有常，利民为本"。中国之所以能够在如此短暂的时间内建成世界上规模最大的保障网，就在于把民生保障当作治国手段与方略。反观西方发达国家，它们更多地将社会保障当作公民资格的展现以及公民权利的体现，把它当成

---

① 《艰难方显勇毅，磨砺始得玉成》，《人民日报》2021 年 1 月 1 日第 1 版。

向选民许诺进而获取执政资源的工具。

其次，中国民生保障体系的健全依靠党和政府的领导。历朝历代都开展民生建设，但它们更多地属于临时性的补救措施，主要以灾害救助为主，难以构成完整的保障体系。20世纪30年代中国共产党就在苏区颁布土地法大纲，抗日战争时期开展大生产运动，实行合作医疗，努力保障民生。新中国成立后，我们利用70年的时间探索出一条具有自己特色的民生保障道路，建立起较为完整的民生保障制度体系，织密民生保障网络。

最后，从建设成就来看，我国民生保障事业取得了巨大成就，实现了社会保障的制度层面全覆盖并向人员全覆盖迈进，围绕民众的生老病死、衣食住行、文体教劳等项目从无到有、由点到面地建立起来，标准线以下的贫困人口全部脱贫摘帽，民生保障待遇与经济发展水平同步增长，人民生活水平普遍提高，人均预期寿命从新中国成立之初的40岁达到2020年的77.5岁，获得感、幸福感及安全感显著增强，民生保障事业行稳致远。

应该看到，我国民生保障事业在取得巨大成就的同时还面临着许多挑战，特别是在公共服务项目方面还存在明显的城乡、地区及行业之间的不平衡，有的民生项目在普遍供给与普遍享有上需要加强，有的在供给水平及质量上还需要提升，有的在供给与获得方式上还需改进和优化，人民日益增长的美好生活需要同不平衡不充分的发展之间的矛盾尚未很好解决。不仅如此，"民生保障"作为中国人特有的概念范畴还需要与国外特别是发达国家的学界进行对话，在学术交流中提升中国民生保障的话语体系，这就要求我们适应时代变化，发展中国理论，繁荣中国学术，反思中西方社会保障及社会福利建设的基础、对象、内容及功能，探讨提高保障与改善民生水平的理论基础、基本类型、主要任务、测量准则及评价体系，评估我国民生建设的水平与发展程度，谋划提高保障与改善民生水平的科学路径，为民生保障事业的长远发展及科学发展绘制一幅更加美好的蓝图。

# 第二节 文献回顾

从促进长治久安的高度研究如何提高保障和改善民生水平，是对发达国家社会保障理论视角、理论内容、理论观点乃至理论目标的反思与超越。因此，它需要我们从学术史角度对现行社会福利以及社会保障等理论进行反思性回顾与总结。

## 一 经典福利理论的阐释

提高保障和改善民生水平是世界各国普遍面临的问题。第二次世界大战结束以后，西方发达国家开始普遍推行福利国家理念，福利国家不仅仅是一个当为概念，还是一个实存。1958 年，当蒂特马斯把相关思考集成的著作命名为《论"福利国家"》（on the Welfare State）时，当时所说的福利国家还不是一个实现了的社会事实，其理念远没有真正地落地。如今的"福利国家"已经成为欧美发达工业国的一般性称呼，且能够被研究者当作经验事实对待，但其在理论上仍是个莫衷一是的概念①。大卫·加兰（David Garland）甚至称"福利国家"为"不当用词"（misnomer）②。他认为，人们在三个层次谈论福利国家，或者将其描述为穷人的福利，或者只关注社会保险、社会权利和社会服务，或者只突出经济管理以及政府在各个福利国家中的经济作用③。贝弗里奇、T. H. 马歇尔、蒂特马斯等人认为，"福利国家这一短语往往会让人联想到这个场景：一个乞讨的客户从一个专横的国家得到了不应得的好处"，加兰希望改变人们的语言习惯，使用更为贴切的"社会国家"（the social state）或"福利资本主义"（welfare capitalism）。④

福利国家如此重要，但对其理解却存在明显差异。这是由于：第一，不同的国家，文化习俗与发展状况各异，福利国家的经验丰富多样；第

---

① Johanna Kuhlmann，"What is a welfare state?" in Bent Greve，ed.，*Routledge Handbook of the Welfare State*，Routledge，2018，p. 13.

② David Garland，*The Welfare State：A Very Short Introduction*，Oxford University Press，2016，p. 3.

③ David Garland，*The Welfare State：A Very Short Introduction*，Oxford University Press，2016，pp. 7-9.

④ David Garland，*The Welfare State：A Very Short Introduction*，Oxford University Press，2016，pp. 4-5.

二，福利国家经过不断调整、重塑甚至撒切尔式的"拆散"，民族国家的边界正随着全球化扩张备受挑战，现实的福利国家不再以发达资本主义国家或盎格鲁—撒克逊国家为样板；第三，有关福利国家的研究跨越了众多学科领域，它成为经济学、政治哲学、社会学、公共管理等学科的重要议题；第四，福利国家背后牵涉政治意识形态，意识形态及政治价值融入福利国家的研究中，不同国家、不同派别的政党各有其政治主张，从而形成自己的理解。这意味着，福利国家背后的思想资源十分丰厚。在国家治理层面，它与民生保障项目和目标，亦即民生国家的理念与内容有相通之处。只有理解现代福利国家的理念和种种主张，才能对本土的民生福祉概念有更为深入的理解。福利国家研究总体上有三个层次，分别是其理论形态、模式类型、具体的政策评估与因果分析。

（一）福利国家的理论形态

理论是行动的指南，任何一个国家的民生事业都需要某种理论指导。反过来，各个国家在通往现代民生事业建设的道路上也会形成自己的理论。尽管福利国家是"二战"之后兴起的理论范式与实践活动，但是它继承了自古以来有关公平、正义与人权等思想，伴随自由与平等、公平与效率、市场机制与政府干预及社会参与关系等问题的讨论，由此形成了社会民主主义等理论形态。

1. 社会民主主义理论

古典社会民主主义（social democracy）理论形态受到多方面的影响，尤其与社会主义思想有着千丝万缕的联系。19 世纪末期，社会主义产生了一个修正派，即以西德尼·韦伯（Sidney Webb）、斐迪南·拉萨尔、爱德华·伯恩斯坦、卡尔·考茨基等人为代表的民主社会主义（democratic socialism），他们反对激进的暴力革命和阶级对抗，主张通过议会选举以掌握政权，通过改良手段实现国家民主化和经济公有化。作为"功利主义的社会主义规划师"，西德尼·韦伯在《资本主义文明的衰亡》中揭示了资本主义自身无法克服的内在矛盾性。1926 年，R. H. 托尼出版了《宗教与资本主义的兴起》，提出新教改革与教会的贪婪使得基督教无法弥合社会道德与商业经济之间的鸿沟，基督教为了应对外部世界的变化，不仅没有禁锢资本主义的发展，反而不断地将宗教伦理让位于经济伦理。这不仅是与马克斯·韦伯的对话，托尼更着力于基督教思想与马克思主义的融合，他认为劳动具有神圣性，他的道德经济学思想影响了卡尔·

波兰尼、安东尼·克罗斯兰以及理查德·蒂特马斯。

实际上，现代道德经济学首倡者当数亚当·斯密，他是道德经济学转向市场经济学的一座桥梁。《道德情操论》与《国富论》合在一起把经济与社会、效率与公平结合起来。这两部著作所蕴含的正义议题为波兰尼的学说提供了价值基础。在《大转型》中，波兰尼论证了经济嵌入社会，经济不是一个完全理性的产物，管控市场有其合法性基础。在波兰尼看来，经济是为了人而存在，经济的发展总是要为人服务，人特别是人的公民权利必须能够压倒一切权威，不管是国家的、市政的还是职业的。他试图破除自由主义经济学神话、主张管控市场的论点得到了克罗斯兰等社会民主主义者的认同，他的注重公民权利的思想为蒂特马斯的社会政策学说提供了基础。

克罗斯兰汲取了社会主义的民主与平等思想。在《社会主义的未来》一书中，他认为社会主义采用的手段应该是多样的，国有制经济并不是必要的①。这意味着克罗斯兰仍然坚持资本主义制度，倡导混合经济，并不赞成正统马克思主义的革命观和列宁对社会主义制度的构建，在坚持资本主义民主的前提下推行福利国家，以国家干预的手段促进社会平等。另外，从中也可探寻到费边社会主义的影响，费边社会主义坚持渐进改良路线，将福利国家当作自由资本主义向更高级的社会主义阶段过渡的重要一环。在他们的福利理念中，国家应该放弃自由放任的做法，而是推行普遍主义的福利制度，将福利变成人们应得的基本权利；他们推崇集体主义福利观，各阶级之间应该合作共进，人与人之间应该互助。

蒂特马斯的福利理念重视利他主义立场，强调公民之间的互相帮助与责任，保障社会的公平与团结，这一理念同样深受 R. H. 托尼的影响。蒂特马斯的福利范式追求两个目标：一是政府通过资源分配减少社会不平等，二是通过再分配促进社会整合，将社会公正作为福利政策的终极价值。为此，他把福利划分为剩余型、工业成就型以及制度再分配型模式类型，强调个人福利与就业表现、工作绩效相结合。

总体上，社会民主主义思想以资本主义为立场，采取市场机制与国家责任相结合的方式，主张实施积极的福利国家模式，以渐进改良资本

---

① Crosland, A., *The Future of Socialism: New Edition with Foreword by Gordon Brown*. Little, Brown Book Group, 2013, pp. 68–76.

主义社会制度。庇古的福利经济学、凯恩斯的充分就业理论为社会民主主义提供了支持，国家干预成为社会民主主义政策的重要途径和方式，这些政策希望通过劳资合作、社会保险、累进税制、失业与社会救济等手段实现社会公平。

2. 自由主义理论

自由主义理论是福利国家的第二种理论形态。亚当·斯密、约翰·密尔与边沁等人是古典自由主义的积极拥护者。古典自由主义者认为自由优先于平等，效率优先于公平，亚当·斯密更是提出通过自由放任的市场行为可以促进经济增长，继而解决社会问题，国家只应充当"守夜人"角色。斯密认为，应当通过自由竞争实现社会福利，为了保障经济自发地运行，他反对国家和政府干预。但是，市场的发展必然侵蚀社会的公正，"如何确保上帝统治下的私人的个性化不至于剥夺无产者满足自身需要的手段"，就成了一个时代性难题，为此，他发表了《道德情操论》，认为社会应当关心这些人员的福利，改善他们的生活状态，增强他们的竞争能力和本领。与此同时，马尔萨斯在他的《人口原理》中提出了自己的主张，他认为，由于人口呈几何式增长，而食物供应呈算术级数增长，最终必定酿成资源匮乏局面。所以，他极力反对济贫制度，主张开源节流，实施土地开垦，促进穷人流动，实行以工代赈。李嘉图与斯密一样，将社会福利等同于国民财富与个人收入的总和，为此他提出了劳动价值论，认为个人收入是由劳动自然价格与市场价格决定的，政府不应该干预自然形成的价格机制，在他看来，济贫法不仅不能解决贫困问题，还会滋生懒惰。

新自由主义接棒古典自由主义，在20世纪70年代滞胀危机后成为一些国家进行福利改革的指导，哈耶克、米塞斯与弗里德曼等人是新自由主义的倡导者。由哈耶克领衔的政、经、学界精英组成的"朝圣山学社"成为新自由主义政策的推动者。哈耶克强调自发秩序，市场机制就是典型的自发秩序，人们不应该有目的地去干涉它的运行，因为它本身就符合人们的天性，是一种必然会产生的秩序。市场机制不仅是必然的，还是最好的。市场的敏感性能够使其灵活应对经济状况，从而发挥最大效用，而政府的计划手段终将带来计划之外的灾难。这种观点与凯恩斯和波兰尼的观点针锋相对，自然也就对"福利国家"这个概念展开了猛烈批判。按照哈耶克等新自由主义者的观点，福利国家违背了人的本性与自发秩序，误解了社会正义，破坏了市场经济，只能是一种政治神话。并且，福利国家不仅没有出现它所宣传的乌托邦，还带来了机构冗余及资源浪费。

因此，新自由主义主张紧缩性的社会政策，乃至于"拆散福利国家"；促进社会福利与服务的市场化，将福利资源的供给者与接受者界定为买卖关系，将社会服务的接受者视为顾客；国家建立安全网，只提供最基本的社会保障。20 世纪 80 年代起，撒切尔夫人与里根政府成为新自由主义改革的主要推动者，他们认为福利支出使得国家财政不堪重负，是财政赤字的首因；否定普遍福利政策，强调社会福利只有从市场交换中才能得到改善。20 世纪 90 年代，新自由主义学者鼓吹"华盛顿共识"，把私有化、市场化当成福利国家改革的方向与途径，强调"放松政府管制、保护私人财产、政府支出重点在经济效益高的领域"，以发挥极小福利的极大作用。

3. 中间道路

当社会民主主义与新自由主义的社会福利理论相互批判的时候，一些学者看到了非此即彼二元对立思维方式及其理论形态的局限性与矛盾性，主张采取中间道路，试图超越这两种相互冲突的理论形态。他们认为，无论是社会民主主义还是新自由主义理论都有不足，都面临着福利国家未来的转型问题。比如，新马克思主义者批判社会民主主义的改革不够彻底，未能真正站到劳动群众一边，以至于不能采用系统性的、全方位的制度改革去缩减社会的贫富差距，减少社会不公；马克思主义对新自由主义的批判更为猛烈，大卫·哈维将其看作一场有预谋的政治变革，认为该意识形态旨在恢复资产阶级在社会中和世界上的霸权[1]。2008年金融危机后，新自由主义及其社会政策遭受到前所未有的质疑，以至于没有哪位持有新自由主义立场的人敢称自己为新自由主义者[2]。对于福利国家本身，新马克思主义者们同样认为它只是一种神话，无法扭转资本主义制度终将垮掉的事实。今时不同往日，"二战"之后资本主义制度虽然在发展生产力、民主政治以及社会权利这三个目标上还可以兼顾，

---

① Harvey, D., *A Brief History of Neoliberalism*, New York: Oxford University Press, 2007, pp. 3-4.

② Olsen, N., *The Sovereign Consumer: A New Intellectual History of Neoliberalism*, Springer, 2019, p. 261.

但在滞胀危机后越发难以平衡了，福利国家原本就是因应资本主义社会矛盾的产物，它的出现又会带来新的矛盾，而"这些矛盾日益显著"①。福利国家是一个矛盾综合体，长远来看它将破坏资本主义的积累，但是资本主义制度又不能废除福利国家②，这就是所谓的"奥菲悖论"。

其实，早在 1938 年，英国的麦克米兰在《中间道路》一书中就提出要对资本主义进行调节，以便在经济发展与福利供给中实现平衡，他既不同意完全的自由放任，也不完全支持社会民主主义理论，而坚持走所谓的"中间道路"。这一主张被吉登斯发展成"超越左和右"的"第三条道路"理论，以此来推进社会福利政策改革。20 世纪 90 年代，不仅福利国家出现了严重的合法性危机，人类整体也面临着全球化和现代化所带来的种种不确定性。吉登斯发表的《超越左与右：激进政治的未来》《第三条道路：社会民主主义的复兴》《现代性的后果》，提出应当超越左与右，采取第三条道路进行社会福利改革。然而，第三条道路的立场不像其宣称的那样中立，它的实质是试图复兴社会民主主义。

第三条道路是自由市场与社会主义的综合，它倡导混合经济模式，不再一味追求市场化。从当下来看，福利国家尽管各有不同，但是混合经济模式确实成了发展的趋势，③ 可见社会民主主义的影响力。第三条道路既主张增强国家干预，提高税率，又强调自由市场与个人责任。在危机应对上，要求责任共担；在权责划分上，追求平衡公民权利与公民义务，促进社会合作与社会参与，将福利资源与服务的提供者变得多元化。吉登斯认为，后工业时代的社会风险与以往不同，人为风险的后果变得尤为严重（比如环境剧变和核灾难），而传统的福利国家属于因应式的消极制度，福利国家今后应当注重事前预防，追求一种积极福利的制度。根据第三条道路理论，托尼·布莱尔及其继任者展开了长达十多年的福利国家改革，成为福利国家转型的一种可选路径。

（二）福利国家的模式类型

分类作为人类的基本思维方式，是人们"理解世界的重要过程，它

---

① Gough, I., *The Political Economy of the Welfare State*, Macmillan International Higher Education, 1979, pp. 151-152.

② ［德］克劳斯·奥菲：《福利国家的矛盾》，郭忠华等译，吉林人民出版社 2011 年版，第 59 页。

③ 参见 Seeleib-Kaiser, Martin, ed., *Welfare State Transformations：Comparative Perspectives*, Basingstoke：Palgrave Macmillan, 2008。

具有明显的社会维度"①。社会科学家们均把类型学当作自己理论建构与研究方法中的重要部件。而在福利国家研究中，探讨更佳的分类法则成为一门显学，这是一种关于福利国家模式类型的研究。只有深入了解各个国家的历史文化与民生状况，才能提出更好的分类方案，继而开展比较研究。因此，加强福利国家模式类型的认识是后续研究的前提。

1958 年威伦斯基和莱博豪斯（Wilensky & Lebeaux）合著《工业社会和社会福利》，此处提出"补缺型"以及"制度型"两种模式。所谓补缺型福利，强调家庭和市场是能够满足人们需要的两个自然渠道，只有当家庭破裂、经济萧条、年老体弱或者生病时，国家才应该发挥作用，这是一种低水平、需要开展家计调查补救式的福利；制度型福利则是水平更高、满足所有具有公民资格的人的需要的福利。② 这个分类法影响了蒂特马斯，他在 1974 年出版的《社会政策十讲》里提出了三个社会政策③的类别，分别是：（1）残补式福利模式的社会政策，主要由家庭（社会）和市场满足个人需要，国家只扮演补救的角色，因此国家提供的福利是暂时的和有资格审查的，容易使福利获得者失去尊严；（2）制度性再分配模式的社会政策，国家通过再分配手段为全体公民提供福利，福利供给是普遍性的和常规化的，不如残补式福利供给灵活；（3）工业成就表现模式的社会政策，这种政策针对有工资收入的人，他们通过参与社会保险获得福利，多缴多得、长缴多得。弗尼斯和蒂尔顿则以国家为单位考虑福利国家模式，在《福利国家个案》中将其拓展为三种模式：第一种以瑞典为代表，它不仅保障公民最低限度的生活水平，而且通过社会服务的供给最大限度地促进社会平等；第二种以美国为代表，该模式保护现存的社会经济关系，强调国家的民生支出维持在比较低的水平上，政府民生项目的供给遵循"补缺"原则；第三种模式以英国为代表，

---

① Keshet, Y., "Classification systems in the light of sociology of knowledge", *Journal of Documentation*, 2011, Vol. 67, No. 1, pp. 144–158.

② Wilensky, H. and Lebeaux, C. N., *Industrial Society and Social Welfare: The Impact of Industrialization on the Supply and Organization of Social Welfare Services in the United States*, New York: Russell Sage Foundation, 1958.

③ 准确来说，蒂特马斯探讨的是社会政策的类型，而非福利国家的类型，他将"福利国家"视为"社会政策"的对立面，参见 David Garland, *The Welfare State: A Very Short Introduction*, Oxford University Press, 2016, p. 3. 由于社会福利政策与福利国家研究在议题上多有重合，因此各种分类法一般都同时适用于两者。

这种模式既重视经济政策也重视社会政策，它注重保障公民最低限度的生活水平，同时力求不断提高公民的福利水平。①

1990年，埃斯平-安德森在《福利资本主义的三个世界》中把"福利（国家）体制"变成一个更规范的概念，他用"体制"这个词就是为了说明福利国家处在复杂的结构关系中，并力求从国家、市场、社会出发对福利国家进行分类，从而突破以往仅从社会福利变革举措看待福利国家的狭隘认识。

埃斯平-安德森为自己的分类法找到的准则是去商品化程度。据此，福利资本主义国家被划分为三种体制。一是以美国、加拿大和澳大利亚为代表的自由主义福利体制。该体制以资产调查式的救助、有限的社会保险为主导，国家要么消极地保证公民的最低生活水准，要么积极地通过补贴私人福利的方案来鼓励市场机制，福利制度的去商品化程度最低。二是以德国、法国、奥地利和意大利等国为代表的保守主义福利体制。福利制度的去商品化程度属于中等水平，尽管国家已经做好取代市场成为福利供应者的准备，但是政府不太注重再分配的效果。三是以北欧为代表的社会民主主义福利体制。该体制将普遍主义原则与去商品化的社会权扩展到中产阶级，从而将劳工与中产阶级整合起来，形成一个更具社会凝聚力的体制。② 埃斯平-安德森的工作承前启后，这使得《福利资本主义的三个世界》成为研究福利国家不能跳过的著作，它被称为"福利建模事业"（welfare modelling business），成为整个学术领域的基石③。

三十多年间，不断有学者追随埃斯平-安德森的研究视角，比如凯纳特（Kennett）在《比较社会政策：理论和研究》一书中，划分出四种社会政策模式。一是以德国、法国、意大利和奥地利为代表的保守型模式，有强烈的合作主义传统，民生项目注重政府、雇主以及雇员的三方协作；二是以美国、加拿大和澳大利亚为代表的自由型模式，强调个人与雇主的责任，社会救助注重政府的责任；三是社会民主型模式，以北欧诸国

---

① Furniss，N. and Tilton，T.，*The Case for the Welfare State*. Bloomington：Indiana University Press. 1977，p. 16.

② ［丹麦］埃斯平-安德森：《福利资本主义的三个世界》，商务印书馆2010年版，苗正民、滕玉英译，第37—40页。

③ Abrahamson，P.，"The welfare modelling business"，*Social Policy and Administration*，Vol. 33，No. 4，1999，pp. 394-415. Martin Powell and Armando Barrientos，"An audit of the welfare modelling business"，*Social Policy & Administration*，Vol. 45，No. 1，2011，pp. 69-84.

为代表,强调民生项目供给的普遍性、社会服务供给的均等性,去商品
化程度最高;四是最低福利型模式,以西班牙、葡萄牙、希腊为主导地
位,社会保障水平最低,强调社会保险及社会服务补缺性。① 埃斯平-安
德森的分类法基于欧美经验,不足以适用于东亚地区,于是学界对东亚
地区的福利体制应该归属何方展开了讨论。有人认为存在东亚福利体制,
将其描述为儒教福利国家②、日本型福利国家③、生产主义的福利资本主
义④、发展型国家和地区⑤等。当然,也有人认为并不存在东亚福利体制,
武川正吾对此做了较为深入的对比研究⑥。对于中国这个研究对象,更有
学者探讨中国是否可以作为福利国家,或者中国是否以福利国家为目
标⑦。这提示我们应当注意变动中的福利国家概念,以及从自己的文化传
统中提出社会福利方面的目标⑧。

近年来,学者们纷纷在批评埃斯平-安德森的基础上,提出自己对于
福利国家体制的研究贡献⑨,福利资本主义分类之效用各有不同,人们在
目标、概念、方法、变量上的认识各有差异⑩。然而,并不是所有的分类
法都能够达到韦伯所言"理想型"的高度,它们可能仅仅是"经验的一
般化",《福利资本主义的三个世界》没有提出完善的理想型。韦伯早就

---

① Kennett, P., ed., *A Handbook of Comparative Social Policy*, Edward Elgar Publishing, 2004.

② Jones, Catherine, "The pacific challenge", *New Perspectives on the Welfare State in Europe*, 1993, pp. 198-217.

③ Goodman, Roger, and Ito Peng, "The East Asian welfare states: Peripatetic learning, adaptive change, and nation-building", *Welfare States in Transition: National Adaptations in Global Economies*, 1996, pp. 192-224.

④ Holliday, Ian, "Productivist welfare capitalism: Social policy in East Asia", *Political Studies*, Vol. 48, No. 4, 2000, pp. 706-723.

⑤ Lin K, Wong C K, "Social policy and social order in East Asia: an evolutionary view", *Asia Pacific Journal of Social Work and Development*, Vol. 23, No. 4, 2013, pp. 270-284.

⑥ [日] 武川正吾:《福利国家的社会学》,李莲花等译,商务印书馆 2011 年版。

⑦ 岳经纶、刘洋:《新兴福利国家:概念、研究进展及对中国的启示》,《中国社会科学评价》2020 年第 4 期;岳经纶、刘璐:《中国正在走向福利国家吗——国家意图、政策能力、社会压力三维分析》,《探索与争鸣》2016 年第 6 期。

⑧ 聂鑫:《近代中国社会立法与福利国家的建构》,《武汉大学学报》(哲学社会科学版) 2019 年第 6 期。

⑨ Bambra, C, "Sifting the wheat from the chaff: A two-dimensional discriminant analysis of welfare state regime theory", *Social Policy and Administration*, Vol. 41, No. 1, 2007, pp. 1-28.

⑩ Powell, M., Yörük, E., and Bargu, A., "Thirty years of the Three Worlds of Welfare Capitalism: A review of reviews", *Social Policy & Administration*, Vol. 54, No. 1, 2020, pp. 60-87.

指出，理想型综合了许多个别的具体现象，它强调这些现象的一些侧面，并将它们整合到统一的分析结构中去，"就概念的纯粹性而言，这种精神构造……无法在任何经验现实中找到"①。马丁代尔（Martindale）认为，"理想类型既不是实验，也不是数学模型，也不是理论，而是旨在进行精确比较的装置，如理论阶段和仪器精度所允许的那样"②。在福利国家研究中，真实类型（经验类型）与理想类型的方法各有优劣③，两者的区分在《福利资本主义的三个世界》以及诸多追随者、批评者那里含混不清④。鲍威尔（Powell）、E. 谢希尔（Erdem Yörük）与巴固（Bargu）通过梳理《福利资本主义的三个世界》出版后三十年来种种福利体制研究，提出在理论与概念的澄清上、变量与概念的联系上、国家样本的选取上、方法的正规与严谨程度上，以及数据资料上应该明确起来⑤。总之，随着福利国家的持续转型，福利体制的分类法也必将不断地变化，加之这类研究本身就是为了便于人们理解福利世界的复杂性，便于比较分析与进一步研究，因此应该在更长的时段内经得起检验。

（三）福利水平的测量与评估

民生研究内在地包含民生水平的判断。以往的研究一般都没有将民生当作专门领域，学者一般把民生看作 people's well-being 或 people's livelihood，将民生一般化地理解为人们的生活水平，尤其关注社会福利对人们生活质量提高的影响。在民生水平测量方面，由于人类在衣食住行等生活需要上具有共通性，西方基于社会福利的生活水平或生活质量的相关指标对中国民生保障测量具有一定的借鉴价值，对福利水平的测量基于各个项目数据资料，民生与福利在项目安排上多有重合，因此，相应的测量方法可通约、可迁移。一般而言，测量可分为民众的生存需要、当下的生活状态以及福利的理想追求三个层次。

---

① Weber Max., "'Objectivity' in social science and social policy". In: Weber Max, editor. *The Methodology of the Social Sciences*. Glencoe, IL: The Free Press, 1949, p. 90.

② Martindale, D., "Sociological theory and the ideal type". in *Symposium on Sociological Theory*, Row, Peterson and Company, 1959, pp. 57-91.

③ Christian Aspalte, "Real-typical and ideal-typical methods in comparative social policy". in Bent Greve, ed., *Routledge Handbook of the Welfare State*, Routledge, 2018, pp. 316-317.

④ Kees van Kersbergen, "What are welfare state typologies and how are they useful, If at all?" in Bent Greve, ed., *Routledge Handbook of the Welfare State*, Routledge, 2018, p. 120.

⑤ Powell, M., Yörük, E. and Bargu, A., "Thirty years of the three worlds of welfare capitalism: A review of reviews", *Social Policy & Administration*, Vol. 54, No. 1, 2020, pp. 60-87.

第一，从民众的生存需要来看，它关乎民众最为基本的生活要素。欧盟统计局的可持续发展目标（SDGs）主要包括不贫穷、零饥饿、身体健康、素质教育、性别平等、清洁水与卫生、负担得起的清洁能源、体面劳动与经济增长、工业创新和基础设施、减少不平等现象、可持续城市和社区、负责任的消费和生产、气候行动、陆地上的生命、和平、正义与强大的机构、实现目标伙伴关系等17个指标①，不仅涉及教育、卫生、工作、温饱问题，也涉及水、空气以及自然生存的环境问题。它的次级指标十分详细。例如，在"不贫穷"这一指标下，人民的基本需要包括居住条件差的家庭，自我报告未满足的医疗需要，没有洗澡、淋浴和室内冲水马桶的人，无法保持足够温暖的家，拥挤率等②。这些跟普通民众的生活紧密相关。在联合国人类发展指数中，涉及人的生存需要的指标体系，它由寿命（健康长寿的生活）、教育（知识）、人均收入（体面的生活水平）三个部分构成。③联合国2008年起执行的千年目标（MDGs），主要是来自《联合国千年宣言》，包括消除极端贫穷和饥饿、普及小学教育、促进男女平等并赋予妇女权利、降低儿童死亡率、改善产妇保健、与艾滋病病毒/艾滋病和其他疾病作斗争、确保环境的可持续性、全球合作促进发展。在这样的目标下，还形成了专门的进展监测目标，如1990年至2015年，将每日收入低于1美元的人口比例减半，这里的监测指标为"每日收入低于1.25美元（购买力平价）的人口比例""贫困差距率""最贫困的五分之一人口的消费占国民总消费的份额"。④

除此之外，还有基本生存保障和福利水平的测量指标，如欧盟有关生活条件和福利的测量，它们将私人家庭的消费支出、收入和生活条件以及时间使用作为一级指标，下设收入分配和货币贫困、物质剥夺等多个跟民众基本生存相关的指标⑤。在这些指标下，不少学者根据所处的社会境况开发了适合的评价体系，并探讨了各个要素之间的关系，如Dorota Wawrzyniak从安全、教育、保健、食物、住房、环境、交通运输等七个

---

① 欧盟统计局，https：//ec. europa. eu/eurostat/web/sdi/main-tables。

② 欧盟统计局，https：//ec. europa. eu/eurostat/web/sdi/key-findings。

③ 联合国开发计划署，http：//hdr. undp. org/sites/default/files/hdr2019_technical_notes. pdf。

④ 联合国千年发展目标指标，http：//mdgs. un. org/unsd/mdg/Host. aspx? Content = Indicators/OfficialList. htm。

⑤ 资料来自欧盟统计局，https：//ec. europa. eu/eurostat/web/main/data/database。

方面建构若干个二级指标体系，评估了欧盟 28 个成员国的民生建设水平[①]，反映了欧盟国家人民的基本需要。Mǎlina-Ionela Burlacu 研究了收入、支出、储蓄对民生水平的影响，他发现在任何社会层面，收入、支出和储蓄一直并且也将继续在宏观和微观两个层面的经济活动中发挥重要作用。[②]

第二，在生活状态水平的测量方面，欧盟统计局形成了"8+1"维度的生活质量评估（QoL）指标，该指标比仅仅包括经济产出和生活水平的评估更为广泛，它既包括了物质方面的因素，也包括了影响我们生活质量的工作、社会关系以及治理等方面的因素。具体包括生活物质条件、生产性或其他主要活动、健康、教育、休闲和社交互动、经济和人身安全、治理与基本权利、自然和生活环境、整体生活经验。[③] 经合组织（OECD）的《最近生活怎么样》（How's Life）一书中探讨了人民生活水平是否得到改善，指标体系涵盖了当前的福祉成果、不平等和未来福祉的资源，这份改善生活的倡议包括了 15 个方面的内容，亦即当前的福祉（收入和财富、工作和工作质量、住房、健康、社会关系、公民参与、环境质量、安全和主观幸福感），当前的不平等，以及未来福祉的资源，即经济资本、社会资本、人力资本和自然资本。[④] 联合国早已指出，仅仅采用 GDP 的测量方式已经不能全面反映人类当前的生活发展状况，需要对指标体系进行革新。

具体测量中，Birčiaková、Stávková 与 Antošová 通过对英国、法国、卢森堡、匈牙利、保加利亚、捷克等六个国家居民生活状况的分析，发现显著影响民生水平的变量主要包括人口规模和人口密度、医疗保健和教育支出以及二氧化碳排放等。其中，人口规模的增加会降低生活水平，降低社会经济发展的可持续性；人口密度影响和决定公民福利，人口密集地区更容易获得必要的服务及设施，而人口过剩地区却产生了相反效果；医疗保健水平的提高导致人们平均预期寿命和公众满意度提高，更高的教育水平增加了获得一份更好工作的机会，二氧化碳的排放增加额

① Wawrzyniak, Dorota, "Standard of living in the European Union." *Comparative Economic Research*, Vol. 19, No. 1, 2016, pp. 141-155.

② Burlacu M I, "The population' income, expenses and savings as descriptive aspects of the standard of living", *Ovidius University Annals*, *Series Economic Sciences*, Vol. 16, No. 2, 2016.

③ 资料来自欧盟统计局，https://ec.europa.eu/eurostat/web/quality-of-life/data.

④ OECD, "Executive summary", in *How's Life? 2020 Measuring Well-being*, Paris: OECD Publishing, 2020.

外医疗和环境保护的开支，导致生活水平的下降。[1] Yulia Polozhentseva 从教育、健康服务、体育运动、住宅与基础设施等四个方面建构起了评估指标体系，用来评价各国以及一个国家内部民生水平的差异性；[2] Bogdan，Klepacki 与 Malgorzata Gotowska（2013）等人从资源的枯竭程度、社会凝聚等四类指标研究人们的生活水平。[3] Sergii Slukhai，Tetiana Borshchenko（2019）分析了中东欧后社会主义国家各种因素对民生建设的影响。分析表明，民生水平与经济自由度、经济改革力度、人力资本培育、国民经济产出水平等因素具有显著的正相关关系。进一步完善包容各方的经济和政治体制，实施积极的人力资本开发政策，将保持和提高这些国家的民生水平。[4] 类似地，社会发展与生态建设[5]、人口密度与城镇化率[6]等因素对于我国民生水平的提高、人民生活的幸福感具有正向作用。地方分权制度也是一个重要的因素，在不同的情况下，它对民生水平的发展具有不同方向上的作用[7]。

　　第三，生活理想水平的测量是人民对于美好生活和幸福生活的追求和预期的测量。它不仅包括主观的感受，也包括对客观环境改善的追求。经合组织（OECD）对"住房、收入、职位、社区、教育、环境、公民参与、健康、生活满意度、安全、工作与生活平衡"等 11 个一级维度进行重要性评分，来测量"更美好的生活指数"，试图确定居民对于福祉的期

[1] Birčiaková, N., Stávková, J., & Antošová, V., "Evaluating living standard indicators", *DANUBE*：*Law，Economics and Social Issues Review*, Vol. 6, No. 3, 2015, pp. 175-188.

[2] Polozhentseva, Yulia. "Inequality in social standard of living in the international context", *The Economic Annals-XXI Journal* is included into eight international indexation databases, 2016.

[3] Klepacki, Bogdan, Małgorzata Gotowska. "Sustainable development and the standard of living in the eu-objectification of measurement for applications of knowledge", *Studia I Materialy Polskiego Stowarzyszenia Zarzadzania Wiedza/Studies & Proceedings Polish Association For Knowledge Management*, 2013.

[4] Sergii Slukhai, Tetiana Borshchenko, "Social welfare dynamics in post-socialist countries：unveiling the secrets of success", *Public Sector Economics*, Vol. 43, No. 2, 2019, pp. 167-194.

[5] 陈明华等：《中国城市群民生发展水平测度及趋势演进——基于城市 DLI 的经验考察》，《中国软科学》2019 年第 1 期。

[6] 陈世香、谢秋山：《居民个体生活水平变化与地方公共服务满意度》，《中国人口科学》2014 年第 1 期；俞佳立等：《中国居民健康生产效率的动态演进及其影响因素》，《中国人口科学》2020 年第 5 期。

[7] 谭之博等：《省管县改革、财政分权与民生——基于"倍差法"的估计》，《经济学》（季刊）2015 年第 2 期。

望和评价。① 联合国 2011 年 7 月 19 日大会上通过了《幸福：走全面发展之路》，指出"追求幸福是人的一项基本目标，国内生产总值本质上并非旨在反映、亦不能反映一国人民的幸福和福祉"②。人民对于美好生活的追求，或是幸福的追求，具体的测量指标在各个国家有所不同，在不断的修正中被完善，如英国对于幸福感（well-being）的评价包括我们的人际关系、健康、我们的工作、我们的住处、个人经济状况、教育和技能、经济状况、施政状况和自然环境等领域③。加拿大将生活水平、健康人口、社区活力、民主参与、时间使用、休闲与文化、环境等 7 个指标置于幸福和发展指标中。④

从以上指标以及影响因素的回顾中我们可以发现：一是无论是对生存需要、生活状态测量还是对生活理想测量，都包括衣食住行卫育等方面的内容，区别在于测量的水平和层次；二是福祉水平，抑或称作民生水平的测量，不仅包括国民生产总值为主的经济维度，还有社会、文化等维度，由此可见它的影响因素具有多元性；三是这些测量的指标非常细致，数据收集较为详细，操作性、可获得性强，对于我们民生水平的测量具有借鉴作用；四是在民生水平测量中，统计方法较多元化，在较多指标情况下，统计部门常常把它操作化为相关指数进行表达。

综上所述，国外学者在探索社会福利研究中已经形成了关于理论形态、模式类型、水平测量及其影响因素等较为完整的分析体系，这为正在探索如何提高保障和改善民生水平的中国提供了启发性思路。但是，民生必然包含国家与社会治理，包含主观建构，完全"自在的"民生并不存在。这表明，民生水平与它所嵌入的那个社会的政治、经济及文化等因素密切相关，如何提升保障和改善民生水平只有在本国情境下才有意义和价值。从这个角度看，国外学者的经验研究更多具有方法论意义，他们对本国如何提升民生水平的探索还处于不停的变动之中，各国民生建设道路、民生建设水平及民生建设措施等均不尽相同。因此，研究提

---

① 资料来自 OECD：http：//www. oecdbetterlifeindex. org/about/better-life-initiative/。

② 资料来自 UN：http：//www. un. org/ga/search/view_ doc. asp？symbol＝A/RES/65/309。

③ Abigail Self, Jennifer Thomas and Chris Randall, "Measuring national well-being: Life in the UK", 2012, *Office for National Statisitics*, 2012, 20 November.

④ 资料来源 CIW：http：//uwaterloo. ca/canadian－index－wellbeing/about－canadian－index－wellbeing/history。

升保障和改善民生水平，必须立足于特有的国情，适应社会矛盾的转换以及社会目标的实现，科学揭示出提升保障和改善民生水平规律，努力为民生事业的发展贡献出自身智慧。

**二　当代中国民生研究**

在中国语境中，"国计民生""家计民生""民生福祉"是与人们生活幸福息息相关的三个层面，分别是国家善治、家庭维持和个人幸福，而家国同构观念使中国社会以自身特有的方式整合起来，这一思想脉络严格区分于同属治理范畴的"福利国家"。立足当今中国民生实践的民生理论便需要综合古代社会民本与善治思想、现代社会福利思想以及新中国成立以来所形成的民生理论，夯实理论基础并展开系统化论述及体系化建设，使得民生保障事业实现创生性转化。21世纪以来，党和政府更加重视民生建设、收入水平稳步增长，注重扩大社会保障覆盖面，实现应保尽保，同步提高离退休人员的基本养老金水平，根据人们基本生活需要不断提高最低生活保障及社会救助标准，实施精准扶贫战略，着力提升保障和改善民生水平。

围绕提升保障和改善民生水平这个问题，本研究以中国知识资源总库（中国知网CNKI）为文献获取平台，以中国期刊全文数据为数据库，使用高级检索，以"篇名"为检索项，以"民生"为检索词，文献检索时间范围始于建库，截至2023年2月，共检索相关文献5601篇。按照被引降序排列，剔除报纸、短讯、会议介绍等文献数，仅保留核心期刊文献，最终获得5308篇文献数据。本研究使用Citespace与VOSviewer两种文献计量软件对数据进行分析，原因在于两种文献计量软件的互补使用可以很好弥补其各自的不足。Citespace能够对原始数据进行合并提出处理，而VOSviewer因其操作简便、结果清晰美观在近些年被广泛使用。具体而言，一是使用Citespace对文献数据进行去重合并，可以将重复文献剔除，保证数据质量。二是使用VOSviewer进行具体的关键词、作者以及关键词语作者的二重共现分析。

（一）关键词共现

关键词共现是指一个关键词在文献数据中同时出现的次数，在图中圆圈越大，表示该关键词共现次数越多。关于民生领域的研究，我们将共现最低门槛值设置为10，共有163个关键词，形成29个聚类。整体来看"民生""民生问题""改善民生""民生思想""民生建设""服务民生""民生保障""民生财政"等关键词具有较高的出现频次。从时间趋势看,对民生的研究主要集中在 2010 年前后。2007 年,中央提出"推进以改善民生为重点的社会建设",阐述了具体的民生项目及其基本内容,以通过民生改善加强社会建设,正式将"民生"概念上升到国家层面。此后,党的十八大、党的十九大不断强化对民生概念的阐释,民生概念在国家和社会治理体系中的地位不断攀升,成为实现共同富裕的重要途径。2019 年,党的十九届四中全会提出了"民生保障"概念,从关键词共现可以发现,"民生保障"这个概念出现的时间虽然较晚,但其与"民生问题""民生思想""保障与改善民生""民生建设"等关键词之间具有较强的联系,这表明民生保障的提出并非一蹴而就,而是具有较深理论渊源,民生作为治国理政的重要手段,其发展途径大致可以遵循"民生问题出现—民生思想—保障和改善民生—提出民生保障—实现共同富裕"这一发展脉络。(见插页图 1)

(二)作者及其与关键词共现

我们将作者共现最低门槛值设置为 5,共有 76 位作者,65 个聚类。整体上看,65 个聚类中有 9 个聚类存在同一作者合作超过 5 次,其余 56 个聚类均为单一作者聚类,即未出现超过 5 次同一合作者的情况。这一现象表明国内关于民生的研究较为分散,作者之间的合作具有较强的机构属性,不同机构之间的作者合作较少。从共现频次来看,前五位分别是厦门大学高和荣教授(28)、天津大学贺方彬教授(23)、中国人民大学郑功成教授(20)、吉林大学韩喜平教授(17)、北京师范大学唐任伍教授(17)。从时间趋势看,近三年童星、郑功成、高和荣、关信平、唐任伍、张林华等学者仍处于民生领域的研究前沿。(见插页图 2)

因中国知网(CNKI)数据缺少相应字段,无法对 CNKI 来源的中文文献进行作者与关键词的共现,本研究通过 Citespace 对数据进行转换,将作者字段由 AU 替换为 ID 后使用 VOSviewer 软件进行作者与关键词的二重共现。将贡献最低门槛值设置为 10,共计出现 164 个关键词与 27 个聚类。本次共现因设置的门槛值高于仅作者共现时的 5 次,因而在结果中仅出现了高和荣、郑功成以及贺方彬等三位学者,分析三位学者对民生领域的研究,可以发现,高和荣教授的出现频次最高,研究时间最近,其次为郑功成教授与贺方彬教授。(见插页图 3)

（三）民生保障的思想及内容

"民生"首先表现为一个经济问题，被视为"与生活水准有关的经济现象"①，有什么样的经济实力就可以建设成什么水准的民生。因此，民生常常被人们称为"一般的人民生活"，它蕴含人们的生活习惯，体现出与"人的本性"相契合的力量。② 从民生治理角度看，民生背后的价值基础是民本思想，"民为国本""利民为本""富民为本"等观点要求治国者重视百姓的生产生活状况。中国传统社会的民生实践基于仁、义、礼等社会规范，"强调兴仁政、行其义、推礼治，开展救助救济性民生事业"③。不仅仅要"保民"，救民于水火，给予百姓最基本生活保障，还要做到"安民""利民""富民"。但是，民生治理离不开特定的政治、经济体制，在重农抑商的农业社会里，在"普天之下莫非王土"的传统社会里，民生治理的这些目标无法真正实现。

夏商周时期，"民"在治国理政中的地位攀升。周朝以前，统治者倚重巫卜，敬事鬼神而不重民事。周朝建立后，统治者自视为天子，将敬天与重民联系了起来。《尚书》记载："天视自我民视，天听自我民听。"④ 以及"民可近不可下，民惟邦本，本固邦宁"⑤。民本思想成为统治者重视民生的理论依据。《周礼》记载了散利、薄征、缓刑、弛力等十二荒政，成为后世处理灾荒问题的基本国策；周朝还设置仓人、司稼、遗人、廪人等职官，这些官员督促农业生产，掌管谷物的征收、保藏、调配和价格，判断灾情的严重程度。例如，司市在灾荒年间负责"无征而作布"，司稼则"掌均万民之食，而赒其急"⑥。金耀基曾经对民本思想进行了提纲挈领的梳理，他认为"中国的民本思想胎息于《尚书》，孕育于孔子，而孟子建立之，遂成为一代宗师，荀子虽取君主之观点论政，但其终局之目的，亦在人民身上"⑦。先秦儒家是民本思想最重要的推动者，

---

① 李一中：《马克思主义民生思想中国化及其当代价值研究》，浙江工商大学出版社 2019 年版，第 3 页。

② 冯契：《中国哲学范畴集》，人民出版社 1985 年版，第 398 页。

③ 高和荣、赵春雷：《中国传统社会民生建设的基础》，《西北大学学报》（哲学社会科学版）2019 年 6 期。

④ 《十三经注疏》整理委员会整理：《尚书正义》，北京大学出版社 1999 年版，第 277 页。

⑤ 《十三经注疏》整理委员会整理：《尚书正义》，北京大学出版社 1999 年版，第 177 页。

⑥ （清）孙诒让：《周礼正义》，中华书局 1987 年版，第 1238 页。

⑦ 金耀基：《中国民本思想史》，法律出版社 2008 年版，第 3 页。

孔子希望以仁义之学影响诸侯施政。孟子则有言，"民为贵，社稷次之，君为轻"①，民成为一国之君最大的财富；荀子提出类似的说法，"上之于下，如保赤子"②，强调统治者应当爱民如子，对百姓多加护佑。先秦民本思想在秦汉时期也有所发展，并将其制度化出台了许多民生政策。比如，贾谊指出："闻之于政也，民无不为本也。国以为本，君以为本，吏以为本。"③ 历史上看，春秋之后的民生思想逐渐发扬光大，当时的讨论已经不限于儒家，老、墨等学派对此都有论述，金耀基与李小宁均梳理过民生思想从古至今的演变④。

　　传统文化中，"养民"成为改善民生的途径，也是国家善治的要求。养民必须拓殖产业，为百姓兴利除害。在那个时代，兴利除害主要是针对保护和发展农业经济而言的。因此，民生长久以来都是一种经济事务，反映社会与家庭的经济状况。在《周礼》中，经济思想的中心就是民生，只不过民生思想"包括一切经济主张"，它的范围远大于经济思想⑤。直至今天，在民生议题讨论中人们仍把发展经济放在首要位置，将经济水平当作兴办民生事业的条件。《尚书·大禹谟》载："德惟善政，政在养民。水火金木土谷惟修，正德、利用、厚生惟和。"这就是说，护佑、养育百姓是德政与善治的根本，统治者应注重水、火、金、木、土、谷六府，它们与百姓生活息息相关，是不可或缺之物。只有把"六府"问题处理好，推行"正德""利用""厚生"举措，方可率领群臣、积累财富、善养百姓，达成三者才得上善政⑥。东汉王符强调养民、教民缺一不可，两者是发展民生、推行善政的基本议题，他在《潜夫论》里讲道："夫为国者以富民为本，以正学为基"，"明君之法，务此二者，以为成太平之基，致休徵之祥。"⑦ 以道统论观点来看，自尧、舜德政与孔孟仁政

① 杨伯峻：《孟子译注》，中华书局 2010 年版，第 304 页。

② 方勇、李波译注：《荀子》，中华书局 2015 年版，第 179 页。

③ 方向东译注：《新书》，中华书局 2012 年版，第 275 页。

④ 金耀基：《中国民本思想史》，法律出版社 2008 年版；李小宁：《民生论》，人民出版社 2015 年版。

⑤ 周世辅、周文湘：《周礼的政治思想》，东大图书股份有限公司 1981 年版，第 47—48 页。

⑥ 《十三经注疏》整理委员会整理：《尚书正义》，北京大学出版社 1999 年版，第 89 页。

⑦ （汉）王符著，（清）汪继培笺，彭铎校正：《潜夫论笺校正》，中华书局 1997 年版，第 14 页。

以来，民生议题极其重要，是"仁义之道的外显"①，成为中华文化的一脉而绵延不绝。

任何民生建设都离不开理论的指导，都自觉和不自觉地在某种理论指导下进行实践活动。如果说实践的发展、社会矛盾的转换是提高保障和改善民生水平的实践基础，那么，理论尤其是科学理论则是提高保障和改善民生水平的思想基础。近年来，国内学者对马克思的民生思想进行了探索，认为马克思把物质资料当成人赖以生存和发展的基本前提，"以人为本"和"以人民为中心"构成马克思主义民生思想的落脚点和根本出发点②，"发展为了人民，这是马克思主义政治经济学的根本立场"③。严运楼认为，中国特色社会主义民生具有"鲜明的阶级性""广泛的人民性""高远的人类性"等三维向度④，本质上就是以人民为中心思想在不同角度的反映。

进入新世纪，走进新时代，政府牢记全心全意为人民服务的宗旨，指出"增进民生福祉是发展的根本目的。必须多谋民生之利、多解民生之忧，在发展中补齐民生短板、促进社会公平正义，在幼有所育、学有所教、劳有所得、病有所医、老有所养、住有所居、弱有所扶上不断取得新进展，深入开展脱贫攻坚，保证全体人民在共建共享发展中有更多获得感，不断促进人的全面发展、全体人民共同富裕"⑤，从而把人民对美好生活的向往作为自己的奋斗目标，"消除贫困、改善民生、逐步实现共同富裕，是社会主义的本质要求，是我们党的重要使命"⑥，足见民生保障在党和国家建设事业中的重要地位。党的十九届四中全会首次提出

---

① 黄靖雅：《德惟善政，政在养民——中华道统的民生关注》，《宗教哲学》2018 年第 84 期。

② 丁建定、罗丽娅：《试论中国共产党民生思想的发展》，《中州学刊》2020 年第 6 期；杜惠敏等：《习近平新时代民生观的逻辑维度研析》，《理论导刊》2020 年第 9 期；刘明松：《马克思的民生思想及其当代价值》，《马克思主义研究》2019 年第 8 期；侯为民：《习近平民生思想的三个维度——学习习近平总书记系列重要讲话体会之七十四》，《前线》2015 年第 2 期。

③ 《不断开拓当代中国马克思主义政治经济学新境界》（2015 年 11 月 23 日），《十八大以来重要文献选编》（下），中央文献出版社 2018 年版，第 4 页。

④ 严运楼：《中国特色社会主义民生三维向度》，上海社会科学院出版社 2017 年版，第 18 页。

⑤ 《决胜全面建成小康社会，夺取新时代中国特色社会主义伟大胜利》，人民出版社 2017 年版，第 23 页。

⑥ 《在中央扶贫开发工作会议上的讲话》（2015 年 11 月 27 日），《十八大以来重要文献选编》（下），中央文献出版社 2018 年版，第 31 页。

"民生保障制度","坚持和完善统筹城乡的民生保障制度,满足人民日益增长的美好生活需要",并在完善社会救助制度,兜底民生保障;落实就业优先政策,促进更充分高质量就业;合理配置社会公共资源,优化教育医疗资源布局等三个方面发力,着力完善民生保障制度。① 从政治上说,党和政府领导人民开展了大规模的反贫困工作,打赢脱贫攻坚战,巩固了"我们党的执政基础","巩固了中国特色社会主义制度",② 党和政府站在国家治理角度思考民生问题,完善民生制度,发展民生事业。

民生建设的范围非常广泛,内容十分丰富,提高保障和改善民生水平没有终点站只有新起点。李小宁认为,凡是涉及人民生计的项目、服务等都需要提升,因而它涵盖了"生老病死、衣食住行、教育住房就业"等一切领域,③ 这一观点成为学界共识。但也应意识到,这一看法并未说明民生保障涵盖的具体制度。罗来军详细列举了民生保障项目,认为它包括教育、就业、收入分配、城镇职工基本养老保险和城乡居民基本养老保险、城乡居民基本医疗保险和大病保险、失业和工伤保险、最低生活保障、社会救助、社会福利、慈善事业、优抚安置、住房、扶贫、医疗卫生、医疗保障、现代医院管理、药品供应保障、社会治理、绿色生产和消费法律、生态环境管理、文化管理等制度领域④,可见其涵盖内容之广泛,当然,这种没有维度、没有分类准则的项目列举难以穷尽民生项目,因而只具有相对价值。

还有学者从民生需要分类出发,认为新时代民生需要已分化和发展为经济、政治、文化、社会、生态等方面的需要。为此,需要全面开展和统筹推进民生经济、民生政治、民生文化、民生社会、民生生态等"五大建设"⑤。一些学者认为民生领域不仅仅包括"准公共物品(服务)",而且要提供"纯公共物品(服务)",因而可以将民生领域概括为"十九大"报告所提出的教育、就业与收入分配、社会保障、脱贫、健康、社会治理、国家安全这八个方面。⑥ 丁元竹认为,民生保障和社会

---

① 《从三个方面发力完善民生保障制度》,《学习时报》2020 年 04 月 15 日。

② 《在中央扶贫开发工作会议上的讲话》(2015 年 11 月 27 日),《十八大以来重要文献选编》(下),中央文献出版社 2018 年版,第 31—32 页。

③ 李小宁:《民生论》,人民出版社 2015 年版,第 1—2 页。

④ 罗来军:《"坚持全面深化改革"的内涵和实质》,《前线》2017 年第 12 期。

⑤ 窦孟朔、窦建爽:《新时代的民生内涵与建设路径》,《科学社会主义》2018 年第 5 期。

⑥ 童星:《新时代民生概念辨析》,《内蒙古社会科学》(汉文版)2019 年第 1 期。

治理制度由"利益格局、公共利益、公共空间、社会空间和社会关系模式"一系列元素组成,"激发社会发展活力和维护社会秩序"构成民生保障和社会治理制度改革和创新的核心点,理想的民生保障和社会治理制度应当是"公共利益合理设计",因为"合理的公共利益设计会造就合理的公共空间,在合理的公共空间中,社会空间也会朝着合理的方向推进"[①]。韩喜平等认为提升保障和改善民生水平就是要着力解决人民群众反映强烈的"医疗卫生、食品药品、教育体育、社会保障、住房就业"等难题。[②]

一些学者认为,我国提升保障和改善民生水平有着自己的目标,其中,近期目标是到 2020 年全面建成小康社会之时实现"人人享有基本生活保障",而远期目标是到新中国成立 100 周年时,把我们国家建设成为中国特色社会主义福利社会。[③] 还有学者把保障和改善民生水平的近期目标总结为民生福祉增进的"均衡型发展",长期目标则是进入"文明提升型阶段"。[④] 实际上,按照"十九大"精神,提升保障和改善民生水平就是要"打造共建共治共享的社会治理格局、有效维护国家安全",以便实现全体人民共同富裕。共同富裕由此成为提高保障和改善民生水平的最终目标,并与社会主义本质特征相契合。

(四)民生保障水平的测量

提高保障和改善民生水平需要对就业、社会保障、社会服务等民生事业发展情况进行科学评估,准确掌握我们的民生水平发展状况。为此,国务院发展研究中心建立起包括"居民生活、公共服务、公共安全、生活环境"在内的 4 个一级指标、17 个二级指标、31 个三级指标体系,计算出中国的民生发展指数。青连斌等人的民生指标体系涉及"就业、教育、卫生、收入分配、社会保障以及社会安全"在内的六个一级指标体系,每个一级指标再划分为若干个二级指标。例如,"社会安全"包括"民生支出占 GDP 比重、万元 GDP 综合能耗下降率、社会安全指数、通

---

[①] 丁元竹:《民生保障和社会治理制度的核心要义——基于功能、历史逻辑、愿景视角》,《开放导报》2019 年第 6 期。

[②] 韩喜平、巩瑞波:《"四个全面"战略布局的民生导向解析》,《南京社会科学》2015 年第 8 期。

[③] 青连斌等:《中国民生建设的路径》,中共中央党校出版社 2013 年版,第 6 页。

[④] 李文:《我国改革开放以来的民生福祉增进》,《广东社会科学》2019 年第 1 期。

货膨胀率"等 4 个二级指标①。其他学者如张弥从影响民生幸福感角度建立起自己的测量指标体系，在一定程度上丰富了提升保障和改善民生水平。② 对这些指标进行测量后发现，现行的民生建设还存在许多值得完善之处。

2018 年，国务院发展研究中心"中国民生调查"课题组沿用 2017 年的民生指数指标体系，在入户调查中发现城乡居民的家庭生活中，最受关切的仍是医疗和收入，社会环境方面则是食品安全和交通出行。通过对 31 个省份民生指数的测度，发现民生在居民生活、公共服务、公共安全、生活环境四大领域虽是改善的，但各领域工作的进一步提升也面临着巨大压力。③ 乔榛与田明珠从收入分配、就业、教育和社会保障等四个维度构建了民生指数，分析民生发展与经济增长二者之间的互动作用，研究发现经济增长对民生发展的促进作用在不断加强，而民生建设能够为经济增长提供动力。④ 王欢明与陈司细化了公共服务种类，发现经济发展水平与财政收支能力在一定程度上可以对当地民生类公共服务支出水平产生一定的积极作用。⑤ 人口因素对于民生类公共服务支出水平具有一定的负向效应。这表明，中国民生建设和人民共同富裕目标的实现，关键在于处理好人的发展与经济发展的关系⑥。认识到"福利性质上的两面性"，坚持"福利中道论"思想，建设一条"适合中国的民生建设新路"。⑦

（五）提高保障和改善民生水平的途径

民生问题始终是一个极其重要的社会问题。习近平总书记强调，民生事业应该与经济发展统一步调，既做大蛋糕又分好蛋糕，"在不断发展

---

① 青连斌等：《中国民生建设的路径》，中共中央党校出版社 2013 年版，第 63—64 页。

② 张弥：《民生幸福指标体系的构建：一个初步框架》，《科学社会主义》2014 年第 3 期。

③ 国务院发展研究中心"中国民生调查"课题组：《中国民生满意度继续保持在较高水平——中国民生调查 2019 综合研究报告》，《管理世界》2019 年第 10 期。

④ 乔榛、田明珠：《民生发展与经济增长：基于民生指数的分析》，《社会科学研究》2018 年第 3 期。

⑤ 王欢明、陈司：《民生类公共服务支出的横向均等化测度及影响因素研究》，《大连理工大学学报》（社会科学版）2019 年第 2 期。

⑥ 王政武：《新时代共享民生保障体系构建——基于我国社会主要矛盾新变化的视角》，《长白学刊》2019 年第 5 期。

⑦ 景天魁：《探索适合中国的民生建设新路》，《学习与探索》2019 年第 8 期。

的基础上尽量把促进社会公平正义的事情做好，既尽力而为、又量力而行"①，积极做好社会政策托底工作，"按照守住底线、突出重点、完善制度、引导舆论的思路做好民生工作"②，时刻关注群众最关心、最直接、最现实的利益问题，"做好普惠性、基础性、兜底性民生建设，全面提高公共服务共建能力和共享水平，满足老百姓多样化的民生需要，织就密实的民生保障网"③，切实加强和创新社会治理。

结合中国特色民生建设之路的实践探索，学界对保障和改善民生水平的途径展开了讨论。谢耘耕提出，从"提高收入水平，完善收入分配制度，社会公共资源的合理分配，完善社会保障体系，提高政府服务水平"等五个方面④提高保障和改善民生。关博和邢伟认为保障和改善民生应"分门别类确定目标，对标施策"，让低收入者生活"有底"，让中等收入群体生活"有安"，并促进高收入阶层通过多种渠道获得更高质量的生活。这就要"推进民生保障制度供给侧结构性改革"，"筑牢多层次民生保障体系"⑤。高传胜认为要想更好地保障与改善民生，必须走"包容性发展"之路，并从"民生产品与服务的多元化供给""多层次社会帮扶体系建设"两个方面提出了具体的改革路径。⑥ 郑功成从"增强民生保障制度的统筹性与系统性""促公平的主基调""促使各项制度走向成熟、定型""充分调动市场主体与社会力量的积极性""调整、完善相关制度安排，不断激励人民群众通过努力奋斗成就幸福生活"五个方面总结出民生保障制度的发展取向。⑦ 还有学者提出民生保障和社会治理制度就是要"推动全体社会成员关注公共利益，扩大公共空间，重构社会关系模式"⑧。一些学者认为，无论是保障水平的提高还是民生水平的改善，关

---

① 《切实把思想统一到党的十八届三中全会精神上来》（2013年11月12日），《十八大以来重要文献选编》（上），中央文献出版社2014年版，第553页。

② 习近平：《习近平在中央经济工作会议上的讲话》（2012年12月15日—16日），《人民日报》2012年12月16日。

③ 习近平：《在重庆调研时的讲话》（2016年1月4日—6日），《人民日报》2016年1月7日。

④ 谢耘耕：《中国民生调查报告》，社会科学文献出版社2014年版，第43—47页。

⑤ 关博、邢伟：《筑牢以人民为中心的多层次民生保障体系》，《宏观经济管理》2018年第5期。

⑥ 高传胜：《在包容性发展中保障与改善民生——改革开放以来我国民生发展实践总结》，《国家治理》2018年第45期。

⑦ 郑功成：《中国民生保障制度：实践路径与理论逻辑》，《学术界》2019年第11期。

⑧ 丁元竹：《在重构社会关系模式上花大力气》，《北京日报》2020年3月6日，第10版。

键在于确保社会保障支出占财政支出 25% 的目标得以实现，同时测算出
各类民生项目支出占 GDP 及财政收入的比例，使之形成更加合理、更可
持续的结构关系①。马海涛等人为此探讨了"公共财政保障民生的次
序"② 问题，为提高保障和改善民生水平提供可行途径。一些学者从"中
央与地方民生财政支出责任划分"、"优化财政民生支出结构"以及"基
本公共服务均等化"等方面提出民生财政制度建设的路径③。

### 三　文献述评

随着中国民生事业的不断发展，提高保障和改善民生水平的实践还
会不断丰富，研究成果将会更加丰富，这为高质量建设民生事业提供了
理论指引。但是，现行的研究还存在着一些不足。

现行的研究未能将民生保障当作一个整体对待。一方面，以往民生
保障的研究更多地关注具体社会政策的利弊得失，倾向于将就业、教育、
医疗、居住、养老等方面的保障单独加以讨论，以为这些项目的总和就
是民生。殊不知，民生与社会保障及社会福利项目是一种"必要条件"
关系，民生是各类民生项目的抽象与深化，蕴含着各种民生项目的顶层
设计与实施后的社会呈现样态，抑或社会整体发展状况；民生保障是建
立在社会保障、社会福利反思与重构基础上的社会治理，体现了政府与
民众及社会的最基本关系，尤其是政府在其中扮演的独特角色和地位。
只有系统、准确地理解民生特别是民生保障，才能发挥这个范畴的历史
性与时代性、建构性与结构性作用。另一方面，以往的研究更多地从个
体主义视角看待民生项目，集中表现在把民生、民生保障简单地理解为
福利项目、福利权益与福利水平，没有揭示出各种福利项目、待遇、水
平背后的逻辑关系与逻辑结构，没能够科学阐释中国为什么在社会保险、
社会救助、社会保障、社会福利等概念之外增加民生保障范畴，我们增
加"民生保障"这个范畴难道仅仅如亚里士多德在《形而上学》里所讲

---

① 穆怀中、陈曦：《城乡养老保险梯度协调系数及其社会福利改进效应研究》，《经济学
家》2014 年第 9 期；王增文、邓大松：《基金缺口、缴费比率与财政负担能力：基于对社会保障
主体的缴费能力研究》，《中国软科学》2009 年第 10 期。

② 马海涛、和立道：《公共财政保障民生的次序研究——基于民生支出项目的"层级分
布"要求》，《地方财政研究》2010 年第 2 期。

③ 刘晔：《加快建立以民生福祉为中心的现代财政制度》，《厦门大学学报》（哲学与社会
科学版）2018 年第 3 期；唐祥来：《新时代中国特色社会主义民生财政理论创新和制度建设》，
《经济与管理评论》2018 年第 4 期。

的只是为了方便"数苹果"吗?

上述情况表明,现行的研究未能自觉地从国家治理角度看待民生保障。民生保障的内涵极为丰富,它用来描述整个社会的生活状态,揭示民众的生活水平,体现着社会的治理成效,浸润着生活习惯及其文化特质的历史性范畴,擘画了中国人的治理理念、治理方略及治理实践①。然而,诸多研究中忽视了治理视角、遮蔽了治理使命,较少地从长治久安高度对社会治理状态、治理手段、治理方式及治理体系进行顶层设计,统筹推进整个民生项目、民生制度及民生政策的建设②。将民生保障混同于社会保障或社会福利,把本来作为手段的社会保障或社会福利当成了目的,进而消解了民生保障的本真含义。也就是说,一些研究较少区分"民生""民生保障"与"社会保障""社会福利"概念。甚至还有一些研究误以为民生只是一种源远流长、积淀深厚的思想流淌,而它并不是一个成熟的学术概念。在一些学者看来,那种成熟的特别是成型的学术概念一定来自欧美发达国家,来自韦伯、涂尔干等人的学科分类及概念划分,而没有自觉地从治国安邦高度看待民生和民生保障,缺乏中国学人应有的文化自觉与理论自觉。所以,即便他们对民生概念进行不同层次的归纳,也只是把它与人的"基本需要和权益联系起来"而已③。因而有必要从文化自觉与理论自信相结合的高度把民生保障作为国家与社会治理手段去加以理解。

这意味着,现行的研究缺乏对民生保障本质特性的认识。本性是活动天生固有的特性或个性,是各个民族国家特有的印记。作为中国人特有的概念,民生保障的本性就是中国民生事业中最具持久性的特性,它将民生保障置于国家治理中的重要环节,把保障和改善民生作为民生事业的宗旨,促进长治久安当成民生事业的目标,强调注重弱者优先、努力保障基本、实现社会善治。可是,应该看到,学界仍然较少地从国家与社会治理的主题和内容、结构和功能、目标和任务等方面去揭示民生保障的本性,仍然较少地在与全球化相互比较中体现中国民生保障的合法性与有效性,而中意于各项具体的民生保障制度研究。他们或者建构无法证实或证伪的"蓝图""愿景",或者通过调查试图发现某社会保障

① 高和荣:《民生的内涵及意蕴》,《厦门大学学报》(哲学社会科学版)2019年第4期。
② 高和荣:《新时代民生保障制度的类型转向及特征》,《社会科学辑刊》2020年第3期。
③ 严运楼:《中国特色社会主义民生三维向度》,上海社会科学院出版社2017年版,第9页。

或社会服务存在的问题，或基于数学统计进行精算以研究社会保障基金如何保值增值，或者进行政策建构与政策完善，毫无疑问，民生保障涉及千家万户具体的个体的日常生活，自然需要对各个项目进行精准测算、精细安排，以便用最小的成本获得尽可能大的民生建设成效。但是，这些研究的思路和框架、标准与尺度、走向和图景等均来源于西方、依据于西方、瞄准于西方，而没有从理论根源上回答我们这个国家为何要提出民生保障，如何建立自己的民生保障体系以解决 14 亿多人口的基本生活问题。如果不认识清楚这个问题，就容易在这四个取向中迷失方向。无论在价值基础上还是在研究路径上，研究者都容易舍弃民生保障的社会本性。

不仅如此，现行的研究忽视民生保障理论体系的建构。范畴是理论的核心，理论创新首先表现为概念或范畴的创新，作为一个新概念或新命题的"民生保障"的提出昭示着一组研究假设、新理论及研究方法论的出现，诚如托马斯·库恩所言"范式就是一种公认的模型或模式"①。然而，学界尽管对民生思想的演进进行了较为系统的研究，但对民生保障与社会保障、社会福利、国家治理以及社会政策的边界认识不够清晰，对民生保障的经济原理、中国哲学基础、文化基因及生活土壤等反思不够，没有很好地揭示国家治理、底线公平、基础普惠以及共同富裕成为民生保障理论的依据，也没有能够对哲学理论进行准确定义，自然就没有很好地规定民生保障供给的主体与实施对象、目标与功能、形式与方式，甚至相当一部分研究只注重梳理民生保障政策，将政策话语简单地当作学术话语。例如，就底线公平理论来说，"底线"常被人们误解为最低生活保障、五保救济等社会救助标准线，却不知"底线"不只是社会救助领域，在基本生活领域乃至富裕生活领域同样也有富裕的底线，这种底线标准和程度、底线项目与范围等均处于变动中，它随着经济社会的发展、人民生活水平的提高以及对美好生活的向往而不断进行调整，因而"底线"的范围十分广泛。在这种情形下，很难形成较为科学的民生保障基本原理与基本理论体系。

另外，现有的研究不能理性地看待国外社会福利事业实践经验。民生保障虽然是中国特有的概念范畴，凝聚着中国人的思维方式以及治国

---

① ［美］托马斯·库恩：《科学革命的结构》，金吾伦、胡新和译，北京大学出版社 2003 年版，第 8 页。

理政特性，因而具有不同于发达国家的理念、实践与方略。但是，作为民生保障的项目载体及待遇、投入总量与投入方向，世界各国具有明显的共性特征，特别是那些业已建立起较为齐全的福利项目的国家更值得我们学习、借鉴和吸收，以便切实提高民众的生活水平。但是，已有的研究要么全盘肯定国外的社会福利体系、制度设计及政策安排，把它们当成中国提高保障和改善民生水平的模板，认为可以直接拿来使用；要么全盘否定国外的实践探索，片面强调中国的独特性与不可替代性，仍然热衷于低水平的、补救式的民生保障项目供给，仍然简单地将民生保障事业当成经济发展的补充，而没有看到民生保障事业应当立足于社会主要矛盾的解决，没有看到改革开放以来中国社会矛盾已经从人民日益增长的物质文化需要与落后的社会生产之间的矛盾转化为人民日益增长的美好生活需要和不平衡不充分的发展之间的矛盾这一重大社会现实。这种非此即彼、两极对立的认识均不利于我们开展民生保障事业，不利于探索中国提高保障和改善民生水平道路。这就需要我们认真总结国外社会福利事业的经验与教训，分析发达国家社会福利模式与道路的优劣，探索一条符合中国社会特质的民生保障事业发展道路，科学设置民生待遇及民生水平标准，以适应人民群众对美好生活的期待。

综上所述，国内主要社会矛盾已经发生根本性转变，脱贫攻坚战取得全面胜利，小康社会已经全面建成，人民对美好生活的向往比历史上任何时候都更加迫切也更加接近实现。面对如此重大变化的新时代，我们需要客观认识国外社会福利实践经验，重新认识中国民生保障问题，建构提高保障与改善民生的理论基础、制度安排、政策设计，形成评价民生保障事业发展水平的评估指标体系，谋划提高保障与改善民生水平的科学路径，为中国民生保障事业的长远发展绘制一幅新蓝图。与学界现有的民生保障研究主要侧重于从各民生项目单独研究不同，本书立足于民生保障的统领性、整体性与系统性，认为民生保障不是各民生项目的机械相加，而是民生项目的升华，它不只是个人生活的必要保障还是社会运行的手段与可靠保证，是国家与社会治理体系和治理能力现代化的有机组成部分。因此本书将着重论证新时代提高保障和改善民生水平的理论依据、制度框架、资金投入与政策保证等内容，力图对现有的各民生项目进行整合性研究，满足民众多层次多样化的福利需要，而不是逐一探讨各民生项目或待遇的优化。

# 第三节　研究视角及方法

研究视角由研究的问题所决定，有什么样的问题就需要找到相应的研究视角。提高保障和改善民生水平是集学术性与实践性为一体的重大理论问题和现实问题，需要我们采取整体论研究视角，坚持方法论整体主义原则，把民生保障当成集经济、社会及政治为一体的综合性问题。为此，在整体设计上，本研究以新时代中国民生保障事业实践所蕴含的重大理论问题为切入点，抓住新时代民生保障事业的理论建设、制度设计、水平评估等几大关键问题进行研究。在对民生保障的理解上，以国家治理现代化为切入点，从治国安邦高度把民生保障当作国家治理的重要手段和有机组成部分，站在国家治理体系和治理能力现代化高度与时偕行地完善民生保障制度，既要探寻、回应并解决民众生活关切的项目待遇、优化组合和实现路径，又要不断增进社会凝聚力与社会和谐，维护国家安全，促进国家长治久安，推进国家制度与治理体系现代化建设。

## 一　研究视角

研究视角就是研究角度或研究切入点，它为顺利研究某个问题打开通道。本研究采取社会学、公共管理学、应用经济学等学科视角剖析民生保障嵌入中国社会、民生保障与国家治理相颉颃的历史必然性，进而探索与中国经济发展水平承担能力相当的民生保障，以便实现多学科兼容、跨学科整合，形成更加切实可行的研究结论。

第一是社会学视角。作为人民生计的民生来源于社会，从社会学视角研究民生，准确把握社会各阶层的民生保障需要是开展本研究的应有之义。为此，本书借助于社会国内较为权威的 CSS 和 CGSS 等调查数据库以及全国各地统计年报，从中找到有关民生保障方面的变量，掌握民生保障政策。尤其注重社会各阶层托底型和基本型民生的实施情况，回应社会各界改善民生的关切，探讨改善型以及富裕型民生对于缩小收入差距、促进社会整合与社会流动、减少阶层对抗、促进共同富裕目标的实现等方面的作用。

第二是公共管理学视角。新时代提高保障和改善民生水平不仅是一种学术研究，更是促进国家与社会长治久安的手段和方略，它是公共治理的重要组成部分，直接表现为公共政策的制定与实施、监督和保障。为此，本书将综合运用政策过程理论、博弈均衡理论、绩效评估理论以及公共价值治理理论等进行研究，总结中国传统社会开展民生治理的经验与不足，探讨保障和改善民生水平的提升如何更加有助于国家治理体系和治理能力现代化目标的实现。

第三是经济学视角。古今中外，无论是社会保障、社会福利还是民生保障，都要依靠一定的财政投入，因而表现为经济问题。所以，本书运用经济学方法特别是指数测度法、空间分析法、不平等测度以及模型拟合法等测量全国或某个地区的民生水平，分析每一项民生项目与公共财政最优支出之间的关系，形成民生保障支出特别是依据"兜底线"原则建立的民生保障项目支出与财政收入之间的动态平衡关系，使得提高保障和改善民生水平的研究结论建立在科学依据之上。

第四是哲学视角。提高保障和改善民生水平是国家治理体系与治理能力现代化的客观要求，体现出社会公平正义的必然要求。不过，我们的公平不只是罗尔斯层面的公平观，更强调结合中国现实特别是人们的基本需要，尤其解决具有底线层次的福利需要，让经济社会发展的成果更多更公平惠及全体人民，推进共同富裕的社会目标实现。这就需要我们反思现行社会保障乃至民生保障理论的哲学基础与价值根据，使得提高保障和改善民生水平研究能够推动中国民生事业更加公平且可持续发展。

## 二　研究方法

研究方法根据研究主题及研究内容来定，究竟采取何种研究方法主要看它能否以及在多大程度上有助于我们解决问题。因此，研究方法本身并没有绝对的好坏、优劣之分，适合选题、有助于问题解决的研究方法就是好方法。

### (一) 社会调查法

民生保障关乎千家万户，涉及各个阶层切身利益，因而在保障和改善民生过程中只有准确把握民生事业的发展实际，才能提出提高保障和改善民生水平的政策建议。而做到这一点，就需要查阅文献资料、统计报告，召开座谈会，进行实地考察等。不仅如此，还需要采取规范的社会调查方法，了解民众的生活状况、生活水平、生活需要特别是基本生活需要，进而了解整个民生事业的发展状况。

（二）资料分析法

本研究首先对与本选题相关的原文献、二次文献进行全面搜集整理与甄别梳理，利用这些丰富详赡的文献材料对相关论题进行论证。为此，本研究主要梳理党的十八大以来，国家和地方保障和改善民生的政策措施、各地具体做法以及特色经验，同时，将这些文献资料放在社会保障特别是民生保障理论背景下予以思考，将其置于治国理政这一政策背景中思考，在与新时代党和政府在保障民生事业方面出台的政策文件相互比较中取长补短，形成新时代民生事业保障建设的理论之源。

（三）历史研究法

民生是个历史生成的范畴，也是民众生活的历史积淀。历史上各个时期的民生诉求、民生实践以及所体现出来的民生状态都可以成为当下民生建设的思想基础、理论资源及经验总结，使得今天的民生建设打上历史烙印，使得当下的民生建设具有历史传承性。因此，本书采取历史研究法，梳理和阅读历史上各个时期的民生思想、实践，做到"古为今用"，形成与现代民生建设的话语互嵌，从而为本研究提供厚实的历史积淀。

（四）计量研究方法

民生与人民的基本生活息息相关，直接关乎民众的获得情况，牵涉到国家和地方、政府、市场及社会的投入，因而需要采取更为精细化的研究方法。本书采取时间序列分析、面板分析（包含动态面板和面板区间弹性估计）、指数测量、大数据分析和空间计量分析模型等方法，以便更加准确地把握各地民生建设水平，建立与各地经济发展水平相适应的民生支出模型，对财政保障制度、公共服务设施容纳能力与承载能力进行预测和分析，使得本书的研究结论和对策建议建立在可靠的数据、可行的方法上。

## 第四节　学术意义：构建中国特色学术话语体系

民生保障是一个不同于欧美发达国家所提出并推行的社会保障、社会福利等概念范畴，体现出不同的治理理念与治理方略，具有鲜明的中国特色与中国意蕴。通过对提高保障和改善民生水平的研究，系统地回答处于全面建成小康社会、阔步迈向中华民族伟大复兴中国梦征程中的民生建设究竟以什么作为理论基础，明确新时代中国民生建设的理论内容及理论体系，切实增强中国民生事业发展的理论自信。具体来说，本书的研究具有以下三点主要意义。

第一，有助于澄清并规范民生概念范畴。概念是理论体系的基本要素，概念内涵的变化意味着概念外延的调整。本研究将民生理解为治国安邦概念，深入探讨民生概念的历史内涵、社会基础及文化价值，展示民生保障范畴在当代中国的基本构成，继而探讨民生保障的各个层次、各个维度，剖析把民生作为国家与社会治理手段的内在规定，在方法论整体主义立场上坚持民生的系统性、社会性、文化性。不仅如此，本课题站在通晓人类民生实践与民生思想的历史和成绩基础上建构当代中国的民生理论，为当代中国的民生建设实践提供理论支持和理论依据。这是因为理论依据是新时代提高保障和改善民生水平政策框架设计的前提，它内在地规定着新时代中国民生事业的发展方向。只有找到科学的理论依据才有助于民生制度的制定、民生政策的出台以及民生实践的开展，反过来，理论依据没有解决好，民生建设中所涉及的各主体间的责任关系与责任界限就无法划清，就无法厘清民生支出与财政支出等要素之间的关系，不可能促进民生事业更加公平、可持续地发展。

第二，有助于准确评估现行民生建设成就。研究新时代提高保障和改善民生水平问题，必须对 21 世纪以来，尤其是新时代的民生建设与发展水平做出一个整体性评价，提出民生水平的指标体系与测量方法，从定性与定量相结合的维度了解中国民生建设究竟处于何种水平，哪些提高保障和改善民生水平的体系尚不健全，哪些提高保障和改善民生水平的制度供给较为不足，哪些关系到民众基本生活需要的民生项目投入可以加强，等等，这是新时代提高保障和改善民生水平的前提，更是做好托底保障、保障基本、加强改善、提出富裕型民生的现实基础，它需要我们探讨各种民生类型的财政负担、资金保证、实现路径与政策改进，彰显本研究的应用价值。

第三，有助于完善社会保障学特别是民生保障学科体系。学科体系是一种学科门类，有助于我们对知识进行科学分类，形成对这门学科的整体性与全局性把握，它由学科基本概念、基本命题及若干原理构成，形成体现本学科特色的研究方法。长期以来，在民生保障领域，人们更多地关注西方，把民生保障等同于社会保障及社会救助，殊不知，社会保障只是民生保障事业的一部分，它是保障和改善民生的基本制度，属于民生保障制度的一部分，单纯的社会保障无法形成学科体系。本研究将社会保障置于民生保障体系中，并与社会福利、社会政策以及社会统计等若干个子学科一起构成民生保障学科，使得民生保障学科具有更为完整的学科体系，体现为一系列课程体系及知识体系。本书通过提高保障和改善民生水平研究，凝练民生保障领域内的概念范畴，总结民生保障的基本类型，剖析民生保障短板，提出民生水平改善的政策建议，有助于更加清晰地陈述民生保障的理论内容，形成民生保障话语体系。

# 第一章　民生的内涵

保障和改善民生是治国安邦的大问题，成为治国理政的重要手段，构成理解治国理政的重要维度，采取何种民生政策措施、形成何种民生保障体系体现出不同的治国理政方略。从历史上看，各个历史时期的人们对民生理解有所差异，甚至同一个时代不同发展阶段的人们对民生界定也不尽相同，展示出民生概念的传承性与发展性特质，体现出民生是一个实践论与认识论相统一的范畴。另外，民生总是表现为生活在特定时空中的人们对于自身生活状态的评价、生活方式的建构以及生活愿景的勾画，体现各个时代人们的生活诉求与生活期望，形成这个时代的生活画卷，因而它被深深地打上文化印记，具有鲜明的时代与文化特质。这就需要我们从逻辑与历史相统一的角度准确理解和把握民生范畴所具有的内涵、特性、意蕴及价值。

## 第一节　民生的定义

民生概念不是从来就有的，它是人结合成群后对这个群体生活状态的描述、生活需要的提供以及理想生活的期盼。国家产生后，民生方略逐渐替代"马上治天下"，它所包含的项目与内容、任务及目标在各个历史阶段的表现形式与表现方式并不完全一致，因而是历史的现实性和现实的历史性的统一。就前者而言，历史上各个时期的民生需要、民生建设实践与建设成效及其所展示出来的民生状态能够成为当下民生建设的思想基础、理论资源及经验总结，使得每一阶段的民生建设成就打上历史的烙印；就后者来说，各个发展阶段的民生都是以往生活史进而是民生建设史的概括总结，今天的民生是以往各个时代民生理念及民生实践的折光。因此，我们必须从历史与现实相统一的高度去理解民生。

**一　民生是中国特有的概念**

民生是我国特有的一个政治与社会概念，是对民众生活水平、生活态度、生活愿望的概括与抽象。从治国安邦高度理解民生意味着我们的民生概念早在先秦时期就已有雏形，禹就说过"德惟善政，政在养民"①，养民的关键在于"厚生"，"厚生"甚至被称为"民生的词汇化历程的第一阶段"②。从历史上看，尧舜禹禅让制的推行都是建立在他们关心民生、保障民生的基础之上，能够"随山刊木，定高山大川"是舜禅让帝位给禹的前提和依据③。后来，历代统治者都会提出自己的民生主张，承诺"要保障民生、造福万民，特别是灾荒年份更会采取相应的措施"④。

（一）民生词汇的缘起

西周初年，经历过战乱的民众生活维艰，周公反思商朝灭亡的缘由并以此为鉴，提出"敬德保民"概念，"以民情视天命"⑤。据史书记载，成王在位期间，在周公等人的辅佐下作《召诰》《洛诰》《多士》《多方》等以训诫殷民和诸侯，要求诸侯必须"先知稼穑之艰难""则知小人之依"⑥"明德慎罚"⑦。康王即位后谨遵周公之言，反复宣传文王、武王功业，多次提到以德待民、"用康保民"⑧，希望人民过上安宁美满的生活。

"民生"一词出现始于《左传·宣公十二年》，"楚自克庸以来，其君无日不讨国人而训之，于民生之不易，祸至之无日，戒惧之不可以怠""民生在勤，勤则不匮"⑨，此时的"民生"指黎民的生计，告诫统治者只有勤政才能让民众过上安定的生活。在此基础上，后世又出现了"利民""安民"之类的词语，比如汉代刘安提出"治国有常，利民为本"⑩、明朝张居正在《陈六事疏》中指出"安民之道"在于善察民众的疾苦，保障民众的生活需求。其实，无论是"养民""保民"，还是"利民""安民"，都是特定时空条件下"民生"的不同表达形式，在不同层面揭

① 《十三经注疏》整理委员会整理：《尚书正义》，北京大学出版社1999年版，第89页。
② 孙来斌、刘近：《中国民生概念发展史论要》，《湖北社会科学》2014年第6期。
③ 周明初校注：《山海经》，浙江古籍出版社2010年版，第192页。
④ 高和荣：《论民生的结构与功能》，《江淮论坛》2019年第6期。
⑤ 纪宝成：《中国古代治国要论》，中国人民大学出版社2004年版，第2—9页。
⑥ 曾运乾：《尚书正读》，中华书局1964年版，第220页。
⑦ 曾运乾：《尚书正读》，中华书局1964年版，第236—246页。
⑧ 曾运乾：《尚书正读》，中华书局1964年版，第158—171页。
⑨ 《春秋左传正义》，中华书局1962年版，第945页。
⑩ 顾迁译注：《淮南子》，中华书局2012年版，第205页。

示了"民生"内涵和实质。

（二）民生概念的形成

近代以来，孙中山较为完整地阐述了"民生"概念。他认为，"民生就是人民的生活——社会的生存、国民的生计、群众的生命"①。广州起义失败后，孙中山更加认识到中国因土地不均而带来的贫富差距过大问题，如果不能防患于未然必将酿成大祸，于是他提出了"平均地权"这一民生主义主张。他认为，平均地权可以"使国家繁荣富强"、"避免少数人对财富的垄断"、"使民主革命与社会革命毕其功于一役"②。后来，孙中山在"平均地权"基础上又提出了"耕者有其田"主张，强调要遵循"节制资本"原则。所有这些，饱含着孙中山先生想要解决中国百姓吃饭问题的愿望。

新中国成立后，党和政府致力于解决民众的衣食住行等生计问题，只不过当时是以劳动就业、社会救助、社会福利、教育医疗卫生等概念呈现出来。改革开放以来，党和政府借鉴国外经验引入社会保险、社会保障等概念。真正将"民生"概念上升到国家层面，成为党和政府的文件内容是在2007年，党的十七大提出"推进以改善民生为重点的社会建设"，并阐述具体的民生项目及其基本内容，以透过民生改善加强社会建设。此后，民生概念得到社会各界的广泛使用，党的十八大报告提出"在改善民生和创新管理中加强社会建设，必须以保障和改善民生为重点"③，党的十九大报告更是明确要求"提高保障和改善民生水平，加强和创新社会治理"④。民生概念在国家和社会治理体系中的地位不断攀升，成为各项社会事业的统领。

## 二 民生概念的争议

近年来，随着保障和改善民生水平概念的提出，学界对民生概念进行了讨论。一些学者通过对民生概念所形成的政治经济社会文化等因素的考察，认为孙中山的民生概念属于狭义层面的范畴，主要涉及百姓的

---

① 《孙中山选集》（下），人民出版社2011年版，第832页。
② 郑大华、任青：《孙中山》，团结出版社2011年版，第49—52页。
③ 胡锦涛：《高举中国特色社会主义伟大旗帜 为夺取全面建设小康社会新胜利而奋斗——在中国共产党第十七次全国代表大会上的报告》，人民出版社2009年版，第37页。
④ 习近平：《决胜全面建成小康社会 夺取新时代中国特色社会主义伟大胜利》，人民出版社2017年版，第57页。

"衣、食、住、行"等四大物质生活资料方面①，强调它是"维持人民群众生命存在所需要的衣食住行一类的经济生活"②。不过，也有学者认为孙中山的民生概念涉及土地、经济及教育等多方面问题③，应属于广义范畴，有的学者甚至认为孙中山的民生概念涉及范围太广，因而"无实际意义"④。就民生概念本身来说，狭义的民生主要包括公民的基本需求，如生命、生存与生活等，而广义的民生可以延伸到经济、社会、政治、文化甚至历史等任一领域，包括公民的"生计与生活"、政治、文化及精神方面的需求以及生命、健康及尊严价值等内容⑤。

实际上，作为人民生计的民生是一个伴随"社会发展进步而不断发展"的概念范畴⑥，不仅包括就业、教育、医疗、居住、养老等领域，而且包含"衣食住行用，生长老病死"，包含民众的物质生活需求和精神生活需求⑦，通过民生保障与民生改善，扎实开展社会治理⑧。有学者甚至在纵向上将民生划分为"生存的民生""发展的民生""享受的民生"等三个维度⑨。

**三　民生概念的界定**

民生是生活在特定时空中民众生计的表达，它不只是个人生活水准的维持以及生活待遇的获得，不只是自下而上、纯粹自发的福利行动，还包括自上而下的生活体系及生活图景建构，彰显了国家及社会治理的理念、政策及行动。这就是说，民生不仅描述了人民的生活状态，体现了人们的生活态度，是中国人追求美好生活的概念性表达，浸润着中华民族的文化观念，是日常生活的符号抽象，承载着中华民族的生存文化、生活样态以及生活方式，它还蕴含国家与社会治理的理念与手段、任务和目标，是国家治理的抓手和载体⑩。

---

① 孙米斌、刘近：《中国民生概念发展史论要》，《湖北社会科学》2014 年第 6 期。
② 蒋大椿：《孙中山民生史观析论》，《中国社会科学》2000 年第 2 期。
③ 韩喜平、宋涛睿：《新时代视域下孙中山民生主义评析》，《湖湘论坛》2020 年第 1 期。
④ 童星：《新时代民生概念辨析》，《内蒙古社会科学》（汉文版）2019 年第 1 期。
⑤ 林祖华：《论民生的内涵和特点》，《理论与改革》2012 年第 3 期。
⑥ 郑功成：《中国民生保障制度：实践路径与理论逻辑》，《学术界》2019 年第 11 期。
⑦ 张桥：《民生：中国共产党始终关注的一个重大的基本问题》，《思想理论教育导刊》2010 年第 5 期。
⑧ 童星：《新时代民生概念辨析》，《内蒙古社会科学》（汉文版）2019 年第 1 期。
⑨ 林祖华：《论民生的内涵和特点》，《理论与改革》2012 年第 3 期。
⑩ 高和荣：《论民生的结构与功能》，《江淮论坛》2019 年第 6 期。

首先，民生揭示了民众的生存需要。民生就是民众的生活，民生范畴的提出以及民生实践的展开与特定的社会生产力相适应，由特定的社会生活条件所决定和制约，体现出历史的生成过程，民生就是民众生活过程的历史总结与抽象概括。例如，上古时期，自然条件恶劣，各地"洪水洋溢，漫衍中国，民人失据，崎岖于丘陵，巢于树木"。在这种情形下出现了大禹治水，解决了当时最基本的民生。① 从这个典故可以看到，早期的民生是对极其低下生产力的抽象，是解决个体无力存活的治理举措，民生的第一要务就是战胜自然灾荒，让民众活下来，"存活"成了那个时代民生的主题与主旨。《尚书》也指出保障民生的手段在于君王的"勤"和民众的"俭"，做到"克勤于邦，克俭于家"。所以，民生关乎民众的存亡，保障民生就是要让民众免遭自然灾害的侵袭。

其次，民生描绘了民众的生活状态。历史上如果君王施行仁政勤政，那么就容易出现国泰民安、民生昌明的景象；反之，如果君王取民无度，民众终年辛劳却不足以养活家人，则会民生凋敝。例如，《史记》记载了秦二世的统治使得"百姓罢敝，头会箕敛，以供军费，财匮力尽"而"民不聊生"，② 于是爆发了农民起义。班固说的"民用凋敝，奸宄不禁"③，描绘的就是当时人们生活极其困苦所导致的民风日下状态。魏晋时期，周武帝想要施恩惠于臣民，但被宇文护压制，使得整个社会人口凋零，劳役赋税繁重，百姓无法生存。于是周武帝感慨说，"每思施宽惠下，辄抑而不行，遂使户口凋残，征赋劳剧，家无日给，民不聊生"④。后来，他登上了帝位便借机杀了宇文护。北宋时期，苏轼上书神宗皇帝说整个社会已经到了"公私劳扰，民不聊生"状态，"民生已困"、"民生维艰"乃至"民不聊生"是那个时代的生活写照。所以，民生是民众生活状态的整体概括和生活境遇的深刻揭示，折射出人们的生活状态及生活境遇。民生状态与生活状态高度统一：有什么样的生活状态，就会形成什么样的民生；有什么样的民生，也会形成相应的生活状态。

最后，民生蕴含着人们的生活理想。尽管早期社会的生产力及物质生活水平十分低下，先民们甚至衣不蔽体、食不果腹，但挡不住他们对

① 周明初校注：《山海经》，浙江古籍出版社 2010 年版，第 192 页。
② （汉）司马迁：《史记》，中华书局 2013 年版，第 2573 页。
③ （汉）班固：《汉书》，中华书局 2005 年版，第 2687 页。
④ （唐）令狐德棻等：《周书》，中华书局 1971 年版，第 177 页。

未来美好生活的向往。孔子就曾描绘未来社会那种"人不独亲其亲，不独子其子，使老有所终，壮有所用，幼有所长，矜寡孤独废疾者皆有所养，男有分，女有归。货恶其弃于地也，不必藏于己；力恶其不出于身也，不必为己。是故谋闭而不兴，盗窃乱贼而不作，故外户而不闭"[1] 的美好景象。当然，这样的社会景象依赖于君王行"大道"、施"仁政"，依赖于整个社会能够"选贤与能，讲信修睦"。管子等人主张民生需要君王"厚其生""输之以财""遗之以利""宽其政""匡其急""振其穷"。[2] 其中，"匡其急"包括"养长老，慈幼孤，恤鳏寡，问疾病，吊祸丧"等。显然，在当时的条件下，这些主张更多的是高擎理想主义的大旗而不可能真正落地生根，难以激励人们为美好生活而努力奋斗。后来，孙中山将民生与土地、资本结合起来，强调民生"是社会一切活动的原动力"，认为发展民生、建立民生主义国家就是要"平均地权"，做到"耕者有其田"；要节制私人资本，"发达国有资本""以养民为目标"。[3] 由此将对民生的理解推进到新的高度，这为科学民生观的提出奠定了坚实基础。

## 第二节　民生的范围

随着社会的发展与矛盾的转化，民生的领域与范围、项目和待遇均发生了相应的变化。2007 年，政府把"学有所教、劳有所得、病有所医、老有所养、住有所居"作为民生建设的目标[4]，并且从教育、就业、收入与分配、社会保障、医疗卫生、社会管理六个方面阐述具体民生范围。新时代党和国家围绕"以人民为中心"思想不断完善民生项目，提高民生福祉。走进新时代，中央把"提高保障和改善民生水平，加强和创新社会治理"当作重大任务，将民生范围扩大至"教育、就业与收入分配、

① （西汉）戴圣：《礼记》，胡平生、张萌译注，中华书局 2017 年版，第 419 页。
② （清）黎翔凤校撰，梁运华整理：《管子校注》，中华书局 2004 年版，第 194—195 页。
③ 《孙中山选集》，人民出版社 1981 年版，第 803—835 页。
④ 胡锦涛：《高举中国特色社会主义伟大旗帜　为夺取全面建设小康社会新胜利而奋斗——在中国共产党第十七次全国代表大会上的报告》，人民出版社 2009 年版，第 37 页。

社会保障、脱贫、健康、社会治理、国家安全"等诸多领域。① 这就需要我们对民生的领域及范围进行划分与界定，从微观、中观及宏观相结合的高度明确保障和改善民生的项目设计、项目组成及项目类型。

由于民生是浸润中国文化的概念范畴，社会福利及社会保障项目只是民生的载体及民生的表现形式，通过民生项目的建设可以有力地促进国家与社会治理。因此，这就需要我们讨论民生与福利、保障的关系。

## 一 民生与福利

国内学术界关于民生与福利、民生与保障等之间的关系研究不够丰富，甚至出现了混用情形，认为民生就是社会福利或社会保障项目的总和。其实，"民生""福利""保障"三个概念存在差异，体现着不同的治理逻辑。

（一）民生与福利

从内容上讲，"民生"是中国特有的概念，"福利"这个概念出现得较早。不过，把"福利"当成一种制度设计并与"社会保障"结合起来则是近代特别是"二战"结束后欧美国家的做法，因而容易让人形成错觉，以为"福利"和"保障"是欧美国家的专享。在我国，"福利"一词最早出现于《后汉书》，即"是使奸人擅无穷之福利，而善士挂不赦之罪辜"②，这里"福利"指生活上的物质性利益。韩愈也曾提到"福利"一词，即"何有去圣人之道，舍先王之法，而从夷狄之教，以求福利也"，此时的"福利"已含有精神层面的满足感与幸福感之义。毛泽东在《论联合政府》中提到"福利人民"，其含义为生活上的利益，这与当时中国的艰难处境有关。新中国成立后，"福利"含义更加具体化，包括对职工在食、宿、医疗等方面的照顾③。改革开放以来，随着学术交流国际化程度的加深，国外的福利思潮及福利学说传播到中国，"welfare"和"well-being"，牛津词典的解释为"（个体或群体）幸福、安全与健康"和"（政府给予的）福利"，含义比较宽泛，包含物质和精神两个方面。

一方面，"福利"通常包括"获得基本的物质生活材料""提高全体社会成员的生活质量""在物质生活得到保障、全体社会成员生活质量得

① 习近平：《决胜全面建成小康社会 夺取新时代中国特色社会主义伟大胜利》，人民出版社 2017 年版，第 57—63 页。
② （清）王先谦：《后汉书集解》（上、下），中华书局 2006 年版，第 579 页。
③ 景天魁：《福利社会学》，北京师范大学出版社 2010 年版，第 4 页。

到保障的基础上的'幸福'与'满足'"。① 因此，福利可以用来描述个体生活的改善情况，是可以直接用效用函数来表示的社会行动。而民生一般用于群体特别是某个社会群体的整体性生活情况，如整个社会的生活状态及生活水平等。

另一方面，"二战"之后，"福利"通常被西方学者当作公民的"资格"和"权利"，它是社会成员获得公民身份的一项基本权利，也是国家应该承诺给予的基本权利，因而变成了国家的预设，推动一些国家建成从摇篮到坟墓的福利国家。当然，在自由主义学者那里，社会福利就是个人福利效用的总和。尽管民生涉及各福利事项，但是，民生不是各福利事项的总和，更不是个人福利的总和，个人福利的加总永远不等于整个民生。因此，西方的福利概念体现着方法论个体主义的逻辑基础，而我们的民生范畴浸润着方法论整体主义的思想要求。

（二）民生与保障

"保障"亦有中西方之分。中国的"保障"一词早期出现在《左传》和《三国志》中，指起保护防卫作用的事物，在《资治通鉴》中"保障"特指军事建筑物。随着"保障"一词的演化，其逐渐包含"保护""保卫"以及动词"保证"之义，国内学者常用"社会保障"、"民生保障"和"保障民生"等说法。西方的"保障"一词主要对应英文单词"security"，多取"保护、保护措施、保证"之义。美国常用"social security"，译为"社会保障"或"社会安全"。无论是在西方国家还是在中国，"保障"一词都含有"保护"之义，是责任主体通过现金或服务等方式为满足特定条件的民众提供基本生活需求。从含义上讲，名词"保障"是"民生"范畴的一部分，而动词"保障"则是作为"民生"的手段而存在。

总体上看，社会保障是 19 世纪晚期特别是 20 世纪早期逐渐兴起的概念，用来强调国家或社会对民众基本生活的建构与承诺，进而成为国家合法性的有力工具。20 世纪 40 年代中后期，西方国家加大了社会福利制度的建设力度，出台了许多政策，完善了社会保险、社会救助及社会服务制度，社会保障成为统领这三个概念的上位概念。民生是对社会保障的抽象，它涉及的政策、制度、项目领域及范围要比社会保障广，不仅

---

① 景天魁：《福利社会学》，北京师范大学出版社 2010 年版，第 6—7 页。

包括社会保险、社会救助以及社会服务等社会保障，还包括教育、住房以及其他基本生活必需品等，甚至还包括社会治安、社会建设及社会心态等，因此是一个更为广泛的概念，体现了包含与被包含关系。

当然，民生虽然不针对个体，但这并不是说没有微观领域内的民生。从层次上看，民生的范围可以涵盖微观、中观以及宏观等三个层面，分别涉及个体或家庭、地方及全国等三个层面，每个层面的民生承载的功能以及所要解决的问题并不相同。

**二 微观层面的民生**

微观层面的民生是指政府针对个体的基本生活所设置的若干个具体项目，这是整个民生体系中最为基础、最为具体的项目安排，体现了民生的具体性及丰富性特征。

民生总要落脚到民众的日常生活，透过民众的日常生活可以检视社会的民生状态以及民生发展水平，民众日常生活所面临的柴米油盐酱醋茶、衣食住行娱、生老病死葬等具体项目就是微观层次上讨论的民生。

一方面，微观层次上的民生项目具体明确，直接针对民众日常生活中的某一具体问题而设置。例如，在义务教育领域，减免每个学生的小学和初中的学杂费、书本费就是一项具体的民生工程，它涉及一个地区课本费用减免的课本种类、学生类型、经费年度支出、经费来源及稳定性、项目的可持续性等。又如，各地为了落实《"健康中国2030"规划纲要》提出了全民健身公共设施项目，其中就规定了各地要建设的公共体育设施项目类别，测算人均体育活动场地面积等。再如，就业是重要的民生事项，各地都规定了失业率要求，一些地方为此采取了许多促进就业的政策和办法。

另一方面，微观层面的民生落细到项目或数量问题。民生不仅描绘社会整体生活状态及生活水平，而且蕴含着生活在这个社会中的个体生活水准，因而需要明确民生供求的种类、数量及规模，特别是测量究竟投入多少才能保障基本民生、才能解决基本民生需求的问题。因此，民生投入具有可测量性以及可操作性。在这个意义上，微观层面的民生追求民生项目的可实施性以及可操作化，既可以测量民生投入在不同对象之间的获得感，还可以比较民生投入能否保障以及在多大程度上保障基本民生。例如，透过困难残障人生活补贴和重度残障人护理补贴（简称"两项补贴"）政策的实施，分析困难残障人以及重度残障人的生活水准；借助家计调查，能够较为清楚地了解这类残障人个体获得补贴后的生活境遇。

这表明，微观层面的民生是民生政策、民生制度在日常生活中的具体化与细化。民生理念的践行、民生方略的实施、民生政策的形成以及民生制度的出台，最终都要落脚到具体的民生类型、民生项目、民生待遇上，形成对民众基本生活需要的民生项目的总结、概括与抽象。离开了具体的民生项目就无法形成科学的民生体系、高远的建设方略以及丰富的民生理念。例如，乡村振兴作为一项民生实践它最终要落脚到"一村一品""一户一策""一人一法"这样一种微观层面的民生活动中去，甚至落脚到民众一日三餐等具体的生活举措里，使得民众对此看得到、看得清。

### 三　中观层面的民生

中观层面的民生介于宏观和微观层面的民生之间。它既是微观层次上民生项目的概括与整合，也是宏观层面的民生理念及民生方略的分殊，具有"中途驿站"的秉性和特征，具有承上启下的属性和功能，表现为地方性民生制度以及由此凝聚而成的民生政策框架。

一方面，中观层面的民生揭示了制度化中的民众生活。社会是一个有机整体，只有将若干个体行为整合为社会行为才能推进社会运行与发展。相应地，只有将个体的衣食住行娱、生老病死葬等问题的解决提升到一个地区的和谐稳定高度才能有助于该地区的安定有序，这就需要各地结合自身丰富的文化习俗、独特的生活习惯、差异的生活需求，概括出这个地方一般性的民生需求，形成具有地方特色的民生政策安排，使之成为地方民生行动的一部分。例如，中国南方地区的村庄较普遍地存在老人会、慈善会等组织，它们开展的活动有助于改善本村民众基本生活。因而，很多南方城市就会将这些民生服务机构所开展的民生供给活动予以组织化、规范化和制度化，形成地方性民生政策准则，激发各类企业事业组织及爱心人士参与民生治理的热情，塑造乡风文明，着力保障和改善民生。

另一方面，中观层面的民生揭示具体的政策框架结构及内容。除了能够将乡规民约上升到地方民生政策层面外，在中观层面上，民生还涉及地方政府因地制宜地将中央及省级人民政府的民生政策"在地"转化为具体的民生制度并加以执行。这是由于中央政府的民生政策具有普遍性与宏观性，是通过对各地民生建设的抽象与总结以及国外民生政策的反思与借鉴，形成的具有一般性的民生方略。依据一般性民生方略所制定的民生政策要想有效地执行、落地开花结果，还需要结合自身实际进行创造性转化，形成既符合地方实际，又有助于推进和实施的民生政策，以此不断满足人民群众日益增长的美好生活需要。例如，教育特别是义务教育是全社会共同关注的民生话题，国家规定实施九年制义务教育。但是，各地在实施过程中就可以结合自身经济发展水平等因素加以拓展、延伸和充实，有的地方出台政策实施了普惠性学前教育，有的地方实施高中阶段的义务教育，从而将九年制义务教育政策拓展到十二年制义务教育，个别城市甚至从 2020 年起将义务教育年限延长到十五年。这样的教育政策就是一种中观层面的民生项目与民生政策，具有鲜明的地方性特色。同样，在就业与社会保障领域，劳动力输入大省出台的外来工就业培训及养老医疗等政策，就是根据当地外来务工人员的就业与生活特性而制定的民生政策，同样具有中观层面的特性。

因此，我们把中观层面的民生定位为兼具地方特色的民生项目与民生政策，也是各类民生项目在各地的丰富实践，形成了特色鲜明的地方民生模式。此时的民生就从微观层面的"一村一品"、"一户一策"、"一人一法"上升到"一地一色"、"一地一法"甚至"一地一平台"。中观层面的民生项目实施影响宏观层面的民生方略以及全社会民生目标的达成。

**四　宏观层面的民生**

民生是治国理政的重要手段，民生建设必须从治国安邦这个高度去着手，这自然就涉及一个国家的民生理念、民生方略、民生制度及民生体系。因而需要在宏观层面上讨论民生问题。宏观层面的民生是指面向国家层面、反映社会整体状态的民生设置与民生安排，因而它涉及其背后的民生理念，体现一个国家的民生方略与民生政策、民生体系及民生框架，展示这个国家的治国理政特色。

从民生理念来看，民生理念来源于民生实践，是对民生制度、政策及实践的概括、总结和升华，一个国家的民生理念具有历史的延续性与继承性，体现出民生理念的长久性与稳定性；反过来，民生理念一经形成，就能够指导人们的民生实践，制定形成相应的民生制度，作出相应的政策、项目及资金安排，形成民众的生活期待，民生理念成为民生制度与政策的统领及依据，成为民生政策及民生活动展开的依据。因此，民生理念成了抽象程度最高的范畴。近年来，随着提高保障和改善民生水平的提出，政府确立执政为民理念，把民生当成治国安邦的大事来抓，不断加大民生投入力度，完善民生保障制度体系及政策体系，提高民生保障水平，增强人民群众的获得感、幸福感与安全感。

有了自己的民生理念，政府就可以据此制订民生建设方略，进而去顶层设计体现自身民生模式特征、探索符合本国人民生活习惯的民生道路，明确其所选择的民生建设模式与目标，以及围绕这一民生目标所采取的实施途径与实施办法，讨论民生目标的资金来源及实现方式，确保整个国家的民生方略顺利实现。所以，民生方略是民生理念的展开，是民生理念的具体化，透过民生方略可以凝练出民生理念。

这表明，宏观层面上的民生需要对民生方略予以展开，形成完整的民生制度体系、民生政策体系及民生项目体系，最终落脚到民生待遇体系。它要求有自己的民生制度体系，特别是涉及衣食住行娱、生老病死葬等方面的制度安排，让民众形成生活有保障、社会较安全的感觉。从项目上看，它包括就业、收入分配、教育、医疗卫生、健康、社会保险、社会救助以及住房保障等各个方面的问题，从而构成了全面的民生制度及政策体系。当然，宏观层面的民生还涉及如何确保国家的民生投入与经济发展水平同步，让经济发展的成果与人民共享。

## 第三节　民生的特点

民生有其自身的运行特点和演进规律，特别是对一个具有延续性和完整性的民族国家来说更是如此。解决民生问题，探讨如何提高保障和改善民生水平，应当总结我们这个民族国家在数千年的民生建设实践中所形成的特点，只有这样才能更好地认识民生，有针对性地改善民生。总体上看，民生具有历史延续性、文化传承性以及时代发展性特质，是这三种特质的有机统一。就历史延续性来说，民生具有历史的现实性和现实的历史性，它不仅体现了民众的生存需要、生活状态和生活理想，还蕴含着我们这个国家有史以来所传承下来的治国理政理念、规范和目标，成为今天国家治理体系及治理能力现代化的历史基础。从文化传承性来看，民生是一个具有中国特色的集合概念，它清晰地揭示了我国的纵向文化关系与文化结构，民生虽然由若干项目构成，但若干项目的总和并不能揭示民生实质，因此它不同于西方福利经济学把社会福利当成个人福利总和这样一个简单机械观点，因此，"民生"不是西方社会的"福利"或"福祉"等非集合概念。从时代发展性角度看，民生是现实的反映，是时代的产物，一定会随着时代的变化而变化，随着时代的发展而发展，有些民生项目会随着时代的变迁从无到有地产生。

**一 民生的历史延续性**

从历史上看，民生不是从来就有的，它是人结合成群后对这个群体的生活需要、生活状态的描述以及生活理想的期盼。[①] 民生具有历史的现实性和现实的历史性，每个历史阶段的民生各有特点，被打上了那个时代的烙印，因而具有历史的现实性；与此同时，每个阶段的民生又是在以往民生建设成就基础上发展而来的，是以往生活史和民生史的总结与升华，因而具有现实的历史性。

（一）映射生活的历史概念

民生体现了民众的生存需要。民生问题最初出现在生产力低下的早期时代，是盘古开天辟地后君王为解决民众生存困难问题而采取的举措，是君王获得民众认同的生活基础。在早期社会，保障民生的首要任务是战胜自然灾害，减少衣不蔽体、食不果腹、瘴气侵凌、疾病盛行、哀鸿遍野、民不聊生等现象的发生，于是如何让民众存活下来便构成了早期社会民生的主要内容。[②] 从此以后，能否保障民众活下去构成了统治合法性的基础，只要能够"保民"，就能"为王"，天下则"莫之能御"；反之，民众一旦活不下去，则会揭竿而起，挑战朝廷的统治。

民生描绘了民众的生活状态。生活是人存在于社会并开展社会互动的途径及形式，有什么样的生活，人们如何表现自己的生活，就会凝聚成何种社会网络，结成何种社会关系及社会结构，也就形成了相应的生活状态，民生由此就成了描绘整个社会生活状态的范畴。[③] 民生与生活状态相互作用、高度统一，生活状态因民生举措而发生变化，民生也会因为生活状态的变化而进行相应的改革和发展。回望历史，如果君王横征

---

① 高和荣：《民生的内涵及意蕴》，《厦门大学学报》（哲学社会科学版）2019 年第 4 期。
② 高和荣：《民生的内涵及意蕴》，《厦门大学学报》（哲学社会科学版）2019 年第 4 期。
③ 高和荣：《民生的内涵及意蕴》，《厦门大学学报》（哲学社会科学版）2019 年第 4 期。

暴敛，就会民不聊生，百姓生活十分艰难，犹如司马迁《史记》所写的"百姓罢敝，头会箕敛，以供军费，财匮力尽"①；反之，如果君王心系百姓，勤政为民，国家就会国泰民安。所以，古人讲民水君舟，"水能载舟，亦能覆舟"，君王要想江山永固就要体察民情、关注民生。及至今日，随着提高保障和改善民生水平的提出，政府加大民生投入力度，民生项目日益完善，民众的获得感不断增强，人民普遍安居乐业。

民生蕴含着人们的生活理想。民生包含着社会对未来生活的美好追求，反映了人们积极的社会心态。尽管早期的社会生产力水平低下，人们缺乏足够的生活资料，但这并不能阻止他们描绘自己的未来生活蓝图，阻挡不了他们对美好生活的向往和追求。例如，孔子希望可以生活在那样的社会里："故人不独亲其亲，不独子其子，使老有所终，壮有所用，幼有所长，矜寡孤独废疾者皆有所养，男有分，女有归。货恶其弃于地也，不必藏于己；力恶其不出于身也，不必为己。是故谋闭而不兴，盗窃乱贼而不作，故外户而不闭。"② 孟子也讲明君当制民恒产，做到"仰足以事父母，俯足以畜妻子，乐岁终身饱，凶年免于死亡"。体现了人们的民生理想与民生情怀。

（二）治国理政的历史反映

民生体现了各个朝代、各位君王的治国理政理念。从本质上讲，治国理政的核心在于"如何治人"，即国家治理的本质是掌握人性并因势利导人性。所谓的"民惟邦本"就是指人民才是国家的主人，人民安居乐业国家才能兴旺发达，社会才能长治久安。管子提出并推行"九惠之教"理念，赋予了民生以治国理政的意蕴。古人早已说过"民生在勤，勤则不匮。宴安自逸，岁暮奚冀！儋石不储，饥寒交至"③。

民生蕴含着治国理政规范。民生从一开始就不是用来描述单个个体的生活，而是君王统治下的社会状态，包含了君王统治臣民的社会规范，体现着对君王开展社会治理的总体要求。某种程度上，不同历史时期的民生内涵之所以有差异，就是因为民生反映了各个历史时期的社会秩序及社会状态，体现了君王对整个社会秩序的建构及其治理准则。例如，《礼记·孝经》规定，凡为民众防治灾害、救民于水火等，人民就要祭祀

① （汉）司马迁：《史记》，中华书局2013年版，第2573页。
② （西汉）戴圣：《礼记》，胡平生、张萌译注，中华书局2017年版，第419页。
③ （东晋）陶潜：《陶渊明集》，王瑶编注，作家出版社1956年版，第24页。

他。"夫圣王之制祭祀也：法施于民则祀之，以死勤事则祀之，以劳定国则祀之，能御大灾则祀之，能捍大患则祀之。"① 在与齐宣王的对话中，孟子讲到，贤明的君王要能够制定产业政策，让民众足够抚养妻儿老小，还要制定治理规范。他提出"五亩之宅，树之以桑，五十者可以衣帛矣。鸡豚狗彘之畜，无失其时"，"百亩之田，勿夺其时"，这样"七十者可以食肉""八口之家可以无饥"。② 董仲舒劝诫汉武帝要"薄赋敛，省徭役，以宽民力"，这样，国家"可善治也"。③ 王阳明认为，工商业绝对不是什么"贱业"，而是保障民生的有效手段，理当与士、农等阶层等处于同等地位，"古者四民异业而同道，其尽心焉一也"④。所以，民生从来都是针对社会整体而不只是单个个体，侧重于自上而下的国家治理而不只是自下而上的福利诉求，更不是个体的自我生活以及自发的社会行动，它蕴含了国家治理社会的自觉行动，是国家治理在日常生活领域中的延展，是社会治理的重要方面与有效抓手。

民生体现了治国理政目标。民生不只关乎个体福利的增进，而是蕴含人民安康、社会安宁和国家强盛这一理想性治理目标。例如，先秦时期，赋税徭役繁重，保障民众最基本的生存成为民生建设的首要任务，也是治国理政的重要议题。为此，孟子和荀子等人提出了"明君制民之产"⑤，强调"民事不可缓"，要"取民有制"，要"无夺农时"。做到"仰足以事父母，俯足以畜妻子，乐岁终身饱，凶年免于死亡"，⑥ 也就是荀子所说的"善生养人""善班治人"。⑦ 实现这样的治理目标，君王当"去无用之费，圣王之道，天下之大利也"⑧；社会要大兴教育，研习礼仪，提升民众的德行与修行，进而实现"王道得行"的昌明社会。

**二 民生的文化传承性**

民生是一个打上中国文化烙印的概念，它体现了中国人的生存主张与生活追求、生活方式与生活观念，蕴含着中华民族的生存文化，展现

---

① 胡平生、陈美兰：《礼记·孝经》，中华书局 2007 年版，第 165 页。
② 杨伯峻：《孟子译注》，中华书局 2015 年版，第 5 页。
③ （北宋）司马光：《资治通鉴》，中华书局 2014 年版，第 1060 页。
④ （明）王守仁：《王阳明全集》，红旗出版社 1990 年版，第 1030 页。
⑤ 杨伯峻：《孟子译注》，中华书局 2015 年版，第 17 页。
⑥ 杨伯峻：《孟子译注》，中华书局 2015 年版，第 17 页。
⑦ （清）王先谦撰，沈啸寰、王星贤点校：《荀子集解》，中华书局 2013 年版，第 589 页。
⑧ 吴毓江：《墨子校注》，中华书局 1993 年版，第 243 页。

了中国人的纵向文化关系与文化结构，是中华文化在日常生活中的表现。

（一）日常生活的文化提炼

在漫长的历史变迁中，每个国家都会形成自己的生活习惯和生活方式，塑造自己的话语方式和概念体系，彰显自身独特的生存文化。各民族生活方式、生活习惯的丰富性产生了生活文化的多样性，而文化的多样性自然产生了"多样化的社会福利理念"及行动①。当然，这样的生存文化影响到人们的生活方式选择，有助于形成相对稳定的生活观念及生活态度。

一方面，民生描述了人们的日常生活，展示出社会生活状态，包括民富国强和民不聊生两种情形：如果统治者施行善政，博施济众，人民的生活就会繁荣；如果统治者实行专制，人民的生计就会被破坏，出现"民生已困"、"民生凋敝"乃至"民不聊生"情况。另一方面，民生体现了我们对生存和生活的追求，体现出人们的生活态度。中国是一个以农耕为主的社会，黄河特别是长江以南地区人地矛盾较为突出，因此中国人历来主张勤劳致富，希望通过自身辛勤劳动改善生活，"勤劳生财，团结生义""克勤克俭，毋怠毋荒"成为中国人的家训并广为传承，勤劳、节俭等构成保障和改善民生的文化前提与手段。所以，《尚书》说"功崇惟志，业广惟勤"。古往今来，我们一向支持辛勤工作，希望通过不懈的努力来改善和提高生活，因此勤劳、节俭是保障和改善民生的文化基础。

（二）生存文化的独特表达

民生范畴不是现在才有的，早在先秦时期就业已存在，不仅成为国家治理的基石，也是先民们生活态度与生活观念的一部分，内化为他们的日常生计，因而具有丰厚的生活特性，用来描述社会成员的生活。当一个家庭或个人无法生存时，就会希望治国理政者实行仁政，使民众最基本的生活得到保障。能否保障民众最基本的生活需求构成了统治合法性的基础性条件，这就要求统治者能够体恤民情，关注民生。

例如，夏朝时期，太康身居大位却只顾游乐，忽视民生，最终失去帝位，太康的五位弟弟作《五子之歌》感叹"民可近，不可下。民惟邦

---

① ［韩］朴炳铉：《社会福利与文化》，高春兰、金炳彻译，商务印书馆2012年版，第Ⅶ页。

本，本固邦宁"①。在他们看来，民生连着民心，民生在国家治理中处于基础性地位，在日常生活中表现为柴米油盐酱醋茶，但却事关江山社稷与国家治理。君王应当妥善处理好民生问题，而不能只顾自己享乐，否则将失去民心而断送江山。这应该是有关民生与民心辩证关系的最早表达。《左传》提到楚国的国君"训之于民生之不易"，认为"祸至无日"，要以"戒惧不可以怠"态度对待民众的诉求，主张用楚国先君若敖、蚡冒筚路蓝缕的开拓进取精神激励生产。可见，当时的"民生"已经被用来描述全体社会成员的生活状态，是个人及家庭难以应对生存挑战而寄希望于君王善政的概念，是民众对君王给予生活保障的寄托，是民众作为君王子民的朴素要求。它要求君王"以民为贵"，把富民当成强国之本，实行有利于民众生活的治理策略，解决民众的生活所需，强调"民之所欲，天必从之"，做到以民为本，"本治则国固，本乱则国危"。因此，民生体现了中国人的生存文化与生存主张。正如孟子所说："民之为道也，有恒产者有恒心，无恒产者无恒心。苟无恒心，放辟邪侈，无不为已。"②

（三）社会文化结构的体现

一个国家的文化形式及其组成方式体现了所蕴含的民生理念、民生方略及民生行动。通过中国语境下的民生概念，可以看到中华民族强调个人属于家庭、家族甚至国家的纵向文化关系，体现了家国一体的文化结构。

例如，中国文化在大一统基础上形成了注重修齐治平的纵向文化关系与文化结构，这种文化特质强调个人从属于家庭、宗族乃至国家。这其实是对父慈子孝、兄友弟恭、长幼有序等生活规范及生活秩序的总结、概括与升华。它把个人修身当成入群也就是迈进社会的前提，修身不只是为了增进个人福祉，更多的是为了合群、能群，修身最终是要实现安邦定国的目标和抱负。在这种文化结构和思维方式影响下，民生不只是指个人的衣食住行，而是凝练成社会成员生活安康的载体；民生不只是追求个人的物质幸福，而是要实现社会整体共同追求的生活目标；民生不是个人自在的生活方式以及个人福利的自我建构，而是自上而下的社

---

① 顾迁译注：《尚书》，中州古籍出版社 1979 年版，第 75 页。
② 杨伯峻：《孟子译注》，中华书局 2015 年版，第 117 页。

会结构，民生由此成为实现治国平天下所采取的策略与手段。

不仅如此，透过民生可以窥视我们这个民族特有的文化结构与文化形式。西方国家用"福利"或"福祉"等非集合概念近似地表达中国的民生概念，它们更多地强调个体或阶层之间的待遇差异以及如何采取有效措施缩小其间的福利差距，这与整个西方社会数千年来所形成的横向的、原子化的文化特征有关，体现了西方人所恪守的个体文化结构。但中国的"民生"是一个集体概念，它要关注社会整体发展情况，是社会大众的总体性福利要求，需要治国者对整个社会生活状态、生活水准及生活目标等进行系统化规制与整体性建构，以便为民众的日常生活提供指引。透过民生范畴的使用，清晰地揭示我们这个民族的"差序格局"文化关系与结构，表征着我们这个民族的文化品格。

在这种文化结构影响下，民生不仅追求个人幸福，更关注全社会的发展进步；民生不仅关乎个人福祉建设，更反映了自上而下的社会结构。

**三　民生的时代发展性**

民生是具体的、动态的、与社会发展相适应的，不同国家的民生有不同的目标，同一国家不同时代的民生也有不同的追求。就我国而言，进入新时代，我们致力于发展经济，增强综合国力，为发展和促进民生提供坚实的物质基础。随着社会的发展进步、社会矛盾的转变，政府越来越注重发展民生事业，补齐民生短板，让发展的成果惠及全体人民。

（一）从理想追求到社会建设的需要

在物质生活资料稀缺的早期时代，民生的侧重点是维系人口繁衍与社会运行，那时的民生项目主要解决民众最基本的生存问题，避免社会出现衣不蔽体、食不果腹、瘴气侵凌、疾病盛行、哀鸿遍野等惨状。当然，按照社会科学家的看法，人的生存需要是多层次的，不仅追求"基本需要"，还要追求"中介需要"[1]，一旦满足了较低层次的需要后，又将追求更高层次的需要，这是人区别于其他动物、不满足于现状并努力去"改变世界"的重要方面。也就是说，对未来保持美好向往与憧憬是民生的秉性，由此推动民生事业的演进与发展。

改革开放初期，政府勾画了以经济建设为中心的发展道路，摒弃了

---

[1]　[英] 莱恩·多亚尔、伊恩·高夫：《人的需要理论》，汪淳波等译，商务印书馆2008年版，第42页。

计划经济时代下的区隔型民生模式，逐步探索建立与经济发展相适应的民生项目，解决人民群众的温饱问题。进入新时代，随着经济的发展和社会进步，国家回应人民日益增长的美好生活需要，把民生作为长治久安的基础性工程，"坚持与时俱进，用改革的办法和创新的思维解决发展中的问题，坚决破除体制机制障碍，推动社会保障事业不断前进"①，建成了以社会保险、社会救助、社会福利为基础，以基本养老、基本医疗、最低生活保障为重点，以慈善事业、商业保险为补充的覆盖全面的社会保障制度体系，致力于全面建成小康社会的同时通过民生措施使人们共享发展成果，把民生建设纳入国家治理体系中，把保障和改善民生作为社会建设的核心要务。

（二）从外在设置到国家治理的要求

西方社会的福利建设往往以个人福利为起点，落脚到个人福利，将社会福利当成个人福利的总和，因而在福利事业发展过程中，他们更多地注重如何提升个人福利待遇，与其说"以人为本"，倒不如说"个人为本"，"个体"成为西方社会福利事业发展的实践起点。因此，它们的福利事业往往较少地关注福利项目供给、资金注入能否完善社会结构、发挥社会整合功能以及促进社会平稳运行等方面。因此，西方的福利建设是方法论个体主义思维方式在社会建设领域内的集中表现与生动实践，是一种外在于社会有机体的项目设置与制度安排。此外，在西方独特的政治选举制度下，"福利"成了候选人为争取选票向选民开具的支票，成了选民关注自身幸福感与满足感的概念，候选人参加竞选时会宣扬自己的福利建设规划，意在通过福利建设博得选民的信任与投票。因此，西方的福利建设是一种外在于社会的项目设置与制度安排，它更多地成了选民投票的依据而难以提升到国家治理的战略高度。

与西方不同，中国自古以来就坚持方法论整体主义，把个体纳入群体并成为群体的一部分，善于从家、家族、群、国以及天下等社会整体来看待社会个体，即从群体的视角看个体，用具有集合概念性质的"民生"来开展福利建设。民生不只是福利项目的简单相加而是福利项目的升华，民生不只是个人生活的保障而是国家治理的要求与保障。我们的

---

① 《习近平总书记在中共中央政治局第二十八次集体学习时强调　完善覆盖全民的社会保障体系　促进社会保障事业高质量发展可持续发展》，《人民日报》2021 年 2 月 28 日第 1 版。

民生从一开始就不只是针对个体，关注个体福利待遇及福利水平不是中国"民生"的全部内涵，更不是民生建设的唯一任务与全部任务。我们的民生具有实现社会整合与社会凝聚的目标，具有试图减少社会排斥、增进社会和谐等方面的使命。

今天，我们开展提高保障和改善民生水平的社会建设，创新国家和社会治理水平，就是要吸取历代民生政策的经验与教训，深化对民生内涵及外延的理解与认识，把民生当成治国安邦的大问题来加以统筹解决，实行党委领导、政府负责、社会协同、法制保障，扎实推进民生建设，织密民生网络，使保障和改善民生成为国家治理体系和治理能力现代化的重要着力点。中国的民生事业由此就成了国家治理体系的一部分、治国安邦的重要环节，通过民生建设可以推进国家长治久安的实现。

（三）从社会控制到民族复兴的理想

福利天然与社会控制相关。福利最初是针对生活困难的群体，通过救济或互助的方式帮助他们渡过难关，这不仅是君王仁慈统治的体现，更是维持社会稳定的需要。工业革命以来，随着生产力的发展和人口的增长，西方国家继续增加福利计划、丰富福利内容并提高福利水平。这些国家不断扩大福利项目、拓展福利内容，从日常生活最低限度的救济逐步延伸到生老病死等各个方面，从低水平低层次的福利提供到较高水平、较高层次的福利设置，由此形成了制度化、系统化的福利提供，解决了社会普遍面临的劳动力短缺及劳动力基本保障问题，一定程度上缓解了社会冲突。"二战"结束后，福利逐渐被当成一种"公民权利"、"公民资格"或"公民身份"，福利从最初"施以救济的义务"向穷人享有"得到救济的权利"转化，[①] 福利的社会控制功能有所弱化，福利满足个人需要的功能日益凸显。

我国的民生从解决民众基本生活需要出发，动员和整合社会力量，及时回应人们的生活关切，增加福利项目、完善福利待遇，使人们共享经济社会发展成果。我们的民生体现了治国理念和治国方略，因而往往从治国安邦的维度、民族复兴的高度理解民生、建设民生以及保障民生。正如习近平总书记所言，"在新时代的征程上，坚持把人民群众关心的事当作自己的大事，从人民群众关心的事情做起，多谋民生之利，多解民

---

① 郭忠华、刘训练：《公民身份与社会阶级》，江苏人民出版社 2007 年版，第 45 页。

生之忧，在幼有所育、学有所教、劳有所得、病有所医、老有所养、住有所居、弱有所扶上不断取得新进展"①。纵观民生建设过程，可以看到我们以大局为重、以国家为先的民生治理体系和治理理念，充分反映了中国人民对美好生活的渴望和实现中华民族伟大复兴中国梦的理想期望。

这表明，民生建设与政治密切相关，民生服务于政治建设与政治发展，"民生"蕴含着国家的治理目标及治理方略，因而是对"福利"及"福祉"等概念的扬弃。从治理角度看，与福利等概念相比，民生把福利当成中介与桥梁去实现治理目标和治理任务，因而体现出国家与社会的治理本性和特征。透过民生建设可以窥视我们以国为先的治理体系与治理逻辑，充分展示出中国人对美好生活的向往以及对整个社会的理想性期待。所以，我们提出保障和改善民生水平，创新社会治理，正是传承中国历史与文化、扎根中国大地的社会治理及社会建设，因而并不是简单地移植欧洲国家的福利概念。用"民生"去超越"福利"或"福祉"概念，并非标新立异，而是具有厚重的文化和历史根基，这是将"自己的社会文化背景"及社会生活贯彻于学术研究，只有这样才不会"沦为西方社会及行为科学的附庸"②。

---

① 《习近平在党的十九届一中全会上的讲话》，《人民日报》2017年10月25日第1版。
② 杨国枢、文崇一：《社会及行为科学研究的中国化》，"中研院"民族学研究所1982年版。

# 第二章  民生发展的传统基础

中国民生事业的发展具有深厚的历史根基，民生概念很早就为古人所使用。《左传》提到"民生在勤，勤则不匮"①，以此劝诫民众辛勤劳作，保障生计。虽然传统社会的"民生"与现在所强调的"民生"内涵及外延均有较大差别，但就其本质而言，均是事关民众的生计。人们常说，"观今宜鉴古，无古不成今"②，传统社会的民生实践是现今保障和改善民生水平的历史基础，新时代提高保障和改善民生水平有必要对传统社会的民生实践加以分析。综合起来看，我国历史上的民生事业体现在"保""安""利""富""教""勤"等六个方面。

## 第一节  民生重"保"

在古汉语中，"保"就是"养"，相应地，"保民"就是"养民"之意。保障民众基本生活，是维持人生物属性的基础，是个体以及社会生存发展的根基。秦汉以来，中国是家国一体的社会，"只有两种正式而确定的组织，那就是国和家"，"国也不过是家的扩大，家的主是父，国的主是君"。③ 也就是说，执政者之于百姓，是父母一般的存在，更要像父母养育子女一样保障百姓生计，因此，与民众基本生计相关的"保民"就成为最基本的民生保障任务，构成了历朝历代获得"统治合法性的基础"④。

---

① 杨伯峻：《春秋左传注》，中华书局 1990 年版，第 731 页。
② 周掌胜等编：《三字经》，浙江古籍出版社 2003 年版，第 130 页。
③ 李安宅：《〈礼仪〉与〈礼记〉之社会学的研究》，上海人民出版社 2005 年版，第 55 页。
④ 高和荣：《新时代民生保障制度的类型转向及特征》，《社会科学辑刊》2020 年第 3 期。

### 一 "保民"的思想源流

"保民"作为维持百姓基本生计的重要任务，吸引了思想家们较多关注，他们提出众多救世济民、治世强国主张，而"保民"构成其中最为基础的部分。

《尚书》中提到"德惟善政，政在养民"①，认为统治者能否德政和善政关键在于能否救济天下百姓，使之免于陷入"冻馁"境地是维护统治的重要基础，也是"养民"的基本内容②。孟子提到"保民而王，莫之能御也"③，就是说要保护百姓，让他们安定下来努力生活，这样就没人能阻挡其称王于天下了。那么，具体怎么保民呢？孟子讲要施行仁政。只有施行仁政，才能使民安之，四方之民归之。《国语》提到"至于文王、武王，昭前之光明而加之以慈和，事神保民，莫弗欣喜"④。荀子认为，"保民"是维护统治地位、拓展统治势能的重要条件，统治者要想"天下归之"，必须"得百姓之力""得百姓之死""得百姓之誉"，包括对百姓"养长之，如保赤子。生民则致宽，使民则綦理，辩政令制度，所以接天下之人百姓，有非理者如豪末，则虽孤独鳏寡，必不加焉"，最终使百姓"贵之如帝，亲之如父母，为之出死断亡而不愉者"⑤。所有这些表明，"保民"成为中国古代社会最重要的民生建设要求，具有夯实统治之基的功能。

### 二 "保民"的历史实践

在传统社会，"保民"不仅是家庭和社会的责任，也是统治的要旨，更是对统治者的底线要求。因此，保民的任务并非针对普通民众而是指向朝廷，"保民"不是"自保"，而是"他保"，是执政者对百姓最基本生计的承诺及其所采取的措施，蕴含"接济""托底"等含义⑥。

古代社会生产方式落后、生产力水平低下，人类用以生存和发展的物质资料十分有限，人在面对大自然的"天灾"以及豪强欺压所带来的"人祸"时，显得尤为弱小与无助。早期的人们往往依靠"家"特别是家

---

① 郭仁成：《尚书今古文全璧》，岳麓书社 2006 年版，第 22 页。
② 高和荣：《新时代民生保障制度的类型转向及特征》，《社会科学辑刊》2020 年第 3 期。
③ 杨伯峻：《孟子译注》，中华书局 2010 年版，第 13 页。
④ 尚学锋、夏德靠译注：《国语》，中华书局 2007 年版，第 3 页。
⑤ （清）王先谦：《荀子集解》，中华书局 1988 年版，第 224—225 页。
⑥ 高和荣：《新时代民生保障制度的类型转向及特征》，《社会科学辑刊》2020 年第 3 期。

族互助提供日常生活支持，朝廷主要围绕"救灾"和"济贫"来展开，接济对象主要是那些受"天灾人祸"影响者和"鳏寡孤独"者以及其他原因"贫而不能自存"者等，较具代表性的"保民"手段是赈济，就是"用义仓米施及老、幼，残障、孤、贫等人，米不足，或散钱与之，即用库银籴豆、麦、菽、粟之类，亦可"①，包括谷赈、衣帛赈、医赈、银赈等。

　　从历史上看，牧野之战后，周武王就下令"南宫括散鹿台之财，发钜桥之粟，以振贫弱萌隶"②。春秋战国时期，为应对连日大雨造成"坏室乡有数十，饥氓里有数家，百姓老弱饥寒不得褐"的境况，齐景公听从晏子的建议"奉齐国之粟米财货委之百姓"，"令柏巡氓，家室不能御者，予之金。巡求氓、寡用财乏者，死。三日而毕，后者若不用令之罪"，最后"贫氓万七千家，用粟九十七万钟，薪橑万三千乘。坏室二千七百家，用金三千"。③后来，出现了"雨雪三日而不霁"的灾情，齐景公更是"令出裘发粟，以与饥寒"。④及至汉代，赈济普遍用于救民之中。汉文帝之后，多会在即位、遇到吉庆以及发生祥瑞之象时，下诏赐予"鳏寡孤独"者粮食和衣帛。发生灾害时，就通过这些措施来拯救灾民于水火。例如，初元二年，关东地区闹饥荒，甚至造成齐地"人相食"的惨剧，汉元帝下令开府仓赈灾，并且赏赐衣服给"寒者"⑤。东汉时期，救济对象有所扩展。如建武二十九年，因日食影响，汉光武帝赐"鳏寡孤独、笃癃、贫不能自存者粟，人五斛"⑥；元嘉元年春正月"京师疾疫"，汉恒帝"使光禄大夫将医药案行"⑦；其后婴幼儿也被作为施惠群体，如元和三年，汉宣帝下诏"盖人君者，视民如父母，有憯怛之忧，有忠和之教，匍匐之救。其婴儿无父母亲属，及有子不能养食者，禀给如律"⑧；建安二十三年，当时的实际掌权者曹操也下令"幼者至十二止，

①　邓拓：《中国救荒史》，北京出版社1998年版，第149页。
②　（汉）司马迁：《史记》，中华书局2011年版，第2394页。
③　张纯一：《晏子春秋校注》，中华书局2017年版，第9—11页。
④　张纯一：《晏子春秋校注》，中华书局2017年版，第39—40页。
⑤　（汉）班固：《汉书》，中华书局1999年版，第196—197页。
⑥　（南朝宋）范晔：《后汉书》，中华书局2012年版，第64页。
⑦　（南朝宋）范晔：《后汉书》，中华书局2012年版，第232页。
⑧　（南朝宋）范晔：《后汉书》，中华书局2012年版，第125页。

贫穷不能自赡者，随口给贷"①；及至南北朝时期，更是将"六疾"之人纳入其中；元嘉三年五月，南朝宋文帝下诏"高年、鳏寡、幼孤、六疾不能自存者，可与郡县优量赈给"②；南齐武帝在永明十年正月下诏赏赐"孤老六疾，人谷五斛"③。

宋朝除了沿袭前代这种临时性"保民"之策外，开始建立专门的救济性机构。如宋徽宗在崇宁元年八月，"置安济坊，养民之贫病者"，并且"仍令诸郡县并置"，九月，他下令"京师置居养院，以处鳏寡孤独，仍以户绝财产给养"④。宋理宗淳祐九年，"命临安府创慈幼局，收养道路遗弃初生婴儿，仍置药局疗贫民疾病"⑤。为保障"有疾病疕疡者"无夭折之患，元朝设立惠民药局，"官给钞本，月营子钱，以备药物，仍择良医主之，以疗贫民"⑥。明太祖时期也设立养济院，"月给粮"，用来抚养孤弱不能自存之人。为贫而不能葬者设置了漏泽园，下令天下府州县设立义冢⑦。另外，为了解决贫民缺医少药问题，洪武三年明太祖下令各府州县设置惠民药局。及至清代也多延续了这些临时性的赈济措施，清朝甚至出现官府与民间合作来救济弱势群体的机构。例如，为了救济弃婴，清代晋江的育婴堂除了获得官府资助外，地方善士乃至华侨也踊跃捐款。据《安海志》记载，清代晋江人倪人俊，发动地方人士开设育婴堂，并"毅然渡洋，于新加坡、泗水、菲律宾一带筹集经费。华侨踊跃输将，该堂俾得发展"⑧。

为了实现"保民"，特别是为了解决灾荒问题，朝廷采取调粟移民方式，也就是说将粮食从富余地区向灾区输送或者直接将百姓迁移到粮食富余地区，以救济灾民。《史记》记载，禹"命后稷予众庶难得之食。食少，调有馀相给，以均诸侯"⑨。隋朝"关中连年大旱，而青、兖、汴、许、曹、亳、陈、仁、谯、豫、郑、洛、伊、颍、邳等州大水，百姓饥

---

① （晋）陈寿：《三国志》，中华书局 2013 年版，第 51 页。

② （梁）沈约：《宋书》，中华书局 2013 年版，第 75 页。

③ （梁）萧子显：《南齐书》，中华书局 2013 年版，第 59 页。

④ （元）脱脱等：《宋史》，中华书局 2013 年版，第 364—365 页。

⑤ （元）脱脱等：《宋史》，中华书局 2013 年版，第 840 页。

⑥ （明）宋濂等：《元史》，中华书局 2013 年版，第 2467 页。

⑦ （清）张廷玉等：《明史》，中华书局 2013 年版，第 1880 页。

⑧ 《安海志》修编小组编：《安海志》，1983 年版，第 356—357 页。

⑨ （汉）司马迁：《史记》，中华书局 2011 年版，第 47 页。

馑"，隋文帝"命司农丞王亶，发广通之粟三百余万石，以拯关中"。①
同时，朝廷多采用移民就食之策，将饥民转移至物产丰饶之处进行赈济。
如汉王二年，"关中大饥，米斛万钱"，造成"人相食"惨剧，汉王"令
民就食蜀、汉"。神瑞元年，"京师比岁霜旱，五谷不登"，北魏明元帝下
诏饥民前往山东就食，"以粟帛赈乏"。②

　　除此之外，还有一种是以工代赈。《晏子春秋》载，齐景公执政期间
遭遇饥荒，晏子"请为民发粟"，但是没有得到齐景公的同意，恰逢"当
为路寝之台，晏子令吏重其赁，远其兆，徐其日而不趋。三年，台成而
民振。故上说乎游，民足乎食"。③汉代以工代赈用于防治灾荒。元始二
年，郡国饱受蝗灾的侵扰，汉平帝派遣特使去灭蝗，当时规定百姓如果
将捕杀的一定数量的蝗虫交给官府，会得到一定的钱财。④明代也经常采
用这一方式来完善农田水利基础设施，《开封府志》记载明代弘治年间，
时任河南巡抚的孙需为了解决河水决堤引发的灾害，"乃役以筑堤而予以
傭钱，趋者万计"，最终"堤成而饥民饱，公私便之"。据《钦定康济
录》记载，万历年间，当时的御史钟化民为了救济灾民，"令各府州县查
勘该动工役，如修学、修城、浚河、筑堤之类，计工招募，以兴工作，
每人日给米三升。借急需之工，养枵腹之众，公私两便"。⑤通过多样化
赈济手段，实现"保民"。

**三　"保民"的意义**

　　历朝历代大多实施了一些保民之策，以维护社会安定。反过来，很
多朝代的更迭往往发生在执政者不能"保民"之时。因此，"保民"对于
国家治理意义重大。

　　一方面，执政者通过"保民"之策试图守住民众最基本的生命线。
对执政者而言，如果没有实施相应的物资救济，不能实现"保民"，甚至
出现"人相食"惨剧，那么，统治就面临被颠覆危险。例如，魏晋时期
的晋朝王浑，"时年荒岁饥"，于是他开仓赈济百姓，"百姓赖之"。⑥《宋

---

① （唐）魏徵等：《隋书》，中华书局 2011 年版，第 684—685 页。
② （北齐）魏收：《魏书》，中华书局 2013 年版，第 2396 页。
③ 张纯一：《晏子春秋校注》，中华书局 2017 年版，第 177 页。
④ （汉）司马迁：《史记》，中华书局 2011 年版，第 300 页。
⑤ 《影印文渊阁四库全书·第六三卷》，台湾商务印书馆 1986 年版，第 343 页。
⑥ （唐）房玄龄等：《晋书》，中华书局 2012 年版，第 1201 页。

史》记载，为减轻水灾给民众带来的伤害，"富弼之移青州，择公私庐舍十余万区，散处流民以廪之，凡活五十余万人"①。虽然"保民"措施产生的效果有限，但是在当时对于普通民众摆脱生存危机意义非凡。

另一方面，"保民"是治国理政的基础。传统社会，农业生产水平极端低下，如遇"大灾"，必然会引发"大荒"，由此，"人相食""鬻子孙"等人伦惨剧在史书中多有记载。而"保民"措施的施行能够为民众提供最基本的生存资料，不至于挑战人伦底线。例如，初元元年，"关东郡国十一大水"，使百姓陷入饥荒境地，导致"人相食"惨剧的发生，于是执政者"转旁郡钱谷以相救"，汉元帝也下诏"间者阴阳不调，黎民饥寒，无以保治，惟德浅薄，不足以充入旧贯之居。其令诸宫馆希御幸者勿缮治，太仆减谷食马，水衡省肉食兽"。② 当然，这是汉代执政者补救之策。而在太和七年，冀州和定州发生饥荒，北魏孝文帝"诏郡县为粥于路以食之"，最终"定州上言：为粥给饥人，所活九十四万七千余口""冀州上言：为粥给饥民，所活七十五万一千七百余口"。③

# 第二节 民生为"安"

安，"静也"④。使民众生活安定幸福，是民生建设的旨归，也是民众的共同期盼。"安民"就是居上位者能够了解民众疾苦，采取措施来维护社会安定，使百姓能够安稳生活。安定的生活是百姓的基本追求，而稳定的社会环境是百姓从事生产活动的重要条件。正如皋陶所提"理民"的关键"在知人，在安民"，"能安民则惠，黎民怀之"。⑤ 这就是说"安民"是治国理政的核心，是执政者成就伟业的基本要素。因此，如何"安民"成为执政者治国理政的重要内容。

**一 "安民"的思想源流**

"安"是人的本能，"欲安而恶危"实乃"人之情"，⑥ 因此，使百姓

---

① （元）脱脱等：《宋史》，中华书局 2013 年版，第 4337 页。
② （汉）班固：《汉书》，中华书局 1999 年版，第 197 页。
③ （北齐）魏收：《魏书》，中华书局 2013 年版，第 153—154 页。
④ 苏宝荣：《〈说文解字〉今注》，陕西人民出版社 2000 年版，第 262 页。
⑤ 郭仁成：《尚书今古文全璧》，岳麓书社 2006 年版，第 31 页。
⑥ 许维遹：《吕氏春秋集释》，中华书局 2016 年版，第 96 页。

安定成为全社会的共识，也是执政者的责任所在。管子认为，君主只有"安民"，民众才会拥护和爱戴他，国家才能长治久安，即"人主能安其民，则事其主如事其父母，故主有忧则忧之，有难则死之。主视民如土则民不为用，主有忧则不忧，有难则不死。故曰：'莫乐之则莫哀之，莫生之则莫死之'"①。孔子提出"丘也闻有国有家者，不患寡而患不均，不患贫而患不安。盖均无贫，和无寡，安无倾"，并且认为只要使境内安定，百姓安居乐业，再"修文德以来之"，那么四方之民就会归服。② 同时提出用"礼"教化百姓是"安民"的重要手段，"安上治民，莫善于礼"③。孔子认为，修养自己的最高境界就是"修己以安百姓"。贾谊也提出"牧之以道，务在安之而已矣"，即"安民"是治理国家的要义，"安民可与为义，而危民易与为非"，这是治理国家的基本规律。④

至于如何"安民"，孟子提出必须使百姓有"恒产"，做到"仰足以事父母，俯足以畜妻子，乐岁终身饱，凶年免于死亡"⑤，只有这样，百姓才能维持生活安稳，继而使社会安定，各种政令教化就会得到遵从。因此，"安民"就成为居上位者的重要职责，荀子认为，"乡师"的职责就是"顺州里，定廛宅，养六畜，闲树艺，劝教化，趋孝弟，以时顺修，使百姓顺命，安乐处乡"⑥，这里的"安乐处乡"就有安民的意味。王符在《潜夫论》中提到"天以民为心，民安乐则天心顺，民愁苦则天心逆"，因此"君以恤民为本"，即推行善政，而善政的关键在于"法令善"，"君臣法令善则民安乐"，只有"民安乐"才能达到"天心慰""阴阳和""五谷丰""民眉寿"等境地，最终"国家宁、社稷安，而君尊荣矣"⑦。《明儒学案》记载陈龙正提出"金非财，惟五谷为财。兴屯不足以生谷，惟垦荒可以生谷。起科不足以垦荒，惟不起科可以垦荒。五谷生则加派可罢，加派罢然后民生可安"⑧，主张大力垦荒，并且减轻租赋，

---

① 黎翔凤撰，梁运华整理：《管子校注》，中华书局 2004 年版，第 1181 页。

② 杨伯峻：《论语译注》，中华书局 2017 年版，第 245—246 页。

③ 胡平生：《孝经译注》，中华书局 2009 年版，第 28 页。

④ （汉）贾谊撰，阎振益、钟夏校注：《新书校注》，中华书局 2000 年版，第 15 页。

⑤ 杨伯峻：《孟子译注》，中华书局 2005 年版，第 16 页。

⑥ （清）王先谦：《荀子集解》，中华书局 1988 年版，第 168—169 页。

⑦ （汉）王符著，（清）汪继培笺，彭铎校正：《潜夫论笺校正》，中华书局 1985 年版，第 88—89 页。

⑧ （清）黄宗羲：《明儒学案》，中华书局 2008 年版，第 1502 页。

以保障"民生安"。

## 二 "安民"的历史实践

"为政以安民为先",安民是国家强盛的基础,是治国理政的前提。"能安民则惠,黎民怀之"①,能够"安民"是君王仁惠之心的重要体现,也是得到民众拥护的重要条件,历朝历代都会采取措施以"安民",只不过明君圣主与昏聩之君采取的安民的方式有所不同而已。

### (一)"安民"的前提

"安民"的前提是要准确洞察民生、把握民生,体察民生疾苦。明代张居正就说过,执政的关键就是使百姓生活安定,即"致理之要,惟在于安民",而"安民之道,察其疾苦而已"②。

"知政失者在草野,知屋漏者在宇下。"③ 为了了解基层治理实情,以便采取措施安定百姓生活,执政者往往派遣官吏巡行地方考察。如元狩六年,汉武帝下诏"遣博士大等六人分循行天下,存问鳏、寡、废、疾,无以自振业者贷与之"④。泰常二年,北魏明元帝提出"九州之民,隔远京邑,时有壅滞,守宰至不以闻",因此"遣使者巡行天下,省诸州,观民风俗,问民疾苦,察守宰治行。诸有不能自申,皆因以闻"⑤。

通过"察其疾苦",使执政者能够最大限度地了解民众的基本生存状况,从而采取相应的措施以实现"安民",促进传统社会民生事业的发展。

### (二)"安民"的实践

"安民"的前提就是要维护民众的基本生计。"食乃民天,农为治本"⑥,为了使民众能够维持安定的生存生活环境、保障统治的稳定,历朝历代尤为重视发展农业和畜牧业,以保障民众"食"安,采取了"惠政重本""仓储后备"等措施以"安民"。

#### 1. 惠政重本

一方面,民生当实施惠农措施。农业是天下根本。在传统社会,较

---

① 郭仁成:《尚书今古文全璧》,岳麓书社 2006 年版,第 31 页。
② (明)张居正:《张居正奏疏集》,华东师范大学出版社 2014 年版,第 120 页。
③ 黄晖:《论衡校释》,中华书局 1990 年版,第 1160 页。
④ (汉)班固:《汉书》,中华书局 2012 年版,第 155 页。
⑤ (北齐)魏收:《魏书》,中华书局 2013 年版,第 57 页。
⑥ (唐)姚思廉:《梁书》,中华书局 2013 年版,第 132 页。

具代表性的惠农措施就是执政者所实施的"假民""赋民"之策，即朝廷或官府为没有农业生产资料的百姓提供相应的物资假贷，甚至是直接赐予相应的生产资料，这既能为百姓维持基本的农业生产创造条件，提高了百姓对农业生产的重视度，更缓解了政府的财政压力。春秋战国时期，宋国遭遇灾荒，宋平公下令"出公粟以贷，使大夫皆贷"，从而使"宋无饥人"。① "齐旧四量，豆、区、釜、钟。四升为豆，各自其四，以登于釜。釜十则钟。陈氏三量，皆登一焉，钟乃大矣。以家量贷。而以公量收之"②，陈氏就是采用这种借多而还少的方式救助百姓，最终赢得了民心，晏子对此就有论述，"陈氏虽无大德，而有施于民。豆区釜钟之数，其取之公也簿，其施之民也厚。公厚敛焉，陈氏厚施焉，民归之矣"③。初元元年，汉元帝下诏将三辅、太常、郡国中尚未开发的公田和苑囿给贫民耕种，以"振业贫民"，并且为"赀不满千钱者赋贷种、食"。④ 南朝宋文帝为了维护民众的基本生计，于元嘉二十一年下诏"凡欲附农，而种粮匮乏者，并加给贷"⑤。及至元嘉二十九年，为了使百姓摆脱生存困境，下诏"今农事行兴，务尽地利。若须田种，随宜给之"⑥。北魏道武帝听从高允的建议，"除田禁，悉以授民"⑦。唐敬宗提出"农功所切，实在耕牛，疲氓多乏，须议给赐"⑧。宋仁宗天圣六年，"贷河北流民复业者种食，复是年租赋"⑨。不过在遭遇灾害时，也会免除借贷，如皇祐五年，宋仁宗"诏荆湖北路民因灾伤所贷常平仓米免偿"⑩。宋高宗绍兴八年下令"蠲农器及牛税"⑪。及至开泰元年，辽圣宗下诏"朕惟百姓徭役烦重，则多给工价；年谷不登，发仓以贷；田园芜废者，给牛、种以助之"⑫。到了明代，除了官方振贷外，还鼓励"大户"为贫民提供赈贷，

① 杨伯峻编著：《春秋左传注》，中华书局 1990 年版，第 1157 页。
② 杨伯峻编著：《春秋左传注》，中华书局 1990 年版，第 1235 页。
③ 杨伯峻编著：《春秋左传注》，中华书局 1990 年版，第 1480 页。
④ （汉）班固：《汉书》，中华书局 1999 年版，第 196 页。
⑤ （梁）沈约：《宋书》，中华书局 2013 年版，第 91 页。
⑥ （梁）沈约：《宋书》，中华书局 2013 年版，第 101 页。
⑦ （北齐）魏收：《魏书》，中华书局 2013 年版，第 1069 页。
⑧ （后晋）刘昫等：《旧唐书》，中华书局 1975 年版，第 518 页。
⑨ （元）脱脱等：《宋史》，中华书局 2013 年版，第 185 页。
⑩ （元）脱脱等：《宋史》，中华书局 2013 年版，第 235 页。
⑪ （元）脱脱等：《宋史》，中华书局 2013 年版，第 536 页。
⑫ （元）脱脱等：《辽史》，中华书局 2013 年版，第 925 页。

如明代执政者曾下令"大户贷贫民粟，免其杂役为息，丰年偿之"①。

另一方面，民生须强调"不误农事"。农业生产有一定时间要求，孟子就曾提出"不违农时，谷不可胜食也；数罟不入洿池，鱼鳖不可胜食也；斧斤以时入山林，材木不可胜用也"，这也是"王道之始"。② 历朝历代十分重视农业发展，《睡虎地秦墓竹简》中记载秦律规定"春二月，毋敢伐木山林及雍堤水。不夏月，毋敢夜草为灰，取生荔、麛卵觳，毋毒鱼鳖，置阱网，到七月而纵之"③。赤乌三年，孙权提出"盖君非民不立，民非谷不生"，因此下诏"督军郡守，其谨察非法，当农桑时，以役事扰民者，举正以闻"。④ 并且还要不时派遣官吏巡行考察地方农务，如晋国时重臣石苞提出"州郡农桑未有赏罚之制，宜遣掾属循行，皆当均其土宜，举其殿最，然后黜陟焉"，晋武帝司马炎曾下诏"使司徒督察州郡播殖，将委事任成，垂拱仰办。若宜有所循行者，其增置掾属十人，听取王官更练事业者"。⑤ 唐太宗强调"凡事皆须务本，国以人为本，人以衣食为本，凡营衣食，以不失时为本"，"不失时"的关键"在人君简静乃可致耳"。⑥ 元朝时期，元顺帝下令"委通晓农事官员，分道巡视，督勒守令，亲诣乡都，省谕农民，依时播种，务要人尽其力，地尽其利"⑦。对于"务本"政绩卓然的地方官员，则予以奖赏。反过来，对那些耽误农业生产的行为则施以严惩。如北魏高祖太和元年提出"若轻有征发，致夺民时，以侵擅论。民有不从长教，惰于农桑者，加以罪刑"⑧。

2. 仓储后备

传统社会农业发展极易受到天灾的影响，因此，丰年输仓以维持国用、灾年赈济、平抑物价的仓储制度便成了重要的"安民"措施。

考古发现，早在新石器时代就有囤积余粮的仓库。发展到后来，因为灾祸无常，官府十分重视建立仓储后备制度，完善了关于仓储的相关措施。西周专门设置仓人、禀人、遗人等来实施仓储制度，归大司徒管

① （清）张廷玉等：《明史》，中华书局2013年版，第1908页。
② 杨伯峻：《孟子译注》，中华书局2005年版，第5页。
③ 睡虎地秦墓竹简整理小组：《睡虎地秦墓竹简》，文物出版社1990年版，第20页。
④ （晋）陈寿：《三国志》，中华书局2013年版，第1132页。
⑤ （唐）房玄龄等：《晋书》，中华书局2012年版，第1003页。
⑥ 骈宇骞等译注：《贞观政要》卷八，中华书局2009年版，第253页。
⑦ （明）宋濂等：《元史》，中华书局2013年版，第894页。
⑧ （北齐）魏收：《魏书》，中华书局2013年版，第142页。

辖。例如，仓人"掌粟入之藏，辨九谷之物，以待邦用。若谷不足，则止余法用，有余则藏之，以待凶而颁之"①，而遗人"掌邦之委积，以待施惠；乡里之委积……县都之委积，以待凶荒"②。汉朝时期，宣帝设立常平仓，虽然为了方便军队物资供给，但是在灾荒之时亦可开仓赈济，维持百姓生计。北魏孝文帝就听取有司谏言"请析州郡常调九分之二，京都度支岁用之余，各立官司，丰年籴贮于仓，时俭则加私之一，粜之于民"，加以施行，以为"安民之术"。③ 宋朝时期，仓储制度得到了完善，仓储的名字更为繁多，除了常平仓、义仓之外，还设置了广惠仓、社仓、丰储仓等，但是也几经废立。更为重要的是，还出现了地方性的仓储机构。

明朝的仓储制度发展日臻完善，仓储较为丰裕，"米粟自输京师数百万石外，府县仓廪积蓄甚丰。至红腐不可食"。因此如若需要赈济，一般均可先发粟振贷，然后上禀。④《明史》记载宣宗时期，去江南巡视的周忱"奏令就各府支给，与船价米一斗，所余五斗，通计米四十万石有余，并官钞所籴，共得米七十万余石，遂置仓贮之，名曰济农"⑤，而济农仓主要用于赈济和借贷，实际上也是周忱对于江南赋税改革的一部分。清代借助于漕运系统，仓储制度发展已经较具规模，按照不同的用途，"京师及各直省皆有仓库"，"京师十有五"，"直省则有水次仓七"。省乃至州府县都建立了常平仓，有的地方也同时设置裕备仓，而"乡村设社仓，市镇设义仓，东三省设旗仓，近边设营仓，濒海设盐义仓"，既维持军用也兼顾了百姓的生活需求。⑥

### 三　"安民"的社会价值

"安民"之策维护了百姓生活，成为促进社会稳定、国家强盛的重要基础，推动了古代民生事业的发展。实际上，除了上述制度之外，古代社会的保甲、编户齐民、乡绅治理等制度等同样起到"安民"功效。

对于普通百姓而言，"安民"之策的实施有利于维持其生活安定。在

①　杨天宇：《周礼译注》，上海古籍出版社2004年版，第254页。
②　杨天宇：《周礼译注》，上海古籍出版社2004年版，第195页。
③　（北齐）魏收：《魏书》，中华书局2013年版，第2856页。
④　（清）张廷玉等：《明史》，中华书局2013年版，第1895页。
⑤　（清）张廷玉等：《明史》，中华书局2013年版，第4213页。
⑥　赵尔巽等：《清史稿》，中华书局1977年版，第3553页。

"安民"之策中占据重要地位的重农、惠农之举，提高了百姓农业生产的积极性，有利于维持个体及家庭的生活。如宋代时期，曾巩楚出任越州知府，在任期间遭遇灾荒，就出粟五万石以"贷民为种粮"，从而维持了农业生产持续进行，并且政府的赋税收入未受到影响。① 另外，相关储备制度的推行，增强了朝廷以及民众抵御"天灾人祸"风险和恢复正常生产生活的能力。史料记载，在仓储后备制度建立后，如遇灾荒开仓赈济就成为重要的"保民"之策，也就是说仓储后备制度是保障普通民众生存和发展的基础手段，继而实现了社会秩序的安定有序，保障了普通百姓生活的安稳，促进了"安民"的实现。

对于执政者而言，"安民"政策的推行有助于"得民心"，有助于维持统治的安定。例如，周朝的兴盛就源于"安民"，"公刘虽在戎狄之间，复脩后稷之业，务耕种，行地宜"，使百姓生活安稳富足，"百姓怀之，多徙而保归焉"，开辟了"周道之兴"之路。② 南北朝时期，北魏晋州刺史樊子鹄，为了避免遭遇旱灾的百姓流亡他地，"乃勒有粟之家分贷贫者，并遣人牛易力，多种二麦，州内以此获安"③。太和十二年，有司上谏，"请析州郡常调九分之二，京都度支岁用之余，各立官司，丰年籴贮于仓，时俭则加私之一，粜之于民。如此，民必力田以买绢，积财以取粟。官，年登则常积，岁凶则直给。又别立农官，取州郡户十分之一，以为屯民。相水陆之宜，断顷亩之数，以赃赎杂物市牛科给，令其肆力。一夫之田，岁责六十斛，甄其正课并征戍杂役。行此二事，数年之中则谷积而民足矣"，北魏孝文帝听从建议并予以施行此"安民之术"，"自此公私丰赡，虽时有水旱，不为灾也"。④

## 第三节　民生在"利"

为民谋福利是民生建设的要求，更是民生建设努力的方向，"利民"就成了民生建设的重要内容。《逸周书·王佩》提到"王者所佩在德，德

---

① 邓拓：《中国救荒史》，北京出版社社 1998 年版，第 290 页。
② （汉）司马迁：《史记》，中华书局 2011 年版，第 100 页。
③ （北齐）魏收：《魏书》，中华书局 2013 年版，第 1778 页。
④ （北齐）魏收：《魏书》，中华书局 2013 年版，第 2856—2857 页。

在利民"①，就是说"利民"是贤明之君应具备的基本德性，只有做有益于民众的事，使民众安居乐业，民众才能心悦诚服地顺从统治。

**一 "利民"的思想源流**

"利"最初是一个中性偏褒的词，是象形文字，"从禾，从刀"，强调有了收成，而非"商人重利轻别离"中的"利"，更非"义"的对立面。历朝历代思想家围绕"利民"进行了较为深刻的分析与探讨。

思想家乃至朝廷早已认识到"利民"对于维护统治稳定、提升统治能力的重要意义。管子认为"得人之道，莫如利之"②，"利民"是执政者获得民众支持的重要途径，"众者爱之则亲，利之则至。故明君设利以致之，明爱以亲之。徒利而不爱，则众至而不亲。徒爱而不利，则众亲而不至"③。对朝廷而言，"利民"的实现不仅有利于民众的服从，还能使他国前来归服，"民利之则来，害之则去。民之从利也，如水之走下，于四方无择也"④。因此，"明君设利以致之，明爱以亲之"⑤。从中也可看出，管子认为只有"利民"才能真正使民众拥戴统治，否则将危及统治的根基。晏子提出明君只有"以事利民"，才能"子孙享之"⑥。

西汉时期，董仲舒提出"天者亦常以爱利天下为意"，作为统治者，"南面而君天下，必以兼利之"，使民众获得好处是"圣人"治天下的根本。⑦刘安提出"食者民之本也，民者国之本也，国者君之本也"⑧，民众是国家存在的根基，"国主之有民也，犹城之有基，木之有根，根深则本固，基美则上宁"⑨，国君存在也是为民众谋福利，即"为天下强掩弱，众暴寡，诈欺愚，勇侵怯，怀知而不以相教，积财而不与相分，固立天子以齐一之"，因此要将"利民"作为治国理政的基本方略，"治国有常，而利民为本"，只要有利于民众，"不必法古"。⑩宋代张载提出"利，利

---

① 黄怀信、张懋镕、田旭东：《逸周书汇校集注》，上海古籍出版社 1995 年版，第 1104 页。
② 黎翔凤撰，梁运华整理：《管子校注》，中华书局 2004 年版，第 192 页。
③ 黎翔凤撰，梁运华整理：《管子校注》，中华书局 2004 年版，第 1203 页。
④ 黎翔凤撰，梁运华整理：《管子校注》，中华书局 2004 年版，第 1175 页。
⑤ 黎翔凤撰，梁运华整理：《管子校注》，中华书局 2004 年版，第 1203 页。
⑥ 张纯一：《晏子春秋校注》，中华书局 2017 年版，第 77 页。
⑦ 张世亮、钟肇鹏、周桂钿译注：《春秋繁露》，中华书局 2012 年版，第 392 页。
⑧ 何宁：《淮南子集释》，中华书局 1998 年版，第 685 页。
⑨ 何宁：《淮南子集释》，中华书局 1998 年版，第 1423 页。
⑩ 何宁：《淮南子集释》，中华书局 1998 年版，第 921 页。

于民则可谓利，利于身利于国皆非利也"①。同时，"利民"要具有长远眼光。《胡子知言》中提到"一身之利无谋也，而利天下者则谋之；一时之利无谋也，而利万世者则谋之"，对于自身而言"存斯志，行斯道，躬耕于野，上以奉祀事长，下以慈幼延交游，于身足矣"。颜元直接提出"人必能斡旋乾坤，利济苍生，方是圣贤"，如果做不到"利济苍生"，那么"虽矫语性天，真见定静，终生释逝、庄周也"。②

那么，究竟如何"利民"？管子把实施善政当成"利民"的重要举措，提出"利之之道，莫如教之以政"，继而指出"善为政者，田畴垦而国邑实，朝廷闲而官府治，公法行而私曲止，仓廪实而囹圄空，贤人进而奸民退，其君子上中正而下诣谀"③，"利民"最终是要实现"厚其生""输之以财""遗之以利""宽其政""匡其急""振其穷"。孔子提出要"因民之所利而利之"，这是"惠而不费"，是治理政事的重要条件。荀子把"利民"看作"善生养人"，君主要做到"轻田野之税，平关市之征，省商贾之数，罕兴力役，无夺农时"④ 等。韩非认为，"利民"是君主施政的基点，"夫利者所以得民也"⑤，"圣人之治民，度于本，不从其欲，期于利民而已"⑥。君主"利民"之举要实实在在，不能有所虚假，"人主欲为事，不通其端末而以明其欲，有为之者，其为不得利，必以害反"⑦。而"利"也是有一定的限制，墨子就认为在"利民"过程中，要注意用"义"释"利"，把"义"当成利民之基，不能离开"义"去讲"利"，提出"今用义为政于国家，人民必众，刑政必治，社稷必安。所为贵良宝者，可以利民也，而义可以利人，故曰：义，天下之良宝也"⑧，因此主张采用"仁之事者，必务求兴天下之利，除天下之害，将以为法乎天下。利人乎即为，不利人乎即止"⑨，就是说要提倡去做有利于天下

---

① 张锡琛点校：《张载集》，中华书局 1978 年版，第 323 页。
② （清）颜元：《颜元集》，中华书局 1987 年版，第 673 页。
③ 黎翔凤撰，梁运华整理：《管子校注》，中华书局 2004 年版，第 192 页。
④ （清）王先谦：《荀子集解》，中华书局 1988 年版，第 179 页。
⑤ （清）王先慎：《韩非子集解》，中华书局 1998 年版，第 410 页。
⑥ （清）王先慎：《韩非子集解》，中华书局 1998 年版，第 474 页。
⑦ （清）王先慎：《韩非子集解》，中华书局 1998 年版，第 119—120 页。
⑧ 吴毓江：《墨子校注》，中华书局 1993 年版，第 658 页。
⑨ 吴毓江：《墨子校注》，中华书局 1993 年版，第 379—380 页。

的事情。孟子赞赏"墨子兼爱，摩顶放踵利天下"，认为这是"仁义之道"。①

**二　"利民"的历史实践**

"利民"早就融入古人的治国理政方略中。《文心雕龙》记载，舜帝曾在祭祀中表达了"荷此长耜，耕彼南亩，四海俱有冶"的志向。周文王曾询问"树敛何若而天下归之"，太公回答："天下非一人之天下，乃天下之天下也，同天下之利者，则得天下；擅天下之利者，则失天下。"②历朝历代均实施了一定的"利民"举措，甚至是朝廷及官府带头，从而有利于保障民众的日常生活。

第一，兴水利以利民。兴修水利是发展农业生产、以利百姓生计的重要措施，为执政者所重视。《史记》记载，秦昭襄王时期，蜀郡太守李冰救灾岷江流域穿凿水渠，而水渠所经之处，"往往引其水益用溉田畴之渠，以万亿计，然莫足数"，"百姓飨其利"。③东汉时期，熹平四年汉灵帝下令"穿渠为民兴利"④。而汝南太守何敞也是"修理鲖阳旧渠"，从而"百姓赖其利，垦田增三百馀顷"，最终"吏人共刻石，颂敞功德"。⑤三国时期，郑浑在"萧、相二县界，兴陂遏，开稻田"，以至"比年大收，顷亩岁增，租入倍常，民赖其利，刻石颂之，号曰郑陂"。⑥隋炀帝下令开凿广通渠，"转运通利，关内赖之"，并且可以在遭遇自然灾害的时候，"亦便开仓赈给"。⑦当时的寿州长史赵轨，重新修缮了芍陂，"灌田五千余顷，人赖其利"⑧。其后的历朝历代均十分重视河渠的航运、灌溉价值，对于兴修水利均较为重视，促进了农业和商业的发展，实现了"利百姓"。

第二，弛禁以利民。西汉后元六年，为了缓解蝗灾给民生带来的风险，汉文帝下令"弛山泽"，颜师古评价此举"解而不禁，与众庶同其

① 杨伯峻：《孟子译注》，中华书局 2010 年版，第 289 页。
② 陈曦译注：《六韬》，中华书局 2016 年版，第 5 页。
③ （汉）司马迁：《史记》，中华书局 2011 年版，第 1302—1303 页。
④ （南朝宋）范晔：《后汉书》，中华书局 2012 年版，第 262 页。
⑤ （南朝宋）范晔：《后汉书》，中华书局 2012 年版，第 1184 页。
⑥ （晋）陈寿：《三国志》，中华书局 2013 年版，第 511 页。
⑦ （唐）魏徵等：《隋书》，中华书局 2011 年版，第 684 页。
⑧ （唐）魏徵等：《隋书》，中华书局 2011 年版，第 1678 页。

利"①。东汉时期，魏郡太守黄香强调要"不与百姓争利"，把旧郡内外田园"悉以赋人，课令耕种"②。两晋时期，刘宏提出"礼，名山大泽不封，与共其利"，下令更改"岷方二山泽中不听百姓捕鱼"这一旧制。③南北朝时期，南朝宋孝武帝下诏"江海田池公家规固者，详所开弛"，以"与民共利"。④ 隋朝开皇三年，隋炀帝废除"官置酒坊收利，盐池盐井，皆禁百姓采用"旧制，下令"罢酒坊，通盐池盐井与百姓共之"。⑤ 清朝入关后，清世祖为了使流民尽快安定下来，"令所在有司广加招徕，给以荒田，永为口业"⑥。这些弛禁措施的施行，促进了贫民生活的改善，有利于百姓生计的维持。

第三，平籴平粜以利民。平籴平粜之法依托于仓储制度的实施，主要措施是官府在丰收时储积粮食，在粮价较高时减价卖出，这是官府为了避免因粮价波动加重百姓生存负担的一种手段，也是一种针对百姓实施的经济补贴制度。早在周朝，为缓解灾荒带来的物资短缺，"于是告四方：旅游旁生沂通。津济道宿，所至如归。币租轻，乃作母以行其子。易资贵贱以均，旅游使无滞。无粥熟、无室市。权内外以立均，无盈暮，间此均行"⑦，即提倡商人从事货物输送贩卖活动。但是，商人的重利本性决定了他们极可能"趁火打劫"，利用物资短缺时囤积居奇、哄抬物价，因此，朝廷采用平籴平粜之法缓解贫民的生存危机。

平籴平粜之法始于春秋战国时期。魏国侯相李悝认为"籴甚贵伤民，甚贱伤农。民伤则离散，农伤则国贫，故甚贵与甚贱，其伤一也。善为国者，使民毋伤而农益劝"，提倡实行"平籴"之策来保护百姓利益⑧。其后，借助于仓储制度的发展，执政者也多采用平籴平粜之法来平抑物价、补贴民众。如两晋时期，太始四年，晋恭帝下令设立常平仓，"丰则

---

① （汉）班固：《汉书》，中华书局 1999 年版，第 95 页。

② （南朝宋）范晔：《后汉书》，中华书局 2012 年版，第 2101 页。

③ （唐）房玄龄等：《晋书》，中华书局 2012 年版，第 1765 页。

④ （梁）沈约：《宋书》，中华书局 2013 年版，第 132 页。

⑤ （唐）魏徵等：《隋书》，中华书局 2011 年版，第 681 页。

⑥ 赵尔巽等：《清史稿》，中华书局 1977 年版，第 115 页。

⑦ 黄怀信、张懋镕、田旭东：《逸周书汇校集注》，上海古籍出版社 1995 年版，第 167—169 页。

⑧ （汉）班固：《汉书》，中华书局 2012 年版，第 1031—1032 页。

籴，俭则粜，以利百姓"①。建中三年，唐德宗接受判度支赵赞的谏言，"上至百万贯，下至十万贯，收贮斛斗匹段丝麻，候贵则下价出卖，贱则加估收籴，权轻重以利民"②。平籴平粜之法更多被用来扶助贫民。元代设置专门的米铺，用来"减其市直以赈粜焉"。如元世祖时"于京城南城设铺各三所"，而到成宗元贞元年，"益广世祖之制，设肆三十所"。后来，为了保障赈粜粮能够惠及贫民，"令有司籍两京贫乏户口之数，置半印号簿文贴，各书其姓名口数，逐月封贴以给。大口三斗，小口半之"③。清朝借助于当时发达的仓储漕运系统，建立有米局等，如在康熙年间设立了五城米局，到了乾隆时期，增加五城为十厂，后来又在四乡添设了八厂。而在雍正六年建立了八旗米局④。平籴平粜之法在物资短缺时期，起到了平抑物价作用。

第四，节俭以利民。官府及朝廷如果能保持节俭的生活作风就会减轻百姓的生活压力，为此中国古代形成了许多崇尚节俭的思想，出台了许多节俭之策，有些皇帝还身体力行。例如，西汉文帝"从代以来，即位二十三年，宫室苑囿狗马服御无所增益，有不便，辄弛以利民"，并且"上常衣绨衣，所幸慎夫人，令衣不得曳地，帷帐不得文绣，以示敦朴，为天下先"。同时，"治霸陵皆以瓦器，不得以金银铜锡为饰，不治坟，欲为省，毋烦民"⑤。而汉平帝时期，其祖母王太皇太后甚至把节俭作为富民的关键手段，提出"盖闻治国之道，富民为始；富民之要，在于节俭"⑥。据《明史》记载，明太祖在洪武元年下诏"天下始定，民财力俱困，要在休养安息，惟廉者能约己而利人，勉之"⑦。对于统治者而言，这些举措能够约束自身，节俭治天下，在一定程度上避免加重对百姓的剥夺，从而有利于百姓的生存和生活。

### 三　"利民"的社会价值

民众是朝廷实施统治的人口基础，利民就是利国，利国必先利民。

① （唐）房玄龄等：《晋书》，中华书局 2012 年版，第 786 页。
② （后晋）刘昫等：《旧唐书》，中华书局 1975 年版，第 334 页。
③ （明）宋濂等：《元史》，中华书局 2013 年版，第 2475—2476 页。
④ 赵尔巽等：《清史稿》，中华书局 1977 年版，第 3554 页。
⑤ （汉）司马迁：《史记》，中华书局 2011 年版，第 365 页。
⑥ （汉）司马迁：《史记》，中华书局 2011 年版，第 2576 页。
⑦ （清）张廷玉等：《明史》，中华书局 2013 年版，第 19 页。

如后周太祖所言"苟利于民，与资国何异"①，利民与利国从根本上而言相通。

"利民"有助于为百姓谋福利。普通民众可以借助执政者"利民"政策措施的实施，促进自身生产的发展，同时提升自身生活水平，相应也会提升自身应对风险的能力。南北朝时期，北魏幽州刺史裴延俊为兴修水利，"躬自履行，相度水形，随力分督"，最终"溉田百万余亩，为利十倍"②，即通过兴修水利设施，为民众从事农业生产创造条件，增加民众农业生产受益。而《宋史》记载宋朝时的刘涣，"治平中河北地震，民乏粟，率贱卖耕牛，以苟朝夕。涣在澶，尽发公钱买之。明年，民无耕牛，价增十倍，涣复出所市牛，以元直与民"，通过此种措施，最终"澶民赖不失业"。③

国与民密不可分，"利民"最终能够实现"利国"，"利民"其实就是"利国"。西汉时期，倪宽"表奏开六辅渠，定水令以广溉田。收租税，时裁阔狭，与民相假贷，以故租多不入"，"吏民大信爱之"，"后有军发，左内史以负租课殿，当免。民闻当免，皆恐失之，大家牛车，小家担负，输租繈属不绝，课更以最"，"上由此愈奇宽"。④ 基层官员推行惠政以得民心也是对朝廷及官府统治合法性的维护与强化，有利于维持国家及社会的安定。而执政者实施相应的"利民"之策，最终会对实现国家富强具有重要推动意义。如战国时期，魏国侯相李悝建议在国家推行平籴平粜之法，不仅为百姓带来切实的益处，更是促进了魏国的强盛，即"行之魏国，国以富强"⑤。

"利民"与"利国"相互促进，具有远见卓识的执政者将"利民"之举作为施政的重要方面，希望通过"利民"以实现"利国"，最终达到国富民强境地，在一定程度上促进了民众基本生活的保障、生存环境的改善以及生活质量的提高，推动了传统社会的民生建设和发展。

---

① （宋）薛居正：《旧五代史》，中华书局 2012 年版，第 1488 页。
② （北齐）魏收：《魏书》，中华书局 2013 年版，第 1529 页。
③ （梁）脱脱等：《宋史》，中华书局 2013 年版，第 10494 页。
④ （汉）班固：《汉书》，中华书局 1999 年版，第 1996 页。
⑤ （汉）班固：《汉书》，中华书局 1999 年版，第 949 页。

# 第四节　民生要"富"

从民生建设角度看，使百姓生活富足，是民生建设的重要目标。对于普通民众而言，生活富足是其最直接的愿望；对执政者而言，只有民众生活富足，才能实现国富。"富民"不仅被用来描述民众的生活状态和生活水准，更多是指执政者通过善治使民众生活富足，这也是明君施行仁政的重要标志。可以说，"富民"是国家治理"逻辑链条"的体现，被当作"善治"与"易治"的条件和标志。① "富民"措施的实施，体现了民众对更高水平民生建设的期盼。

## 一 "富民"的思想源流

人民最朴素的期望就是能够获得丰厚的物质资料，以促进自身生活环境的改善以及生活水平的提高，"富，人之所欲"②。只有民富才能实现国家稳定和国家富强，因此，"富民"是执政者施政的重要内容及目标。

韩非提出"帝王之政"就包括"使民以力得富"。③ 管子认为，"民富则安乡重家，安乡重家则敬上畏罪，敬上畏罪则易治理。民贫则危乡轻家，危乡轻家则敢凌上犯禁，凌上犯禁则难治也"④，并且，"人君寿以政年，百姓不夭厉，六畜遮育，五谷遮熟，然后民力可得用。邻国之君俱不贤，然后得王"⑤。荀子认为，对君主来说，"用国者，得百姓之力者富"⑥。"富民"也是执政者治理国家的重要旨归，管子认为，"凡治国之道，必先富民"，只有"民富"才能实现"易治"，而"民贫"则"难治"，因此，"富民"是"善为国者"的重要标志，亦即"善为国者，必先富民，然后治之"。⑦ 事实上，只有实现了"富民"，才能有助于推行文字教化。如果统治者只在乎自身财富的积累而不重视民生将会招致祸

---

① 高和荣：《新时代民生保障制度的类型转向及特征》，《社会科学辑刊》2020 年第 3 期。

② 杨伯峻：《孟子译注》，中华书局 2005 年版，第 190 页。

③ （清）王先慎：《韩非子集解》，中华书局 1998 年版，第 422 页。

④ 黎翔凤撰，梁运华整理：《管子校注》，中华书局 2004 年版，第 924 页。

⑤ 黎翔凤撰，梁运华整理：《管子校注》，中华书局 2004 年版，第 646 页。

⑥ （清）王先谦：《荀子集解》，中华书局 1988 年版，第 224 页。

⑦ 黎翔凤撰，梁运华整理：《管子校注》，中华书局 2004 年版，第 924 页。

端，即"蓄藏积陈朽腐，不以与人者，殆"①。

孔子也有类似的看法。他认为使人民生活富足是统治者急需做的事情，提出"政之急者，莫大乎使民富且寿也"②。东汉思想家王符提出"为国者以富民为本"③。"富民"是衡量治国水平的标尺，荀子认为"王者富民，霸者富士，仅存之国富大夫，亡国富筐箧，实府库"④。荀悦提出"富民"是统治者施政的重要内容，"在上者先丰民财以定其志"⑤。而唐代思想家陆贽也提出"人者，邦之本也；财者，人之心也；其心伤则其本伤，其本伤则枝干颠瘁矣"⑥，因此，执政者要为民众蓄积财富创造条件。北宋时期，程颐等人也认为"以厚民生为本"是"为政之道"的重要内容。⑦

那么，如何实现"富民"？管子认为，明主应该"厚民养"，重要的是发展农业，提出"先王者，善为民除害兴利，故天下之民归之。所谓兴利者，利农事也；所谓除害者，禁农事也"⑧，"民事农则田垦，田垦则粟多，粟多则国富。国富者兵强、兵强者战胜，战胜者地广。是以先王知众民、强兵、广地、富国之必生于粟也"⑨，"养桑麻育六畜则民富"⑩，具体而言，就是要"教民以时，劝之以耕织"⑪，并且"省刑罚，薄赋敛，则民富矣"，同时要实施一定的法治手段，"昔者，圣王本厚民生，审知祸福之所生，是故慎小事微，违非索辩以根之。然则躁作、奸邪、伪诈之人不敢试也。此礼正民之道也"⑫。他主张要"藏富于民"，认为这是"治之至也"，提出"府不积货，藏于民也"⑬，这也是衡量统治者治国理政水平的重要标志，"王主积于民，霸主积于将战士，衰主积于贵

---

① 黎翔凤撰，梁运华整理：《管子校注》，中华书局 2004 年版，第 252 页。
② 王国轩、王秀梅译注：《孔子家语》，中华书局 2009 年版，第 117 页。
③ （汉）王符著，（清）汪继培笺，彭铎校正：《潜夫论笺校正》，中华书局 1985 年版，第 14 页。
④ （清）王先谦：《荀子集解》，中华书局 1988 年版，第 153—154 页。
⑤ （汉）荀悦撰，（明）黄省曾注：《申鉴注校补》，中华书局 2012 年版，第 12 页。
⑥ （北宋）司马光：《资治通鉴》，中华书局 2013 年版，第 6147 页。
⑦ （宋）程颢、程颐：《二程集》，中华书局 2004 年版，第 531 页。
⑧ 黎翔凤撰，梁运华整理：《管子校注》，中华书局 2004 年版，第 926 页。
⑨ 黎翔凤撰，梁运华整理：《管子校注》，中华书局 2004 年版，第 924 页。
⑩ 黎翔凤撰，梁运华整理：《管子校注》，中华书局 2004 年版，第 14 页。
⑪ 黎翔凤撰，梁运华整理：《管子校注》，中华书局 2004 年版，第 1179 页。
⑫ 黎翔凤撰，梁运华整理：《管子校注》，中华书局 2004 年版，第 576 页。
⑬ 黎翔凤撰，梁运华整理：《管子校注》，中华书局 2004 年版，第 52 页。

人，亡主积于妇女珠玉"①，具体做法就是要减轻租赋，即"夫民之所生，衣与食也。食之所生，水与土也。所以富民有要，食民有率。率三十亩而足于卒岁，岁兼美恶，亩取一石，则人有三石。果蓏素食当十石"②。孔子认为，如果"省力役，薄赋敛"，"则民富矣"。③ 对此，孟子有类似看法，提出"易其田畴，薄其税敛，民可使富也"，只有百姓生活富足，"菽粟如水火，而民焉有不仁者乎"，并认为这是"圣人治天下"的重要表现。④《春秋左传》提到"闰以正时，时以作事，事以厚生，生民之道，于是乎在矣。不告闰朔，弃时政也，何以为民？"即认为朝廷及官府应该指导民众按照农时劳作，以实现"厚民生"。⑤ 贾谊认识到发展农业的重要性，认为"以末予民，民大贫；以本予民，民大富"⑥。公孙弘强调要不误农时、不妨碍民力以"富民"，即"不夺农时，不妨民力，则百姓富"，这也是"治（民）之本"。⑦

总之，思想家和政治家已经认识到只有为农业发展创造好的条件，才能最终趋向于孟子所勾画的理想蓝图，"谷与鱼鳖不可胜食，材木不可胜用，是使民养生丧死无憾也。养生丧死无憾，王道之始也。五亩之宅，树之以桑，五十者可以衣帛矣；鸡豚狗彘之畜，无失其时，七十者可以食肉矣。百亩之田，勿夺其时，数口之家可以无饥矣。谨庠序之教，申之以孝悌之义，颁白者不负戴于道路矣"，最终"不王者，未之有也"。⑧ 王符则主张通过促进农工商业的发展来富民，"夫富民者，以农桑为本，以游业为末；百工者，以致用为本，以巧饰为末；商贾者，以通货为本，以鬻奇为末。三者守本离末则民富，离本守末则民贫"⑨，即通过促进"农桑""致用""通货"等"本业"的发展以实现富民。而《张太岳集》记载，张居正坚持农业与商业相辅相成、相互促进，提出"古之为

① 黎翔凤撰，梁运华整理：《管子校注》，中华书局 2004 年版，第 243 页。
② 黎翔凤撰，梁运华整理：《管子校注》，中华书局 2004 年版，第 1025 页。
③ 王国轩、王秀梅译注：《孔子家语》，中华书局 2009 年版，第 117 页。
④ 杨伯峻：《孟子译注》，中华书局 2010 年版，第 287—288 页。
⑤ 杨伯峻编著：《春秋左传注》，中华书局 1990 年版，第 553—554 页。
⑥ （汉）贾谊撰，阎振益、钟夏校注：《新书校注》，中华书局 2000 年版，第 103 页。
⑦ （汉）班固：《汉书》，中华书局 2012 年版，第 1986 页。
⑧ 杨伯峻：《孟子译注》，中华书局 2010 年版，第 5 页。
⑨ （汉）王符著，（清）汪继培笺，彭铎校正：《潜夫论笺校正》，中华书局 1985 年版，第 15—16 页。

国者，使商通有无，农力本穑。商不得通有无以利农，则农病；农不得力本穑以资商，则商病。故商农之势常若权衡然，至于病，乃无以济也"①。

## 二 "富民"的历史实践

"富民"早就被古人视作国家治理的前提，"欲安时兴化，不先富而教之，其道无由"②，富民是推行教化、促进社会秩序安定的重要基础。只有"民富"才能"国富"，即"百姓足则君有余，未有民富而国贫者也"③。在传统社会，较具代表性的"富民"实践为减免赋税、促进农工商业发展等两种。

### （一）减免赋税以藏富于民

"民富为源，国富为流。"为此，执政者实施一系列减免赋税政策，以使"民劳而不伤"，推动藏富于民的实现。春秋时期，齐桓公实施减免赋税政策，"弛关市之征，五十而取一，赋禄以粟，案田而税，二岁而税一。上年什取三，中年什取二，下年什取一，岁饥不税，岁饥弛而税"④。汉文帝认为，"农，天下之大本也，民所恃以生也，而民或不务本而事末，故生不遂"，因此在即位第二年，下诏"赐天下民今年田租之半"。⑤并且其后"下诏赐民十二年租税之半。明年，遂除民田之租税"。⑥南北朝时期，南朝陈宣帝提出对于部分地区要"年田税、禄秩，并各原半，其丁租半申至来岁秋登"⑦。北魏太武帝在神麚三年下诏将百姓按照贫富分为三级，"富者租赋如常，中者复二年，下穷者复三年"⑧。开皇十二年，隋文帝认为"既富而教，方知廉耻，宁积于人，无藏府库"，因此下诏"河北、河东今年田租，三分减一，兵减半，功调全免"。⑨大历元年，唐代宗认识到节俭和减免租赋对于富民的重要性，提出"爱人之体，先以博施；富国之源，必均节用"，下诏"虑失三农，忧深万姓，务从省

---

① （明）张居正：《张太岳集》，上海古籍出版社1984年版，第99页。
② （唐）房玄龄等：《晋书》，中华书局2012年版，第1003页。
③ （北齐）魏收：《魏书》，中华书局2013年版，第56页。
④ 黎翔凤撰，梁运华整理：《管子校注》，中华书局2004年版，第368页。
⑤ （汉）班固：《汉书》，中华书局1999年版，第86页。
⑥ （汉）班固：《汉书》，中华书局1999年版，第955页。
⑦ （唐）姚思廉：《陈书》，中华书局2013年版，第98页。
⑧ （北齐）魏收：《魏书》，中华书局2013年版，第83页。
⑨ （唐）魏徵等：《隋书》，中华书局2011年版，第682页。

约，稍冀蠲除，用申勤恤之怀，以救悍鹜之弊。京兆府今年合征八十二万五千石数内，宜减放一十七万五千石，青苗地头钱宜三分取一"①。五代时期，后唐庄宗认为"理国之道，莫若安民；劝课之规，宜从薄赋"，在同光元年下诏"应诸道户口，并宜罢其差役，各务营农。所系残欠赋税，及诸务悬欠积年课利，及公私债负等，其汴州城内，自收复日已前，并不在征理之限；其诸道，自壬午年十二月已前，并放"②。及至清代康熙年间推行"盛世滋生人丁，永不加赋"政策，其目的还是在于富民。

（二）发展农工商业以富民

农业是"天下之本"。历朝历代统治者均认识到发展农业极其重要，朝廷实施了许多惠农政策措施，甚至对于一些"违背农时"行为加以惩罚。如建昭五年，汉元帝下诏"方春农桑兴，百姓勤力自尽之时也，故是月劳农劝民，无使后时。今不良之吏，覆案小罪，征召证案，兴不急之事，以妨百姓，使失一时之作，亡终岁之功，公卿其明察申救之"③。而对于工商业，则视之为"末业"，官府对其发展重视不够，甚至出台抑制工商业发展的政策，以避免民众舍本逐末。但是，工商业是社会经济生活的重要组成部分，对于民众和国家财富的积累意义重大，"王者量地以制邑，度地以居人，总土地所生，料山泽之利，式遵行令，敬授人时，农商趣向，各本事业"④，因此，有些朝代、有些皇帝也比较注意促使农业与工商业协调发展，以促进民富与国富。

早在周朝时期，执政者"于是告四方游旅：旁生沂通。津济道宿，所至如归。币租轻，乃作母以行其子。易资贵贱以均，游旅使无滞、无粥熟、无室市。权内外以立均、无蚤暮，间此均行"⑤，即提倡商人从事货物输送贩卖活动，以促进国家内部资源的流通，缓解灾荒给百姓带来的伤害。西汉时期，桑弘羊意识到工商业对于增强国家财力的重要作用，提出"农商交易，以利本末"，强调农业与工商业的发展是相辅相成的，"工不出，则农用乏；商不出，则宝货绝。农用乏，则谷不殖；宝货绝，

① （后晋）刘昫等：《旧唐书》，中华书局1975年版，第284页。
② （宋）薛居正：《旧五代史》，中华书局2012年版，第416页。
③ （汉）班固：《汉书》，中华书局2012年版，第255页。
④ （唐）魏徵等：《隋书》，中华书局2011年版，第671页。
⑤ 黄怀信、张懋镕、田旭东：《逸周书汇校集注》，上海古籍出版社1995年版，第167—169页。

则财用匮"，主张"开本末之途，通有无之用"，① 他在担任治粟都尉时期，主张"置平准于京师，都受天下委输。召工官治车诸器，皆仰给大农"，在其综合措施的实施下，最终"民不益赋而天下用饶"。② 及至清朝康乾时期，朝廷出台了一系列富农、富工商等政策措施，要求"藏富于民"，主张农业、工商业互相促进、共同发展③。

### 三 "富民"的实践意义

"富民"是社会的理想，是社会善治的集中体现。传统社会"富民"的建设实践对于民众和国家来说均具有重要意义。

"富民"是民众最为朴实的期盼，是民生建设最崇高的追求，"富民"相关政策措施的实施有利于改善民众基本生活，提升民众生活质量。"富民"是治国理政的旨归，是民生建设较高水平的集中体现，"富民"政策的实施有利于"富民强国"目标的实现。如齐国成为强国就是因为其大力发展了工商业，实施了一系列有利于"富民"的政策措施，"昔太公封于营丘"，"通利末之道，极女工之巧。是以邻国交于齐，财畜货殖，世为强国"。④ 汉代文帝和景帝执政时期，采取了重农、惠农、与民生息等政策，"民遂乐业"，"至武帝之初七十年间，国家亡事，非遇水旱，则民人给家足，都鄙廪庾尽满，而府库馀财。京师之钱累百钜万，贯朽而不可校。太仓之粟陈陈相因，充溢露积于外，腐败不可食。众庶街巷有马，阡陌之间成群，乘牸牝者摈而不得会聚"，⑤ 开创了"文景之治"局面。

从逻辑上说，"富民"措施的推行有利于缓解民众的生产生活压力，有助于达到先哲所描绘的"小康大同社会"，为我们提高保障和改善民生建设实践提供了历史根据与思想源头。

# 第五节 民生寓"教"

教，"上所施下所效也"⑥。思想家和政治家均想通过"教"将相应

---

① 王利器：《盐铁论校注》，中华书局 1992 年版，第 3 页。
② （汉）班固：《汉书》，中华书局 2012 年版，第 1072—1073 页。
③ 钱宗范：《康雍乾三皇帝"藏富于民"经济思想探析》，《清史研究》1997 年第 4 期。
④ 王利器：《盐铁论校注》，中华书局 1992 年版，第 178 页。
⑤ （汉）班固：《汉书》，中华书局 2012 年版，第 1040—1041 页。
⑥ 苏宝荣：《〈说文解字〉今注》，陕西人民出版社 2000 年版，第 129 页。

的伦理道德理想、行为规范准则转变为现实，实现"化民"之效。从历史上看，为了引导民众形成特定的生活生产习惯、日常行为方式，以维护社会秩序的稳定，即达到"美教化、移风俗"的目的，朝廷及官府通常会运用教化手段教育和引导民众，实现政治观念、文化价值与社会风俗的相辅相成、相互汲取。

**一　"教民"的思想源流**

"民有质朴，不教而成。"① "教民"是开启民智，进而促进民治的重要途径，也是提高民生水平的重要方式。

首先，"教民"是国家治理的重要手段。"教者，政之本也。"② 管子提出，真正的"明主"，其治天下要做到"静其民而不扰，佚其民而不劳。不扰则民自循，不劳则民自试"，即"明主之治天下也""上无事而民自试"，为上者应该施行相应的教化，从而实现不劳而治。孟子认为，"善教"是"得民心"的重要途径，"仁言不如仁声之入人深也，善政不如善教之得民也。善政，民畏之；善教，民爱之。善政得民财，善教得民心"③。董仲舒认识到教民的重要性，提出"夫万民之从利也，如水之走下，不以教化堤防之，不能止也。是故教化立而奸邪皆止者，其堤防完也；教化废而奸邪并出，刑罚不能胜者，其堤防坏也"，因此古之明王，"南面而治天下，莫不以教化为大务"④。对此，王符亦提出"人君之治，莫大于道，莫盛于德，莫美于教，莫神于化"，其中"道者所以持之也，德者所以苞之也，教者所以知之也，化者所以致之也"，对于民众而言，"有性，有情，有化，有俗。情性者，心也，本也。化俗者，行也，末也。末生于本，行起于心"，因此贤明之君治理民众，"先其本而后其末，顺其心而理其行"，从可以达到"心精苟正，则奸匿无所生，邪意无所载矣"⑤。并且对于"上圣"而言，"不务治民事而务治民心"，要做到"治民心"，则需要"导之以德，齐之以礼"，做到"务厚其情而明则务义，民亲爱则无相害伤之意，动思义则无奸邪之心"，做到这些，是

---

① （清）陈立：《白虎通疏证》，中华书局1994年版，第371页。

② （汉）贾谊撰，阎振益、钟夏校注：《新书校注》，中华书局2000年版，第349页。

③ 杨伯峻：《孟子译注》，中华书局2010年版，第283页。

④ （汉）班固：《汉书》，中华书局2012年版，第2178页。

⑤ （汉）王符撰，（清）汪继培笺，彭铎校正：《潜夫论笺校正》，中华书局1985年版，第371—372页。

由"教化之所致","非法律之所使也，非威刑之所强也"①。隋朝时刘旷重申"善为水者，引之使平，善化人者，抚之使静。水平则无损于堤防，人静则不犯于宪章。然则易俗移风，服教从义，不资于明察，必借于循良者也"②。"凡用民太上以义，其次以赏罚。"③ 可以说，推行"教民"，可以施行以德治国，收到垂拱而治的效果。特别是在解决养老问题上也落脚到"教民"这个层面。孔子提出"夫孝，德之本也，教之所由生也"④。孟子也提到"所谓西伯善养老者"，即"制其田里，教之树畜，导其妻子，使养其老"⑤。

其次，"教民"需要具备一定的条件。"仓廪实则知礼节，衣食足则知荣辱。"⑥ 孟子提出"是故明君制民之产，必使仰足以事父母，俯足以畜妻子，乐岁终身饱，凶年免于死亡，然后驱而之善，故民之从之也轻"⑦，即主张先"制民恒产"，之后"驱而之善"。孔子则强调要"先富后教"⑧，即对于民众而言，在满足其物质方面的需要后，就需要注重其精神层面的需求。荀子认为"不富无以养民情，不教无以理民性"，因此"家五亩宅，百亩田，务其业而勿夺其时，所以富之也。立大学，设庠序，修六礼，明十教，所以道之也"，从而"王事具矣"⑨。董仲舒提出"先饮食而后教诲，谓治人也"，同意孔子"治民者，先富而后加教"的观点。⑩

最后，"教民"须讲求方法。要重视"礼""乐"在教民中的作用。荀子提出，为了避免天下陷入"争""乱""穷"等恶性循环中，古之圣王"制礼仪以分之，以养人之欲，给人之求，使欲必不穷乎物，物必不屈于欲，两者相持而长，是礼之所起也"⑪，可以看出，礼的创制是用来

---

① （汉）王符撰，（清）汪继培笺，彭铎校正：《潜夫论笺校正》，中华书局 1985 年版，第 376 页。

② （唐）魏徵等：《隋书》，中华书局 2011 年版，第 1688 页。

③ 许维遹：《吕氏春秋集释》，中华书局 2016 年版，第 455 页。

④ 胡平生：《孝经译注》，中华书局 2009 年版，第 1 页。

⑤ 杨伯峻：《孟子译注》，中华书局 2005 年版，第 287 页。

⑥ 黎翔凤撰，梁运华整理：《管子校注》，中华书局 2004 年版，第 2 页。

⑦ 杨伯峻：《孟子译注》，中华书局 2005 年版，第 16 页。

⑧ 杨伯峻：《论语译注》，中华书局 2017 年版，第 193 页。

⑨ （清）王先谦：《荀子集解》，中华书局 1988 年版，第 498—499 页。

⑩ 张世良、钟肇鹏、周桂钿译注：《春秋繁露》，中华书局 2012 年版，第 321 页。

⑪ （清）王先谦：《荀子集解》，中华书局 1988 年版，第 346 页。

引导和规制人们的欲望，礼的重要作用在于"别"，通过礼仪规范"以财物为用，以贵贱为文，以多少为异，以隆杀为要"[1]，使"贵贱有等，长幼有差，贫富轻重皆有称者也"[2]。因此"礼者，所以固国家，定社稷，使君无失其民也"[3]。而"乐"来源于人们的本心，"乐者，音之所由生也"，"凡音之起，由人心也。人心之动，物使之然也"，[4] "乐"是用来陶冶人的情操，促进个体内在修养的提高，礼与乐通过对"人欲""人心"等的疏导，唤起人们的道德理性，约束个体的行为，助于外部和谐。[5] 礼乐教化，促进了民众内在修养的形成，维护了社会秩序的和谐，有助于民生事业的发展。

**二 "教民"的历史实践**

"教化，国家之急务也"[6]，对于执政者而言，推行教民是施政的重要方面，是保障国家兴盛安定的重要手段。执政者"教民"措施的实施有力促进了民生建设。

*（一）教育以化民*

历朝历代尤为重视教育。汉武帝时期，为了"导民以礼，风之以乐"，下诏"详延天下方闻之士，咸荐诸朝。其令礼官劝学，讲议洽闻，举遗兴礼，以为天下先。太常其议予博士弟子，崇乡党之化，以厉贤材焉"。[7] 东汉章帝即位后就开始"备三雍之教，躬养老之礼。作登歌，正予乐，博贯六艺"[8]。并在建初四年下诏："盖三代导人，教学为本。汉承暴秦，褒显儒术，建立五经，为置博士。"[9] 汉代教育的实施，对其后历朝历代均产生了较为深远的影响。如南北朝时期，南朝宋武帝提出"古之建国，教学为先，弘风训世，莫尚于此；发蒙启滞，咸必由之。故爰自盛王，迄于近代，莫不敦崇学艺，修建庠序"，为了改变长期以来"戎马在郊，旌旗卷舒，日不暇给"所导致的"学校荒废，讲诵蔑闻，军旅

---

① （清）王先谦：《荀子集解》，中华书局 1988 年版，第 357 页。
② （清）王先谦：《荀子集解》，中华书局 1988 年版，第 347 页。
③ （汉）贾谊撰，阎振益、钟夏校注：《新书校注》，中华书局 2000 年版，第 214 页。
④ 王文锦：《礼记译解》，中华书局 2016 年版，第 471 页。
⑤ 王文锦：《礼记译解》，中华书局 2016 年版，第 247 页。
⑥ （宋）司马光：《资治通鉴新注》，陕西人民出版社 1998 年版，第 2334 页。
⑦ （汉）班固：《汉书》，中华书局 2013 年版，第 171—172 页。
⑧ （南朝宋）范晔：《后汉书》，中华书局 2012 年版，第 131 页。
⑨ （南朝宋）范晔：《后汉书》，中华书局 2012 年版，第 137 页。

日陈，俎豆藏器，训诱之风，将坠于地"的情况，下诏"便宜博延胄子，陶奖童蒙，选备儒官，弘振国学。主者考详旧典，以时施行"。① 学校教育，为政权巩固与地方治理做好人才储备，从而有利于相应政策措施的推行和基层政务的处理，为江山社稷特别是民生事务奠定人才基础。

（二）躬身以导民

为了教化百姓，朝廷及至各级官府采取示范引领等手段推行相应的政策措施以"导民"。其中，较具代表性的就是亲耕、亲蚕之礼。周朝，孟春之月，祭祀过后，周王会带领文武百官举行象征性的亲耕仪式："天子亲载耒耜，措之于参保介之御间。帅三公、九卿、诸侯、大夫躬耕，帝藉毋。天子三推，三公五推，卿诸侯九推。"② 而在季春之月"后妃齐戒，亲东乡躬桑。禁妇女毋观，省妇使以劝蚕事。蚕事既登，分茧称丝效功，以共郊庙之服，毋有敢惰"，从而"王者亲耕，后妃亲蚕，以为天下先，劝众民也"。③ 西汉建立后，为了引导百姓积极从事农业生产，汉文帝逐步恢复了前代的亲耕、亲蚕之礼，将发展农业视为执政之重，即位第二年就下诏"夫农，天下之本也，其开藉田，朕亲率耕，以给宗庙粢盛"④，以此恢复了朝廷的亲耕之礼。并且也开始实行皇后亲蚕之礼，如文帝十三年春，下诏"朕亲率天下农耕以供粢盛，皇后亲桑以奉祭服，其具礼仪"⑤。皇帝的躬身引导不仅有利于农业生产的繁荣，更促进了农耕文明的发展。

除了皇帝，各级官府及地方官员也积极躬身教民。如在汉王二年，刘邦就下令"举民年五十以上，有修行，能帅众为善，置以为三老，乡一人。择乡三老一人为县三老，与县令、丞、尉以事相教"⑥。高后二年，"初置孝弟力田二千石者一人"，颜师古认为此举可以达到"劝厉天下，令各敦行务本"⑦。通过建立基层官员教化系统，汉代能够推行较为全面的基层民众教化措施。两晋时期，晋陵太守王蕴就是因为有"惠化"，得

---

① （梁）沈约：《宋书》，中华书局2013年版，第58页。
② （清）孙希旦：《礼记集解》，中华书局1989年版，第415—416页。
③ （清）孙希旦：《礼记集解》，中华书局1989年版，第433—434页。
④ （汉）班固：《汉书》，中华书局2012年版，第103页。
⑤ （汉）班固：《汉书》，中华书局2012年版，第109页。
⑥ （汉）班固：《汉书》，中华书局2012年版，第29页。
⑦ （汉）班固：《汉书》，中华书局2012年版，第84页。

以"百姓歌之"①。宋太祖时期，常在"春正月"，"谕郡国长吏劝农耕作"。当时的北方政权执政者也尤为重视导民务本的重要性，如金宣宗执政时期就不时颁布"劝农诏"。唐肃宗上元二年，下诏"王者设教，务农为首"，为了"敦本劝人"，"令天下刺史县令，各于所部，亲劝农桑"。②其后历朝历代均重视对基层民众教化引导他们积极开展农耕，防止抛荒弃耕。如景泰二年，明景帝"诏畿内及山东巡抚官举廉能吏专司劝农"③。通过朝廷建立自上而下的导民务本系统，提高了民众对于从事农业生产的重视程度，从而为民富乃至国富奠定了坚实基础。

除此之外，朝廷还会派遣官员推行相应的农业生产技术。如舜帝为了保障民食，安排专人指导农业生产，即"弃主稷，百穀时茂"，最终达致"四海之内咸戴帝舜之功"④。汉武帝时期，赵过"使教田太常、三辅，大农置工巧奴与从事，为作田器"，推行代田法，明确了各级官员"力农"职责，其中"两千石遣令长、三老、力田及里父老善田者受田器，学耕种养苗状"，另外，"民或苦少牛，亡以趋泽，故平都令光教过以人挽犁。过奏光以为丞，教民相与庸挽犁"，最终达致"田多垦辟"的效果。⑤元朝至正十三年，元顺帝听从中书省谏言，"立分司农司，宜于江浙、淮东等处召募能种水田及修筑围堰之人各一千名为农师，教民播种"⑥。思想引导与技术教授，使民众可以积极从事农业生产，从而为民生发展的根基也就是农业的生产与繁荣奠定了基础。

在民众生活的其他方面，朝廷重视躬身以教民，这在汉代表现得尤为突出。如汉文帝躬身作榜，袁盎就将其"居代时，太后尝病，三年，陛下不交睫，不解衣，汤药非陛下口所尝弗进"称为"高世之行"。⑦汉文帝此孝行还被列入"二十四孝"中，为后世所敬仰效仿。不仅如此，汉代还将察举孝廉作为重要一科，挑选孝顺之人入仕为官。汉武帝元光元年，"初令郡国举孝廉各一人"，这一做法提升了社会对"孝"的重视。另外，汉代多以"孝"为逝者死后的谥号，颜师古提出"孝子善述父之

---

① （唐）房玄龄等：《晋书》，中华书局 2012 年版，第 2421 页。
② （清）董诰等编：《全唐文》，中华书局 1983 年影印版，第 487 页。
③ （清）张廷玉等：《明史》，中华书局 2013 年版，第 145 页。
④ （汉）司马迁：《史记》，中华书局 2011 年版，第 39 页。
⑤ （汉）班固：《汉书》，中华书局 2012 年版，第 1043 页。
⑥ （明）宋濂等：《元史》，中华书局 2013 年版，第 907 页。
⑦ （汉）司马迁：《史记》，中华书局 2011 年版，第 2394 页。

志，故汉家之谥，自惠帝以下皆称孝也"①。

### 三 "教民"的社会意义

"教民"是促进社会规范与文化价值观形成、推动生产技术进步的重要途径，更是朝廷及官府治国理政的重要工具，意义十分重大。

执政者立身实践以"教民"，特别是通过地方官府的努力乃至乡绅的行为示范，可以促进良好社会风尚的形成、百姓生计的改善。如西汉时期，黄霸在任期间"为条教，置父老师帅伍长，班行之于民间，劝以为善防奸之意，及务耕桑，节用殖财，种树畜养，去食谷马"②，最终使百姓安居乐业。东汉时期汝南太守何敞就"显孝悌有义行者"，以此来教化百姓，"百姓化其恩礼"③。两晋时期，汲郡太守王宏"抚百姓如家，耕桑树艺，屋宇阡陌，莫不躬自教示"，最终"在郡有殊绩"④，晋恭帝下诏"司隶校尉石鉴所上汲郡太守王宏勤恤百姓，导化有方，督劝开荒五千余顷，遇年普饥而郡界独无匮乏，可谓能以劝教，时同功异者矣。其赐谷千斛，布告天下"⑤。隋朝时，开皇三年，张孙平上谏"臣闻国以民为本，民以食为命，劝农重谷，先王令轨。古者三年耕而余一年之积，九年作而有三年之储，虽水旱为灾，而民无菜色，皆由劝导有方，蓄积先备者也。去年亢阳，关右饥馁，陛下运山东之粟，置常平之官，开发仓廪，普加赈赐，大德鸿恩，可谓至矣。然经国之道，义资远算，请敕诸州刺史、县令，以劝农积谷为务"⑥，即希望皇帝下令地方官员要引导民众从事农业生产，最终隋文帝接纳了他的建议，"自是州里丰衍，民多赖焉"。

"教民"宜于国家治理，推动社会安定有序。东汉时期，丹阳太守李忠"以丹阳越俗不好学，嫁娶礼仪，衰于中国，乃为起学校，习礼容，春秋乡饮，选用明经，郡中向慕之"⑦，通过积极推行教育达到移风易俗目的，利于国家与社会的治理。南北朝时期，北魏裴延俊"命主簿郦恽修起学校，礼教大行，民歌谣之"，通过学校等相关"教民"机构，采取

---

① （清）王先谦：《汉书补注》，上海古籍出版社 2008 年版，第 128 页。
② （汉）班固：《汉书》，中华书局 2012 年版，第 3122 页。
③ （南朝宋）范晔：《后汉书》，中华书局 2012 年版，第 1184 页。
④ （唐）房玄龄等：《晋书》，中华书局 2012 年版，第 2332—2333 页。
⑤ （唐）房玄龄等：《晋书》，中华书局 2012 年版，第 7593 页。
⑥ （唐）魏徵等：《隋书》，中华书局 2011 年版，第 1254 页。
⑦ （南朝宋）范晔：《后汉书》，中华书局 2012 年版，第 756 页。

相应的教育措施,"在州五年,考绩为天下最"。① 隋朝时期,龙川太守柳旦因所辖区域"民居山洞,好相攻击,旦为开设学校,大变其风",有利于地方安定和谐,"帝闻而善之,下诏褒美"。②

# 第六节 民生应"勤"

勤,"劳也",即辛苦、努力③,它既指百姓的辛勤劳作,更直接指向君王的勤政:个体辛劳导致家庭生活充盈,而君王勤政则天下富足。"勤"是民生建设事业发展的不懈动力。

## 一 民生在勤的思想源流

"勤"是维持个体生存、促进个体发展的重要基础。个人只有积极从事劳动生产,才能得以生存。正如墨子所言"今人固与禽兽、麋鹿、蜚鸟、贞虫异者也。今之禽兽、麋鹿、蜚鸟、贞虫,因其羽毛以为衣裘,因其蹄蚤以为绔屦,因其水草以为饮食。故唯使雄不耕稼树艺,雌亦不纺绩织纴,衣食之财固已具矣。今人与此异者也,赖其力者生,不赖其力者不生"④。因此,墨子强调个体必须辛勤地从事农业生产,不能懈怠,要"赖其力者生",反对不劳而获。

同时,"勤"对于国家治理具有实质性影响。管子认为民众是社会生产的主要参与者,也是国家存在的基础所在,因而提出"欲为天下者,必重用其国。欲为其国者,必重用其民。欲为其民者,必重尽其民力"⑤。只有"足民有产",才能最终实现"国家丰"。在管子看来,必须"强本事,去无用"⑥,才能最终实现百姓生活富足,这就要努力发展农业生产。王符认为百姓勤劳是"国之所以为国""民之所以为民"的基础,他认为,"国之所以为国者,以有民也;民之所以为民者,以有谷也;谷之所

① (北齐)魏收:《魏书》,中华书局2013年版,第1529页。
② (唐)魏徵等:《隋书》,中华书局2011年版,第1273页。
③ 苏宝荣:《〈说文解字〉今注》,陕西人民出版社2000年版,第445页。
④ 吴毓江:《墨子校注》,中华书局1993年版,第382页。
⑤ 黎翔凤撰,梁运华整理:《管子校注》,中华书局2004年版,第49页。
⑥ 黎翔凤撰,梁运华整理:《管子校注》,中华书局2004年版,第201页。

以丰殖者，以有人功也；功之所以能建者，以日力也"①，因此官员要积极去实践"勤"。宋朝时期，田锡提出"臣道务勤，勤则职业修而事无雍"，把"勤"作为官员基本的修养，认为只要实现"百职如是，各举其业，千官如是，各得其人"，那么"何忧事不允厘，何虑民不受赐"。②

**二　民生在勤的实践**

民生建设主要目标是保障百姓的生计。因此，朝廷及官府尤为重视"勤"，通过"民勤"和"勤政"两个方面来推进民生建设。

**（一）民勤**

对普通百姓而言，只有辛勤劳动，才不会缺衣少食；只有辛勤劳动，才能创造美好生活。对朝廷或官府来说，只有百姓积极从事相应的社会生产活动，才能塑造淳朴的民风；只有勤政为民，才能维护正常的统治秩序，促进民强，实现国富。因此，历朝历代均采取相应措施推动民众积极从事农业生产。

历史上，朝廷一般会派遣官员督促基层民众开展农业生产，防止出现抛荒弃耕。春秋战国时期，栾书认为国君并没有对民生尽心力，提出"民生之不易，祸至之无日，戒惧之不可以怠"，并且举出若敖、蚡冒辛勤开辟山林等例子以劝诫"民生在勤，勤则不匮"③，强调"勤"与"匮"二者之间存在辩证统一关系。南北朝时期，太和元年，北魏高祖下诏"敕在所督课田农，有牛者加勤于常岁，无牛者倍庸于余年。一夫制治田四十亩，中男二十亩。无令人有余力，地有遗利"④。太和十六年，更是下诏"务农重谷，王政所先；劝率田畴，君人常事。今四气休序，时泽滂润，宜用天分地，悉力东亩。然京师之民，游食者众，不加督劝，或芸耨失时。可遣明使检察勤惰以闻"⑤。及至太和二十年，下诏"农惟政首，稷实民先，澍雨丰洽，所宜敦励。其令畿内严加课督。惰业者申以楚挞。力田者具以名闻"⑥。从中可以看出，北魏高祖充分认识到发展农业对治国理政的首要意义，强调要引导督促民众积极从事农业生产，

① （汉）王符撰，（清）汪继培笺，彭锋校正：《潜夫论笺校正》，中华书局 1985 年版，第 210 页。

② （清）毕沅：《续资治通鉴》，中华书局 1957 年版，第 289 页。

③ 杨伯峻：《春秋左传注》，中华书局 1990 年版，第 731 页。

④ （北齐）魏收：《魏书》，中华书局 2013 年版，第 144 页。

⑤ （北齐）魏收：《魏书》，中华书局 2013 年版，第 170 页。

⑥ （北齐）魏收：《魏书》，中华书局 2013 年版，第 179 页。

对于懈怠者加以惩罚。也就是说，在传统社会，执政者已经开始重视通过正向引导督促，辅之以相应的惩罚监督，以促进"民勤""劳作"的实现。

（二）勤政

"王用勤政，万国以虔"，"勤政"是实现国家强盛的重要手段，而官员是治理国家、促进社会秩序井然的重要工具，是"牧民"的关键。朝廷及官府只有做到勤政爱民和勤政为民，才能真正促进保障百姓生计的实现。

一方面，从事体力劳动的民众要"勤"，而官员对于引导"民勤"意义重大，因此，执政者会选取并督促相应的官员勤政以促民耕作。西汉时期，为了引导民众进行农业生产，朝廷专门设置了官职、安排官员"力田"。汉惠帝四年就下令"举民孝弟力田者复其身"①，及至高后二年，朝廷在乡间初置"力田"，以"劝厉天下，令各敦行务本"②。执政者不时派遣官员巡行地方，以督促农业生产③。两晋时期，晋武帝认识到官员特别是地方官员应该敦促民众从事农业生产，要求地方官员加以引导和督促，但是地方官员却未能尽心尽力尽勤督促，于是下诏"朕惟人食之急，而惧天时水旱之运，夙夜警戒，念在于农。虽诏书屡下，敕厉殷勤，犹恐百姓废惰以损生植之功。而刺史、二千石、百里长吏未能尽勤，至使地有遗利而人有余力，每思闻监司纠举能不，将行其赏罚，以明沮劝"。其后，历朝历代均建立相应的奖罚机制以促进勤政导农的实现。

另一方面，对于官员而言，"勤"也是为官之法。《初仕要览》提出"初仕以勤政为首务，政不勤则百事殆"，并且"官不勤则事废，民受其害"④。也就是说，"勤政"既是执政之要也是为官之本，只有官员能做到"勤政"，民生建设任务才能得以实现。大禹为治水，"居外十三年，过家门不敢入"，最终"开九州，通九道，陂九泽，度九山"⑤，大禹

---

① （汉）班固：《汉书》，中华书局 2012 年版，第 79 页。
② （汉）班固：《汉书》，中华书局 2012 年版，第 84 页。
③ 高和荣、张娜：《道民、假民、赋民：论西汉时期的减贫政策》，《中国社会经济史研究》2021 年第 4 期。
④ 赵尔巽等：《清史稿》，中华书局 1977 年版，第 13052 页。
⑤ （汉）司马迁：《史记》，中华书局 2011 年版，第 47 页。

"克勤于邦"，于国于民有利，最终舜帝将王位传给了他。① 汉文帝认为"诏书数下，岁劝民种树"，但是"功未兴"，主要原因就是"吏奉吾诏不勤，而劝民不明也"。为了劝民，文帝十二年下诏"赐农民今年租税之半"②。明朝时期，洪武十年朱元璋勉励官员"前代庸君暗主，莫不以垂拱无为籍口，纵恣荒宁，不亲政事。孰不知治天下者无逸然后可逸，若以怠政为垂拱无为，帝舜何为日昃期倦于勤，大禹何以惜寸阴，文王何以日昃不食？且人君日理万机，怠心一生，则庶务壅滞，贻患不可胜言，朕自即位以来，常以勤励自勉。未旦即临，哺时而后还宫。夜卧不能安席，披衣而起，或仰观天象，见一星失次，即为忧惕；或度量民事，有当速行者，即以次弟笔记，待旦发遣。朕非不欲暂安，但只畏天命不得不尔。朕言及此者，恐群臣以天下无事，便欲逸乐，股肱既惰，元首丛脞，民何所赖？《书》云：'功崇惟志，业广惟勤'。尔群臣但能以此为勉，朕无忧矣"③。这表明，执政者已经认识到勤政对于促进国家治理和保障百姓生计的重要意义，因此不时以政令、考核来敦促勤政的实现。

### 三 民生在勤的价值

"勤"贯穿于整个中华民族的发展史，"勤劳"成为我们这个民族最鲜明的特征，"慎之劳，劳则富"④，劳动和财富的获得紧密相关。为了更加美好的生活，民众要勤奋劳作，执政者要勤政爱民，上下同欲、风雨同舟。

"民有三患：饥者不得食，寒者不得衣，劳者不得息，三者民之巨患也"⑤，而避免陷入此境地的重要应对措施主要围绕"勤"展开。对普通百姓，正如《古今药石》所言，"民生在勤，勤则不匮，是勤可以免饥寒也"⑥，也就是说，对于普通大众而言，基本生计的维持在于"勤劳"，只有勤奋劳作，才不会缺衣少食，才能避免陷入饥寒境地。因此，民众一般会积极从事生产活动，以保障自身的基本生活。如神瑞二年，为了使百姓勤奋务农，北魏明元帝下令，"前志有之，人生在勤，勤则不匮。

---

① 郭仁成：《尚书今古文全璧》，岳麓书社 2006 年版，第 24 页。

② （清）孙希旦：《礼记集解》，中华书局 1989 年版，第 433—434 页。

③ 中央研究院历史语言研究所校勘：《明实录》，上海古籍书店 1983 年版，第 1882 页。

④ （清）孔广森：《大戴礼记补注》，中华书局 2013 年版，第 117 页。

⑤ 吴毓江：《墨子校注》，中华书局 1993 年版，第 380 页。

⑥ （明）宋纁：《古今药石》，中华书局 1985 年版，第 27 页。

凡庶民之不畜者祭无牲，不耕者祭无盛，不树者死无椁，不蚕者衣无帛，不绩者丧无衰。教行三农，生殖九谷；教行园圃，毓长草木；教行虞衡，山泽作材；教行薮牧，养蕃鸟兽；教行百工，饬成器用；教行商贾，阜通货贿；教行嫔妇，化治丝枲；教行臣妾，事勤力役"，自此以后"民皆力勤，故岁数丰穰，畜牧滋息"①。在那个时代，民众正常的生产生活极易被天灾人祸所打乱而导致收入来源中断，朝廷为此采取促进"民勤"与"勤政"的政策措施。例如，汉代将垦田、户口、财政等列入官员政绩考核项目，对勤于政事者采取升官加俸、赐予爵位等奖励措施。②

　　总之，传统社会强调民生重"保"，以保障民众最基本的生活需要，"保民"成为民生建设的底线；认为民生为"安"，维护稳定的生产生活秩序，让民众"无忧"，"安民"构成民生建设的重要抓手；突出民生在"利"，提供民众追求更高生活水平的条件，"利民"成为民生建设的助推剂；推动民生要"富"，回应民众最为淳朴的生活期盼，"富民"构成民生建设的努力追求；而突出民生应"教"，努力提升民众的生活技能，提升整个社会的文明程度，"教民"成为民生建设的灵魂与手段；重视民生应"勤"，指引了民众的努力方向，是民生建设的重要方略。这就为当代中国提高保障和改善民生水平的建设积累了宝贵的历史经验，是开展新时代民生事业发展"中国之路"的历史基础与文化根据。

---

① （北齐）魏收：《魏书》，中华书局 2013 年版，第 2850 页。
② 邓玉枝：《两汉时期廉政与勤政措施述论》，《南都学坛》1993 年第 2 期。

# 第三章　民生事业的发展

改革开放以来，中国民生事业取得了长足进展，成就巨大，人民的生活有了很大改善，获得感不断增强，走出了一条中国特色的民生建设之路。这为新时代提高保障和改善民生水平奠定了坚实的基础。

## 第一节　民生事业的发展成就

民生是最大的政治，没有民生就会失去民心。经过 40 多年的民生建设，人民群众的生活水平得到了显著改善。例如，在扶贫领域，全国农村地区贫困人口从 1978 年的 7.7 亿人减少到 2012 年的 9899 万人，从 2013 年至 2018 年，农村更是累计减贫 8239 万人[①]，到 2020 年底全国剩余的 551 万农村贫困人口全部脱贫[②]。在基础设施建设上，积极建设铁路、公路和水路基础设施，保障人民群众的出行和物流需要，高速铁路建成里程数世界第一，公路总里程数不断上升，从 2015 年的 457.73 万公里增加到 2019 年的 501.25 万公里[③]，平均每年增加 10 万公里。在医疗健康方面，实施全面取消药品加成政策，实行分级诊疗，切实解决人民群众看病难、看病贵问题。

### 一　民生范围不断扩大

以民生为先是中国人治国安邦的思想基础与行为准则，保障和改善

---

① 国家统计局：《大数据"数说"脱贫攻坚重大成就》，2019 年 8 月 13 日，http://www.cpad.gov.cn/art/2019/8/13/art_624_101661.html。

② 国家统计局：《2020 年国民经济和社会发展统计公报评读》，2021 年 2 月 28 日，http://www.stats.gov.cn/tjsj/sjjd/202102/t20210228_1814157.html。

③ 交通运输部：《2019 年交通运输行业发展统计公报》，2020 年 5 月 12 日，http://www.gov.cn/xinwen/2020-05/12/content_5510817.htm。

民生更是党和政府的中心工作。无论是旧民主主义革命还是新民主主义革命时期，我们实行"地主减租减息，农民交租交息"政策，或颁布《中国土地法大纲》，都旨在切实保障民生。新中国成立后，政府在发展经济的同时保障民众基本生活，出台了与经济体制相适应的民生制度。不过，真正将民生事业当作一个独立的社会事项特别是制度化的公共政策，最早出现在 21 世纪初期。之后，随着政府重视并加快民生建设，民生范围更是不断拓展与扩大。

首先，民生项目日益扩大。21 世纪初以来，中央提出"加快推进以改善民生为重点的社会建设"，反复强调"就业是民生之本"。党的十七大把民生领域界定为"教育、就业、收入分配、社会保障体系、医疗卫生制度和社会管理"等方面，2017 年，中央将民生范围进一步扩大为"教育、就业、收入、社会保障体系建设、扶贫、健康、社会治理和国家安全"等八个领域，每个领域均有明确的项目要求。例如，社会保障领域明确"病有所医、老有所养"，在攻坚扶贫领域要求"弱有所扶"，就业与收入分配领域要求"劳有所得"，健康领域要求提供"全方位全周期健康服务"，社会治理领域则要求让人民群众有"更多获得感"，而公共安全领域要求"建设平安中国"，确保"国家长治久安、人民安居乐业"。

其次，民生项目的界定与表述不断深化。2012 年以前，我们的医疗卫生事业更多的是从政府政策供给支持角度出发，探讨如何医治疾病。进入新时代，随着保障和改善民生事业的逐步开展，特别是《"健康中国 2030"规划纲要》的颁布与实施，我们更多地用"健康"取代"医疗卫生"。概念使用的变化体现了价值立场的转变，那就是政府更多地站在人民立场上强调这项民生事业的目的与使命，并非简单地做好医疗卫生工作，而是提高人民群众的健康水平，最终实现"民族昌盛和国家富强"。另外，我们的民生项目从最初的物质项目逐渐丰富扩展为物质类、服务类、心理类及环境类等项目，体现了民生项目的系统性与全面性。

最后，民生覆盖范围逐步扩大。从民生对象所覆盖的范围来看，我们强调民生当从个体性到群体性乃至社会整体性的覆盖，民生发展要逐步惠及全体人民。民生事业建设涵盖的主体应该没有阶层、职业等因素的区隔。21 世纪初期，以社会保险为代表的民生制度的保障对象仅限于城市职工，2002 年，新型农村合作医疗制度主要解决农村居民的缺医少药和就医难问题，2016 年，整合而成的城乡居民基本医疗保险制度涵盖了城镇居民和农村居民，并让城乡居民享有同等的就医补偿比例。从民生覆盖的对象来说，2012年以来，90%以上残障儿童有了受教育的机会，80%左右的农民工随迁子女可以在流入地的公办学校入学，普惠性幼儿园占现有幼儿园的60%左右，2019—2020年，义务教育阶段学生生活补助人数增加近40%，高职院校扩招100万人。①

## 二 民生投入空前加大

2017年以来，民生建设强调要抓"人民最关心最直接最现实的利益问题"，将保障和改善民生"高高举起"且"稳稳落下"，不断扩展民生项目内涵与外延，把其当成创新社会治理的前提，把人民对美好生活的向往作为奋斗目标，民生地位不断提升。而民生地位提升不仅体现在方针政策上，还体现于各级政府的投入上，民生投入总数、民生投入占财政支出比重不断提高。

从民生投入总数来看，2009年，全国、中央政府和地方政府的教育、科技、文化、社会保障等13类民生总支出分别为49436.71亿元、5500.48亿元、61044.14亿元，② 占整个财政总支出比例分别为64.8%、36.1%和72.0%③；2018年，这13类民生总支出上升到160207.4亿元，占当年财政总支出的72.5%；其中，中央财政的总支出为11256.82亿元，占总支出的34.4%；地方财政的总支出为188196.32亿元，占其总支出的79.1%。④ 民生支出有了较大幅度的提升。

从具体民生支出项目来看，2007年、2012年、2014年、2018年，全国财政对就业与社会保障支出依次为5447.16亿元、12541.79亿元、15968.85亿元、27012.09亿元，分别占当年财政支出的10.9%、9.99%、10.52%、12.2%。⑤ 这些资金主要用于事业单位离退休、最低生活保障、

---

① 李克强：《政府工作报告》，2020年5月22日，http://www.gov.cn/zhuanti/2020 lhzfg-zbg/index.htm.

② 十三类民生支出主要包括：教育、科学技术、文化体育与传媒、社会保障与就业、医疗卫生、节能环保、城乡社区事务、农林水事务、交通运输、商业服务、国土资源气象、住房保障支出、粮油物资储备管理事务。

③ 中华人民共和国财政部：《中国财政年鉴》（2011卷），中国财政杂志社2011年版，第455页。

④ 中华人民共和国财政部：《中国财政年鉴》（2019卷），中国财政杂志社2019年版，第402页。

⑤ 参见《中国财政年鉴》（2010卷）、《中国财政年鉴》（2013卷）、《中国财政年鉴》（2015卷）、《中国财政年鉴》（2019卷）。

财政对基本养老保险基金的补助、抚恤、就业补助等，民生投入量呈现增长态势。再如，在医疗卫生与计划生育领域，2007 年、2012 年、2014年、2018 年的全国医保财政支出分别为 1989.96 亿元、7245.11 亿元、10176.81 亿元和 15623.55 亿元，占当年财政支出的比例分别为 4.0%、5.75%、6.7%、7.07%，① 民生支出占比同样不断增长。

从各省市民生支出占比来看，地方对民生项目投入也在增加，其中，2016 年民生投入占财政支出比超过 80% 的省份有安徽、山西、吉林、江苏、广西、北京等，超过 75% 的有 17 个省份。② 可见，医疗、教育、扶贫、社会保障和就业、住房、公共服务等方面的民生支出总和在全国财政支出中占有重要位置，财政支出在向民生事业偏移。另外，作为兜底线的脱贫项目，中央高度重视"弱有所扶"，把脱贫攻坚作为实现第一个百年奋斗目标的底线性任务③，制订脱贫方案，开展精准扶贫，2012 年、2017 年、2019 年中央财政扶贫专项资金分别达到 332 亿元、861 亿元和1260.95 亿元，2021 年初实现了近 1 亿人脱贫，提前 10 年完成了联合国2030 年可持续发展议程所提到的减贫目标，④ 脱贫人数位居世界第一，保证全体人民在共建共享发展中有更多获得感，彰显出提高保障和改善民生水平的决心与成效。

**三　民生地位不断提升**

改革开放初期，我们提出"允许并鼓励部分地区、部分人先富，然后让先富帮后富，最终实现共同富裕"，后来提出了"以经济建设为中心"，并强调"要横下心来，除了爆发大规模战争外，就要始终如一地、贯彻始终地搞这件事，一切围绕着这件事，不受干扰"⑤，并"深化分配制度改革，健全社会保障体系"，以及"千方百计扩大就业，不断改善人

① 参见《中国财政年鉴》（2010 卷）、《中国财政年鉴》（2013 卷）、《中国财政年鉴》（2015 卷）、《中国财政年鉴》（2019 卷）。

② 新华网：《财政大数据透析：民生支出占几成》，2017 年 3 月 5 日，http：//www.xinhuanet.com/fortune/2017-03/05/c_129501708.htm.

③ 《脱贫攻坚战，全面胜利》，2021 年 2 月 25 日，http：//www.gov.cn/xinwen/2021-02/25/content_5588879.htm.

④ 《脱贫攻坚战，全面胜利》，2021 年 2 月 25 日，http：//www.gov.cn/xinwen/2021-02/25/content_5588879.htm.

⑤ 《邓小平同志反复强调，要把经济建设当作中心》，http：//theory.people.com.cn/GB/40557/350432/350790/index.html.

民生活",强化对失业人员的"妥善安排和救济"[①],"集中力量,全面建设惠及十几亿人的更高水平的小康社会"等,都体现出为人民群众谋福利的治国理政理念,包含着丰富的民生建设内容。应该看到,21世纪以前我们的民生建设工作虽然一直都在开展,但是,这个阶段的民生项目以及整个民生事业仍然处于从属地位和依附地位,它们往往被当作经济建设的辅助或是补充。此时的民生建设更多是一种生产性的,被遮蔽在经济建设之下,民生项目也并非纯粹消费性项目,体现了当时的补缺型、非制度型的民生建设方略。

21世纪初以来,中央强调"社会建设与人民幸福安康息息相关。必须在经济发展的基础上,更加注重社会建设,着力保障和改善民生,推进社会体制改革,扩大公共服务,完善社会管理,促进社会公平正义,努力使全体人民学有所教、劳有所得、病有所养、住有所居,推动建设和谐社会"[②],这就将以往的经济建设、政治建设以及文化建设中有关社会的部分抽离出来组成了具有相对独立性的社会建设,将隐藏于经济建设背后的民生事业建设调整成了社会建设的重点与核心,体现了民生为本的社会建设的独特性与重要性。进入新时代,党和政府明确要求"在改善民生和创新社会管理中加强社会建设",并将医疗、教育、工作收入、居住、环境方面的建设纳入民生和社会管理的范畴,以谋民生之利,解民生之忧。这时,改善民生和社会管理成为社会建设的两大抓手,保障和改善民生成为社会建设的重点,成为社会治理的功能及目标,民生更是拥有了社会建设领域的核心地位。将保障和改善民生蕴含在"发展"中,保障和改善民生的逻辑成了"发展的根本目的",民生建设的地位空前提升。

**四 民生水平逐步提升**

民生水平是民生建设发展、民生项目的重要评价指标,反映了政府与社会各界的民生投入、民生建设成效特别是民众的获得感受,体现一个社会的建设水平及建设成效。

首先,随着社会经济发展、民生投入总量增加、社会各界对民生问

---

① 《邓小平文选》第1卷,人民出版社1994年版,第149页。

② 胡锦涛:《高举中国特色社会主义伟大旗帜 为夺取全面建设小康社会新胜利而奋斗——在中国共产党第十七次全国代表大会上的报告》,《人民日报》2007年10月25日第1版。

题重视，退休人员基本养老金、医保报销比例和最高支付限额、城乡居民基本养老保险基础、养老金标准等保障水平稳步提高。① 其中，医保人均补助从 2012 年的 240 元提升到了 2020 年的"不低于 550 元"，"农村建档立卡贫困人口封顶线"被全面取消②，2019 年，城乡居民基本医保报销比例由 50% 提升到 60%③。又如，各地不断提高最低工资标准，其中，北京市 1995 年最低工资标准每月不低于 240 元，2001 年不低于 435 元、2013 年不低于 1400 元、2019 年不低于 2200 元、2021 年不低于 2320 元。④

其次，城乡居民人均可支配收入稳步提升，人民生活水平得到极大改善。例如，1980 年城镇和农村居民人均可支配收入分别为 477.6 元和 191.3 元，1990 年城镇和农村居民人均可支配收入分别为 1510.2 元和 686.3 元，2000 年城镇和农村居民人均可支配收入分别为 6280.0 元和 2253.4 元，2010 年城镇和农村居民人均可支配收入分别为 19109.4 元和 5919.0 元，⑤ 2020 年城镇和农村居民人均可支配收入分别为 43833.8 元和 17131.5 元，⑥ 1980 年至 2020 年城乡居民可支配收入水平稳步提升。

最后，各民生事业建设的信息化服务水平有了较大提升。民生服务效益提升的同时，人民群众有了更多获得感。如政府利用互联网实现了"全城同办"，打通了民生事业的堵点、难点，实现就业和社保信息化走向跨区域信息共享和互联互通；社会保障一卡通升级，逐步扩大应用范围；区域间信息交换升级，部分省市逐步实现社会保险关系跨地区转移接续和异地就医联网结算，⑦ 极大地便利了人民群众日常生活。

---

① 《各项民生事业取得新成效》，《南方日报》2019 年 2 月 2 日。

② 国家医疗保障局：《2020 年居民医保人均财政补助标准新增 30 元》，《人民日报》2020 年 6 月 18 日。

③ 《医保待遇再提升大病保险报销比例由 50% 提高至 60%》，2019 年 5 月 12 日，https：//baijiahao.baidu.com/s？id=1633334590209949205&wfr=spider&for=pc。

④ 《北京市近 20 年最低工资标准翻一番，月最低工资标准 2320 元》，2021 年 12 月 28 日，https：//www.163.com/dy/article/GS9SLB2Q0552TUTA.html。

⑤ 国家统计局：《中国统计年鉴 2014》，http：//www.stats.gov.cn/tjsj/ndsj/2014/index-ch.htm。

⑥ 国家统计局：《中国统计年鉴 2021》，http：//www.stats.gov.cn/tjsj/ndsj/2021/index-ch.htm。

⑦ 《大力推进社会事业信息化切实保障和改善民生》，2016 年 8 月 24 日，https：//www.sohu.com/a/111826285_120004。

### 五 民生质量不断提高

民生质量是民生事业建设的核心及关键所在，衡量保障和改善民生水平不仅要测量民生项目、民生范围、民生投入强度以及民众所得，而且更要检验民生事业发展的质量。特别是随着民生建设的持续开展，"质量"理当成为民生建设的核心议题与重要使命，成为民生建设的生命线以及增强民众获得感的重要法宝。应该看到，随着"加快推进以改善民生为重点的社会建设"正式提出，中央在加大民生建设力度的同时深化民生质量建设，切实提升了民生建设的品质。

首先，就业是民生之本，就业质量决定着人民是否有幸福感、获得感和能否体面地生活。一段时期以来，我们主要关注就业总量的扩大，着力解决更多的人口就业，以为只要解决了失业问题民众的生活水平就会好转与提升。进入新时代，政府不仅强调就业是"最大的民生"，更明确提出要"提高就业质量"，而且把"就业质量"与"收入水平"紧密结合起来，把就业质量当成提高收入水平的充分条件，"实现更高质量和更充分就业"，以便促进收入分配"更合理、更有序"。党的十九大明确"要坚持就业优先战略和积极就业政策，实现更高质量和更充分就业"，"坚持在经济增长的同时实现居民收入同步增长、在劳动生产率提高的同时实现劳动报酬同步提高"。[1]

其次，住房安定且住有所居是人民生活之必需。早在 21 世纪初，政府就提出"人民安居乐业"。为了实现这一目标，政府强调要"健全廉租住房制度，加快解决城市低收入家庭住房困难"，确保"住有所居"，[2] "努力解决土地征收征用、房屋拆迁、企业改制、环境保护等方面损害群众利益的问题"[3]，实施"保障性安居工程"。进入新时代，政府着力"建立市场配置和政府保障相结合的住房制度，加强保障性住房建设和管理，满足困难家庭基本需求"[4]。针对各地房价居高不下问题，明确指出"房子是用来住的、不是用来炒的"，进而加快完善多主体供给、多渠道

---

① 习近平：《决胜全面建成小康社会　夺取新时代中国特色社会主义伟大胜利——习近平同志代表第十八届中央委员会向大会作的报告摘登》，《人民日报》2017 年 10 月 27 日第 2 版。

② 胡锦涛：《高举中国特色社会主义伟大旗帜　为夺取全面建设小康社会新胜利而奋斗——在中国共产党第十七次全国代表大会上的报告》，《人民日报》2007 年 10 月 25 日第 1 版。

③ 温家宝：《政府工作报告》，《人民日报》2008 年 3 月 5 日第 1 版。

④ 胡锦涛：《坚定不移沿着中国特色社会主义道路前进为全面建成小康社会而奋斗》，《人民日报》2012 年 11 月 18 日。

保障、租购并举的住房制度，让全体人民"住有所居"的同时向着"住有宜居"方向迈进。

再次，在医疗卫生领域，改革开放初期强调满足人民群众生病就医的需要，20 世纪 90 年代中期，政府提出要实现"人人享有基本医疗卫生服务"①，让人民群众能有安全、有效和廉价的医疗卫生服务。2016 年全国卫生与健康大会上明确指出"要坚持提高医疗卫生服务质量和水平"②，2017 年中央实施"健康中国战略"，要求建立优质高效的医疗卫生服务体系，推动医疗服务高质量发展。从投入角度看，2013 年至 2017 年，各级财政对基层医疗卫生机构的直接补助从最初的 1059 亿元增至 1808 亿元，超过 84% 的居民能够 15 分钟到达医疗机构，提高了居民的医疗资源的可获得性。③

最后，教育作为民众复兴的基础工程，其重要性不言而喻，它是人民生存需要和生活状况、生活理想调整的基础。过去我们只是强调"促进义务教育均衡发展，加快普及高中阶段教育"，"重视学前教育，关心特殊教育"。进入新时代，党和政府从办好人民满意的教育这一高度出发，加大教育投入，扎实提升教育质量，推动城乡义务教育"一体化发展"，"办好学前教育、特殊教育和网络教育"，有的地方拓展义务教育年限，实行十二年乃至十五年义务教育，努力让每个孩子都能享有公平且有质量的教育。这对民生建设的质量提出了更高要求。

**六 民生事业逐渐规范**

民生事业需要依据规范而开展。自古以来，民生建设被当作治国理政的重要抓手，推进民生事业建设。新中国成立后，特别是 21 世纪以来，各类民生项目建设都被上升到法律法规层面，强调教育是治国的重要手段，更是民生的基础需要，《教育法》不断修改和完善，以解决民众教育过程中遇到的突出问题，使教育事业能够有序进行，相继颁布了《中华人民共和国义务教育法》（1986）、《中华人民共和国教师法》

① 胡锦涛：《高举中国特色社会主义伟大旗帜　为夺取全面建设小康社会新胜利而奋斗——在中国共产党第十七次全国代表大会上的报告》，《人民日报》2007 年 10 月 25 日。
② 党建网微平台：《习近平亲切关怀广大医务工作者》，2020 年 2 月 3 日，http：//www.wenming.cn/djw/djw2016sy/djw2016syyw/202002/t20200203_5404223.shtml。
③ 《2013—2017 年，全国财政医疗卫生累计支出 59502 亿元》，2018 年 12 月 26 日，https：//www.sohu.com/a/284716969_120054728。

（1993）、《中华人民共和国民办教育促进法》（2002）等。在社会保障领域，形成了《劳动法》《劳动争议调解仲裁法》《慈善法》《人口与计划生育法》《妇女权益保障法》《残障人保障法》《社会保障法》等法律体系，确保民生建设和服务有法可依。从民生建设过程角度看，随着民生事业的纵深推进，各地在加大民生项目投入的同时，注重各民生环节的把握，推动民生项目更加规范进行。例如，国务院《关于健全普通本科高校、高等职业学校和中等职业学校家庭经济困难学生资助政策体系的意见》中，明确规定了认定标准、申请流程、资助发放等，确保各个环节规范，体现了民生项目建设的制度化与规范化，体现程序合规合法。

民生事业的规范推动民生建设功能及目标的实现。在民生领域，强调民生项目对整个社会治理体系和社会治理能力现代化建设的重要影响，因而这里所讲的功能是指社会维系、社会整合及社会凝聚等方面的功能，也就是促进社会有机体团结方面的功能。应该看到，改革开放初期，民生事业的功能更多是生产性的，致力于促进经济发展。21世纪初以来，民生建设与发展的功能和目标逐渐转变为"完善社会管理""维护社会安定团结""打造共建共治共享的社会治理格局"，这就回归到了民生建设的本真功能。体现在社会治理上，民生事业注重协调好各阶层的利益，化解社会矛盾，让经济社会发展的成果惠及全体人民群众。

## 第二节　民生事业的发展经验

改革开放四十多年来，我们在加快经济发展的同时注重民生事业建设，人民收入水平显著提高，人均GDP从1990年的1664元上升到2020年的72447元，人均可支配收入从1990年的1098元上升到2020年的32189元，[①] 彻底解决了人民群众的生活贫困问题，民众生活质量明显提升，1990年城镇和农村居民家庭恩格尔系数分别为54.2%和58.8%，2019年分别下降到27.6%和30.0%[②]，体现出中国民生模式从补缺型向制度化型转变、民生供给从权利性向义务性过渡、民生责任从不托底到

---

① 国家统计局：《2020年国民经济和社会发展统计公报》2021年2月28日。

② 国家统计局：《中华人民共和国2019年国民经济和社会发展统计公报》，2020年2月28日，http://www.gov.cn/xinwen/2020-02/28/content_5484361.htm.

兜底性转变、民生项目从零散性向整体性变迁等特点与经验。

**一　民生模式从补缺型向制度化型转变**

20世纪80年代起，政府加快从计划经济体制向社会主义市场经济体制转变，将重心转移到经济建设上来，逐步弱化了民生事业的政治属性而强化其经济属性，进而强化了民生事业的从属地位，认为包括民生在内的一切非经济事业均具有生产性功能，我们应当充分发挥民生事业服务经济发展的功能，把民生事业当作经济发展的促进手段以及经济发展过程中所出现问题的解决工具，政府及社会各界优先发展那些能够有助于经济发展的民生事项，民生建设由此便成为一种补缺型模式，它为解决经济社会问题而存在。此时的民生建设更多是一种生产性的，被遮蔽在经济建设之下，民生项目并非纯粹消费性项目，体现了当时补缺型、非制度型建设方略，这集中体现在民生机构、民生项目、民生待遇和民生职能等方面。

就民生机构来说，20世纪80年代中后期，随着进城务工人员的增加，政府在原人事部、劳动部等部门基础上组建了劳动和社会保障部，所有非机关事业单位人员的劳动就业与社会保险均划归到此部门管理；就民生项目而言，一些民生项目内部的细则进行了调整，以适应当时的经济社会发展状况；在民生职能方面，将原来国有企业的劳动服务公司这一专属机构所承担的就业培训、转岗、待业等职能划归到政府人力资源部门，将原来需要由企业自行投入建设的商场、食堂、浴室、医院、学校等全部交给社会自主经营、自负盈亏，而原本由企业负责的劳动力培训与转移等职能全部交由政府有关部门统筹考虑，同时在社会保险中增加了工伤、生育、失业等险种与科目，以最大限度地甩掉制约企业发展的包袱。

在大力发展经济、壮大经济总量的同时，出现了经济社会发展的不平衡、不充分问题，出现了民生事业滞后于经济发展的问题，由此引发社会问题乃至社会冲突，为此，政府及时设计出一些民生项目，如最低生活保障、低保救助以及临时救济等制度，突显民生制度的社会安定维护功能。不过，从社会有机体角度看，这种补缺型和维稳型的民生难以适应时代发展的需要。

进入新时代，随着我们对民生事业认识的深化，党和政府加快了民生建设步伐，脱贫攻坚战取得决定性进展，教育事业全面发展，就业促进全面推进，覆盖城乡居民的社会保障体系基本建立，人民群众的健康水平大幅提高，以民生为纽带的社会治理体系更加完善，各项民生制度从无到有、从不太规范到规范健全，推动中国特色民生事业迈进制度化时代。就民生责任而言，民生事业的制度化不是政府的单一责任，需要政府、市场、社会及家庭与个人协力，做到责任共担、项目共建、问题共治、成果共享，共建共治共享成了民生事业发展的基本准则和价值遵循。就民生项目体系来看，民生体系划分为教育、就业与收入分配、社会保障、脱贫、健康、社会治理、公共安全等八个方面内容，并逐步将这些民生领域制度化和规范化。

## 二　民生供给的责任性

把福利当成民众权利或公民资格，要求政府负起福利供给责任，在西方国家并非从来就有，只是到了近代特别是"二战"后才逐步形成。与此不同的是，中国民生事业的建设与发展始终是在国家治理框架下依靠政府、社会及民众的共同推进，体现了政府对民生的责任担当，由此使得民生事业的发展不能脱离国家治理这一框架维度。一方面，民生事业蕴含着自上而下的承诺与安排。在传统社会里，君主承诺给予民众最基本的生活保障是取得统治合法性的前提，只有解决了这个问题才能巩固江山并得到民众的拥护，进而有效地统治国家，否则必将遭到民众的反抗。到了今天，政府统筹兼顾各类民生事业，打赢脱贫攻坚战，让民众安居乐业，民生构成了国家治理的手段与抓手。透过民生建设，解决民生之困，维护社会稳定，推进社会和谐，体现着政府的责任担当与为民情怀。另一方面，民生事业包含着自下而上的政策建构，民众的民生探索实践成为我们的政策之源，将民众的民生建设经验概括、总结与提升，可以成为指导地方民生建设的一般准则，进而透过全国各地的生动实践抽象成能够供政府实施的民生制度及民生方略。

民生供给的责任性还体现在民生建设的态度上。对于治国理政者来说，民生建设的前提在于"勤"，强调"勤则不匮""经世济民"，这里的"勤"要求勤政为民，积极关注民生，为官一任造福一方，而不是"四体不勤""安坐尊位""公堂木偶"；对普通百姓来说，要想改善自己的生活，也应该修身齐家、节俭持家，戒奢以俭成为民众的文化与规范，"一粥一饭当思来之不易，半丝半缕恒念物力维艰"，民众甚至把勤俭提升到"治家之本"的高度。正因为如此，我们把保障和改善民生当作己任，持续实施脱贫攻坚计划，到 2020 年底如期完成脱贫攻坚目标和任务，现行标准下 9899 万农村贫困人口全部脱贫。

### 三　民生责任的兜底性

民生是人民幸福的基石，也是社会发展的根本。民生事业事关人民群众的福祉以及社会长治久安。面对人民日益增长的美好生活需要，我们持续加强民生建设的投入，注重民生建设的兜底性，通过托底型民生项目的建设，筑牢最基本的民生保障网络体系，不仅解民所困，还有力地维护了社会稳定，避免社会动荡不安。因此，托底型民生不只是社会保障层次下的社会救助，不只是灾害救济及各种临时救济，更包括日常生活、养老、照护、医疗、教育、住房、社会治理以及突发性公共事件等涉及人的最基本生存需要的各个项目，是一个全面性的托底救助，应努力避免某类民生项目不足或缺失引发社会动荡不安。所以，这个"底"是一个"程度""标准"，涵盖了民众最基本生活的全部方面，是政府"责任之底"的集中展现。

本质上讲，我们之所以注重民生责任的兜底性，就在于明晰"治国"与"利民"、"强国"与"富民"的辩证关系，强调治国要义就在于"利民"，而"利民"在于"富民"，只有富民、利民才能强国，进而促进国家有效治理，这是治国之道，也是强国之策。明白了这一原理，我们在任何时候都会集中力量加强兜底性民生建设，重视托底型民生在国家治理中的基础性地位，切实保障民众基本生活，筑牢国家治理的根基。

### 四　民生事业的整体性

整体性可以有两层含义，形成两种评价尺度，一是从思想、理论、方略、行动来看它形成一整套概念范式及理论体系，二是指社会的一种整体状态，尤其是通过民生建设使整个社会形成一种清晰可见的发展状态，促进社会有机体的发展。

新中国成立后，中国民生事业始终注重顶层设计，无论是新中国成立初期的劳动保障与民政救济还是改革开放以来的社会保险及社会救助，特别是进入新时代，政府十分重视民生事业的整体把握，把保障和解决人民群众最基本的需要放在心上，整体推进民众日常生活需要问题，强调在发展中切实保障和改善民生，以便在幼有所育、学有所教、劳有所得、病有所医、老有所养、住有所居、弱有所扶上不断取得新进展，促进全体人民共同富裕。因此，我们的民生建立在方法论整体主义基础上，在尊重个人独立性的同时注重个人作为社会成员的群体性，强调人不能无群，坚持个人保障与全体社会成员的保障存在着文化的相近性以及生活上的涵容性，个人保障受到整个民生保障战略及国家治理目标的影响。

基于此，我们的民生事业强调政府、个体的集体参与，关乎社会整体的可控，将民生事业建设纳入社会建设与国家治理中，强调民生事业建设不仅要关注个体的民生事业质量和水平，也要彰显其社会治理功能，民生事业由此以整体性形式、系统的方式呈现出来，展示了整个社会所要达到的一种生活状态。

## 五　民生事业的传承性

民生事业具有很强的传承性。从起源上看，无论是三皇治世还是五帝定伦，其实都涉及如何济民、如何保民问题，尧舜禹时期的禅让更是依据解民所困成效而来。相反，夏桀、商纣、周幽以及秦二世等人之所以被灭亡就在于他们视百姓为草芥，不关心民间疾苦。为此，汉朝建立后实施休养生息政策，致力于保障民生，并予以制度化、固定化，形成《资治通鉴》，为后世治国理政所借鉴。隋唐之后的教育、救济、赡养、互助等制度都可以看到汉朝的影子，有的甚至影响到今天的民生建设。例如，新中国成立后特别是改革开放以来，我们在致力于发展经济的同时十分关注生活困难群体，及时为他们提供生存性救助。进入新时代，随着综合国力的增强，政府筑牢民生底线，强化托底型民生政策的制定、完善与实施。

民生事业的传承性还表现在我们的民生文化具有继承性和一致性。先秦以降，中国人在民生建设过程中凝练成注重孝道、强调礼俗、推崇敬老的文化，主张"鳏寡孤独废疾者皆有所养"的民生文化为历朝历代所认同，并进行与时俱进式的阐释与创新，形成具有传承性的民生文化。例如，西汉时期形成的高年王杖制度经过不断改造变生出免除徭役制度、里正制度、千叟宴制度、抚恤制度等，其中的一些理念特别是"孝道""抚恤"等为今天的民生建设所改造与吸纳。例如，20世纪50年代起，弘扬传统救济文化，政府聚焦于生存性救济，虽然救济标准低、救济项目少，且以临时救济为主，但实际上却是当时经济发展水平下的可能之策。进入新时代，党和政府根据经济发展及人民日益增长的美好生活需要，提高托底型民生保障标准，致力基本型民生建设，开启改善型及富裕型民生建设，夯实治国安邦根基。

### 六　民生事业的理想性

民生包含着社会成员对未来美好生活的向往与追求，展示出民生事业的理想性抱负与未来性特征。就中西方相互比较而言，发达国家的社会保险与社会福利较多地针对民众所面临的生老病死、衣食住行以及教育、就业、住房等现实性风险问题，更多考虑当下的福利供给能力和民众现实福利需求的满足程度，较少地考虑福利供求的代际转移支付能力及可持续性，较少地关注福利供求的未来走向。在选举政治的制约下，它们更多地强调福利的当下性与经验性，更多地考虑福利项目及待遇的可得性及可检验性，较少地考虑福利对于国家长治久安的影响。

我们的民生事业不仅着眼于解决民众当下的生活问题，也关注民生事业的未来走向及长远目标，揭示未来的可能生活。所以，即便在民生多艰的早期社会，人们依然对未来生活充满着憧憬，描绘出一幅幅美好生活画卷。孔子就曾描绘未来社会是那种"人不独亲其亲，不独子其子，使老有所终，壮有所用，幼有所长，矜寡孤独废疾者皆有所养，男有分，女有归"状态，最终达到"谋闭而不兴，盗窃乱贼而不作，故外户而不闭"的大同社会阶段。

# 第三节　民生事业发展存在的问题

改革开放以来，经济和社会的发展使民众生活水平有了普遍提升，为民生保障事业的发展提供了条件。进入新时代，随着社会矛盾的转换，人民群众对民生的需求呈现出更加多样化和多层次性特点，使得民生建设、民生项目乃至民生待遇等与民众需求之间呈现出不协调性与不平衡性。从民众需求、民众期待以及与经济发展水平相结合的角度看，现行的民生事业还存在以下几个方面的问题。

### 一　民生领域范围需要扩大

民生范围主要涉及民生领域与项目，不同的发展阶段人们对民生范围的理解不尽相同，不同的发展水平人们对民生范围的诉求也不一致。从领域及项目上看，最初人们将教育、就业、收入分配、社会保障及医疗卫生等五个方面纳入民生范围中，认为保障民生就是着力解决这五个方面的问题。随着经济的发展，人民对美好生活的向往与期待，民生范围逐渐扩大到教育、就业和收入分配、养老、医疗、安全、住房、扶幼等方面。落脚到个人身上，民生范围涉及生存性项目、改善性项目以及理想性项目等方面，展示出民生范围的延展性与丰富性。实际上，从人的全面发展角度看，从满足人民日益增长的美好生活需要角度看，民生范围不断扩大，民生领域需要不断拓展，民生种类需要更加齐全，民生项目需要全面覆盖，涉及衣食住行娱、生老病死葬等人的全部生活的全部方面。

从功能上看，以往的民生项目更多被当成生产性的，作为解决经济发展过程中所面临的各种社会问题而产生的制度安排及项目供给。曾几何时，当遇到下岗失业人员增多的时候就出台失业保险条例，遇到国有企业转制难题时就实施企业职工社会保险制度；当地方财政吃紧的时候，包括义务教育在内的教育采取"谁家的孩子谁抱走"策略。毫无疑问，这种制度安排及项目设置更多地服务于经济发展，属于事后补救性的制度安排与项目设置。可是，民生的功能不完全只是生产性，还包含社会性特别是社会整合，应透过民生项目的供给缓解社会矛盾，减少社会冲突，增进社会凝聚。另外，民生作为一种治国安邦之策，本身具有政治统治的功能，它反映并体现国家治理的理念及目标，是国家治理的有力抓手与重要手段。这表明，把民生仅仅当成经济发展的补充远远不够，需要从经济、政治及社会相统一的高度拓展民生领域与范围，深化对民生的理解。

## 二　民生投入结构有待调整

民生投入不均衡不充分问题是民生建设领域最大的问题，也是最为突出的矛盾，它制约着民生事业的持续发展。

从投入比重看，我国民生项目的投入占 GDP 之比赶不上其他国家。例如，从 2000 年至 2017 年，我国健康领域的支出占 GDP 的比例从 4.5%提升到 5.2%，占财政支出比例从 6.1%变为 9.1%，这两个比例甚至低于哥伦比亚、哥斯达黎加、古巴等国家和地区①。当然，客观地说，健康领域内的支出占 GDP 比例并非越高越好，其中还蕴含着绩效等问题。但是，没有一定的投入或者投入占比过低，确实不利于解决民众看病难、看病

---

① 整理自 UNSD Databases：Popular statistical tables，country（area）and regional profiles. https：//data. un. org/_Docs/SYB/PDFs/SYB63_325_202009_Expenditure%20on%20Health. pdf.

贵问题，不能有效解决民众日益增长的健康需要问题。

从民生项目投入结构来看，不均衡特点表现得更为直观。具体表现在政府对教育、社会保障和医疗卫生等民生事业投入较多，而节能减排、住房、文化体育等民生事业投入少。例如，2018 年全国一般公共预算、决算收支数据显示，教育、公共安全、文化体育与传媒、科学技术、社会保障和就业、医疗卫生与计划生育、节能环保和住房保障等方面的支出预算分别为 31437.25 亿元、12646.08 亿元、3377.13 亿元、7594.85 亿元、25990.76 亿元、15291.05 亿元、5889.48 亿元、6505.90 亿元，[①] 项目投入经费差异较大。具体来说，在医疗卫生与计划生育服务支出预算中，中医药支出预算仅为 44.41 亿元、食品和药物监督管理事务支出预算只有 447.40 亿元，而公立医院、基层医疗卫生机构、公共卫生的预算支出分别为 2332.58 亿元、1402.03 亿元和 1975.43 亿元。[②]

**三　民生质量仍需提升**

民生质量是民生事业建设质量的简称，成为衡量民生事业发展水平的重要指标。它不仅体现在是否有饭吃、有学上、有房住、有钱花、有医可求、有业可就等方面，而且更主要地体现在就业充分、收入提升、医疗优质、教育提质、住有宜居、环境优美、社会祥和等各个方面，民众的获得感与满意度不断增强。

例如，我们的就业质量在地区、职业层面还存在着较为明显的差异性。从城镇就业质量指数来看，北部、东部和南部沿海地区就业质量明显高于全国平均水平，东北地区就业质量有下滑趋势，部分省份呈现未充分就业态势。研究显示，公共部门就业质量相对较高，而自营劳动者、物业人员和外来就业人员的就业时间长，工资水平低，社会保障等合法权益保障难，就业质量相对较低。[③]

又如，在住房保障方面，房价上涨过快问题得不到有效遏制，"房子是用来住的"理念在实践中难以得到很好的落实。各类保障性住房建筑质量参差不齐，户型、区位及价格跟不上民众多层次和多样化的需要。

---

① 中华人民共和国财政部：《中国财政年鉴》（2019 卷），中国财政杂志社 2019 年版，第 295—301 页。

② 中华人民共和国财政部：《中国财政年鉴》（2019 卷），中国财政杂志社 2019 年版，第 298 页。

③ 贾毓慧、冯帅章：《中国城镇就业质量指数研究》，《调研世界》2020 年第 6 期。

尤其是保障性住房小区管理、物业配套、流转监管等方面存在配套不佳、服务不周、监管不力等问题，准入与退出机制不畅及不完善制约着住房保障事业高质量发展。

再如，在社会保障领域，社会保险项目的供给未能促进阶层收入差距的缩小，社会保险待遇却呈现出明显的阶层固化问题。多层次养老保险体系尚未健全，依靠养老金尚不足以应对人口老龄化特别是高龄化所带来的收入不足风险。医疗保险金不足以解决疾病治疗问题，医疗费用特别是检查费和药价虚高等问题难以抑制，以药养医顽疾尚未得到很好解决，一些地方解决了药品价格虚高却大幅度增加了医事服务费，患者的获得感不高。不仅如此，还有的药品质量难以保证，甚至出现影响面较广的安全事件①。

# 第四节　民生事业存在问题的原因

民生事业所存在的这些问题，需要我们剖析产生这些问题的原因，寻求提高保障和改善民生的办法，促进保障和改善民生事业的发展。

## 一　民生投入缺乏科学论证

民生投入关系事关整个民生事业的推动与发展，其是民生事业建设的前提。在民生事业建设过程中，民生投入关系缺乏科学论证，也让民生事业建设产生了一系列问题。

首先，民生投入与其他投入的关系不明，民生投入与"效益和公平原则"之间的关系欠思考。民生投入作为"社会投资"，其收益不是立即性的。作为社会投资的它常被拿来与经济投资等进行比较，因为收益与效果的延缓性，一些地方不科学论证各种投资间的关系，将社会投资置于经济投资之后，使民生投入与其他投入差距拉大。民生项目投入后的社会效益和公平性难以被衡量，比如在大众看来普惠性和兜底性的民生项目收益相对较高，特惠性的民生项目收益相对较弱。但仅从收益来讲，而不讲效益和公平，民生项目不能持续，社会公平原则等民生价值难以被体现。一些地方只讲投资而不进行科学评估与论证，不谈社会效益，

---

① 《25万支不合格疫苗被注入儿童身体》，《21世纪经济报道》2018年7月21日。

不关注公平价值原则，导致民生项目的社会效益不佳，难以长期发展。

其次，民生投入项目设置、运作与管理缺乏科学论证与研判。一些民生项目设置、选址以及运作缺少项目可行性分析，民生项目资金投入和项目数量未经严密计算，这些都让民生项目投入缺乏科学性和严谨性，进而让民心民生工程变成了"闹心民生工程"。实际上，民生项目需要作严判和论证。比方说，教育每年投入都不低于 GDP 的 4%，教育内在细分项目如何分配，教育资源应优先投给哪个地区和哪类教育，这都需要做出科学论证和严谨判断。

最后，民生预算决策缺少科学流程与机制。民生投入的资金安排与使用缺少科学的决策流程与机制，一些民生项目对民众需求调研少，民生项目决策不能准确瞄准民众的真实需求，缺少专家与学者对其进行风险评估，资金预算和结算向社会大众公开的程度较低，盲目铺大了摊子，造成资源错配，这使得社会发展共享资金难以惠及全体人民。

## 二　片面理解经济与民生关系

经济发展与改善民生本身辩证统一。但是，人们对此认识往往并不一致，总以为要想发展经济就得牺牲民生事业，只有经济发展到一定程度才能谈及民生，由此制约民生事业的投入与发展。

首先，将经济建设与民生建设对立起来。人们普遍认为，经济建设是一项能够增加国民收入的事业，而民生建设是从财政总收入中予以支出；也就是说，如果说经济建设是"挣钱"，那么民生建设则"花钱"[1]，由此形成了民生建设是纯粹的财政支出和财政负担这一固有观念。这一观点不仅在中国普遍，即便在西方发达国家同样十分流行。比如，新保守主义就把福利国家经济危机的制度根源归咎于高福利水平，认为民生投入不仅造成了沉重的财政负担和债务危机，更使得人们工作、储蓄和生产投资动机弱化，以致市场经济发展缺乏弹性，阻碍经济发展成为民生建设的原罪。在他们看来，国家应该扮演"超低限度国家"角色[2]，通过减税刺激投资，并"拆散福利国家"和紧缩社会福利开支，运用自由竞争市场确保经济的恢复和稳定增长。实际上，正是基于对西方福利国家民生事业的反思，很长一段时期我们"谈福利色变"，盲目强调要警惕

---

① 青连斌：《中国民生建设的路径》，中共中央党校出版社 2013 年，第 6 页。
② ［美］罗伯特·诺奇克：《无政府、国家和乌托邦》，姚大志译，中国社会科学出版社 2008 年版，第 32 页。

"高福利病"，担心加大民生投入会导致"公地悲剧"。也正因为如此，"唯GDP论"占据主导地位，认为在中国这样一个人口众多而相对不是很富裕的大国，必须不断壮大经济实力和扩大经济总量，现行民生投入应该以社会救助为主，只有经济总量达到一定程度后才能开始建设民生。

其次，将民生投入与福利依赖等同起来。一些学者从学术史角度发现，民生投入或福利制度将会产生一种"依附型文化"，产生福利依赖。例如，1601年《济贫法》在针对穷人实施"院内救济"时明确要求有劳动能力的救助对象要进入贫民院或济贫院工作，以此规避福利依赖。然而，公民权利发展和选举政治竞争使得西方福利国家将福利作为一种"去商品化"的公民资格，确立了国家在福利供给上无限的责任，却没有相应的个人义务和责任规定，滋生了"搭便车"行为和懒汉心理，使得西方国家不堪福利重负。因此，批判者认为，福利的轻松获得和马歇尔式的再分配培育了"失去自立和自主能力"的公民[1]。其实，这种批判性思想在国内也较普遍，当我们的社会救助、社会保险等民生项目得到较快发展时，当要提高城乡居民基本养老、基本医疗保险待遇时，当要扩大失业保险及工伤保险覆盖范围时，社会上就出现了"产生福利依赖"担忧，强调严格资格认定和待遇标准适度、"不能吊高胃口"等论调[2]，其实质就是将民生事业与福利依赖混同起来，以为不应强化民生事业的资金投入。

再次，将经济发展与民生改善等同起来。也有些观点认为，经济持续增长后用于民生投入的资金也会增多，民生水平也就相应得到提高。换言之，经济发展与民生改善是一种正向线性关系，经济发展意味着民生事业自动上升，做大财富蛋糕可以自动解决民生问题，"经济发展"被视为民生改善的代名词，要想改善民生就得发展经济。相反，政府增加用于民生的财政支出不仅不利于经济发展，而且也是对经济发展的不当干扰。例如，斯密就认为，国民财富增进"必然结果"和"自然症候"是劳动报酬优厚，"在社会处于进步状态并日益富裕的时候，贫穷劳动者即大多数人民，似乎最幸福、最安乐"[3]。庇古赞同其论点，他认为，国民收入水平越高，社会福利就越大。所以，这些学者认为，自由竞争的

---

① ［英］诺曼·巴里：《福利》，储建国译，吉林人民出版社2005年版，第35页。
② 郑功成：《澄清对社会福利的几个认识误区》，《北京日报》2013年4月8日第17版。
③ ［英］亚当·斯密：《国富论》，王亚南等译，商务印书馆1981年版，第62页。

市场会自动达到一种供需均衡状态，个人在为自己利益进行努力的同时，出于利他主义动机可以为别人和社会利益作贡献，产生一种所有人都获益的资源再分配和福利最大化情形，帮助最不利者的市场效率和慈善的结合的"溢流效果"①。基于此，很多学者坚持：最大化的经济增长以及由此带来的总体财富自然会改善民生。在这种观念指引下，民生改善被理解为经济增长的必然结果，自然会实现帕累托最优和增进民生福祉，因而可以不用专门投入民生事业。

最后，将民生改善作为经济发展的附属品。任何一个国家和地区的民生建设水平很大程度上要取决于和受制于社会经济的发展水平。反过来，民生建设具有疗治经济运行问题和促进经济平稳发展等功能。正因如此，民生项目的经济属性与功能被强化，而作为独立事业的社会整合与社会凝聚功能被弱化，人们总爱去强调民生事业的生产性功能，认为民生建设是经济建设的补充，应该把民生事业当作解决经济问题、扫除经济发展障碍的工具以及促进经济发展的手段，充分发挥民生事业服务经济发展的功能。为此，他们在民生事业实践中设置多标准缴费办法，允许企业选择符合自身效益最大化的民生支出方案，允许企业延缓缴纳员工的各项社会保险、社会福利费用，目的就是让企业控制劳动力支出成本，激发企业活力与动力，促进全社会经济发展。② 基于这样的认知，相当长的一段时期内，有些人片面地认为必须优先发展好经济，壮大经济总量，提升经济实力，把经济建设置于民生建设之上，先发展经济再谈民生建设，要优先建设那些能够促进经济发展的民生项目。这些做法实际上混淆了目的和手段，使得我们的民生事业长期滞后于经济建设水平。

**三 缺乏整体的民生制度建构**

民生建设水平的提高有赖于各子系统的协同推进及内部结构的优化，这就需要统筹兼顾、顶层设计。但是，现行的民生建设整体性规划还显不足。

一方面，民生建设长远规划不足。民生建设必须注重长期的制度及机制建设，着力构建明确的、具有指向性的目标、任务及要求，据此用

---

① ［英］诺曼·巴里：《福利》，储建国译，吉林人民出版社 2005 年版，第 78 页。
② 高和荣：《民生国家的出场：中国保障和改善民生的实践与逻辑》，《江海学刊》2019 年第 3 期。

来指导各项民生制度走向成熟定型。反过来，如果没有整体性发展规划，民生项目及民生事业的开展就成了一种无目的的行动。从这个角度看，有些民生项目如人口普遍老龄化及高龄化后所需要的老龄照护项目仍然比较缺失，尚未成为民生保障体系的有机组成部分，社会各界还没有意识到此类民生项目对于改善民生的重要性与迫切性，因而难以形成卓有成效的民生建设行动。缺乏长远规划还体现在对于我们应该建成什么样的民生保障体系缺乏清晰的目标、蓝图及行动，各地民生项目建设、民生投入结构的随意性较大，民生项目投入与经济发展、财政收支、人均收入、物价上涨等要素的比例关系不清，各个民生项目在民生保障体系中的地位、关系及比例论证不够，阶段性任务要求比较松散。

另一方面，民生建设的财政保障机制尚未建立。财政是推进民生建设的可靠保证，只有合理界定民生财政支出比例等内容，形成一个"财政投入适度、保障水平适中、可持续性强"的民生保障体系，才能为增进民生福祉提供有力支撑与可靠保证。但是，民生财政支出比例、民生投入增速多少才算合理尚未形成共识，各民生支出占整个财政支出比例亦无定论，这就使得民生投入与需求难以科学匹配，产生投入结构上不合理。同时，满足民众最基本需求的"托底型民生"、满足基本生活需求的"基本型民生"、解决民众发展需要的"改善型民生"以及满足民生美好生活需要的"富裕型民生"各自究竟需要多大的财政支出同样没有予以确定。也就是说，解决民众最基本生活需要的投入、解决基本生活需要的普惠化的投入、满足部分民众美好生活需要的投入各占多少均没有答案，这会制约民生事业的发展。另外，包括政府、社会、自身等在内各类主体在民生投入中的占比究竟多少均没有清晰地呈现，各主体的责任界限并不清晰，阻碍民生事业的发展。

### 四 民生事业法制化规范化不够

民生事业关乎千家万户，民生事业的持续发展离不开制度乃至法律，这是民生事业行稳致远的条件保障。

一方面，迄今为止我们尚未颁布自己的社会保障法案或民生法案，各类民生事项分散在社会保险法以及相应的"条例""通知""决定"或"规定"中。例如，失业、工伤、生育等有关规定都是以"条例"的形式呈现出来。有些民生项目如长期护理保险，不仅全国性的甚至连省级层面的"规章制度"都相对缺失，每个地方有自己的做法，这种差异化的护理办法虽然能够解决当地老年人口的日常护理需求问题，但却无法适应人口的流动性，不能市民化地解决流动人口的照护需求问题。还有一些民生项目，如人民群众普遍关心的农地拆迁补偿、就业分配等领域，利益关系复杂、矛盾比较集中，相应的法规和制度建设仍不够完善，[①] 各项法律法规缺乏相应的衔接机制。

另一方面，民生事业的规范性不足还体现在民生建设标准、民生建设机制不够完善，一些备受关注的领域如公共供暖向南方延伸、延迟退休、医养结合、居家养老以及义务教育年限等虽然取得不同程度的进展，但没有形成较为科学、有效的机制。就公共供暖向南延伸问题，延伸的标准与依据何在？供暖的起止时间如何规定？供暖资金如何共担？公共供暖向南方延伸问题与其他民生问题的关系如何，是优先解决公共供暖向南方延伸问题还是其他问题等，它们均缺乏一个相互配套的民生体系与联动机制。还有一些民生事项缺乏科学而具体的操作指南，在实际工作中难以很好地执行。例如，各地保障性住房政策通常都规定不能"出租、转租、转借、调换、转让、抵押以及作为经营性用房"，但是如何禁止以及如何变更等则缺乏可操作化的详细规定。

---

① 周宏璐：《提高民生建设法治化水平》，《人民日报》2016 年 12 月 1 日。

# 第四章　保障和改善民生的提出

民生是一个历史延续性的现实活动，民生的提出展现出历代先贤对治国安邦的理解、认知及其生动实践。这就是说，民生与治国安邦方略息息相关，与国家和社会治理的政策体系有关，有什么样的治国安邦方略就会形成什么样的民生治理政策，形成何种民生治理实践及民生治理成效，由此就会产生相应的生活图景。这意味着，提高保障和改善民生水平这一政策的提出具有特定的治理含蕴。准确把握这一社会政策提出的时代背景，有助于我们更加科学地从国家治理体系及治理能力现代化角度去认识民生问题，不断提高保障和改善民生水平，扎实推进国家治理体系和治理能力现代化建设。

## 第一节　保障和改善民生提出的时代背景

中国共产党始终注重保障和改善民生，甫一成立就把"消除社会阶级区分""消灭私有制、没收机器、土地、厂房和半成品等生产资料"作为自己的任务。"八七"会议后相继颁布井冈山土地法、兴国土地法，没收一切公共土地及地主阶级的土地，变封建半封建的土地所有制为农民的土地所有制。延安时期还开展了大生产运动，组建合作社，解决边区民众最基本的生活问题。解放战争时期，我们将抗日战争时期的减租减息政策进一步改变为"耕者有其田"政策，切实保障了广大农民特别是雇农的利益。新中国成立后不久就颁布的《土地改革法》，为革命和经济建设奠定了深厚的群众基础，为农民基本生活提供了土地保障。

不仅如此，20世纪50年代起，我们借鉴苏联的民生建设经验，积极探索与我国经济社会发展水平相适应的民生保障体系。20世纪80年代起，为适应社会主义市场经济的需要，政府持续深化社会保障领域内的改革，试图探索建立与市场经济体制相适应的民生事业。真正把保障和改善民生事业作为一个独立的事项提出最早出现在 2004 年，中央正式提出以保障和改善民生为重点的社会建设，将民生保障作为社会建设的重要组成部分，民生建设成为社会管理创新的抓手。进入新时代，保障和改善民生作为一项公共政策逐渐上升到国家战略层面。2019 年 10 月，党和政府首次提出"民生保障"，强调要补齐民生短板，筑牢民生底线，切实提高保障和改善民生水平，展示了我们在这一领域内的理论自信与制度自信。

**一　增进民生福祉需要提高保障和改善民生水平**

2012 年以来，党和政府将社会建设纳入"五位一体"总体布局，保障和改善民生被置于治国理政突出位置，形成了统筹城乡的民生保障制度框架，发展的成果越来越公平地惠及广大人民群众，人民生活水平显著提高，民生保障事业取得历史性成就。

一方面，民生保障水平稳步提高，广大人民群众的获得感、幸福感、安全感得到提升。例如，高等教育进入普及化阶段，毛入学率由 2012 年的 30%提高到 2019 年的 51.6%①。又如，建成了世界上规模最大的社会保障体系，基本医疗保险覆盖超过 13 亿人，基本养老保险覆盖近 10 亿人。城乡居民基础养老金标准由原来每人每月 55 元提高到 93 元，覆盖面持续扩大，居民人均养老金或离退休金增长 7.8%；最低生活保障政策不断完善，保障标准继续上调；困难群众救助补贴力度加大，居民人均社会救济和补助收入增长 18.7%，人均政策性生活补贴收入增长 12.7%。②再如，脱贫攻坚战取得全面胜利，全面建成小康社会基本实现。截止到 2020 年，现行标准下农村贫困人口全部实现脱贫，贫困县全部摘帽，绝对贫困历史性消除，贫困地区农民人均可支配收入达到 12588 元。③

另一方面，与国际相比，保障和改善民生水平有了新提高。早在 2000 年，我国人类发展指数为 0.591，低于 0.641 的世界平均水平，人类发展指数位列 174 个国家和地区中的第 111 位；2019 年，我国人类发展

---

① 根据 2012 年和 2019 年全国教育事业发展统计公报整理得出。

② 《方晓丹：全国居民收入比 2010 年增加一倍居民消费支出稳步恢复》，2021 年 1 月 19 日，http://www.stats.gov.cn/tjsj/zxfb/202101/t20210119_1812592.html。

③ 《中华人民共和国 2020 年国民经济和社会发展统计公报》，2021 年 2 月 28 日，http://www.stats.gov.cn/tjsj/zxfb/202102/t20210227_1814154.html。

指数上升至 0.761，是世界上唯一一个从"低人类发展水平"跃升到
"高人类发展水平"的国家，人口预期寿命达到 76.9 岁，预期受教育年
限 14 年，平均受教育年限 8.1 年，人类发展指数位列 189 个国家和地区
中的第 85 位，较 2000 年提高 26 位。① 按照世界银行每人每天 1.9 美元的
国际贫困标准，2002 年我国贫困发生率达到 31.7%，高于 25.5% 的世界
平均水平，是世界上为数不多的贫困发生率超过 30% 的国家。到 2018
年，我国城乡绝对贫困人口比率下降到 0.5%，还低于欧洲和中亚水平
0.8%。② 从健康、生活水平、教育三个维度识别和量化贫困程度的多维
贫困指数来看，《2020 年全球多维贫困指数》报告显示，2008 年到 2019
年，中国多维贫困人口比重下降到 17.4%，多维贫困指数值几乎减半，
每年平均削减12%的原始多维贫困指数值，在东亚和太平洋地区处于领
先地位，低于南亚 18.4% 和南非 17.9%，不过仍高于欧洲和中亚地区
的 3.4%。③

　　以上情况表明，虽然我国保障和改善民生取得了较为显著的成效，
但是，应对社会主要矛盾的变化、契合人民对美好生活的期待，要求我
们要切实提高保障和改善民生水平，切实增进民生福祉。

**二　提升国家治理效能需要提高保障和改善民生水平**

　　历史地看，我们的民生保障从一开始就蕴含自上而下的建构，而不
只是民众自发的社会行动，它体现了国家的治理方略、治理目标和治理
行动。民生制度、民生项目、民生活动就是民众的日常生活需要在国家
治理层面上的制度化体现，透过整个民生事业的实践以及民生保障的内
容及类型，从国家与社会治理体系及治理能力现代化高度将社会救助、
社会保险、社会服务、社会治理与社会建设等事项纳入民生保障体系中，
使得我们的民生保障打上深深的国家治理印记，体现国家与社会治理使

---

① UNDP. 2020. Human Development Report 2020. The Next Frontier: Human Development and the Anthropocene. New York. http://hdr.undp.org/en/content/human-development-report-2020。

② Multidimensional Poverty Index 2020: Charting Pathways Out of Multidimensional Poverty: Achieving the SDGs. United Nations Development Programme, Oxford Poverty and Human Development Initiative 2020. http://hdr.undp.org/en/2020-MPI。

③ Multidimensional Poverty Index 2020: Charting Pathways Out of Multidimensional Poverty: Achieving the SDGs. United Nations Development Programme, Oxford Poverty and Human Development Initiative 2020. http://hdr.undp.org/en/2020-MPI。

命与目标。① 民生保障由此成为国家与社会治理的重要一环，与国家及社会治理任务与目标相偕而行。这表明，社会建设达到什么水平，国家治理达到什么状态，就需要并应努力形成与之匹配的民生保障体系。

当然，一个国家的治理效能也是衡量民生保障制度的重要指标。可以这么说，民生保障制度优势必然要通过良好的治理效能才能实现。反过来，如果国家治理效能低下，即使民生保障制度再好，也不可能转化为人们所需要的公共产品。"十四五"时期人们对国家治理效能提出了更高的要求，社会主义民主法制更加健全，社会公平正义进一步彰显，社会治理特别是基层治理水平明显提高，防范化解重大风险体制机制不断健全，突发公共事件应急能力显著增强，等等，展示出国家治理体系和治理能力现代化水平进一步提升。这就需要不断完善各项民生保障制度，优化民生保障体制机制，以便将民生保障制度优势转为治理效能，多谋民生之利、多解民生之忧，在发展中补齐民生短板、促进社会公平正义，在幼有所育、学有所教、劳有所得、病有所医、老有所养、住有所居、弱有所扶上不断取得新进展，使人们享有更好的获得感、幸福感和安全感，为全面建设社会主义现代化国家开好局、起好步。

**三 实现两个百年奋斗目标需要提高保障和改善民生水平**

在解决人民温饱问题、人民生活总体上达到小康水平这两个目标提前实现后，我们提出，到新中国成立一百年时，"基本实现现代化，把我国建成社会主义现代化国家"，即到 2035 年基本实现社会主义现代化，到那时，人民生活更为宽裕，中等收入群体比例明显提高，全体人民共同富裕迈出坚实步伐；到 21 世纪中叶，把我国建成富强民主文明和谐美丽的社会主义现代化强国，全体人民共同富裕基本实现，人民将享有更加幸福安康的生活。这就需要有更加成熟、更加定型的民生保障制度来保障和巩固这一成果，引领开启全面建设社会主义现代化国家新征程。

但是，现行的民生保障在城乡之间、区域之间、行业之间出现"不平衡不充分"现象，民生领域还有不少短板，城乡区域发展和收入分配差距依然较大，社会保障制度公平性可持续性问题仍然较为突出，教育医疗资源配置不合理、相对贫困的治理以及其他社会矛盾和利益冲突等依然存在，严重制约着民生保障水平的提高和人民福祉的增进，不利于

---

① 高和荣：《新时代民生保障制度的类型转向及特征》，《社会科学辑刊》2020 年第 3 期。

共同富裕的推进和人的全面发展。这就需要健全与两个百年目标相适应的民生保障体系①，抓住人民最关心、最直接、最现实的利益问题，不断补充和强化收入分配、教育、医疗、社会保障和就业、公共安全、社会治理等领域的短板和弱项，打破城乡、地域、行业之间的民生福利差别，实现公共服务均等化，推动民生保障制度更加成熟定型和高质量发展。从民生项目和待遇水平上看，不仅需要致力于"托底型民生"及"基本型民生"的建设，更加需要践行"改善型民生"乃至"富裕型民生"②举措，形成梯度性、多层次、全覆盖的民生保障体系，使人民生活更加充实、更有保障、更可持续，民生保障成为共同富裕的抓手，让人民群众的民生愿景成为幸福实景，推进实现中华民族伟大复兴。

**四　应对世界大变局需要提高保障和改善民生水平**

当今世界正处于百年未有之大变局，全球治理体系和国际秩序加速推进、变革，新一轮工业及其科技革命颠覆了日常生产与生活方式，新的社会风险日益增多且呈现多元化，贫富差距日益加大，民众的不安全感和不确定性日益增加。从民生角度看，这就需要不断加强民生保障事业建设以有效应对全球风险，维护人民安居乐业、国家安全与社会稳定，进而以积极姿态屹立于世界民族之林。

一方面，20 世纪 20 年代起，我们逐步找到一条以人民为主体、依靠人民、致力于民族独立与民族解放的道路，我们注重民生、保障民生、改善民生和发展民生，团结各族人民实现了从"站起来"到"富起来"再到"强起来"的历史性飞跃。因此，在统筹中华民族伟大复兴战略全局和世界百年未有之大变局中，更加需要进一步提高保障和改善民生水平，在实现为人民谋幸福的基础上为民族谋复兴，在新的历史条件下继续夺取中国特色社会主义伟大胜利，逐步实现中华民族伟大复兴的中国梦，为国家积极应对和有力驾驭百年未有之大变局提供重要支撑。

另一方面，作为全球治理进程中的参与者、贡献者和引领者，中国提出了一系列全球治理中国方案，有效回应和解决了人类普遍关心的世界性民生难题。例如把减贫摆在治国理政突出位置，通过"两不愁三保障""五个一批"以及推进基本公共服务均等化等民生举措全面消除了绝

---

① 李璐：《健全与两个百年目标相适应的民生制度体系》，《宏观经济管理》2017 年第 10 期。
② 高和荣：《新时代民生保障制度的类型转向及特征》，《社会科学辑刊》2020 年第 3 期。

对贫困，提前 10 年实现《联合国 2030 年可持续发展议程》减贫目标。贫困地区适龄儿童都能在所在村上幼儿园和小学，98%的贫困县至少有一所二级以上医院，1936 万贫困人口被纳入农村低保或特困救助供养，贫困县农村低保标准全部超过国家扶贫标准，6098 万贫困人口参加了城乡居民基本养老保险，基本实现应保尽保。① 这就为全球减贫事业发展贡献了中国智慧，展示出民生保障制度内在优越性和不可或缺性。中国日益走近世界舞台中央，在谋求国家富强、民族振兴、人民幸福的基础上，还要站在人类命运共同体高度谋求世界大同。这就需要提高保障和改善民生水平，不断增进人民福祉，更好满足人民对美好生活的新期待，实现人的全面发展和全体人民共同富裕，拓展发展中国家的现代化路径，切实增进世界各国人民的民生福祉。

　　总之，时代在变化，民生发展无止境，保障与改善民生没有终点，只有连续不断的新起点，每个新起点都昭示着那个时代民生诉求的升华、民生供给水平的加强与国家治理能力和治理水平的提升。当前，国内主要社会矛盾已经发生根本性转变，人民日益增长的美好生活需要和不平衡不充分的发展之间的矛盾日益突出。这就需要优化民生保障制度结构、民生支出项目、支出结构和支出总额，提高保障和改善民生水平，回应人民日益增长的美好生活需要，助推共同富裕的实现。

## 第二节　保障和改善民生提出的经济要求

　　人类社会的发展史已经表明，经济发展和民生保障并非彼此排斥。一方面，透过各项民生保障制度、民生保障项目可以将经济发展成果更多更公平地惠及全体社会成员，提升其生活品质。某种程度上看，经济发展本身不是根本目的，而是保障和改善民生的重要抓手。如果离开保障和改善民生谈经济发展，那么这样的发展就失去了目标和方向。当然，如果脱离了经济发展单纯讲保障和改善民生，那就是无源之水，无本之木。另一方面，保障和改善民生是经济发展的拉力。如果能够适应经济

---

① 《人类减贫的中国实践》，2021 年 4 月 6 日，http：//www.gov.cn/zhengce/2021-04/06/content_5597952.htm。

发展水平和经济发展结构，"量力而行"开展民生建设，也会促进经济良性运行。反之，任何超出经济可承受能力，甚至把民生策略、民生主张、民生项目当作政治选举的手段，肆意鼓吹和操弄"高福利"，把福利肆意政治化，或者罔顾经济发展结构、发展方式的民生实践都是不可持续的，也不利于经济持续发展。这表明，民生保障事业必然要适应它所在时代的经济结构，同时又形塑经济结构。

**一 提高民生保障水平的物质基础日益具备**

经济发展是保障和改善民生的物质基础和可靠前提，有什么样的物质经济条件就能提供何种水准的民生待遇。正如马克思所言，"人们为了能够'创造历史'，必须能够生活。但是为了生活，首先就需要吃穿住以及其他一些东西。因此第一个历史活动就是……生产物质生活本身"[1]。因此，党和政府提出"坚持在发展中保障和改善民生"，正是在经济发展与民生改善之间寻求平衡与统一。

（一）经济总量提升为民生事业的改善提供动力

增进民生福祉是经济发展的根本目的。当前我国经济保持中高速增长，社会生产力实现了阶段性跃进，这为提高保障和改善民生水平提供了坚实的物质基础。从全国整体经济水平来看，2000年，我国经济总量迈上10万亿元的台阶，2012年突破了50万亿元，2020年，我国国内生产总值首次突破100万亿，达到了101.6万亿元人民币，20年时间内经济总量规模扩大至10倍，人均国内生产总值超过1万美元，稳居中等偏上收入国家行列。按照主要机构测算的年平均汇率折算，2020年我国国内生产总值达到14.7万亿美元左右，稳居世界第二，占世界经济的比重预计达到17%左右。[2] 到2021年，我国国内生产总值进一步提高到1143670亿元，比上年增长8.1%，人均国内生产总值80976元，比上年增长8.0%，与高收入国家发展差距继续缩小；从财政总收入看，2000年我国财政总收入13395.23亿元，到2021年已增至202539亿元，[3] 同比增长了14倍。以上结果表明，我国整体经济实力显著增强，经济发展水平

---

① 《马克思恩格斯选集》（第1卷），人民出版社2012年版，第158页。
② 《国家统计局局长就2020年全年国民经济运行情况答记者问》，2021年1月18日，http://www.stats.gov.cn/tjsj/sjjd/202101/t20210118_1812480.html。
③ 《中华人民共和国2021年国民经济和社会发展统计公报》，2022年2月28日，http://www.stats.gov.cn/tjsj/zxfb/202202/t20220227_1827960.html。

已迈上新台阶，"落后的社会生产"已经不能反映我国的基本国情。换句话说，经济快速发展特别是经济总量增大为提高民生供给水平提供了充足的财力支持。这就需要坚持在发展中保障和改善民生，让改革发展成果更多更公平惠及全体人民，朝着实现全体人民共同富裕的目标不断迈进，满足人民对美好生活的向往。

（二）区域经济快速发展有利于保障和改善民生

2000 年我国东部地区生产总值 51020.52 亿元，2012 年提高到 295892.04 亿元，到 2021 年高达 592202 亿元，分别比 2000 年和 2012 年增长了 11.61 倍和 2 倍；2000 年中部地区生产总值 19790.98 亿元，2012 年提高到 116277.75 亿元，2021 年进一步上升到 250132 亿元，分别比 2000 年和 2012 年增长了 12.64 倍和 2.15 倍；2000 年西部地区生产总值 16654.62 亿元，2012 年提高到 113904.8 亿元，2021 年也达到 239710 亿元，分别比 2000 年和 2012 年增长 14.39 倍和 2.10 倍；就东北地区来说，2000 年东北地区生产总值 9743.25 亿元，2012 年提高到 50477.25 亿元，2021 年达到 55699 亿元，分别比 2000 年和 2012 年增长 5.72 倍和 1.10 倍。[①]

再从主要城市的经济指标来看，北京市 2000 年地区生产总值仅为 3277.8 亿元，2021 年实现地区生产总值 40269.6 亿元，比 2000 年增长了 12.29 倍。[②] 上海市 2000 年地区生产总值 4812.15 亿元，2021 年实现上海市生产总值 43214.85 亿元，比 2000 年增长 8.98 倍。[③] 广州市 2000 年地区生产总值 2505.58 亿元，2021 年实现地区生产总值 28231.97 亿元，比 2000 年增长了 11.27 倍。[④] 郑州市 2000 年地区生产总值 732 亿元，2021 年实现地区生产总值 12691 亿元，比 2000 年增长了 17.34 倍。[⑤] 西部的成都市 2000 年地区生产总值仅为 1238.2 亿元，2021 年实现地区生产总值

① 根据《中国统计年鉴 2013》和《2021 年国民经济和社会发展统计公报》整理得出。

② 《2021 年北京市国民经济和社会发展统计公报》，2022 年 3 月 1 日，http：//tjj. beijing. gov. cn/tjsj_31433/tjgb_31445/ndgb_31446/202203/t20220301_2618672. html。

③ 《2021 年上海市国民经济和社会发展统计公报》，2022 年 3 月 15 日，http：//tjj. sh. gov. cn/tjgb/20220314/e0dcefec098c47a8b345c996081b5c94. html. 其中 2000 年地区生产总值来源于《上海统计年鉴 2020》。

④ 《2021 年广州市国民经济和社会发展统计公报》，2022 年 3 月 27 日，http：//tjj. gz. gov. cn/tjgb/qstjgb/content/post_8154088. html。

⑤ 《2021 年郑州市国民经济和社会发展统计公报》，2022 年 3 月 14 日，http：// tjj. zhengzhou. gov. cn/tjgb/6317136. jhtml。

达到 19917 亿元，比 2000 年增长了 16.09 倍。① 可见，20 年来我国区域经济总量获得巨大提升，主要城市经济指标呈上升趋势，城市经济整体实力得到显著增强。因此，这就有利于加大民生投入，提高保障和改善民生水平，着力破解民生领域发展不平衡问题，推进地区公共服务标准化均等化，切实增进民生福祉，促进区域经济和民生协调发展。

（三）城乡经济快速发展有利于保障和改善民生

随着新农村建设和稳步推进乡村振兴战略，通过构建现代农业产业体系、生产体系、经营体系，完善农业支持保护制度，发展多种形式适度规模经营和培育新型农业经营主体，持续加大强农惠农富农政策力度，农业农村经济得到快速发展，城乡经济发展差距逐步缩小。据统计②，2000 年，第一产业增加值 14717.4 亿元，到 2021 年，第一产业增加值增至 83086 亿元，提高了 5.65 倍；2000 年，农村居民人均可支配收入 2253.4 元，城镇居民人均可支配收入 6280 元，到 2021 年，农村居民人均可支配收入达到 18931 元，城镇居民人均可支配收入达到 47412 元。这表明，城乡经济得到了较快发展，需要进一步保障和改善民生，促进城乡公共服务均等化和巩固脱贫攻坚成果，以此促进城乡有机体紧密融合、循环畅通。

**二 经济发展质量提升要求保障和改善民生**

经济发展不仅包括经济总量和规模的增长，更涉及一个地区内部结构协调与优化。当前，我国经济发展进入了新常态，强调通过供给侧结构性改革来解决发展不平衡、不协调、不可持续问题，推动经济从高速增长阶段转向高质量发展阶段，发展结构"不断优化升级"，发展动力"从要素驱动、投资驱动转向创新驱动"。这就为保障和改善民生提供了雄厚的物质支撑，有利于推动民生保障制度更加成熟、更加定型。

（一）经济结构优化要求保障和改善民生

进入新时代，我国经济已由高速增长阶段转向高质量发展阶段，坚持稳增长、调结构、惠民生、防风险，持续深化结构性改革，经济结构

---

① 《2021 年成都市国民经济和社会发展统计公报》，2021 年 3 月 27 日，http://www.chengdu.gov.cn/chengdu/rscd/2021-03/29/content_3eefb72b20d146d7862ec984c13ab980.shtml。

② 《中华人民共和国 2021 年国民经济和社会发展统计公报》，2022 年 2 月 28 日，http://www.stats.gov.cn/tjsj/zxfb/202202/t20220227_1827960.html. 2000 年数据来源于 2014 年《中国统计年鉴》。

战略性调整取得显著成效，经济发展向中高端跃升。这就促使民生建设向"高质量"迈进，从"有"转向"优"，确保人民共享高质量发展成果，实现经济与社会高质量发展协调并进。

第一，产业结构优化要求保障和改善民生。据统计，2000—2021 年，服务业增加值占 GDP 的比重由 39.8% 提升到 53.3%，而工业增加值占 GDP 的比重由 45.5% 下降到 39.4%，农业增加值占 GDP 的比重由 14.7% 下降到 7.3%，三次产业协同发展的基本格局初步形成;① 2021 年，服务业增长对经济增长贡献率为 54.9%，高于第二产业 16.5 个百分点，且信息传输、软件和信息技术服务业增加值比上年增长 17.2%。② 这表明，我国经济正转向高质量发展，服务业经济发展显著加快。这就为保障和改善民生提供了更加雄厚的物质支持，有利于丰富民生保障供给形式与内容，满足人们品质化、个性化、高端化的美好生活需要。从而着力破解民生领域发展不平衡不充分问题，以便加快构建更高质量就业、更高质量教育、更高水平收入分配制度、更加完善的多层次社会保障体系和共建共治共享的社会治理格局，不断改善人们的生活品质，扎实推进共同富裕。

第二，区域经济结构优化要求保障和改善民生。在统筹推进京津冀协同发展、长江经济带发展、粤港澳大湾区建设、长三角一体化发展、黄河流域生态保护和高质量发展等区域重大战略以及扎实推动西部大开发、东北振兴、中部崛起、东部率先发展等区域协调发展战略下，我国区域经济发展协调性稳步提升。具体而言，中西部地区经济增长较快，中西部地区的固定资产投资的增速明显高于全国水平甚至东部地区。据统计，2000 年东部地区固定资产投资为 14015 亿元，到 2017 年达到 265837 亿元，同比增长 17.97%；2000 年中部地区固定资产投资 5432 亿元，2017 年增至 163400 亿元，同比增长 29.08%；2000 年西部地区固定资产投资 3943 亿元，2017 年增至 166571 亿元，同比增长 41.24%，同期

① 《中华人民共和国 2021 年国民经济和社会发展统计公报》，2022 年 2 月 28 日，http://www.stats.gov.cn/tjsj/zxfb/202202/t20220227_1827960.html. 2000 年数据根据 2020 年《中国统计年鉴》计算得出。

② 盛来运：《逆境中促发展变局中开新局——〈2021 年国民经济和社会发展统计公报〉评读》，2022 年 2 月 28 日，http://www.stats.gov.cn/tjsj/sjjd/202202/t20220227_1827958.html。

全国平均增长为18.66%。[①] 2013年，西部地区和中部地区居民人均可支配收入分别为13919元和15263.9元，东部地区则为23658.4元，到2017年，西部地区和中部地区居民人均可支配收入分别为20130.3元和21833.6元，同比增长44.6%和43.0%，东部地区则为33414元，同比增长41.2%，分别低于西部和中部3.4和1.8个百分点。2021年，西部、中部地区居民人均可支配收入分别比上年增长9.4%、9.2%，分别比东部地区快0.3、0.1个百分点。[②] 以上数据表明，区域经济结构趋向协调发展，这就为推动不同地区民生保障协调和高质量发展提供了契机，有利于实现不同区域风险利益共担共享和基本公共服务衔接保障，以促进不同地区居民公平地共享改革发展成果，缩小区域之间的居民收入差距。

第三，城乡经济结构持续优化要求保障和改善民生。一方面，推进城镇化建设，特别是小城镇建设和户籍管理制度改革，使得城乡经济相互交融和工农业产品交换市场化程度显著提高，打破了城乡间劳动力、土地、资本等要素市场的隔离，为打破城乡分割，实现城乡经济协调发展奠定了坚实基础。另一方面，精准扶贫和乡村振兴战略有力推动了农业农村现代化，使得城乡差距逐步缩小。据统计，2021年末，常住人口城镇化率为64.72%，比上年末提高0.83个百分点；2021年，农村居民人均可支配收入实际增速快于城镇居民2.6个百分点；城乡居民人均可支配收入比值由2000年2.74∶1降为2.50∶1。[③] 因此，城乡经济结构逐渐摆脱二元分割体制，要求进一步提高保障和改善民生水平，缩小城乡居民福利待遇差距，以促进城乡经济社会发展一体化的新格局，助推城乡融合发展。

（二）经济创新发展要求保障和改善民生

高质量发展是一个兼有工具理性和价值理性意蕴的范畴。从工具理性角度看，它需要大力提升自主创新能力，突破关键核心技术，不断解放和发展生产力，转变经济发展方式，提升经济发展的质量和效益。从

---

① 根据2000年和2017年国民经济和社会发展统计公报计算得出。

② 2013年和2017年数据来源于《中国统计年鉴》，2021年数据来源于《2021年国民经济和社会发展统计公报》评读，2022年2月28日，http：//www.stats.gov.cn/tjsj/sjjd/202202/t20220227_1827958.html.

③ 《中华人民共和国2021年国民经济和社会发展统计公报》，2022年2月28日，http：//www.stats.gov.cn/tjsj/zxfb/202202/t20220227_1827960.html.

价值理性的角度看，表现为创新发展不是终极目的，而是增进民生福祉、促进共同富裕的手段，要把创新成果嵌入民众日常生活中，满足人们对美好生活的新期待。

第一，创新发展有利于解决民生供需矛盾问题。把创新置于中华民族伟大复兴征程中的核心地位，这为保障和改善民生注入了强劲动力。当前，民生领域内存在许多短板和弱项，包括重大传染病疫情集成攻关、疑难杂症攻克难、看病难看病贵、食品药品安全、重点群体特别是弱势群体就业以及教育、医疗、养老资源配置失衡问题等，可以利用互联网、大数据、人工智能、生物科技等技术创新得到妥善解决。同时，借助创新可以创造新的生产要素，形成新的经济要素组合，引导市场主体提供更优质的商品和服务，满足民众多样化、多层次消费需求。

第二，创新发展有利于破解民生不平衡不充分问题。一方面，通过互联网、大数据、人工智能等高新技术建设智慧社区，助力提升基层治理与公共服务水平，为居民提供更加精细化、专业化和便捷化服务，提升居民生活幸福感。另一方面，将科技资源和创新要素向农村基层、贫困地区以及中西部地区扩散集聚，优化创新要素区域布局，促进城乡、区域各类民生项目协调发展。这不仅有助于夯实基础性和普惠性民生保障，满足民众的基本生活，而且有助于缩小地区及城乡之间民生保障水平差距，进而不断满足人民对更好的教育、更稳定的工作、更满意的收入、更可靠的社会保障、更高水平的医疗卫生服务、更舒适的居住条件、更优美的环境、更丰富的精神文化生活的新期盼，促进全体人民共同富裕取得更为明显的实质性进展。

### 三 保障和改善民生有利于促进经济发展

保障和改善民生是经济发展的根本目的。同时，不断保障和改善民生，提高民众生活水平，反过来会促进经济的发展。

#### （一）保障和改善民生有利于促进经济总量发展

按照经济增长理论，经济发展有赖于国家干预以扩大社会"有效需求"，社会"有效需求"的扩大推动经济增长与经济发展。从投资需求角度来说，保障和改善民生项目的投入可以增加人们的使用与消费，拉动医疗健康、养老服务、儿童保育、教育就业等相关产业的发展，有利于经济增长方式转型和产业结构升级，推动现代服务业发展。就消费需求而言，保障和改善民生有利于提高居民收入和居民边际消费倾向，刺激潜在消费需求的释放，形成需求牵引供给、供给创造需求的更高水平动态平衡，促使中国走向消费大国，成功跨越"中等收入陷阱"。比如，社会保险为居民在发生年老、疾病、工伤、失业等风险时予以收入补偿，让民众获得稳定的收入来源预期；社会救助为每一个陷入贫困的成员提供最起码的生活保障，既能够使更多的贫困人口拥有更高的可支配收入，还可以迅速地转化为消费，实质性地改善他们的生活状况，提高其人力资本水平，从而对经济发展起到积极促进作用。[①]

库兹涅茨（Simon S. Kuznets）认为，一个国家经济增长的主要因素包括知识存量的增长、劳动生产率的提高和经济结构的变化。西奥多·W. 舒尔茨（Schultz）证明了人力资本投资较其他类型投资对经济增长回报率更高，表明保障和改善民生具有良好的经济效应。比如，通过引进优质教育资源，推动学前教育、义务教育均衡发展和城乡一体化发展，大力发展职业教育及完善终身学习体系等，使民众受教育程度和知识存量不断提升，更加适应科技创新和就业市场的变化，形成新的人口红利；再如，通过强化就业优先政策，健全就业公共服务体系、完善重点群体就业支持体系、劳动关系协调机制和终身职业技能培训制度，提升劳动者的技能素质；通过深化医疗卫生体制改革，健全医保制度，为人民提供全方位全生命期健康服务，提升国民健康水平。可见，持续不断增加民生投入，致力于保障和改善民生，有助于经济健康增长，有力推动现代化"内生动力的形成"[②]。

（二）保障和改善民生有利于优化经济结构

第一，民生改善有利于产业结构进一步优化。进入新时代，人们向往更好的教育、更稳定的工作、更满意的收入、更可靠的社会保障、更高水平的医疗卫生服务、更舒适的居住条件、更优美的环境、更丰富的精神文化生活，这些民生诉求要求我们加快补齐民生供给短板，探索高质量民生项目供给。这就有助于促进企业向高品质和多样化转型升级，催生新的经济增长点，打造现代服务业新引擎，推动生产性服务业向专业化和价值链高端延伸。比如智慧医疗、生物医药、智慧养老、智慧教

---

① 杨立雄、杨俊：《提升最低生活保障标准对财政支出和经济增长的影响研究——以北京市为例》，《江淮论坛》2016年第5期。

② 吴忠民：《改善民生对民族复兴的战略意义》，2018年1月12日，http://www.cssn.cn/zx/201801/t20180112_3812644.shtml.

育等新兴服务产业，形成高附加值的产业链条，提高产业发展质量和国际竞争力，提高经济的效益。

第二，民生改善有利于城乡结构进一步优化。高质量发展蕴含着城乡一体、城乡融合发展。但是，"城乡二元结构"仍然阻碍城乡要素自由流动，进而制约城乡高质量发展。这就需要集中力量补齐农村地区民生短板、补强民生弱项，推动城乡居民基本权益平等化、城乡公共服务均等化以及城乡居民收入均衡化。事实上，一些民生事业在缩小城乡差距、推动城乡一体化发展方面发挥着不可替代的作用。例如，2003 年在农村开始实施并逐步实现制度全覆盖的新型农村合作医疗制度以及 2009 年实施的新型农村养老保险制度填补了农村地区社会保障制度空白，推动了城乡居民更加公平地共享发展成果。又如，通过大力推进教育扶贫、就业扶贫、产业扶贫、健康扶贫，激发贫困人口脱贫内生动力，将无法通过开发式扶贫实现脱贫的那部分人口纳入政策性兜底保障范围，筑牢民生底线，成功打赢脱贫攻坚战。

然而，城乡民生建设的充分性、公平性依然不足。主要体现为户籍制度造成的城乡二元分割和身份区隔痕迹犹在，教育、就业、社会保障等基本公共服务在城乡之间依然存在较大差距、城乡收入分配差距较大。2019 年我国居民人均可支配收入为 30733 元，其中城镇居民为 42359 元，而农村居民仅有 16021 元，约等于全国平均水平的一半，城镇居民人均可支配收入是农村居民的 2.64 倍。到 2021 年，城镇居民人均可支配收入依然是农村居民的 2.50 倍。[①] 因此，必须坚持和完善统筹城乡的民生保障制度，加大农村地区民生投入力度，使城乡居民收入增速超过经济增速，让民生项目的供给有助于促进农民增收，缩小城乡居民收入差距，不断创新基本公共服务供给机制，持续提高基本公共服务水平和质量，统筹公共服务资源在城乡间达到均衡配置，从而巩固拓展脱贫攻坚成果，推进全面脱贫与乡村振兴有效衔接。

（三）保障和改善民生有利于促进经济创新发展

第一，保障和改善民生有利于缓解创新带来的负面效应。一般来说，创新发展将推动经济结构发生变迁。比如，新产业、新技术、新产品、新业态等数字经济发展壮大，这就给现行的经济运行与经济组织方式带

---

① 根据 2019 年和 2021 年中华人民共和国国民经济和社会发展统计公报计算得出。

来冲击和挑战。人工智能相关的技术更新将会大大增加技术性失业风险，低技能、程序性、可重复的就业岗位正在并将继续被人工智能大幅替代，这就需要相应的就业与收入保障政策提供给这类从业人员，以便应对可能的职业替代及失业问题。又如，新业态从业人员缺乏稳定雇佣关系且大多游离于社会保障安全网之外，不仅侵蚀社会保障可持续基础，加剧社会分化，而且需要我们重塑与数字经济特征相适应的社会保障体系。总之，走向创新型发展必然需要民生保障制度扮演更加积极、主动的角色，逐步加大民生领域财政投入，补齐教育、健康、就业、社会保障、社会治理等方面存在的短板，增强民生保障制度公平性和可持续性，推动各项民生保障项目均等化发展，使民生建设朝向更高质量方向发展，托住社会安全的底线。

第二，保障和改善民生为创新发展提供内生动力。"十三五"以来，我国创新能力大幅提升，创新型国家建设取得了决定性成就。但是，创新能力还不能满足高质量发展的要求。关键核心技术还不能自主，基础研究、原创性研究还比较薄弱，高质量科技成果供给能力还不够高，对产业链、供应链的支撑能力还不够，创新体系整体效能不够高，高校、科研机构、企业尚未能形成一个完整的创新体系，顶尖人才和高水平团队缺乏等都需要不断提升或者改进。[1] 从这个角度说，不断保障和改善民生有助于激发全社会成员的创新潜能，通过为社会成员创造更加优渥的生活条件推动创新发展，以适应高质量发展要求。例如，利用互联网、云计算、大数据、可穿戴设备等信息技术手段实施"智慧化养老"不仅有利于增进民生福祉，而且有利于促进养老产业和产品创新发展。据工业和信息化部测算，智慧健康养老产业近三年复合增长率超过 18%，2019 年产业总规模超过 3 万亿元，预计 2020 年将突破 4 万亿元。[2] 因此，把创新摆在国家发展全局的核心位置，就需要更好地保障和改善民生，紧紧抓住人民群众最关心、最直接、最现实的利益问题，为创新发展提供源源不断的内生动力。

---

① 《"十四五"科技创新坚持"四个面向"充分发挥战略支撑作用》，2021 年 2 月 26 日，https：//politics. gmw. cn/2021-02/26/content_34647103. htm。

② 《杜希双：服务业发展提质增效》，2020 年 1 月 19 日，http：//www. stats. gov. cn/tjsj/zxfb/202001/t20200119_1723779. html。

# 第三节　保障和改善民生提出的社会需要

民生是生活在特定时空中民众生计的表达，民众的生计表现形式、呈现方式及变化形态离不开他们赖以生活的社会情境，社会成为民生项目实践、民生事业建设的场所，凡是能够与社会结构相契合、社会发展相颉颃的民生就有助于社会结构稳定、社会模式维持以及社会秩序和谐。正如贝尔（Daniel Bell）所说，社会结构的变化对"政治体制提出管理问题或者政策问题"①。解决阻碍社会发展中的种种民生问题，才能促进社会有机体运行。

## 一　社会主要矛盾转化需要保障和改善民生

伴随着经济快速发展，中国社会也发生了巨大变迁，社会主要矛盾转化为人民日益增长的美好生活需要和不平衡不充分的发展之间的矛盾，适应社会矛盾的转变客观上要求我们与时俱进地开展民生建设。以下从需求与供给两个维度来理解社会主要矛盾转变与保障和改善民生之间的关系，认为保障和改善民生水平既与需求侧的新变化相关，又与供给侧的新发展相连。

### （一）民众的美好生活需要要求保障和改善民生

按照社会科学家的看法，无论是人的生存性需要还是发展性需要均是多层次和多样化的。一方面，人们不仅追求"基本需要"还要去追求"中介需要"②，不仅有"生存"的欲望，更有"自我实现"的满足，不仅有"托底需要""基本需要"，还要有"改善需要"和"富裕需要"，当满足了较低层次需要后，又将追求更高层次的需要，这是人区别于其他动物、不满足于"现存世界"并努力去"改变世界"的重要方面。另一方面，人的生存需要又是不断发展变化的，表现为原有的需要结构和范围得到扩展后又会出现新的社会需要，正如马克思所言，"已经得到满足的第一个需要本身、满足需要的活动和已经获得的为满足需要而用的

---

① ［美］丹尼尔·贝尔：《后工业社会的来临——对社会预测的一项探索》，商务印书馆1984年版，第49页。

② ［英］莱恩·多亚尔、伊恩·高夫：《人的需要理论》，汪淳波等译，商务印书馆2008年版，第42页。

工具又引起新的需要"①。民生项目、民生实践其实就是对在特定生产力水平下民众生活状态的整体概括和生活境遇的深刻揭示和客观折射。因此，民众需要结构和层次上出现变化，客观上使得民生项目、民生待遇及民生标准产生变化。

进入新时代，党和政府加快民生建设步伐，脱贫攻坚战取得决定性进展，教育事业全面发展，每年新增城镇就业人口超千万人，覆盖城乡居民的社会保障体系基本建立，以民生为纽带的社会治理体系更加成熟定型，推动中国特色民生事业迈进制度化时代，人们的生活需要已经不仅仅包括日益增长的物质文化需要，而且包括在此基础上衍生出来的获得感、安全感、幸福感以及公平正义、民主法治、精神文化等发展型乃至享受型需求。原来的物质文化需要没有消失，而是呈现出全面升级态势，人民群众在物质生活方面不再满足于有饭吃、有衣穿、有房住、有车坐等，而是要求吃得健康、穿得得体、住得宽敞、坐得舒适等；新的生活需求呈现多元化、多层次、多维度特点，包括从精神文化到政治生活、从现实经济社会地位到心理预期和价值认同等方面，对共同富裕、公共安全、人的全面发展和社会全面进步提出了更高要求。

从消费结构上看，人们对食品和衣着等的需要已经显著降低，而文教娱乐、医疗保健、交通的需要表现出大幅度提升（见表4-1）。消费结构持续优化并不断升级，2020年全国居民恩格尔系数降至30.2%，限额以上单位文化办公用品类、体育娱乐用品类、化妆品类和通信器材类等消费升级类商品零售额比上年分别增长5.8%、8.4%、9.5%和12.9%，增速明显高于商品零售平均水平。② 这表明，我国已进入国际公认的生活相对宽裕阶段。

总之，民众日益增长的美好生活需要使得过去的"托底型民生""基本型民生"建设已经难以满足多样化、多层次民生需求。这就需要我们提高保障和改善民生水平，注重提升普惠性、基础性、兜底性民生建设质量，大力开展"改善型民生"，有序启动"富裕型民生"，着力健全基本公共服务体系，使之既满足当下民生需求，又及时发现并回应新的民

① 《马克思恩格斯选集》（第1卷），人民出版社2012年版，第159页。
② 董礼华：《消费市场经受住疫情冲击消费结构持续升级》，国家统计局，2021年1月19日，http：//www.stats.gov.cn/tjsj/zxfb/202101/t20210119_1812588.html。

生关切。从这个角度看，我们不仅要始终筑牢"托底型"民生，做到应托尽托，为那些"受苦的人、困境中的人和处于劣势地位的人"予以最基本的生活保障①，还要为全体社会成员建立起"基本型"民生，满足所有成员在教育、就业与收入分配、社会保障、脱贫、健康、社会治理、公共安全等方面的基本需要，透过民生项目供给缩小阶层收入或所得差距，使其有能力追求更高层次的发展性需求，提升自身经济社会地位。同时，还要开展"改善型"民生和"富裕型"民生建设，解决人民群众差异性、个性化需求。

表 4-1 　　　　　　城镇平均每人现金消费支出构成变化（%）

| | 1985 年 | 1995 年 | 2012 年 | 2020 年 |
|---|---|---|---|---|
| 食品 | 52.25 | 49.92 | 36.23 | 35.77 |
| 衣着 | 14.56 | 13.55 | 10.94 | 7.63 |
| 居住 | 4.79 | 7.07 | 8.90 | 10.31 |
| 家庭设备用品及服务 | 8.60 | 8.39 | 6.69 | 7.55 |
| 医疗保健 | 2.48 | 3.11 | 6.38 | 7.69 |
| 交通通信 | 2.14 | 4.83 | 14.73 | 16.09 |
| 其他商品及服务 | 7.02 | 4.28 | 3.94 | 2.94 |
| 文教娱乐 | 8.17 | 8.84 | 12.20 | 12.02 |

数据来源：根据中国统计年鉴 1999、2013、2021 整理得出。

（二）民生供给不平衡不充分要求保障和改善民生

人生活在现实生活中，有什么样的生活条件与生活基础就有什么样的民生追求，尤其是对美好生活的追求。所以，美好生活往往同一定阶段的经济发展能力和发展水平相联系，生产力特别是经济发展水平决定了民生保障供给能力与供给水平。在生产力极其低下的早期社会，保障民生首要是应对自然灾害、让民众免遭自然灾害的侵袭。因此，存活即"保民""安民"构成了早期民生的核心内容。进入新时代，民众美好生活需要的产生与满足自然有赖于民生供给水平、供给质量和供给层次的

---

① ［匈牙利］雅诺什·科尔奈、［美］翁笙和：《转轨中的福利、选择和一致性》，罗淑锦译，中信出版社 2003 年版，第 17 页。

提升。但是，我国民生保障领域还存在许多短板，突出表现为民生保障制度不定型、民生保障项目不健全、民生保障投入不合理、民生保障待遇不太高等，面临发展"不平衡不充分"问题，这已经成为满足人民日益增长的美好生活需要的主要制约因素。

首先，人民群众在收入分配、社会保障、教育、医疗、就业、住房等制度结构层面还面临许多难题。例如，2012—2018 年，基尼系数分别为 0.474、0.473、0.469、0.462、0.465、0.467、0.468，2019 年降至 0.465，2020 年又回到 0.468。[①] 在区域维度上，2020 年人均 GDP 最高的省级单位江苏省是最低省级单位甘肃的 3.7 倍[②]，收入分配还不均衡，贫富差距依然较大，不同群体、不同区域之间的社会成员的各种民生诉求未能公平解决。这就需要健全二次分配、三次分配机制，矫正初次分配不公。

其次，尽管我国已建立起世界上规模最大、覆盖人群最多的社会保障体系，社会保障卡持卡人数已达 13.05 亿人，其中基本养老、失业、工伤保险参保人数分别达到 9.67 亿人、2.05 亿人、2.55 亿人，[③] 基本医疗保险参保人数高达 13.54 亿人，参保率稳定在 95% 以上，[④] 全民医保目标基本实现。但是，医疗保障功能不全面，特别是面向失能半失能群体照护服务项目的有效供给不足，针对农民意外伤害以及外来务工人员失业保障普遍缺乏。而且存在诸多"项目人群分等、制度分设、地区分割、政策差异"[⑤]。例如，按照城镇职工与城乡居民身份相继建立筹资待遇相异的基本医疗和基本养老保险制度，职工基本医疗保险的报销比例普遍高于城乡居民。有的阶层退休金每月超过 1 万元，普通职工的退休养老金平均每月只有 2362 元，而数量最大的农民阶层所获得的基本养老金平均每月不足 100 元[⑥]。不仅如此，各地区统筹层次不一，使得养老保险政

---

① 根据中国统计年鉴 2013—2021 年整理得出。

② 根据各省统计局网站公布数据计算得出。

③ 《2019 年度人力资源和社会保障事业发展统计公报》，2020 年 6 月 8 日，http://www.mohrss.gov.cn/SYrlzyhshbzb/zwgk/szrs/tjgb/202006/t20200608_375774.html。

④ 《2019 年全国医疗保障事业发展统计公报》，2020 年 6 月 24 日，http://www.nhsa.gov.cn/art/2020/6/24/art_7_3268.html。

⑤ 何文炯：《社会保障何以增强兜底功能》，《人民论坛》2020 年第 23 期。

⑥ 高和荣：《底线公平：新时代中国社会保障的价值要求》，《厦门大学学报》（哲学社会科学版）2018 年第 3 期。

策"百花齐放"，加剧了养老保险制度碎片化，作为一项再分配手段非但没有缩小不同群体、不同地区之间收入差距，反倒具有反向功能。

最后，在教育上，高等教育进入普及化阶段，但教育机会不公、教育资源配置失衡现象仍然存在，农村教育发展不足，贫困、流动、残疾儿童上学仍面临着一些困难[1]。数据显示，2019年进城农民工随迁儿童入园率（含学前班）为85.8%[2]，仍有近1/5随迁儿童无法接受学前教育。其中，25.2%在公办幼儿园，35.7%在普惠性民办幼儿园，二者合计为60.9%，这意味着还有近40%的进城务工人员的随迁子女无法享受优质、普惠性的学前教育和义务教育。在医疗领域，医疗资源在人群之间、城乡之间和区域之间配置不够均衡以及医院逐利本性使得"看病难、看病贵"问题无法从根本上得到破解，无论是取消药品价格加成、实行两票制还是集体谈判都无法解决药品利润虚高不下问题。另外，民生供给主体责任结构和责任关系尚未厘清，中央、地方及社会等三个纵向层面的责任边界、责任大小不清晰，这就使得本该由国家或政府承担的"保基本""兜底线"职责却转移给了个人、家庭、宗族乃至社会，这部分群体的最基本生活需要无法满足，进而阻碍他们迈向共同富裕。

总之，民生保障水平不能适应人们对美好生活的向往，不能满足人民日益增长的美好生活期待。这就需要将实现人民对美好生活需要作为经济社会发展的出发点和落脚点，增强民生保障项目设置的系统性和科学性，使之既有清晰的职责定位又能有机衔接，编密织牢民生保障安全网，以呼应日益增长的民生需求，推动人民生活水平迈上新台阶。

**二　促进社会全面发展需要保障和改善民生**

人类的一切生产活动归根结底都是为了人与社会的全面协调发展。党的十九大提出要"更好满足人民在经济、政治、文化、社会、生态等方面日益增长的需要，更好推动人的全面发展、社会全面进步"。可见，多谋民生之利、多解民生之忧，实现在发展中补齐民生短板、促进社会公平正义以便维持社会秩序，归根结底是为了个人自由全面发展和社会进步。因此，社会的全面发展表现为持续增进民生福祉，持续提高人民

---

① 郑功成：《以民生福祉新提升促进共同富裕取得新进展》，《中国纪检监察》2020年第24期。

② 2019年农民工监测调查报告，2020年4月30日，http：//www.stats.gov.cn/tjsj/zxfb/202004/t20200430_1742724.html。

生活水平和改善人们生活品质，进而实现人的全面自由发展。

（一）促进阶层融合需要保障和改善民生

如果说民生建设是基于一定的社会展开的，那么，民生建设就必须与社会结构相吻合。也就是说，民生依附于社会之中，社会特别是社会结构决定了民生建设的体制、机制，当社会结构发生变化时，民生建设的体制、机制必然要发生相应的变化。

在社会结构体系中，阶层结构处于核心地位，社会结构常常通过阶层结构来测量，社会结构变迁主要表现为社会分层或社会分化。经济分化是社会分化的重要动因，尽管身份、地位、声望、权力都与社会分化直接相关，但它们都与经济或财富相勾连。随着社会主义市场经济在资源配置中起基础性作用，社会分工越来越细，不同社会群体利益高度分化，阶层结构呈现多元趋势，社会已经进入一个阶层高度分化的阶段。那么，如何在社会已经高度分化并且还将继续分化的情况下，既能增进社会整合，维持秩序均衡，又能激发社会活力，构成了新时代面临的重要挑战。①

人们普遍认为，一个现代化的国家总是具备一个合理的、稳定的、现代化的结构形态，只要形成了这样一种结构，社会各阶层便能和谐共存，社会亦能稳定运行。这就需要持续扩大中产阶层规模，减少底部人口。但是，尽管我们的民生投入不断加大，居民收入水平得到稳步提高，中产阶层规模有所扩大，底层群体底数依然较大，中产阶层在全社会中仍然比例较小。有学者精确地提炼为从"倒丁字形"结构到"土字形"②结构的转型。究其原因，关键就在于收入分配制度、教育医疗体系不够完善，多层次社会保障体系不够健全等痼疾，福利获得具有明显的阶层化属性等问题，进一步固化了阶层结构。这就对健全各项民生保障制度，提高保障和改善民生水平提出了更高要求。

因此，有必要在不断完善各项民生保障制度基础上推动民生保障体系成熟定型，确保民生保障既能托住民众基本生存之底，又能以适度待遇标准实现"保基本"，还能通过改善型、富裕型民生项目等激励个人实现自主发展，形成公平与效率、激励与约束相结合的均衡机制，确保人

---

① 李路路：《中国社会四十年的变革与当前面临的挑战》，《中央社会主义学院学报》2018年第3期。

② 李强：《我国正在形成"土字型社会结构"》，《北京日报》2015年5月25日第18版。

人都具有创造美好生活和向上流动的平等机会，提高低收入群体收入水平，扩大中等收入群体规模，使一切创造财富的源泉充分涌流，推动社会进步与阶层融合发展。

（二）促进人的自由全面发展需要保障和改善民生

保障和改善民生需要坚持把实现好、维护好、发展好最广大人民根本利益作为各项事业发展的出发点和落脚点，更好地满足人民群众在经济、政治、文化、社会等方面日益增长的生活需要，持续增进民生福祉，促进人的全面发展和社会进步。

第一，全面满足人的需要要求保障和改善民生。需要是人的本能与本性，需要是社会前行的动力。马克思说："任何个人如果不是同时为了自己的某种需要和为了需要的器官而做事，他就什么也不能做。"① 这就是说，人为了实现自身生存与发展，才去进行物质生产和社会活动。因此，需要是人类一切活动和发展的驱动力。可以这么说，人和社会的发展就是人的需要不断扩展与得到满足的过程。人的需要满足蕴藏着质和量的统一，表现为需要的全面性。从量上来看，全面发展的需求应该涵盖了每个人日常生活在这个世界上的方方面面，涉及衣食住行娱、生老病死葬等一系列民生事项。它不仅包括了物质需求，还有精神和心理需求；不仅有个人层面的需求，也有社会层面的需求，比如教育、就业、社会保险、医疗卫生、住房、救灾救济、公共服务等需求。从质的方面来说，全面的需求意味着随着生产力高度发展以及生活水平极大提高，意味着人已经从"物的依赖"中逐渐解放出来，不仅有基本的生存需求，也有权利公平、民主法治、自我实现等更高水平、更高层次的需求。

因此，促进人的全面发展就需要实现人民对美好生活的向往，而不是一部分人、一部分地区民生需要的满足。这就要不断提高保障和改善民生水平，在托住民生底线基础上全面实施"基本型民生"，稳步推进"改善型民生"及"富裕型民生"实践，切实解决地区差距、城乡差距、收入差距等问题，满足全体人民的日常生活需求，促使人民生活更加美好。

第二，增进人的实质性自由要求保障和改善民生。马克思认为，"任何人的职责、使命、任务就是全面地发展自己的一切能力，其中包括思

---

① 《马克思恩格斯选集》（第 1 卷），人民出版社 2012 年版，第 81 页。

维能力"，恩格斯指出，人的全面发展就是要"使社会全体成员的才能得
到发展"①。从民生保障安排和民生项目供给上看，教育、就业、医疗卫
生、社会保障及社会服务等民生事项都对人的能力提高与发展具有重要
功能。例如，教育对人的学习能力、社会交往能力、实践能力、创新能
力等具有显著作用。因此，反贫困战略强调治贫先治愚，扶贫先扶智，
通过大力发展义务教育、职业教育和职业培训等提高贫困人口脱贫的内
生动力，消除绝对贫困，实现全面建成小康社会。又如，随着医疗卫生
体制改革的不断深化，重大疾病防控持续加强，医疗服务水平稳步提升，
城乡居民健康水平持续提高。孕产妇死亡率从 2009 年的 31.9/10 万下降
到 2021 年的 16.1/10 万，婴儿死亡率从 13.8‰下降到 5.0‰，传染病报
告发病率 263.52/10 万下降到 193.46/10 万。② 再如，社会保障可以有效
避免失业、年老、疾病、工伤、生育所造成的严重损害，通过解决社会
上最大多数民众基本生活需要问题，以便为民众追求更好的发展机会和
发展能力提供保证和支撑。正因为如此，阿玛蒂亚·森（Amartya Sen）
强调通过保障"防护性保障"在内的五种工具性自由，扩展人们的"可
行能力"和"实质性自由"，以便使人们享受"有理由珍视的那种生
活"。③ 正因为如此，社会投资理论认为，作为民生事业主体的社会保障
在满足基本需要和控制社会问题基础上，要采取"社会发展"④ 途径，强
调社会保障制度对"人类潜能的开发"⑤。可见，保障和改善民生对于促
进人的全面发展具有重要作用。这就要求加大民生建设力度，切实提高
保障和改善民生水平，做到发展为了人民、发展依靠人民、发展成果由
人民共享，促进社会公平正义，激发全体人民积极性、主动性和创造性，
实现共建共治共享，扎实推进共同富裕。

（三）维护社会稳定需要保障和改善民生

社会和谐稳定是社会发展的重要基石。社会运行与发展总是建立在

---

① 《德意志意识形态·节选本》，人民出版社 2018 年版，第 129 页。

② 《2021 年我国卫生健康事业发展统计公报》，2020 年 6 月 6 日，http：//www.nhc.
gov. cn/guihuaxxs/s3586s/202207/51b55216c2154332a660157abf28b09d. shtml。

③ ［印度］阿马蒂亚·森：《以自由看待发展》，任赜等译，中国人民大学出版社 2012 年
版，第 30 页。

④ ［美］詹姆斯·米奇利：《社会发展：社会福利视角下的发展观》，苗正民译，上海人民
出版社 2009 年版，第 9 页。

⑤ ［英］安东尼·吉登斯：《第三条道路——社会民主主义的复兴》，郑戈译，北京大学出
版社 2000 年版，第 105 页。

民生安定、社会有序的基础之上。相反，民生多艰、民生凋敝甚至是民不聊生时代，必然会导致社会动荡乃至社会解体。诚如庄子所言，"四海之内，共利之之谓悦，共给之之谓安"①。保障和改善民生由此就成为百姓安居乐业、国家长治久安、社会发展进步的重要抓手。

在埃米尔·涂尔干（E Durkheim）那里，分工不仅仅具有经济功能，分工还使人与人之间形成相互协调、相互隶属、共同结合关系。这就使得个人虽然越来越自主、越来越自立，但却越来越依赖于社会，他与社会的联系愈加紧密，因而"社会的凝聚性是完全依靠，或者说主要依靠劳动分工来维持的"，它促进了社会从"机械团结"走向"有机团结"②，将原先被遮蔽的社会功能揭示出来。同样，保障和改善民生具有增进社会凝聚功能，有利于加强人与人之间的社会交往、社会合作及社会融入，实现"与社会功能一体"③。

就民生保障类型来讲，"托底型民生"试图托住民众最基本生活底线，保障民众最基本的生活需求，让每个社会成员得以生存在社会上。如果民众的生活特别是最基本生活低于底线甚至无底，必将难以存活在这个社会中，由此不可能紧密结合成群体及社会，更不可能形成民族和国家认同的价值和秩序。"基本型民生"保障民众基本生活所需要的制度设计、项目供给及政策实施，使之能够安全地生活在这个社会中。民众只有解决了基本生活需要，普遍生活在"基本"状态中，才能形成合理的收入差距，促进人口的正向流动，更好地从事改造对象世界的实践活动，化解发展不平衡所造成的群体区隔，减少阶层对立与社会区隔。"改善型民生"和"富裕型民生"以解决部分群体更高生活需求为己任，为生活在"托底"和"基本"状态中的民众指明努力的方向和发展的动力，该类型民生有助于充分调动全体社会成员的积极性，激发全社会生机和活力，推动社会和谐发展。

就民生保障供给主体而言，民生保障包括中央到地方的自上而下制度建构与项目供给，体现为政府、社会组织、家庭、宗族以及个人横向

---

① 王叔岷：《庄子校诠》，中华书局 2007 年版，第 453 页。

② ［法］埃米尔·涂尔干：《社会分工论》，渠东译，生活·读书·新知三联书店 2000 年版，第 26 页。

③ ［美］罗伯特·金·默顿：《论理论社会学》，何凡兴等译，华夏出版社 1990 年版，第 106 页。

上的社会互动与社会合作。如果民生保障嵌入国家治理中，据此凝聚成一系列民生策略、民生主张和民生实践，进而有助于人们形成对美好生活的期待与向往，政府与人民群众、社会各阶层之间的信任关系就会得到加强，民众对执政者的信任度和认同感也会得到提升。当然，民生保障表现为社会层面的自发行动和共同推进。通过社会层面的协同与合作，划分好国家和社会各主体之间的民生责任结构、责任范围和责任边界，形成追求美好幸福生活的社会合力，有利于凝聚社会共识和形成社会合作。

以上表明，不断保障和改善民生有利于维持社会稳定、和谐与发展，确保国家长治久安。这就需要着力提高保障和改善民生水平，加强和创新社会治理，使人民群众在共建共享中有更多获得感，从而为解决社会利益矛盾、构建和谐社会创造坚实的物质基础。

# 第五章　提高保障和改善民生水平的基本理论

任何一个国家的民生事业都建立在特定理论基础之上。理论是价值判断的集合以及价值取向的综合反映，它体现特定的价值观念，反映特定的价值诉求。民生事业只有以科学的价值理念作指导，才能建设高质量的民生政策及民生制度。理查德·蒂特马斯曾经说过，"在社会福利体系之内，人们无法逃避各种价值选择。任何模型的构筑或理论的阐释，只要涉及'政策'，都不可避免地关切到'是什么'和'该是什么'的问题；关切到我们（身为社会成员）的需求（目标）问题；以及关切到谋成的方法（手段）问题"①。随着中国特色社会主义进入新时代，民生保障事业迈向新征程。当前，以社会保障为主的民生事业依旧存在发展不平衡和不充分问题，这就要求我们反思中国民生事业发展的基础与依据，寻求更加科学、更可持续的民生事业发展理论，形成更加合理的民生政策与民生制度，积极回应人民对美好生活需要的期待，推进民生事业更加公平更高质量地发展。

## 第一节　底线公平理论

理论为民生事业的建立、完善和发展提供了价值根据与方向指引。要想推进中国民生事业的发展，不断提高保障和改善民生水平，就需要我们积极探索适合中国发展道路的民生保障理论，而不是一味地模仿、照搬西方国家的社会福利理论、政策、制度及措施。近年来，底线逐渐成为多层次社会保障体系建立的现实要求，进而作为民生事业的建设依

---

① ［英］理查德·蒂特马斯：《蒂特马斯社会政策十讲》，江绍康译，吉林出版集团有限责任公司 2011 年版，第 99 页。

据。底线公平成为多层次社会保障体系乃至整个民生事业的理论基础。

一　底线公平理论的提出

公平是社会保障追求的价值基础及价值遵循，没有哪一个国家社会保障制度的建设不是以公平为价值理念，没有哪一个国家社会保障制度的建设不标榜追求公平并体现公平，公平成为衡量以社会保障为主的民生事业建设质量好坏的重要指标，公平的民生保障制度往往建设质量高，反之则建设质量低；公平的民生保障制度更容易受到民众的青睐，更容易被接受，反之则易于遭到批判。然而，我们注意到，以公平为价值理念的一些民生保障制度在实践过程中却逐渐走向了它的对立面——效率，尤其是养老、医疗保险按照"多缴多得、长缴多得"原理进行制度设计，根据雇主与雇员的缴费基数、缴费能力、缴费水平来确定待遇水平，在很大程度上借鉴的是商业保险运行模式，缴费能力高的高收入群体所获得的待遇要远远高于缴费能力低的低收入群体，违背民生保障追求公平、公正的价值理念。医疗保险及住房公积金制度也具有这样的特性。

反思公平的理念、内容及准则，特别是公平的结果与后果，我们认为民生保障所追求的公平应该是具体的而不是抽象的，它是以照顾弱者、解决弱者基本生活需求为首要原则的公平，因而我们把这样的公平称为"底线公平"。景天魁认为，底线公平"不是就保障水平高低的意义上而言的，而是就政府和社会必须保障的、必须承担的责任的意义上而言的，它是责任的底线"①，是解决社会上需要帮扶的那部分群体的底线，哪些群体需要帮扶，底线就在哪里。因此，底线公平的民生制度、民生项目涉及民众基本生活的全部方面，但更多地表现为最低生活保障、公共卫生和大病医疗救助、公共基础教育（义务教育）、住房救助等方面。民生保障需要加入一些柔性要素，因为民生保障本身是"刚性的"，景天魁认为，如果调控者只有政府，"而政府的调控行为又是刚性的，那么柔性的调节机制还是体现不出来"②。引入底线公平，就是要把民生保障的刚性部分限定在一个范围内，让出更大的部分留给柔性机制的发展，底线公平理论由此便为民生建设提供依据。

---

① 景天魁：《论底线公平》，《光明日报》2004 年 8 月 10 日。
② 景天魁：《底线公平与社会保障的柔性调节》，《社会学研究》2004 年第 6 期。

## 二　底线公平理论的内涵

### （一）何为"底线"

"底线"与"低线"存在差异，"底线"不等于"低线"，自然更不是"低线"。"底线"虽然有"底部"的意思，但更多地强调"界限"。"底线"具有两个特点，其一，"底线"这种界限是人为划分的，而不是自然生成的，它本身并不具有"低"的含义。如果有需要，我们可以将"中部"甚至"上部"划为底线，甚至在"底线"之下的部分再划个"底线"，这时"底线"所代表的并不是最低点。其二，"底线"是变化的，具有灵活性，它随着时代的发展和人的需要而上下浮动。以具有底线公平意义的最低生活保障线为例[①]，2019 年末中国大陆地区的城市和农村最低生活保障标准分别为每人每年 7488 元和 5336 元，比 2007 年建立全国农村最低生活保障制度时的标准分别提高了 2.4 倍和 5.4 倍[②]，这说明"底线"可以变动且应该及时变动。因此，底线是一种测量民众基本生活水准的界限，"底线划在哪里，哪里就是底线，只要是不可含糊、不可逾越的线，就叫底线，与它的具体位置无关，只与它的性质有关"[③]。

### 1. 项目底线

底线公平吸收荀子"贵贱有等，长幼有差，贫富轻重皆有称"[④] 的"差等"思想，认为既然人有"差"，那么保障基本生活需要的民生项目应该有差别地供给，如果底线不清则无法建成多层次保障体系；如果没有底线，所有社会成员实行"齐一"的制度，那么民生保障就无法关注弱者、解决弱者基本生活。例如，从医疗保险来看，不同人群基本医疗服务的可及性、基本医疗待遇补偿等方面存在较大的差异，底线公平就是要优先解决最广大人民群众的基本医疗需求问题，解决这类群体的看病难、看病贵问题。

因此，以底线公平为价值理念所建构的民生保障体系，着重解决民众基本生活需要，特别要优先解决弱势群体基本生存问题。它将民生保

---

① 景天魁：《底线公平福利模式》，中国社会科学出版社 2013 年版，第 8 页。

② 万东华：《从社会发展看全面建成小康社会成就》，《人民日报》2020 年 8 月 4 日第 11 版。

③ 景天魁：《底线公平：和谐社会的基础》，北京师范大学出版社 2009 年版，第 7 页。

④ （战国）荀况：《荀子·富国》，杨倞注、耿芸标校，上海古籍出版社 2014 年版，第 109 页。

障项目划分为保障基本生存的基础项目和有助于改善生活的非基础项目，涉及民众基本生活的民生保障项目要做到全覆盖、一致性、无差别、无条件性，涉及民众最基本生活的项目则要体现直接获得原则。那么，哪些项目是民众基本的特别是最基本的需求项目？学者们普遍认为"大致相当于马斯洛需求层次理论中的生理需要和安全需要"，只是这两部分的需要过于模糊不清。从消费视角看，"基本生活需求可以量化为各类消费支出，包括食品烟酒、衣着、居住、生活用品及服务、交通通信、教育文化娱乐、医疗保健、其他用品及服务"等被称为"八大类"消费品和服务①。民众最基本的需求项目往往就是这些基本生活需求中相对稳定、必须支付的支出项目。因此，就四种民生类型而言，托底型民生保障项目是所有人最基本生存需要的项目底线，基本型民生保障项目是所有人基本生活需要的项目底线，不包含在八大类消费品及服务的项目则是非底线项目。

2. 待遇底线

以底线公平为价值理念的民生保障制度要求待遇水平具有层次性与递进性。底线公平理论认为，民生保障应该重点关注人们的基本生活需要，尤其遵循"弱者优先"原则，优先满足弱势群体最基本生活需要，做到待遇获得的无条件性与权利享有的一致性，任何人只要他的生活低于底线则可以无条件享有这个权利；而对于非基本需要则可以通过个人或市场等方式来满足。按照底线公平的要求，民生保障待遇可以划分为基础部分待遇和非基础部分待遇。其中，基础部分待遇是为了保障人们的基本生存，这部分待遇不受民众身份、地位、城乡、性别、年龄、职业、缴费能力与缴费水平的影响，强调"无差别的公平"，体现权利的一致性。非基础部分满足民众的非基本需要，它受到个人经济收入、缴费能力、缴费年限等因素的影响，强调"有差别的公平"，体现民生保障的效率原则。

根据民生待遇水平占城乡八大类消费品及服务价格的比例，可以将民生待遇水平由高到低划分为富裕型、改善型、基本型和托底型等四种待遇类型。其中，托底型待遇试图解决人民群众最基本的日常生活需要，划定各责任主体的托底责任及标准；基本型待遇保障民众基本生活需要，

---

① 高和荣、夏会琴：《托底型民生保障水平的测度》，《社会保障研究》2020 年第 6 期。

既包括精神层面也包括物质层面，展示最广大人民群众的生活需求；改善型待遇与富裕型待遇让民众普遍享有充足的物质生活、便利的生活服务、丰富的精神生活，体现基本生活之上的差异性和丰富性。总体上看，待遇底线伴随着社会发展而不断提升，表现为一个动态过程。比如，托底型民生标准为城乡八大类消费品及服务价格的60%左右，基本型民生标准与城乡八大类消费品及服务价格总和相当，改善型民生标准是城乡八大类消费品及服务价格总和的1.5倍左右，富裕型民生标准是城乡八大类消费品及服务价格总和的2倍左右。[1] 尽管比例关系大致不变，但随着经济水平的提高以及人们需求的变化，八大类消费品及服务价格会不断地浮动，因而底线的标准有所变动。

3. 对象底线

以底线公平为价值理念的民生保障可以划分为托底型民生、基本型民生、改善型民生以及富裕型民生四种类型。不同类型的民生保障对象底线有所差异，托底型民生的对象底线不仅包括民政、人社等部门确定的需要救助的群体，还包括处于救助边缘的群体，应做到"应托尽托"；基本型民生对象其实也有一条底线，这条底线就是最大多数民众，满足他们基本的生活需要；改善型民生和富裕型民生是为了满足部分群体多样性、多层次的需要，属于底线以上部分的民生保障，这两种类型的民生保障并非针对全体社会成员，而是以解决部分社会成员的较高生活需求为主要任务，它根据民众个性化需求而进行差异化供给。底线公平要求全民应保尽保，原则上所有的民众都需要承担缴费义务，但民众个人承担的缴费比例则需要根据个人收入情况来确定。具体表现为不同的缴费档次对应不同的底线，高收入人群多缴费，低收入人群少缴费，收入低于一定比例的人群缴费额度可以降低为零。少缴费或零缴费的民众享受托底型民生保障，我们的民生保障项目能够保证这一部分人群最基本生活所需；正常缴费的民众享受基本型民生保障，能够安定人民生活，满足基本生活需要；多缴费的民众受到改善型民生和富裕型民生保障，能够享受更多更优质的服务、设施等民生项目，满足精神层面的享受。

4. 责任底线

建立更加完善的民生保障制度，满足人民群众日益增长的美好生活

---

[1]　高和荣：《新时代民生保障制度的类型转向及特征》，《社会科学辑刊》2020年第3期。

需要，必须优先解决民众的"基本需要"及"中间需要"①，因为它们"不可或缺"，否则"便会造成伤害"②。因此，从责任底线上看，底线公平更加强调政府的责任边界。基础部分的民生，即托底型民生和基本型民生，责任主要集中在政府，政府必须保证"无力支付强制性保险的人"、其他所有"受苦的人、困境中的人、处于劣势地位的人"的基本生活③，注重基本生活保障的全面性，政府负有无条件、绝对的责任，它是底线公平的内在体现；非基础部分的民生，即改善型民生和富裕型民生，责任主体呈现出多元化特点，涉及政府、市场、社会、家庭、个人等各个方面，强调责任共担，"政府承担管理责任、社会承担监督责任、家庭承担储蓄责任、个人承担缴费责任，责任主体也因制度的选择有所差异"④。当然，即便是由企业和社会提供的民生保障项目也必须在政府的规制下进行，强调责任划分的基础性与非基础性的结合，而不是完全放任其参与市场竞争。依据政府的责任划分，基础部分需要实行全国统筹规划，非基础部分因地因人而异。

（二）何为"公平"

公平是民生保障的初心、遵循与使命，是民生保障制度建设的内在依据。底线公平中的"公平"与规则公平中的"公平"不同，底线公平体现着社会要求，而规则公平彰显效率追求，底线公平涵盖中国人所讲的差等公平以及关注弱者的社会性公平。孔子认为"不患寡而患不均，不患贫而患不安"⑤。在治国理政中，贫穷不是最可怕的事，但财富不均可能是"覆国之患"，社会不安定才是亡国之忧，这里的"均"不是平均主义，不是要求每个人都一样，而是指一种差等公平。荀子曾说，"不知壹天下建国家之权称，上功用、大俭约而僈差等，曾不足以容辨异、县

---

① ［英］莱恩·多亚尔、伊恩·高夫：《人的需要理论》，汪淳波等译，商务印书馆 2008 年版，第 215 页。

② ［英］莱恩·多亚尔、伊恩·高夫：《人的需要理论》，汪淳波等译，商务印书馆 2008 年版，第 241 页。

③ ［匈牙利］雅诺什·科尔奈、［美］翁笙和：《转轨中的福利、选择和一致性》，罗淑锦译，中信出版社 2003 年版，第 17 页。

④ 高和荣：《底线公平：社会保障制度建设的内在根据》，《社会科学辑刊》2016 年第 3 期。

⑤ 程树德：《论语集释》，程俊英、蒋见元点校，中华书局 1990 年版，第 1137 页。

君臣；然而其持之有故，其言之成理，足以欺惑愚众"①，意思是说不懂得统一天下、建立国家的法度，崇尚功利实用、重视节俭，而轻慢等级差别，甚至不容许人与人间有差异、君臣间有悬殊，即便解释得有理有据，也只是用来欺骗蒙蔽愚昧的民众。正因为人与社会均有差异性，因而公平自然具有社会意义上的差异性，民生领域内的公平表现为横向的均等、纵向的可控以及责任的公正等三个方面。

1. 横向均等

横向均等主要体现在基础部分。任何民生项目、民生待遇、民生责任等方面均可以划分为基础部分和非基础部分，基础部分必须提供，非基础部分具备条件时提供。实现底线公平首先要实现基础部分的项目、待遇、责任等的公平，这是政府不应回避的责任。从量的方面看，各级政府投入基础部分的项目、资金、设施、服务等应当有明确规定，这些量化的投入能够凸显出政府的责任承担，能够满足民众基本生活需要，这是广大人民群众能够立足于社会的基础。对于基础部分的待遇无论民众是否缴费，也不管民众收入多寡、身份贵贱、地位高低，均能够享有对其基本生活的保障，体现公平的一致性，而不仅仅是罗尔斯式的"起点公平"或"结果公平"。从质的方面看，横向均等要求每个人都能够享有保障基本生活的权利，政府负有无条件履行的义务。

2. 纵向可控

民生保障基础部分和非基础部分的差距可控，底线公平要求不同民生类型的基础性待遇标准与城乡居民八大类消费品及服务价格之间的差距保持在较为合理的区间范围内，两者差距太大不利于缩小收入差距，不利于实现共同富裕；而差距过小，不利于调动社会成员工作的积极性。

正如前文所提到，托底型民生标准约为城乡居民八大类消费品及服务价格总和的0.6倍，而富裕型民生的标准是城乡八大类消费品及服务价格总和的2倍，底线公平要求一个运行良好的民生保障制度能够将最低保障标准与最高保障标准控制在合理范围内，差异控制在3倍之内较为适宜，而不是将两者之间的差距无限扩大。这能够防止以公平为价值准绳的民生保障制度在实践中走向效率，以缩小贫富差距为目的的民生保障制度设计反倒引致财富更加集中，以保障弱势群体最基本生活需要为

---

① （清）王先谦，沈啸寰、王星贤点校：《荀子集解》，中华书局1988年版，第92页。

使命的民生制度安排却固化穷人的经济社会地位，变成"富人的狂欢"。只有这样，才能够激励社会各阶层人员不断努力进取。

3. 责任公平

责任公平体现在横向均等与纵向可控之间。规则公平要求权利与义务均衡，强调个人福利权利的获得要有与之相对应的义务承担，因而它本质上并不顾及个体的差异，无法考虑到优先照顾弱者，最终要么是无法解决弱势群体的最基本生活问题，要么造成全社会的高福利。

底线公平认为，应当辩证地遵循权利与义务的均衡性，民生保障权利与义务并非只是数量、大小、多少的简单对应，也不是那种基于常规的权利与义务匹配关系，而是体现同情弱者、照顾穷人的责任性，因而是一种责任公平。富人当有奉献社会、回馈社会的义务和责任，这是社会良知的体现，民生保障应该发挥富人作用，富人多缴费而穷人少缴费甚至当收入低于一定水平时不缴费，但他们仍可获得基本的、起码能获得最基本的生活保障。否则，如果完全按照权利与义务对等原则来进行民生投入，那就将整个社会引向弱肉强食，不利于民生事业乃至整个社会的发展。责任公平要求底线以下的基础部分遵从权利的一致性和个人的非义务性，满足这类群体基本生活需要；而底线以上的非基础部分遵从权利的差异性和义务性，兼顾到权利与义务对等，满足民众差异化生活需要。从这个意义上看，责任公平是规则公平与结果公平的统一，是社会公平的集中体现。

（三）何为"底线公平"

从概念上看，底线公平首先是"所有公民在底线面前所具有的权利一致性"公平。[①] 换句话说，底线公平意味着在民生项目中有一些项目对个人来说是最基本的、必不可少的、离开就无法生存的，这部分项目就是底线及底线以下的项目，处于基础性地位，体现了民众基本权利的一致性。底线公平要求"把所有民众看成一个需要应对风险社会挑战的整体来进行民生制度设计，形成满足基本生活需要的养老保障制度、满足健康需要的基本医疗卫生制度、满足劳动需要的就业制度、满足低收入群体基本生活需要的各类生活救助制度等安排，坚持基本生活部分注重

---

① 景天魁：《论底线公平》，《光明日报》2004 年 8 月 10 日。

普惠"①，非基本部分可以非普惠。由此可见，底线公平处理的并不是个人之间的关系，而是社会整体利益的关系问题，甚至是处理"社会与个人之间的关系、政府与社会和个人之间的关系"问题②。它要求我们找到共同认可的这条底线来保障全体社会成员的基本权利。

底线公平是底线与公平的有机结合。底线公平很好地化解公平与效率之间的矛盾，底线为公平明确了要求与原则，公平为底线指明了方向和道路，底线与公平相辅相成，相互依存。一方面，底线是公平的前提，底线作为民生保障建设的内在依据，要求民生项目内容和待遇水平覆盖那些依靠自身力量仍然无法生存的弱势群体和处在困境边缘的人群，保障他们最基本的生活需求，只有守住底线才能彰显民生的价值，才能真正保障整个社会的公平。另一方面，公平是底线所追求的结果与价值体现，底线公平要求底线以下的基本民生项目是广大弱势群体最紧急、最迫切、最需要的项目，只有这些项目得到基本满足，处在社会底层的民众才能够公平地享受社会生活、参与社会竞争，拥有更为平等的机会。所以，底线公平更加关注中低收入以及弱势群体的基本生活需求，更加关注不发达以及欠发达地区的民生保障项目，更加关注最基本的民生项目，将财政支出优先向这些群体、这些项目倾斜，确保城乡之间、地区之间、阶层之间以及群体之间的民生保障支出更加公平与可及，"更能体现并彰显社会保障的公平本性"③。因此，坚守底线才能真正建立起公平的民生保障体系。

**三 底线公平的性质**

底线公平是社会公平与效用公平的统一，是动态调整与社会善治的结合，它透过项目及待遇的动态调整实现社会善治，促进国家长治久安。

1. 社会公平

底线公平解决社会特别是民生领域内公平性标准不一所引发的社会公平不足问题，因而是一种社会公平，包含人的衣食住行、生老病死等

---

① 高和荣：《底线公平：新时代中国社会保障的价值要求》，《厦门大学学报》（哲学社会科学版）2018 年第 3 期。

② 景天魁：《底线公平福利模式》，中国社会科学出版社 2013 年版，第 6 页。

③ 高和荣：《底线公平：新时代中国社会保障的价值要求》，《厦门大学学报》（哲学社会科学版）2018 年第 3 期。

日常生活领域所体现出来的生存权与生命权公平。底线公平不刻意强调付出与回报的对等、投入与产出在经济效用方面的对等，而是强调社会层面上权利的一致性，注重对生命权的关注以及生存权的保障。例如，每个人均拥有作为父母的社会角色，他对子女的养育不是为了获得回报，而是出于亲情与慈爱。同理，人作为社会的一员，理应共享社会发展成果，能够从社会中获得最基本的生活需求。民生保障既然遵循底线公平运行逻辑，便不能忽视社会公平，民生保障具有促进公平的重要社会职能。

遗憾的是，现行的以社会保险为代表的民生制度比较强调"投入—产出"经济关系与数学精算，注重"多缴多得、长缴多得"经济模型，奉行商业保险逻辑，强调以起点公平与过程公平为基准的经济公平正确性与真理性。在这种精算模型指导下，养老、医疗等社会保险制度要求所有民众按某个缴费比例进行缴费，而不关注参保者的缴费能力与实际所需；所有参保者都参加相同的项目，而不关注各个项目对参保者的适用性。底线公平坚决反对将经济公平规则运用到社会领域，强调社会公平面向社会群体乃至社会个体，因而具有群体差异性与个体独特性，它强调结果对于社会稳定及社会和谐的积极作用，认为不同的群体或个体只有采取不同的规则才能实现真正的公平，否则，这样的公平不具有社会意义。例如，养老保险不能只考虑投入、产出或回报等问题，而还应考虑满足老年人不同的养老需求。

底线公平作为一种社会公平不完全是政治公平。政治的本质是平衡、协调、分配与统治，其中权益分配是政治的核心。在政治公平语境下，虽然每个人有着平等的公民权和政治权利，但政治家关注的是如何获得最大多数选民的投票。因此，他们倾向于将权益或财富分配给能够为供给者或分配者带来最大政治利益的群体，甚至有可能是富人群体。社会学家们强调理想的社会结构应该是橄榄型的，公平自然就着眼到有助于扩大中产阶级的公平。政治公平是现实利益的考量，政治家优先选择对自己最有利的阶层，在西式选举制度下政治家更多地希望福利供给或分配能获得当下的政治利益，希望帮助自己获得更多选票。因此，任何一个政党主导的社会保险改革自然要为本阶级服务，体现本阶级的价值原则。

2. 效用公平

底线公平的第二个性质是效用公平。效用公平的第一层含义是指注重民生保障的有用性和有效性，表现为能够解决社会问题，如收入差距、贫富不均、再次分配等，避免将这些社会问题操作成政治议题。底线公平要求一个好的民生保障制度能够优先解决这些问题，尤其能够解决那些即便没有收入来源的群体或个体的最基本生活问题，托起每个人最基本生活之"底"，满足每个人最基本最迫切的生存需求，使得陷入贫困境地的人不论身份、地位、职业如何都能够享受托底型民生保障。此时，底线公平注重的是效用公平而不是效率，不再强调市场竞争与经济效率而是考虑社会效益，关注社会协调稳定。

效用公平的另一层含义是指这样的公平对不同的群体都能发挥作用。底线公平要求民生保障能够托住各个群体基本生活所需之"底"。就托底型民生来看，效用公平要求能够托住应给予救助的群体和处于救助边缘的群体最基本生活之"底"，保障他们能够生存下去；就基本型民生来看，效用公平要求能够托起底线以上的那部分社会成员基本生活之"底"，解决民众的基本生活需求；就改善型民生来看，效用公平要求能够托起部分社会成员较高生活需求之"底"，透过政策供给与制度安排保证这部分民众能够享受更加周到、更为优越的物质、精神等服务；就富裕型民生来看，效用公平要求坚持共同富裕理念，将提高保障和改善民生水平作为增强人民幸福感和获得感的集中体现，确保人民群众能够普遍地享有富裕的物质生活、完善的城市设施和安全系统、充分的发展机会，实现国家与社会治理目标。

3. 动态调整

底线公平是一个持续发展的动态调整过程。一方面，底线的标准并非一成不变的，而是随着经济社会发展及人民生活水平变化进行动态调整。比如，改革开放初期的1978年，政府把人均年收入低于100元人民币确定为贫困线，20世纪80年代中期，贫困线标准调整为206元，2003年这一贫困线标准提升到637元，2010年起，政府将农民人均年纯收入2300元作为新的贫困标准，2020年的贫困线标准进一步提升到人均年收入4000元，贫困线在40年之内增长40倍。这集中体现了作为"底线"的贫困线的变动性与调整性。另一方面，底线的对象也会动态调整。底线公平并非只针对穷人，更不是把所有人都变成穷人，而是覆盖全体社会成员的公平，不同的人有不同的底线，对穷人来说底线是保证能够生存、满足最基本的生活需要；而对于较为富裕的群体来说，底线就是完善的公共设施、周到的生活服务以及丰富的精神生活。对象的调整还意味着，最初生活在底线之下的那部分社会成员通过努力能够达到底线之上水准。此时，底线的对象就会发生变化。

### 4. 社会善治

底线公平的第四个性质是社会善治。表面上看，民生保障与治理似乎关系不大，特别是发达国家以社会福利为代表的民生更是如此，20世纪50年代以后它们的社会福利逐步演化为公民资格。实际上，中国的民生保障是历史生成的、具有连续性特征的国家治理概念，反映人民群众的生活理想，是对国家治理下社会生活状态的描述与建构。以底线公平为基础的民生保障最初都是针对易产生社会问题的领域，针对生活较为脆弱的群体或个体。这就可以解释为什么几乎所有国家的民生制度都始于社会救助或基于救助理念的社会保险，因为这类制度及事项最有助于开展社会治理，最有助于缓解社会矛盾。

底线公平要求从政治的高度来看待民生及民生保障事业，执政者需要提升执政水平，最根本的途径就在于施行仁政、保民所养、安定民生，践行"治国有常，而利民为本"[①] 理念。反之，如果民生政策施行不当，则会引起社会动荡不安，导致民不聊生，执政者失去民心。从这个意义上看，民生保障自然就是一个政治问题，民生是最大的政治。底线公平要求能够合理安排各项民生制度，能够解决社会矛盾、巩固政权统治，使社会处于一种和谐、安宁、稳定状态，进而实现善治。

### 四　底线公平的意义

对以民生保障为主体的社会建设领域而言，划分出底线和非底线，坚守底线公平、促进社会稳定，对于提高保障和改善民生水平的建设具有重要的价值。

### 1. 底线公平是民生建设的价值基础

底线公平将人的需求划分为基础部分需求和非基础部分需求，强调不同社会成员具有不同的需求，据此将民生划分为托底型民生、基本型民生、改善型民生以及富裕型民生等类型。一方面，底线公平结合底线

---

① 何宁：《淮南子集释》，中华书局1998年版，第921页。

与公平两个方面的内容，尊重不同群体之间的差异性，将民生保障制度划分为底线性制度和非底线性制度两个部分，各民生项目的待遇划分为底线部分待遇和非底线部分待遇。底线以下部分体现权利的一致性，主要解决处于困境中的社会成员基本生活需要问题，政府必须予以保障；底线以上部分体现了权利的差异性，发挥政府、社会、市场、家庭、个人共同的作用，保障社会成员能够享受到周到的服务、完善的设施、丰富的生活。另一方面，底线公平又具有质和量相统一的特性，质的方面体现在基础部分的底线具有动态调整性，随着物质生活水平的提升底线也在不断提升。量的方面，底线公平以实现人员全覆盖、制度全覆盖、项目全覆盖为目标，不断促进民生事业的发展。

2. 底线公平是民生建设的内在要求

民生建设是一个系统工程，涉及的项目、内容十分庞杂，如果简单抽象地依据公平理论可能将整个民生事业引向拖累经济的高福利制度，或者注重规则公平的新自由主义福利制度。只有恪守底线公平，强调所有社会成员在底线面前具有相同的权利，注重底线以下项目获得权利相同而底线以上则可以不同，才能真正建成促进社会公正发展的民生制度。就底线公平而言，它要求建立起多层次民生保障体系，明确民生保障项目、项目设立标准及项目建设顺序，认为如果没有底线，民生保障将无法持续。底线公平用来划分政府与社会在民生保障制度中应该承担的责任底线，突出政府在底线部分所应承担的不可回避责任，体现出政府的无条件性和义务性，而超出底线部分的责任则由市场、社会、个人等主体去承担，体现底线公平的有限性与灵活性。

3. 底线公平是对规则与结果公平的超越

底线公平克服了规则公平和结果公平在民生领域内的矛盾性。如果按照规则公平，把经济领域的竞争性公平运用到社会领域，将导致教育、就业、养老、医疗及住房等制度不考虑参保者收入水平、缴费能力、个人禀赋等差异，只注重权利和义务对等，使得一部分群体的就业、教育及住房等问题永远无法得到保证。结果公平认为，无论个人的身份、地位、收入、职业、能力等有无差异，政府都要保证所有社会成员享有同等的民生保障待遇，但这容易引致财政负担过重等问题，不利于民生事业的持续发展。底线公平克服了规则公平和结果公平的矛盾，认为底线以下的基础部分应该如同结果公平一样，保证每个社会成员的权利一致性；底线以上的非基础部分则可以按照规则公平那样强调权利与义务的对等，注重发挥市场作用，体现民生权利的差异性。底线公平实际上结合规则公平和结果公平的优点，克服两种公平类型的不足，是对单一的规则公平或结果公平的超越。

## 第二节　基础普惠理论

如果说公平特别是底线公平是民生保障的价值追求，那么，普惠就成了民生保障的应有之义。承认民生保障要体现底线公平的价值理念，那么自然就需要民生项目的普遍供给及普遍惠及。但民生项目尤其是整个民生事业要达到何种程度的普惠容易受到社会、经济、政治、文化等多重因素的影响。把基础普惠理论作为民生事业的建设依据，是底线公平理论的现实呈现，能够有效避免福利国家的高福利"陷阱"，又能托住民生之"底"，解决民众基本生活之需。

### 一　基础普惠理论的提出

"基础普惠"是依据底线公平并反思"适度普惠"基础上提出来的。20世纪90年代中后期，随着社会主义市场经济体制的建立，中国迫切需要建立与之相适应的社会福利体制，国内学界在反思以往的"民政福利"同时吸收欧美国家的做法及经验的基础上，普遍认为，以北欧为代表的福利国家坚持普遍主义价值原则，实施普惠型福利制度，只要是本国的公民都能够享受到高福利。但这种福利政策不仅会落入福利"陷阱"，还容易引发财政问题，因而便逐渐提出"适度普惠"概念，2006年，民政部提出"逐步拓展社会福利保障范围，推进社会福利制度由补缺型向适度普惠型转变"。2008年，大连市沙河口区民政局韩裕民在第三届全国社会福利理论与政策研讨会上提出，可以用马斯洛需求层次理论将社会福利划分为微观社会福利、中观社会福利、宏观社会福利三个层次，并指出我国社会福利服务对象已经从"有困难的群体"转向"有需求的群体"，加之社会领域的成长和市场因素的引入，普遍性社会福利更为合适，但由于经济发展水平的限制只能实行"适度普惠的社会福利"。为此，他将"适度普惠"的社会福利划分为三个阶段，分别是初级适度普惠阶段、中级适度普惠阶段和高级适度普惠阶段，分别对应社会福利的三个层次。[①]

　　2009 年，王思斌发表了《我国适度普惠型社会福利制度的建构》一文，较为系统地阐述了适度普惠型社会福利制度的构想，指出适度普惠是"面向全体国民同时又涵盖社会生活基本领域的社会政策和制度"，要建构这一制度需要树立"政府责任优先、民众需要导向、企业社会责任承担、家庭支持作用、非营利组织及社会福利机构发展等"指导思想[②]。吴忠民、林闽刚、陆士桢及成海军等人从不同角度对适度普惠社会福利作了论述，分析了中国适度普惠型社会福利体系发展战略。

　　随着民生保障研究的推进，近年来，有关适度普惠的研究热度稍有下降，我们认为主要因为该理论存在两个方面的不足。一方面，该理论尚未能从理论上阐述适度普惠在中国社会福利领域实施的必要性。从项目上看，在地域、生活、习俗差异如此巨大的中国，我们无法像北欧国家那样由政府提供全部项目、承担全部责任，只能托起最基本的民生项目及福利待遇，保障一些基本的项目，这就涉及"度"的问题，而适度普惠并没有阐述"适度"的范围、大小或多少。也就是说，在适度普惠理论那里，"适度"只是一个价值要求，"适度"概念仍然是既抽象又含混的。另一方面，适度普惠理论在纵向上没有阐述"适度"的标准及层次，人的需要既有基本的需要、中间的需要，也有较高的需要，这就要对不同的需要标准进行理论阐述，适度普惠理论同样没有准确地揭示这些标准。这就需要扬弃适度普惠理论，提出更加科学的社会福利理论，扎实推进民生事业的发展。

　　**二　基础普惠理论的内涵**

　　当我们提出基础普惠理论后，就需要界定它的内涵与外延，论证它的适用范围与适用条件。基础普惠理论强调基础性的民生项目及福利待遇实行普惠，而非基础性的则兼顾人群、项目及待遇的选择性，兼顾使用者付费这一基本准则。2014 年起，我们在教学科研过程中逐步提出这一理论并予以深化，认为该理论在保障对象上坚持普惠性，保障水平上

---

　　① 韩裕民：《适度普惠型福利模式探索》，新时期中国社会福利制度转型理论探索获奖论文集，2008 年，第 87—95 页。

　　② 王思斌：《我国适度普惠型社会福利制度的建构》，《北京大学学报》（哲学社会科学版）2009 年第 3 期。

坚持基础性、确保财政可持续性等,① 因此,基础普惠更多地强调要无条件地保障民众获得基本的民生项目及其基本的福利待遇。

（一）何为"基础"

基础本来是指建筑物的地下结构部分,是建筑物基本的、根基的部分,它埋在地下承受房屋上部负荷。如果没有这个基础部分,那么房屋的上部就会坍塌,所以,基础是根本的、必要的、不能忽视以及不可或缺的部分。从质的角度看,民生领域的"基础"意味着最基本限度的项目、投入与水准,是所有社会成员基本生活的根基,也是个人走进社会、融入社会必要的生活条件。从量的方面看,基础部分的待遇水平要能够满足民众基本生活需要。只有基础部分的需求得到满足后,人们才能够有尊严地生活在这个社会中。当然,除了衣食住行、生老病死这些亘古不变的基本需求之外,还有一些发展性需求,如果这些需求得不到满足,社会成员无法真正融入社会。例如,现代社会中手机已成为人们获取信息、便捷生活的重要手段,尤其在城市中没有手机将寸步难行,所以,手机就不应成为人们获得某项福利的限制性条款。其他的基础性需求还有诸如基础教育、基本医疗等,它们同样是日常生活中必不可少的项目。因此,基础普惠更多的是一个社会性概念,它不求投入与产出对等,不求经济效用最优,而注重权利与义务均衡。

（二）何为"普惠"

社会领域的普惠概念较早来自对北欧福利模式的概括,根据普惠程度可以划分各种社会福利模式。一方面,普惠表现为"普遍",强调覆盖所有对象,所有社会成员无论身份、地位、性别、城乡、职业、收入等是否存在差异都能够享受某种标准的民生保障项目及待遇。以老年人福利为例,狭义概念下老年人福利覆盖的对象是无劳动能力、无法定抚养人或赡养人、无生活来源的"三无"老人,这自然不能称为"普遍",因为它把那些有劳动能力、有法定抚养人或赡养人、有生活来源的老年人排除在老年福利之外,而在广义范畴下所有老年人都应该获得老年照护福利。另一方面,普惠表现为项目的齐全。也就是说民生项目要能够满足民众基本生活需求。例如,义务教育一般具有普惠性,因为它要求每个人都应该接受这样的教育,同时它要求这个教育阶段中所有科目的普

---

① 参见朱火云等《基础普惠型高龄津贴制度研究》,《人口学刊》2015 年第 1 期。

惠，而不仅仅是个别科目。

（三）何为"基础普惠"

基础普惠是"基础"与"普惠"的有机结合，它既避免了北欧福利国家因高福利引发的沉重财政负担，也能够保障民众的基本生活，普遍而全面地让民众获得与享有相应的福利，有助于促进成员各安其分、各得其所，实现社会善治。基础普惠包含两个要素，首先，基础普惠民生项目带有基本性特征，它们是所有社会成员日常生活所必需的项目，离开这些项目民众无法有尊严地生活下去。例如，保障民众最基本生存需要的最低生活保障项目，防止危害生命健康、因病致贫、因病返贫的医疗卫生项目，使社会成员获得基本生存能力的基础教育项目等，这些项目是人生活于社会的可靠保证。其次，基础普惠的对象是普遍的而不是选择的，它能够覆盖全体社会成员而非少数社会成员，基础普惠性项目具有非排他性特征，人们一般不需要承担相应的义务就可以获得，因而它不会将任何一个社会成员排除在普惠范围之外。

透过基础普惠可以对民生保障进行重新理解。按照基础普惠理论，民生保障制度就是致力于解决民众基本生活需要的制度安排，各民生保障项目及待遇涉及基础部分的普惠以及基础之上的选择，"基础"的标准线或界限就是它所形成的待遇水平能够解决民众基本生活需要，由此形成对基础普惠的多方面理解。就四种民生类型总体而言，托底型民生和基本型民生属于基础普惠部分，相对而言，改善型民生和富裕型民生则属于非基础、非普惠部分；就某一具体民生类型来说，比如托底型民生，食品、衣着、居住等部分在托底型民生中处于基础性地位，需要予以普惠，而文化、娱乐和交通通信等相对而言处于非基础性地位。其他民生类型也是如此。

基础普惠体现需求导向、弱者优先、政府首责等基本原则。就需求导向来看，基础普惠强调民生保障的待遇水平并非完全按照个人的缴费能力和缴费水平确定，否则会陷入"多缴多得、长缴多得"这个效率主义怪圈，不能体现民生保障的公平正义价值取向。基础普惠要求基础部分按照民众的基本生活需要确定待遇，即便个人缴费很低甚至没有缴费也当予以保证，确保这一待遇水平能够解决民众基本的生活需要，这是我国社会福利由补缺型向基础普惠型迈进的重要标志，甚至体现出国民待遇原则。从弱者优先来看，基础普惠要求优先保障弱势群体的基本生活需要，将财政优先用于这些群体的民生保障上，因为"同样一笔钱，用在穷人、弱者身上，解决他们的基础性需求，比用在富人、强者身上，满足他们的非基本需要，其社会效益更大"①。从政府首责来看，政府对那些具有基础性、普惠性的民生负有托底责任，政府需要为没有缴费能力的社会成员提供最基本的生存、生活保障。当然，政府首责不代表政府全责，对于托底型民生和基本型民生而言政府理当负有第一责任。而对于改善型民生和富裕型民生，政府负有推进和引领责任，个人、家庭、社会、市场都应该为非基础部分民生保障作出贡献。

### 三　基础普惠的特性及关系

#### （一）基础普惠的性质

基础普惠具有社会性、公平性以及发展性特征，它们紧密结合在一起，构成以基础普惠为根据的民生保障制度的鲜明特性。

一是社会性。一个良性运行的民生制度应该能够缩小收入差距、调和阶层矛盾、减少社会排斥、增进社会认同，而基础普惠主要解决社会分配及社会融入等方面的问题，因而自然具有社会性特征。现代社会以来，随着现代大学教育的兴起，社会成员在人力与社会资本等方面存在较大差异，使得他们的社会竞争能力大小不一，社会分化日益加剧，一些教育程度低、竞争能力弱的社会成员被排斥在社会之外，无法很好地融入社会，不利于各阶层群体形成社会共识与社会认同。基础普惠理论试图保障全体社会成员能够普遍享有基础部分的民生项目，使每一位游离在社会边缘甚至被排斥在社会之外的成员安稳生活，保障他们有尊严地活着，免遭疾病、无知、物资匮乏等不利因素的折磨，并能够获得基本的受教育权利，最大限度地缩小不同阶层的收入差距。基础普惠的社会性还体现在民生待遇不完全是资金问题，它可以通过民生设施、民生服务的投入增进社会安全感的获得与认可。

二是公平性。如前所述，民生保障领域的公平与经济领域的公平是两种不同的公平，经济领域的公平更加注重效率、强调规则，是效率与规则的公平，强调权利和义务的对等，认为每个经济活动主体都遵循成本最小而效用最大的原则，因而可以通过市场竞争来达到经济公平。社会领域的公平强调保障社会成员的基本生存，同时注重不同群体之间的

---

① 景天魁：《底线公平：和谐社会的基础》，北京师范大学出版社 2009 年版，第 203 页。

差异，突出权利与义务的非均衡性。基础普惠的公平是社会领域的公平而不是经济领域的公平，这是对西方社会福利领域公平理论的超越，因为它们的公平仍然是一种经济公平，这就遮蔽了公平的社会属性。而民生领域内的公平则是差等公平，就是荀子、费孝通等人所说的差等公平①和差序公平②，这是真正具有社会意义的公平，因而可以称之为"社会公平"，它关注社会运行的公平公正。

三是发展性。以基础普惠理论为基础的民生保障种类、项目、待遇及水平等能够随着经济发展水平、人民生活水平不断提高，特别是随着社会主要矛盾的转换而不断调整。这表明，基础普惠的标准并非一劳永逸、一成不变，它具有发展性特点，其内容随着民生事业的实践而不断加以改革。一方面，随着人们生活水平的提高以及消费价格的上涨，基础普惠待遇标准也要随之提高。此时，民生保障待遇标准不能再按照原来的标准制定，而要随着城乡居民八大类消费品及服务价格总和的变化而变化，特别是要随其上涨而进行相应的调整。以打赢脱贫攻坚战为例，我们可以消灭绝对贫困，但永远无法消灭相对贫困。因为随着脱贫攻坚战取得全面胜利，贫困线标准也在不断提高，以便让人民的生活水平获得较为充分的发展。只有这样，才能满足人民日益增长的美好生活需要。

另一方面，原来不是或者不曾预料到的项目在实践中有可能变成基础普惠项目。以低保户标准为例，以前手机不是基本生活必需，有无手机是判断低保、享有低保的标准之一，要想领取低保待遇必须没有手机；而现在手机是人们与外界联系的媒介，手机成为人们基本生活的必需品，是否拥有手机不再成为申请低保的限制性条件，拥有手机并不妨碍低保户申请低保。当然，原来是基础普惠的项目有可能随着社会的发展不需要予以普惠。例如，在未来智能化时代，人工智能将取代人类去从事高压、危险的工作，人们只需要在家中办公即可，那时候传统的雇主与雇员关系将会衰落，取而代之的是新型雇佣关系，工伤保险、职业病防治以及农民工欠薪等问题可能不复存在。

（二）基础普惠与底线公平的关系

基础普惠与底线公平作为民生保障建设的理论基础与价值导向，两

---

① （战国）荀况：《荀子》，杨倞注、耿芸标校，上海古籍出版社1996年版，第134页。

② 费孝通：《乡土中国》，上海人民出版社2006年版，第20—25页。

者相辅相成，底线公平要求基础部分予以普惠，坚持基础部分的普惠实际上就是贯彻了底线公平。因此，两者具有一定的共性。

1. 基础反映并体现底线，底线确定也充分反映基础

理论上讲，基础普惠中的"基础"就涉及"底线"，"基础"和"底线"实际是一体两面、互相反映。基础普惠提出时就已经限定为基础部分的普惠，当把"基础"作为社会概念，将其具体化、标准化时就变成了"底线"。基础部分的民生项目、民生待遇是社会成员赖以生存的基本保障。只有满足基础部分的需求，处于贫困或贫困边缘的民众才能够正常地参与社会生活。因此，基础普惠反映并体现底线，是民众有尊严地生活之"底"。同样，底线的确定也必须充分考虑、反映基础，如果底线不能够反映生活基础，甚至把底线标准划定在基础之下，那么很有可能连最基本的生存问题都无法解决，人们将无法生存。以城乡居民基本养老保险为例，如果养老金待遇水平在底线以下，那么即便提高养老金待遇标准，也不能满足老年人养老的基本需要。

2. 基础普惠强调底线以下结果的一致性

基础普惠强调基础部分的结果一致性，注重项目、待遇的普及性，关注个体作为社会的一员理应享有的待遇标准以及这些基础部分待遇是不是普遍而全面。因此，基础普惠正是底线公平中底线以下部分所呈现出来的结果一致性的集中反映。底线以下的基础部分以社会成员的基本生存需求为导向，更多地强调"结果"的一致性，而不是"起点"或"过程"的一致性，体现权利与义务的非均衡性。只有底线以下达到普惠，才能够满足民众的基本生存需要。例如，最低生活保障、医疗卫生以及基础教育等，这些都是人们日常生活中必不可少的民生项目，是所有社会成员最基本的生活需求。由此可见，基础普惠与底线公平相辅相成，坚持底线公平要求做到基础普惠，实现基础普惠也就体现了底线公平。

3. 基础普惠与底线公平的共通性

一方面，基础普惠与底线公平均注重公平性。两者的公平一脉相承，均注重社会公平而非经济公平，都承认人与人之间的差异性，这样的公平是一种差等公平，强调基础或底线部分具有权利与义务的非均衡性，以及非基础或底线以上部分权利与义务的均衡性。另一方面，基础普惠与底线公平具有发展性。基础普惠认为普惠项目、普惠待遇标准不是一

成不变的，而是随着经济发展、社会主要矛盾转化、人民基本需求变化而不断改变，以基础为依据可以将整个民生保障划分为基础普惠型和非基础普惠型两种类型。底线公平认为，民生保障的底线具有动态性，根据底线的不同性质这两大类民生又可以细分为四种民生类型，其中，托底型、基本型的民生解决各类社会成员的基本生存问题，满足全体社会成员的基本生活需求；而非基础普惠型民生主要包括改善型民生和富裕型民生，它们满足部分社会成员更高的生活需求，为他们提供更周到的服务、更完善的公共设施、更丰富的精神生活。

（三）基础普惠与适度普惠的关系

基础普惠是在适度普惠基础上提出的，基础普惠克服了适度普惠的缺陷，是对适度普惠的深化与延伸。

1. 基础普惠克服了适度普惠的缺陷

基础普惠的提出克服了适度普惠在理论建构上的缺陷。它通过基础部分权利的一致性和非基础部分权利与义务的均衡性划定基础普惠"度"的问题，基础普惠原则保证了处在不同阶层、不同阶段的社会成员可以从中获得满足基本生存需要的民生保障项目或待遇。基础普惠阐释民生待遇及标准，它能够满足全体社会成员的基本生活需要，这个标准可以按照城乡居民八大类消费品及服务价格总和的一定比例来确定，经过验证这一标准确实可以满足社会成员的需要。因此，基础普惠的"度"与城乡居民八大类消费品及服务价格总和相联系相挂钩，能够弥补适度普惠所蕴含的待遇不确定性的不足，基础普惠型民生保障与中国经济发展水平和民众生活需要更相适应。

2. 基础普惠是适度普惠的深化与延伸

从普惠程度上看，基础普惠和适度普惠都认为中国经济发展现实还不足以完全实施普惠型民生制度，应当对"普惠"的范围与程度等加以限定。但是，适度普惠并未回答何为"度"以及"度"该如何把握、达到什么程度算是"适度"等问题。基础普惠在适度普惠基础上回答了这些问题。基础普惠认为，基础普惠是适度普惠的延伸与明晰，能够保障全体社会成员基本生活需要的部分即为"基础"，具体表现为城乡八大类消费品和服务中项目较为固定、待遇较为稳定的需求。例如衣食住行、基本养老、基本医疗等项目是全体社会成员必不可少的项目，满足对这些项目的基本需要即达到了"度"。同时，基础普惠体现出基础项目的动态发展，基础是不断变化的，随着时代的发展原本属于基础的项目可能变得不再必需，退出基础项目之外；而原本不太可能成为基础的项目又可能变为民众所必需，纳入基础范围内，因而基础普惠比适度普惠更具灵活性，更能够适应时代的发展，基础普惠内涵既丰富又具体，是适度普惠的展开。

### 四　基础普惠理论的意义

#### 1. 基础普惠将缴费主体与政府责任有机结合

如果民生保障水平只与缴费能力有关，而与民众的个人基本需求无关，那这就违背了民生保障建立的初衷，自然也就失去了治国理政意义。基础普惠理论将民生保障划分为基础部分和非基础部分，将缴费主体划分为无缴费能力、缴费能力不足以及有缴费能力等三部分群体，对于无力缴费或缴费能力不足的社会成员其差额部分由财政承担或予以补足，这就将缴费主体与政府责任有机地结合在一起，突破并解决了"多缴多得、长缴多得"制度设计所存在的缺陷，解决了待遇水平与缴费能力挂钩而导致部分无力缴费的社会成员民生保障不足问题。在这种思路下，所有社会成员都具有缴费的责任和义务，但是当收入低于一定程度时民众可以不缴费或少缴费，而政府则不管这两类民众究竟缴费多少都要保障他们的基本生活。20 世纪 50 年代，这已经成为欧洲国家各个政党取得统治合法性的基础。基础普惠将缴费主体与政府责任有机结合，引导政府将民生财政优先用于解决民众基本生活部分，克服了以往民生保障托不住底、收不住顶的矛盾。

#### 2. 基础普惠与底线公平有机结合

基础部分的民生是保障全体社会成员能够生存下去所不可或缺的项目及待遇，基础普惠注重基础性部分普遍而全面覆盖，既包括对象的普遍性又包括项目的全面性。基础普惠理论能够与底线公平有机地结合，基础部分与底线以下部分相结合体现权利与义务的非均衡性，克服民生保障一味强调规则公平的局限性，使民生保障免于陷入两头失控的尴尬境地：一方面，避免民生保障以财富积累为主要目的而忽视了人的基本生存需求；另一方面，避免将所有社会成员进行阶层划分而忽视不同阶层之间的需求差异。基础部分体现结果公平，强调基本生存权的一致性，而非基础部分则体现权利的差异性，是底线公平、差等公平的具体表现。基础普惠与底线公平相结合为我国民生保障制度建设提供了理论依据。

　　3. 基础普惠成为保障和改善民生的发力点

　　党的十九大报告中提出，"保障和改善民生要抓住人民最关心最直接最现实的利益问题"①。基础普惠理论确立了何为人民最关心、最直接、最现实的问题，哪些问题具有这样的属性，这成为提高保障和改善民生的发力点。可以发现，城乡居民八大类消费品及服务中基本稳定不变的项目构成民众最关心、最直接以及最现实的问题。基础普惠理论要求民生保障事业首先要满足人民群众最基本的衣食住行需要，这是人类赖以生存必不可少的项目；其次是医疗保健，如果民生保障不能满足人们的医疗卫生需要，一旦生病便容易因病致贫、因病返贫；最后，民众要在社会中立足就必须拥有能够自我生存的能力，此时，作为人力资本积累重要途径的基础教育就显得尤为重要，教育因此成为重要的民生保障项目。

　　4. 基础普惠对西方普遍主义原则的超越

　　20 世纪 40 年代初，英国贝弗里奇提出的普遍主义是北欧社会民主主义福利国家的基本原则，认为福利资格的确定要"根据一国的公民或长期居民身份"②，只要拥有本国的公民资格即可享受本国的福利待遇，因而被称为"人民福利模式"。这种体现公民权思想的普遍主义福利原则目标虽然走向公平，但结果却迈入"福利陷阱"，使国家背上了沉重的财政负担。

　　基础普惠是对西方普遍主义福利原则的超越。一方面，基础普惠不以公民资格作为社会成员福利享有的标准，而是更加注重社会成员的基本生活需求。基础普惠致力于解决民众的基本生活需要，对普惠的程度进行限定，注重民生基础部分是普惠的，而非基础部分则根据个人缴费的多少来定，避免因为高福利而引发财政不可持续的问题。另一方面，基础普惠界定各责任主体的责任界限，政府负有首要责任而不是全部责任，这就超越了普遍主义原则中的政府全责。基础部分民生项目及待遇由政府托底，民众可以缴费，但无力缴费或缴费不足的部分则由政府补齐，以满足民众的基本生活需要，非基础部分由政府、社会、市场、个人等各个主体实行责任共担，它将公平与效率统筹兼顾起来，以满足民众的多样化需求。

---

　　① 《十九大以来重要文献选编》上，中央文献出版社 2019 年版，第 32 页。
　　② ［丹麦］埃斯平-安德森：《福利资本主义的三个世界》，李秉勤、贡森主编，商务印书馆 2010 年版，第 64 页。

## 第三节  全民共享理论

全民共享理论是在总结我国民生发展阶段性特征基础上提出的民生保障理论，是民生建设的逻辑展开，为民生建设指明发展方向。准确把握全民共享理论的内涵、性质及意义，确保全体社会成员共享民生建设成果，在全民共享中切实提高保障和改善民生水平十分重要。

### 一  全民共享理论的提出

"共享"具有悠久的历史及文化传统，"不患寡而患不均，不患贫而患不安"①"等贵贱均贫富""有福同享"，等等，说的就是要共享社会财富。"共享"一词古今含义差别不大，冯梦龙在《东周列国志》第七十一回中提到齐景公称赞晏子说："相国政务烦劳，今寡人有酒醴之味，金石之声，不敢独乐，愿与相国共享。"

新中国成立之初，毛泽东就明确指出："现在我们实行这么一种制度，这么一种计划，是可以一年一年走向更富更强的，一年一年可以看到更富更强些。而这个富，是共同的富，这个强，是共同的强，大家都有份。"20世纪八九十年代，邓小平同志多次强调"共同致富"，认为"社会主义不是少数人富起来、大多数人穷""社会主义最大的优越性就是共同富裕"。1997年，江泽民指出要保证国民经济持续快速健康发展，让"人民共享经济繁荣成果"②，再次明确"实现共同富裕是社会主义的根本原则和本质特征，绝不能动摇"。2007年10月，胡锦涛在党的十七大报告中三次提到"共享"一词，强调"促进人的全面发展，做到发展为了人民、发展依靠人民、发展成果由人民共享"③，"在中国特色社会主义的伟大实践中进行文化创造，让人民共享文化发展成果"④，"努力形成社会和谐人人有责、和谐社会人人共享的生动局面"⑤。

---

① 程树德：《论语集释》，程俊英、蒋见元点校，中华书局1990年版，第1137页。
② 《高举邓小平理论伟大旗帜胜利前进学习党的十五大会议精神》，新华出版社1997年版，第18页。
③ 《十七大以来重要文献选编》上，中央文献出版社2009年版，第12页。
④ 《十七大以来重要文献选编》上，中央文献出版社2009年版，第28页。
⑤ 《十七大以来重要文献选编》上，中央文献出版社2009年版，第32页。

21 世纪头十年，党和政府多次提及"共享"一词，强调人民群众共享经济发展成果。不过，此时的学界对共享研究相对较少，并未形成系统化理论。其中，比较有代表性的是中国发展研究基金会组织撰写的《构建全民共享的发展型社会福利体系》报告。该报告提出了全民共享的社会福利构成及主要目标，指出"全民共享是未来中国社会福利体系公平性最重要的体现之一"，它包含三层含义："没有制度保障的社会群体建章立制""扩大已有制度安排的社会群体的覆盖面""逐步提高社会福利水平和社会福利的公平性"[①]。该报告认为，"中国全民共享的发展型社会福利体系的建立可以分为两个阶段，2009—2012 年为第一阶段，主要任务是初步建立中国发展型社会福利制度框架，2013—2020 年为第二阶段，中国发展型社会福利体系基本成型"[②]，文中提出了构建发展型社会福利体系的基本原则，即"坚持公平和效率结合，以公平为首要原则；坚持社会福利水平与经济发展水平和各方面的承受能力相适应，实现社会福利可持续发展的原则；坚持就业优先的原则；坚持政府与社会相结合，以政府为主导的原则"[③]。该报告首次将全民共享纳入民生领域，提出了中国社会福利体系的总体目标和基本框架，对养老、医疗、就业、住房及教育等方面的民生问题作出翔实论述，提出了相应的政策建议。但是，该报告并没有对全民共享本身加以论证，全民共享尚未上升到理论高度。

实质上，真正开始对"共享"展开研究是进入新时代。2015 年 10 月，中央提出了"五大发展理念"，而共享是五大发展理念的核心与归宿，是经济社会发展理念的新突破，"对增强发展动力、破解发展难题、厚植发展优势、实现发展目标和社会主义本质具有重要的理论价值和现实意义"[④]。共享发展做到"发展为了人民、发展依靠人民、发展成果由人民共享"[⑤]。至此，将共享发展上升到国家层面，科学诠释了中国特色社会主义的经济社会建设总要求，共享发展理念引起学术界广泛关注。

---

[①]　中国发展研究基金会：《构建全民共享的发展型社会福利体系》，中国发展出版社 2009 年版，第 1 页。

[②]　中国发展研究基金会：《构建全民共享的发展型社会福利体系》，中国发展出版社 2009 年版，第 3 页。

[③]　中国发展研究基金会：《构建全民共享的发展型社会福利体系》，中国发展出版社 2009 年版，第 26 页。

[④]　刘武根、艾四林：《论共享发展理念》，《思想理论教育导刊》2016 年第 1 期。

[⑤]　《中共十八届五中全会在京举行》，《人民日报》2015 年 10 月 30 日第 1 版。

2017 年 10 月，习近平总书记在党的十九大报告中指出，要"保证全体人民在共建共享发展中有更多获得感"①，"打造共建共治共享的社会治理格局"②。2020 年 10 月 29 日，十九届中央委员会第五次全体会议通过的《中共中央关于制定国民经济和社会发展第十四个五年规划和二〇三五年远景目标的建议》中再一次提到"完善共建共治共享的社会治理制度"③，体现了共建共享的重要性与紧迫性。

### 二　全民共享理论的内涵

全民共享思想渊源悠长。《礼记·礼运》有言，"大道之行也，天下为公。选贤举能，讲信修睦，故人不独亲其亲，不独子其子，使老有所终，壮有所用，幼有所长，鳏寡孤独废疾者皆有所养"④。《墨子》提到"视人之国，若视其国；视人之家，若视其家；视人之身，若视其身"⑤，意思是说对待别人的国家、家庭、身体就像对待自己的一样，能够做到普遍相爱，互相兴利。所谓"大同""兼相爱、交相利"，都暗含共享思想。汉代思想家主张将物质财富均衡地分配到每一个人，这不是平均分配，而是一种"差等"公平，避免社会出现"富者累巨万，而贫者食糟糠"⑥局面，这实则都体现出共享的理念。发展至今天，全民共享已经成为"社会主义的本质要求，是社会主义制度优越性的集中体现，是我们党全心全意为人民服务的根本宗旨的重要体现"⑦。民生保障追求全民共享，只有通过全民共享才能够真正实现保障和改善民生，全民共享是民生保障的出发点和落脚点，为新时代民生建设提供理论指导。我们可以将全民共享划分为全民共享、全面共享、共建共享、渐进共享等四个方面。其中，全民共享既是整个共享理论的统称，也是其中的重要组成部分，表明由谁来共享民生发展的成果。

#### 1. 全民共享

全民共享阐述了共享的主体及对象。全民共享是就"共享的覆盖面

---

① 《十九大以来重要文献选编》上，中央文献出版社 2019 年版，第 17 页。
② 《十九大以来重要文献选编》上，中央文献出版社 2019 年版，第 34 页。
③ 《中共中央关于制定国民经济和社会发展第十四个五年规划和二〇三五年远景目标的建议》，《人民日报》2020 年 11 月 4 日，第 1 版。
④ （西汉）戴圣：《礼记》，胡平生、张萌译注，中华书局 2017 年版，第 419 页。
⑤ （战国）墨翟：《墨子》，李小龙译注，中华书局 2016 年版，第 70 页。
⑥ （汉）班固：《汉书》第四册，中华书局 1962 年版，第 1126 页。
⑦ 《习近平谈治国理政》第二卷，外文出版社 2017 版，第 200 页。

而言的"，是"人人享有、各得其所，不是少数人共享，不是一部分人共享"①，"全民"具有横向和纵向两个维度的含义。从横向来看，"全民"是指"当代人"，当代人全部拥有共享民生发展成果的权利，"全民"是一个集体概念，既不是"大部分"民众，也不是"部分"民众，而是指"全体人民"。全民共享理论能够使全体人民，不论其年龄、性别、收入、职业、阶层、城乡都能够共享经济社会发展的红利；"全民"也是一个具体概念，是指一个个具体的人，这些具体的人是参与社会生活、处在一定社会关系中的人，"全民"不仅享有物质财产保障，还享有精神生活的保障。因此，"全民"含有普遍整体和具体个人这一双层内涵。

从纵向来看，"全民"指不同代的人，即"后代人"。民生保障具有持续发展的特性，除了保障当代人的民生需求，要求在不断发展中能够保障后代人的基本民生需求。进入新时代，党和政府不断强化民生改善，强调精准扶贫、精准脱贫，注重补齐民生的"最后一公里"，决不能让困难地区和困难群众掉队。通过发展教育阻断贫困的代际传递，不但可以改善当代人的民生保障水平，而且能够为后代提供好的民生条件，使世世代代的中国人过上美好生活。无论是横向的"全民"，还是纵向的"全民"，全民共享不是强调平均主义、平等主义，而是注重不同阶层、不同群体民众能够共享托底型民生、基本型民生、改善型民生、富裕型民生的建设成果。

2. 全面共享

全面共享阐述了共享的客体。"全面"一词表明共享内容的广泛，共享内容可以分为两类，一类是共享发展成果，另一类是共享发展机会，其中，共享发展机会更加重要，这是社会赋能的集中体现。从共享发展成果角度看，共享内容包括政治、经济、社会、文化、生态等各个领域的发展成果。单就社会领域而言，全面共享要求共享所有的民生项目，包括共享全面建成的小康社会，让贫困人口共享托底型民生乃至基本型民生成果，确保所有社会成员的衣食住行、生老病死均有保障；还包括共享医疗卫生服务，把人民健康放在首要地位，因为"没有全民健康，就没有全面小康"②；全面共享还包括共享养老资源，保证每位老年人共

---

① 《习近平谈治国理政》第二卷，外文出版社 2017 版，第 215 页。
② 《习近平谈治国理政》第二卷，外文出版社 2017 版，第 370 页。

享养老资源能够安享晚年；此外，还包括共享基本公共服务，为民众的生活提供便利。毫无疑问，如果基本公共服务不到位，甚至服务水平过低，则影响全民共享发展成果。

从共享发展机会角度看，全面共享要求所有社会成员能够有机会获得民生保障项目、享有民生保障待遇。做到"全体社会成员通过劳动和努力改善自身生活水平，增进民生福祉、推进民生改善"[①]。对于个人来说，享有民生保障的机会是生存和发展的前提，民生保障要能够让民众获得发展机会，激发自身内在活力。例如，每个人都能够共享优质教育资源，享受教育带来的收益，通过教育特别是均等化的优质教育，促进全体人民"共同享有人生出彩的机会，共同享有梦想成真的机会，共同享有同祖国和时代一起成长与进步的机会"[②]。依照我们对民生项目和待遇标准的测量，全面共享要求全体社会成员都有机会获得城乡居民八大类消费品及服务，且共享水平依据相应的民生类型而有所差异。

3. 共建共享

共建共享阐述共享的实现途径。共建是共享的前提条件，共享需要共建，只有共享没有共建则共享难以持续，"共建才能共享，共建的过程也是共享的过程"[③]。就民生保障而言，共建是指政府、社会、家庭、个人等所有主体均要参与民生建设，强调应该共同承担民生建设的责任，共同推进民生福祉进步。例如，对于托底型民生而言，尽管它只针对特定社会群体，但仍然需要社会各界共同支持，以扩大托底资金总量，完善托底项目内容，反过来，各个主体共同建设托底型民生解决这部分群体最基本生活需求后，激发他们更好地走进社会、融入社会，避免他们形成社会仇恨，产生各种社会失范行为，促进社会和谐稳定。这样一种良好的社会环境反过来有助于全体社会成员生活在安宁的环境中。因此，包括个人、家庭、家族乃至宗族的力量都会整合进来，包括企业及其他社会组织都会联动起来，推动民生事业的共建共享。其他类型的民生也是如此。

共建共享并不意味着所有社会成员同一时间按照同样标准和同等质量去享有民生保障。"共建"与"共享"存在两种关系，其一是"我"共建、"我"共享，表现为"我"在为民生保障事业作贡献的同时共享民

---

① 韩喜平、孙贺：《共享发展理念的民生价值》，《红旗文稿》2016年第2期。
② 《习近平谈治国理政》第一卷，外文出版社2018版，第40页。
③ 《习近平谈治国理政》第二卷，外文出版社2017版，第215页。

生发展成果。以公共基础设施为例，假设需要修一条公路，"我"需要承担一定的缴费义务，那么在公路竣工后，"我"能够随时享受公路为"我"带来的便捷，此时共建与共享几乎同时发生，且共享的质量和标准具有一致性。其二是"我"共建、"他"来享，表现为"我"虽然参与民生建设，但短时间内"我"不需要或无法享受其收益或服务，而"他"可能享受民生发展成果。例如社会保险，其"大数法则"能够分散风险，风险发生是保险享有的触发机制，能够在第一时间为发生风险的人群提供保障，而没有发生风险的人群暂时无法享受。以基本医疗保险为例，全民参保背景下，只有发生疾病风险时基本医疗保险才能够真正发挥补偿作用。再如，基本养老保险，社会成员年轻时开始缴费但并不是即刻享有养老金，只有达到法定退休年龄离开工作岗位后才能享受养老待遇。在这种情况下，社会成员不是同一时间，也不是同等数量和同等标准地享有民生待遇。

4. 渐进共享

渐进共享阐述共享的发展过程。全民共享是"以共同富裕为目标，以增进人民福祉为依托，以解决贫困和缩小收入差距为切入点，以推进基本公共服务均等化为保障，以促进社会公平正义为条件的共融共生、良性互动、协同发展的过程"[①]，全民共享是一个循序渐进的过程。从纵向上看，全民共享是一个由低标准到高标准的过程，它要优先保证达到托底型民生和基本型民生，再整体迈入改善型民生和富裕型民生。从横向上来看，全民共享是一个由不均衡到均衡、由单一到综合的过程，对于同一个阶段的社会成员来说，四种民生类型在一个社会中同时存在，不同阶层、不同缴费能力的民众享受不同的民生保障，逐渐由低水准的民生保障达到高水平的民生保障。

首先，渐进共享表现为民生项目的渐进共享，民生项目最先保障的是人们最紧急、最迫切、最关心的项目，诸如衣着、食品、住房、交通、医疗、养老、教育等项目，然后再根据人民日益增长的民生需要进行项目拓展，如周到的服务、完善的公共设施、良好的人居环境等。其次，渐进共享变现为民生待遇的渐进共享，民生待遇水平由低到高，随着城乡八大类消费品及服务价格的上升，民生待遇呈波动性、稳步上升趋势，

① 刘晋祎：《论共享发展的逻辑脉络、科学蕴含与推进路向》，《改革与战略》2017 第 4 期。

值得注意的是民生待遇不是平均主义，即便上升到一定高度依旧表现为不同阶层待遇的差异性。最后，渐进共享表现为民生标准的渐进共享。以托底型民生标准为例，各地城乡八大类消费品及服务价格总和是一个数值，随着经济发展水平的提高以及人们基本生活需求的改变，这个数值会有所提高。

全民共享、全面共享、共建共享、渐进共享四者之间相互作用、相辅相成。全民共享要求民生保障覆盖全民，让全体人民共同享有民生项目，满足全体人民的日常生活需求；全面共享是共享结果，要求人民群众不仅能够享有民生发展成果，还能够享有民生发展机会，实现人的全面发展；共建共享要求人人参与、人人尽力、人人享有民生保障，所有社会成员为民生建设贡献一份力量；渐进共享强调民生建设的持续发展性，民生项目、民生待遇、民生标准具有渐进性。

### 三　全民共享理论的性质

全民共享理论作为民生保障理论的基础，在民生保障、民生改善、民生提高方面发挥重要作用，其以人为本、公平正义、共同富裕、社会善治等特性体现了中国特色民生保障的价值所在。

#### 1. 以人为本

全民共享理论的第一个性质是以人为本。"治国有常，而利民为本"[1]，以人为本体现为发展为了人民、发展依靠人民、发展成果由人民共享。首先，各民生项目的建设都是确保全体人民能够满足基本的生活需要。马克思、恩格斯在《共产党宣言》中宣告："过去的一切运动都是少数人的，或者为少数人谋利益的运动，无产阶级的运动是绝大多数人的，为绝大多数人谋利益的独立的运动。"[2] 中国共产党以马克思主义为指导，以缩小收入差距、保障和改善民生、全面建成小康社会、实现中华民族伟大复兴为重点，不断突出人民的主体地位，保障全体社会成员共享民生发展的成果。

其次，全民共享理论体现民生建设的全员参与性，体现建成人人参与、人人尽力、人人享有的民生保障体系。民生保障是民众的生活保障，因而需要发挥民众能动性，而政府在其中负有托底责任，但不是全部责任，否

---

① （汉）刘安著，许慎注：《淮南子》，上海古籍出版社 2016 年版，第 309 页。
② 《马克思恩格斯选集》（第 1 卷），人民出版社 2012 年版，第 411 页。

则就不是民生保障而是政府保障了。全民共享要求所有社会成员都要为民生建设作贡献，突出表现在所有社会成员都要根据自身经济条件承担相应的缴费责任，缴费是社会成员享有民生保障的充分但不必要条件，缴费的社会成员一定能享有民生保障，但享有民生保障并不意味着非得缴费，因为当某一部分社会成员收入水平低于一定程度后不需要缴费或者少缴费，而是由政府托底，这一部分社会成员享有托底型民生保障。

最后，全民共享理论强调民生面向全体社会成员。毛泽东指出，"一切从人民的利益出发，而不是从个人或小集团的利益出发"①。进入新时代，党和政府更加注重民生建设，实施精准脱贫，切实满足全体社会成员的基本民生需求，全民共享理论的提出与保障和改善民生的基础普惠相互契合，对民生水平提高具有重要意义。

2. 公平正义

全民共享理论的第二个性质是公平正义。《吕氏春秋·贵公》有言"昔先圣王治天下也，必先公，公则天下平矣"②，治理天下首先要做到公正，只有公平正义才能够天下太平。公平正义既是全民共享理论的内在价值，也是实现全民共享的基本遵循，只有实现公平正义才能够达到全民共享，没有公平正义的民生制度就不可能实现全民共享。同样，实现全民共享自然就坚守并彰显了公平正义。全民共享理论体现了民生领域的公平正义，发展成果只有真正落实到全体大众而非少数特权阶层才可以称这是一个公平公正的社会。近年来，因民生问题诱发的社会不稳定、不和谐事例时有发生，特别是养老金待遇差距过大，不同用工制职工之间因为退休养老金待遇差距而引致社会矛盾频发。全民共享理论的提出旨在克服发展成果享有不均衡问题，通过全民共享的民生制度建设，彰显社会公平正义。

进入新时代，随着我国经济总量跃居世界第二，特别是人均经济总量超过全球平均水平，人民对美好生活的向往越来越强烈。民众不仅希望把民生的"蛋糕"做大，更希望把民生"蛋糕"分好，让全体社会成员共享发展成果。

3. 共同富裕

全民共享理论的第三个性质是共同富裕。全民共享体现逐步实现共

---

① 《毛泽东选集》第3卷，人民出版社1991年版，第1094—1095页。
② 许维遹：《吕氏春秋集释》（上），中华书局2009年版，第24页。

同富裕这一目标，它使全体社会成员共享民生发展成果、朝着共同富裕的方向稳步前进。

一方面，共同富裕以充分发展为前提，只有促进经济社会的发展，将民生"蛋糕"做大做强，人均经济总量不断扩大甚至迈入世界发达国家之列，才能在此基础上优化分配机制，有助于全体社会成员共享发展成果。

另一方面，全民共享中的共同富裕不是平均主义，而是差异化共同富裕。这意味共同富裕是更加精细化、更高质量的发展。众所周知，我国幅员辽阔，地区及城乡之间发展不均衡现象一直存在，我们无法实现一步到位的共同富裕，也无法实现同等水准的共同富裕，我们要走"先富"带动"后富"、最终达到共同富裕的道路，这是扎根中国大地的务实选择。诚如邓小平所指出："我们允许一些地区、一些人先富起来，是为了最终达到共同富裕。"[1]

4. 社会善治

全民共享理论的第四个性质是社会善治。善治是使公共利益最大化的公共管理过程，[2] 善治是全民共享的民生建设目的，全民共享内含社会善治的特性，它强调民生治理的质量，将民生保障落脚到社会治理特别是社会善治上，认为保障和改善民生不是重点不是目的，而是为了社会稳定与和谐发展，保障和改善民生不只是解民所困而且是实现长治久安。此时，民生保障特别是基于全民共享的民生保障就具有实现社会善治的功能，其中，共享程度及共享公平性成为检验民生治理水平的尺度，进而成为检验社会善治的有效手段。

---

[1] 《邓小平文选》第 3 卷，人民出版社 1993 年版，第 195 页。

[2] 俞可平：《治理和善治：一种新的政治分析框架》，《南京社会科学》2001 年第 9 期。

# 第六章　民生的结构与功能

　　进入新时代，党和政府明确提出要切实提高保障和改善民生水平，将民生置于创新国家和社会治理框架下而不只是作为纯粹的福利事项加以建设，以此更加突出民生的治国安邦功能与使命。这就要求分析民生的内外部结构及其所呈现出来的各种关系与样态，展示中国民生结构的特有功能及其不同于发达国家的鲜明特性。对民生结构与功能的分析既是保障和改善民生的客观需要，也是对把民生当成纯粹个人福利权利的错误观念的纠正，更是从理论上阐述中国民生建设所应坚守道路的必然要求，成为国家长治久安的根本保证以及民族复兴的生动体现，揭示了中国保障和改善民生事业的逻辑与历史必然。从结构层次上看，民生包括自上而下的纵向关系以及各个项目间的横向关系两个部分。纵向结构涉及民生体系供给主体、组成以及需求提升等三个维度，横向结构包括不同形态的民生制度、不同类型的民生项目以及各地差异性民生投入与民生获得等。民生的结构昭示着民生具有自上而下的统摄性、有机一体的整合性、国家与社会的治理性等功能，表现为民生水平与民生待遇获得的可测量性及可计算性，彰显了中国语境下的民生范畴具有不同于欧美国家的福利概念的独特功能。完整准确把握并剖析民生的结构，科学揭示民生结构所蕴含的积极功能，并加以创造性转化与创新性发展，有助于扎实推进国家及社会治理体系和治理能力现代化建设。

## 第一节　何为民生结构

　　讨论民生的结构与功能，首先应该了解何为民生结构，它涉及哪些方面，划分民生结构的主要依据是什么，民生结构的划分与确立对于国家与社会治理有何价值，等等。

## 一 民生结构的划分依据

结构是功能的载体，是功能得以发挥的可靠依靠，也是各种功能得以实现的内在联结，某个事项或政策具有何种功能往往由该事项或政策的结构所决定，这是社会结构理论的一般要求。帕森斯在对结构功能主义的理论假设中认为，社会秩序作为一种主流的价值观念和行为准则存在于社会中，并通过社会结构展现出来，有什么样的社会就会形成什么样的社会秩序，凝聚成相应的社会结构。马克思将社会结构视为一种对资源的再分配，强调社会中处于统治地位的阶级总能够占有社会资源，使得整个社会成员被结构化了。吉登斯指出，结构可以概念化为"行动者在跨越时空的情境下对规则和资源的利用"[1]。这表明，结构是事项的构成要素及其相互之间稳定的联系，这种稳定的联系构成维系结构的制度因素，因此，制度是维持结构稳定运行的重要力量。它作为支撑事项最终呈现样态的内部架构，并非简单地表现为整体与部分关系，而是更注重事项的内在联结，既包含了相互依存关系，又展现其各自独立性。[2]

就民生而言，民生不仅涵盖了个人主观幸福感受，落实到个人的生活待遇、生活水准及生活保障，还描述了这一历史时期的社会整体发展状况，背后蕴含着相应时代的国家与社会治理理念、治理方略及其社会秩序，以及所形成的民生安全网络。作为一个庞杂的社会事业，民生承载着增进福祉乃至治国安邦的任务，它的建设与完善有着自身的逻辑与框架，各民生项目间所形成的、能够反映国家及民众生活状态的制度化联系就构成了民生的结构。众所周知，推进国家治理体系与治理能力现代化是实现2035年社会主义现代化强国建设战略目标的重要步骤，民生作为国家与社会治理的重要抓手，它需要我们注重纵向的顶层谋划与制度设计，强化民生政策的落地生根及开花结果，通过各类民生项目的实施，将民生政策具体化、细致化，进而切实转变为增进民生福祉的行动。所以，这就需要我们揭示民生的不同维度及不同方面，以便更为准确地理解民生与把握民生，扎实开展提高保障和改善民生水平的经济社会行动。

---

[1] [美]乔纳森·H.特纳：《社会学理论的结构》（下），邱泽奇等译，华夏出版社2001年版，第170页。

[2] [美]塔尔科特·帕森斯：《社会行动的结构》，张明德等译，译林出版社2012年版，第28页。

民生不只是个人生活水准的维持以及生活待遇的获得，不只是自下而上、纯粹自发的福利行动，还是自上而下的生活体系及生活图景建构，表现为民生供给主体对民生供给项目、内容等的建构，乃至社会生活状态的勾画和社会治理蓝图的绘就，因而是一个结构化过程，体现出建构主义特性。这种结构化表现为双向互动：既是民生需求与资源配置间的互动，也是民生供求双方的互动。就社会整体来说，有了民生需求后就需要从政策、制度及机制等层面对建设民生、保障民生展开资源配置。就个人需求而言，民生的结构强调个人在衣食住行娱、生老病死葬等方面的需求变化情况及其各种需求关系结构。不仅如此，在同一民生项目中，个体的需求在不同阶段也呈现出相异性，使得民生结构呈现出个体之间的差异性。

从概念类型上看，民生既是集合概念也是个非集合概念。作为一个集合概念，它针对的不仅仅是单个个体，而且是面向全体社会成员，涉及如何为民众提供各福利项目问题，涉及如何设定福利待遇及标准问题。此时，个体的生活水平、生活状态并不能说明社会整体的状态，它需要透过所有社会成员的福利情况形成整个社会的民生状态，由此使得民生呈现出整体性。作为一个非集合体概念，它是由许多揭示民众生活状态的概念及项目所组成的有机整体，各部分项目生动而具体并兼具自身独立性，不同地区、面向不同群体的制度安排、项目内容及待遇水平等均有差异性、丰富性。

**二 民生结构的特性**

概念是思维之网，是对社会现实的抽象。它扬弃了社会生活的丰富性和变动性，寻求概念所指称的对象的一致性与稳定性，使得结构成为事物发展所表现出来的相对固定模式，表现为一定的制约性，起到对身处结构之中的各个单元的规制作用。既然如此，民生概念作为对现实社会生活的总体描述与抽象，就蕴含着对民众生活的规范和引领，体现了民生结构的一致性、稳定性与制约性。

（一）民生结构的一致性

从历时性角度来看，自先秦民生思想产生以来，民生始终是一个"群"的概念。它是"人能群"且结合成群后对群体"生活需要、生活状态的描述"以及"生活理想的期盼"。① 民生并不针对某个个体，它在不同历史阶段乃至全部历史发展阶段均面向群体，试图提升整个社会的发展状态。就共时性视角而言，民生覆盖民众基本生活的方方面面，因而民生结构是一个不断丰富及不断发展的体系，它随着经济社会发展日益扩大其内涵与外延，是对全体民众满足基本生活所需的有力保障。

就民生建设目标来说，通过对人民生活基本诉求的保障，努力解决民众基本生活需要，维护社会秩序的稳定，促进国家与社会有效治理。正是基于这样的认识，人们才可以将因为区域发展、各地方政府投入、民众福利需求乃至民生项目建设等而产生的差异化民生政策、民生制度、民生项目、民生投入及民生待遇，放置在同一时空维度上展开分析，形成对一个地区乃至整个国家民生结构的全面把握与整体部署，进而构建起纵横交错、上下贯通的民生结构体系。

（二）民生结构的稳定性

完整的民生体系总会涉及民生理念、政策、制度、项目、投入及待遇等诸多方面。其中，民生理念体现这个国家依据何种目的和动机建设民生体系，它回应了究竟要建成什么样的民生体系，采取什么模式类型，实现何种民生目标等问题，成为民生政策、民生制度、民生项目及至民生待遇指南。而民生制度、项目及待遇都是在民生理念下的具体展开与自觉行动。民生理念一旦确定，其他方面也就会作出相应的调整和安排，由此使得整个民生结构具有整体性与相对的稳定性。

民生制度是国家对民生建设提出的大政方略与规范要求，它进一步明确民生理念指导下的民生制度包括哪些基本内容，制度框架涉及哪些方面，民生制度如何顺利实施，实施机制如何优化，等等。民生项目是民生制度的落实，以民生项目为主的民生活动通常围绕民生制度而设定，民生理念和民生制度确定后，民生项目也就大致可期，不会有重大的变动。民生项目的实施又会催生民生制度的出台与完善，规定了相应的民生待遇。由此使得整个民生结构具有相对的稳定性与确定性。

（三）民生结构的制约性

民生结构的制约性提供了观察这一结构的视角。

一是民生结构的制约性来源。民生结构受到环境制约。从纵向时间

① 高和荣：《民生的内涵及意蕴》，《厦门大学学报》（哲学社会科学版）2019年第4期。

维度而言，民生理念、制度、项目及具体内容等均受到不同社会发展阶段的限制。从横向地域维度来看，地域间因自身资源、人口、地貌等限制，在民生结构设计上亦会存在不同侧重考量。这一定程度上约束了民生建设的内在结构。民生建设顶层设计对民生结构产生制约。政策、制度在设计之初是为了回应社会具体问题，民生建设不可避免受到来自政策、制度的支撑和影响。

二是民生结构的制约性表现。表现在项目内容上：民生体系的结构由上至下描述范围逐渐缩小、内容更加具体。民生理念指导民生政策、制度的制定，民生制度又规范民生项目的设立与内容的约定，由此实现对人民具体的保障。表现在项目设计上：民生结构的功能之一即维持社会成员基本生活与社会秩序的稳定。民生项目一旦设立，出于稳定性的功能考虑，制定者与实施者应竭力避免结构的大规模调整，以更好地发挥结构的功能。表现在个体流动性上：特定的民生结构往往会限定个体对于自身可获得民生的来源与标准，在对社会成员个体进行保障的同时对于个体所处的阶层并不会产生太强的拉力作用，由此呈现出民生结构所带来的制约性。

### 三　民生结构的维度

从结构角度去理解民生、剖析民生，可以对民生进行细分，形成对民生结构的多重维度理解，展示民生结构的丰富意蕴。就纵向维度而言，民生的发展可以从三个维度加以阐述。

一是民生供给主体由中央至地方逐级深入。与我国行政区划所形成的行政管理结构体系相适应，民生供给主体也呈现出自上而下的纵向结构。其中，中央层面对民生体系、民生方略、民生政策、民生制度及民生目标进行整体把握与宏观部署，确保整个民生事业按照中央决策部署稳步推进；地方层面的民生往往需要结合各地实际予以开展，形成具有地方特色的民生投入结构，以及在此基础上所形成的民生制度、民生项目及民生待遇，进而实现民生供给在地化与具体化。除此之外，还有基层组织特别是乡村或各类民间组织开展项目供给。

二是民生体系的联动整合。民生体系是由民生理念、民生政策、民生制度、民生项目、民生支出及民生待遇等要素构成的有机整体。无论是制定民生政策、设计民生项目，还是讨论民生投入、落实民生待遇，都涉及它要受到经济社会发展水平这一宏观因素的影响。也就是说，国家层面的宏观环境影响基层民众的福利事项，反过来，基层社会特别是广大群众的福利诉求逐步成为国家制定民生方略的一部分。由此使得整个民生体系形成上下联动整合的局面。

三是民生需求的纵向提升。一个国家或地区的民生需求在不同发展阶段有不同的政策出台、项目呈现与建设重点，不同的发展阶段要求不同建设水平的民生供给，以回应社会各界的民生需求。具体来说，个体解决了衣食住行等最基本生活需要之外，就要追求另一种相对稳定的基本需求，进而追求价值与自我实现的高阶需求，由此使得民生在个体层面上呈现出待遇水平由低到高的纵向态势；对整个社会来说，受民生需求纵向发展的影响，基于城乡居民八大类消费品和服务价格总和而划分的托底型、基本型、改善型以及富裕型民生其待遇水平呈现出由低到高的发展态势。

从横向角度我们同样可以将民生体系划分为三个维度。一是在不同空间中对不同的民生政策与民生制度、民生项目及民生状态进行共时性比较和分析。通过对不同国家或不同地区间民生制度形态或民生模式类型的异同化比较，展现世界各国或地区的民生建设差异性及个性特征，便于各国间民生事业相互取长补短。二是比较和分析不同民生项目的待遇差异及功能异同，进而把握不同民生项目建设的优先顺序。三是剖析同一民生项目内部的待遇差异。从横向上看，人们不仅可以比较不同国家或地区的民生，还可以对同一个民生项目内部的责任大小、待遇高低等方面加以分析，以便寻求更切合本地实际的民生建设之路。

## 第二节　民生的纵向结构

民生的纵向结构是指民生具有垂直层次的特质。各个层次的民生制度、民生项目及政策实践承载着不同的任务，体现不同的民生建设要求，实现着各自的民生建设目标。同时，各个层次的民生项目可以整合为不可分割的有机整体，形成一个国家或地区的民生体系，发挥着民生事业的整体性功能。我们可以从民生供给的层面、民生体系的组成以及民生需求的提升三个维度去回答民生供给的维度、如何供给以及供给结果怎样等这一系列过程性问题。

**一　民生供给的纵向层面**

从供给主体看，民生涉及国家与社会、中央和地方两类纵向维度，包括中央、地方及社会三个纵向层面。中央至地方这一向度的构成，实际上是与国家纵向治理结构相偕行的组成形式。与国家治理至基层治理的逻辑联结类似，民生供给体系中表现为由中央至地方更为具体、更符合各地实际情况、针对性更强的民生供给结构。

（一）民生结构的顶层谋划

"民生"最初是先贤告诫帝王、帝王寻求治国安邦良策的范畴，因而"民生"一词从诞生之日起就意味着君王要顶层设计，确立给予民众何种福利项目及待遇，促进国家及社会治理。这表明，注重顶层设计是民生本性的使然，也是回归民生本身的内在要求，它体现着"民生"范畴对各种福利事项的统摄性，是不同于西方发达国家所使用的"福利"概念的明显标志。

注重顶层设计，在中央层面表现为中央就整个国家的民生理念、民生方略、民生体系、民生政策、民生制度以及民生目标进行总体布局，表现为中央对民众生活水准、生活状态乃至整个社会建设的积极建构，体现中央对民生事业的担当作为。当然，中央在顶层谋划民生事业时应充分考虑整个国家的民生建设历史、经济发展水平、民众生活习惯以及民生供需方式，要考虑整个国家的治理目标，注重一个结构性过程，进而实现民生设计建构性与民生供给结构性的统一。反过来，如果一味地注重人为建构而忽视这个国家的民生历史、民生文化及民生供需能力，或者简单地强调社会结构制约性而忽视民众日益增长的美好生活需要，都不利于这个国家民生事业的持续发展。

注重顶层设计，从中央层面谋划整个民生事业，可以更好地实现治国安邦战略目标，助推国家治理体系和治理能力现代化建设。进入新时代，中国民生事业进入新发展阶段，政府及社会各界对民生的理解逐渐深化，民生的政治地位逐步提升。2019年10月，中央首次将"民生保障"作为一项制度纳入中国特色社会主义社会制度体系中，提升了民生保障在整个国家治理体系中的地位，强调了中央民生事业的决策与规划、组织和监督的顶层设计，以此回应人民群众伴随社会发展而不断变化的民生保障需求，保障民生事业紧跟时代的发展而发展。

（二）民生结构的地方实践

要想把民生战略转化为民众的衣食住行，转化为实实在在的生活境遇及和谐稳定的社会环境，不仅需要中央的顶层谋划，还需要地方层面的持续投入与扎实工作，表现为地方政府在中央大政方略指引下，根据本地经济社会发展及民众生活需要开展具体而生动的民生项目建设。

因此，地方层面的民生项目需要依据地域特点而作出相应的政策调整、制度安排或项目变更，努力形成符合本地人口生活习俗、具有地方特色和地方待遇标准的民生体系。例如，改革开放以后特别是 21 世纪以来，为积极应对人口老龄化乃至人口高龄化的挑战，各地尽管都加强了老年照料事业的建设，但至于是否要设立长照保险、长照保险费用投入及待遇获得等，不同地区的做法大不相同，原因就在于一项地方性民生项目的制定与实施要依赖于本地人口、资源、环境及禀赋。对于老龄化特别是高龄化程度较高的地方，需要开展长照保险试点，而对于人口老龄化程度低、城市化程度不太高的地区则可以缓慢推进此项工作。

作为纵向民生结构体系的一环，地方层面的民生建设还表现为它们在执行中央民生方略基础上，可以拓展或延伸民生项目、调整民生待遇。这不仅仅是民生保障对象范围的扩大、民生项目内容的扩充，还包括民生策略实践的丰富。例如，2021 年浙江省率先颁布《浙江省医疗保障条例》，实现医疗保障领域综合性、创制性立法，使浙江省民生在医疗保障项目上更好地得到法律保障，这与地方民生建设者对此类民生项目的关注侧重、重视程度息息相关。再如，在智慧救助中，针对基础数据库尚未统一、信息壁垒普遍存在、智慧救助体系尚未周全等问题，杭州市积极整合相关部门的救助资源，探索建立"社会救助共同体"[①]，提升社会救助综合效能。实际上，地方层面的每一项民生创新做法都意味着民生事业的发展及民生项目的深化。

（三）民生结构的基层拓展

民生不仅有中央层面的战略谋划，也有地方政府的积极探索，更有社会组织乃至个人的积极参与，特别是那种发轫于家庭、家族并逐步延伸到宗族之外其他社会成员的福利项目，它蕴藏着民众的生活观念、生活态度、生活习惯并由此凝练而成了民生文化，成为整个民生体系的有机组成部分，使得基层民生事业具有浓郁的社群特色与乡土气息。这就

---

① 张志刚、徐雯、祝建华：《杭州市"社会救助共同体"改革的探索实践》，《中国民政》2021 年第 8 期。

是说，基层的福利投入及福利事项建设成为整个民生体系的重要一环，处于纵向民生结构中的末端。

众所周知，基于血缘、亲缘关系建立起来的中国文化以"天下一家"为主轴。这种以亲缘关系为纽带的民生供给能够为家族、宗族乃至邻里成员提供帮助，由族内互助向族外互助拓展，进而凝结成社会互助体系，有助于社会稳定及国家长治久安。例如，在传统社会里，闽南地区很多村庄普遍存在的每户每年"缴交一斗米加入互助组织"以便解决"族内老人丧葬费用不足"这一民生问题①。再如，2019 年山东省荣成市赤山村每位 60 岁以上老人每年可获得 4000 元的额外养老金，70 岁以上的老人达到 5000 元，② 这就是一种典型的基层民生，或者叫社群民生，同样起到社会治理作用。总之，中央、地方及社会三个纵向层面的民生体系联结为一个有机整体并发挥功能。

**二　民生体系的纵向构成**

民生的纵向结构除了按照供给体系来剖析之外还可以从民生体系去剖析，它由抽象到具体相继涉及民生理念、民生政策、民生制度、民生项目及民生待遇等五个层次。

（一）民生体系的层次关系

民生理念处于整个民生体系中的最高层，是民生政策、民生制度、民生项目及民生待遇的统摄，有什么样的民生理念自然就会形成什么样的民生政策，进而出台相应的民生制度，探索出相当的民生项目，并据此计算及划定民生待遇。因此，民生理念成为民生体系的指引，处于民生纵向结构的顶点。与欧美等发达国家把规则公平、效率公平当作福利分配的基本原则不同，中国的民生事业坚守底线公平理念，强调优先保障底线以下的民众最基本生活，给予这些群体更多的生产及生活资料，使他们尽快摆脱贫困等不利局面，积极参与社会竞争。底线公平认为，公平并不意味着我们给予每个人一样多，公平意味着应该优先给予那些确实需要、以便帮助他们能够生存于这个社会的人，在此基础上逐步拓展到其他群体。这就与欧美等发达国家把社会权利当作福利配置的主要原则有着根本区别，体现出中国民生事业坚守治国安邦要义的理论逻辑

---

① 高和荣、张爱敏：《中国传统民间互助养老形式及其时代价值：基于闽南地区的调查》，《山东社会科学》2014 年第 4 期。

② 数据来源：2019 年 9 月 7 日课题组赴山东威海荣成调研所得。

与实践逻辑，从安邦定国高度凸显民生的存在价值与存在根基。

民生政策是一个国家根据某种民生理念而制定的政策。民生政策不仅为有关部门所制定，在传统社会里，民生政策甚至还可以通过皇帝的圣旨、口谕及诏令加以整理和形成，成为郡县乃至乡里执行的依据和准则，因而具有临时性与应急性特点。在当今社会，随着"执政为民"理念的践行，政府出台了较为齐全的民生政策，涉及人的生活以及社会治理的各个方面。同时在实施过程中还结合各地实践加以改进，推动整个民生事业行稳致远。例如，新中国成立后的各个历史时期，政府始终注重发展社会救助事业，制定社会救助政策，社会救助政策在实践中不断加以完善，最终推进社会救助法的形成。

民生事业作为一个整体，它是为了回应纵向发展的民生整体要求，并与民生政策及民生项目息息相关，表现为一个国家或地区的民生建设状态。通常，民生体系的描绘需要民生事业作为支撑，民生事业能够窥视这个国家或地区的民生体系；民生事业的发展依赖于民生政策的推进，它反过来推进民生政策的健全，使得民生政策、民生项目及民生体系形成相互联系的有机整体。

（二）民生政策是民生体系的顶层部署

民生政策体现了一个国家或地区对民众生活的制度安排，彰显出整个国家在民生领域内的治理理念、治理蓝图、治理方略及治理目标。民生政策的产生既受到民生理念的制约，也受到一定的时空条件限制，具有鲜明的时代特征。将民生作为国家治理的重要手段实现资源和利益的分配与调节，可以有效维护社会稳定，实现对社会生活秩序的维持。民生政策的倡导与实施，强化了政府对民生事业的重视。21世纪以来，党和政府及社会各界日益重视民生政策的顶层设计，提高民生事业的发展地位，加强民生政策的完善。早在2004年，中央正式提出以保障和改善民生为重点的"社会建设"，将民生纳入"社会建设"中，成为整个"社会建设"重要部分，突出社会建设的手段、任务及目标就是要"保障和改善民生"，民生建设成为"加强社会建设和管理，推进社会管理体制创新"的重要手段与途径①。

---

① 共产党员网：《中国共产党第十六届中央委员会第四次全体会议公报》，http：//fu-wu. 12371. cn/2012/09/27/ARTI1348737447692400. shtml，2012。

　　此后，保障和改善民生政策逐渐上升到国家层面，透过日益完善的民生政策制定与实施，以保障和改善民生为重点的社会建设与经济建设、政治建设及文化建设一起，成为实现全面建设小康社会的奋斗目标和战略任务。进入新时代，保障和改善民生事业步入了快速发展阶段。民生政策不断扩大到教育、就业与收入分配、社会保险、社会救助、脱贫攻坚、健康卫生、社会治理、公共安全等众多领域，成为一个综合性、整体性政策体系；民生地位不断提升，党和政府将原来的民生包含在社会建设中、成为社会建设一部分的方针转变为赋予民生具有独立性质和地位的政策安排，民生在治国安邦中的核心地位日益凸显；民生投入不断加大，中央与各级地方对民生事业的投入加大间接反映了政策支持下民生地位的提升；民生建设水平不断提升、民生建设质量持续改善，各项民生政策不仅确保了民生建设力度的加强，同时对民生建设质量提出了更高要求；民生功能不断增强，民生政策及民生方略的功能由以往服务经济发展向推进国家治理转变，成为治国理政的重要组成部分。

　　（三）民生项目是民生政策的在地化

　　民生项目是民生政策的在地化，它处于整个民生体系的中间层次。相较于民生政策及民生制度而言，民生项目更为具体和直观，它是对民生政策的践行与落实。民生项目依据民生政策设立并执行，民生项目的种类设置、具体实施、适时调整与变更等通常根据民生政策而行。同时，对民生项目的实践总结又能够引起人们对民生政策的反思，催生民生政策的完善乃至新民生政策的出台。

　　一般而言，民生项目对民生政策在地化的诠释呈现出逐级翔实的局面，也就是说越到基层越具体、越具地方发展特色。以义务教育项目为例，早在 1985 年，中共中央发布《关于教育体制改革的决定》，指出"把发展基础教育的责任交给地方，有步骤地实行九年制义务教育"[①]。此后，国家于 1986 年颁布《中华人民共和国义务教育法》，使九年制义务教育在宏观法律层面得到保障。各地市亦纷纷颁布体现地方特色的义务教育实施条例。例如，上海市在要求完成九年制义务教育基础上，积极普及至高中阶段，甚至于 1990 年已率先提出开展素质教育，形成典型经

---

　　① 中华人民共和国教育部：《中共中央关于教育体制改革的决定》，http：//www. moe. gov. cn/jyb_ sjzl/moe_177/tnull_2482. html，1985。

验，这比国务院颁发《关于深化教育改革全面推进素质教育的决定》提前了九年。随着义务教育发展的不断深入，区域性、在地化教育项目的设立与执行拉开了义务教育建设的差距，人民群众对于教育的诉求开始逐步转向公平地获得高质量的教育和资源。为此，2010 年出台的《国家中长期教育改革和发展规划纲要》强调城乡教育一体化发展，上海市又进一步将这一要求贯彻至义务教育阶段，不断优化教育内容、师资配置、评估指标等以缩小校际差距。

（四）民生待遇是民生项目的实现方式

民生待遇在整个民生体系中处于最底层级，也是民生体系的直白体现。它贯穿于各民生项目中，是民生政策的具体落实和生动体现，成为衡量民众生活水平以及评价民生政策的主要指标。因此，民生待遇具有较强的区域性与时代性，民生待遇受到经济发展水平的影响，经济发展水平高，有可能提高民生待遇水平，反之则可能降低民生待遇水平。当然，民生待遇的高低与政府对民生建设的重视程度密切关联。政府如果重视民生建设，社会就有能力聚集财力提高各项民生待遇，增进民生福祉，促进社会稳定与和谐发展；反之，就容易出现经济增长但民生待遇得不到应有改善的问题，甚至在某个时期还出现"民生已困"、"民生维艰"、"民生凋敝"乃至"民不聊生"状况。因此，民生待遇是民生项目的实现形式，它为民生项目的执行提供物质基础，通过待遇给付使得民生项目得以施行和呈现。

民生理念作用下的民生政策、民生项目、民生待遇不仅存在于不同的社会组织层级中，也存在于同一社会组织层级中的各个层面。民生政策以条文形式从若干民生项目、民生需求及民生活动中抽象而来并指导民生项目的实施，规范民生待遇的确定，保证民生项目及民生待遇能够按照民生政策所设定的要求与目标加以运行。没有民生政策，民生项目就是一种无目的的社会行动，民生待遇就成了任意行为。从根本上讲，民生政策之所以能够形成并发挥作用，就在于它来源于民众生活，民众生活所形成的民生项目及民生待遇需求等构成了民生政策的现实来源，因而成为民生政策产生的实践基础。依据民生需求而开展的民生项目是民生政策的具体实践，更是民生政策的核心内容。没有民生项目就不可能有民生政策，最多只是民生思想或民生理想。民生项目得以实施，人民生活得到最基本保障依赖于民生待遇的提高。

### 三 民生需求的纵向提升

民生需求本质上是人的需求在社会生活领域内的反映。人的需求总是不断向上，当满足了较低层次的需求后自然产生较高层次的需求。也就是说，民众一旦解决了托底需求后转而又会衍生出基本型需求、改善型乃至富裕型民生需求，由此展现出民生需求的发展性与向上性，使得民生需求呈现出纵向提升的态势与特性。

（一）民生需求在民生类型上的纵向提升

社会发展水平不同，人们的民生诉求会有所差异；个体处于不同发展阶段，他们的民生需求同样有些差异。为此，按照城乡居民八大类消费品和服务价格总和的标准不同，将民生区分为托底型、基本型、改善型以及富裕型等四种类型，相应的保障水平及品质呈现出由低到高态势。一般说来，托底型民生的待遇水平相对较低，仅能对民众的日常生活展开救济性帮助，以解决民众最基本的生活需要为己任；基本型民生待遇稍高于托底型民生待遇，能够解决民众基本生活需要；改善型民生待遇水平要高于前两者，满足民众较高生活水平；而富裕型民生待遇水平最高。由此使得不同类型的民生待遇水平呈现出纵向提升态势[①]。

托底型民生主要聚焦于生存性救济，以各种社会救助以及临时性救济为主，它试图解决受救助对象最基本的生活需要，因而具有被救助对象的有限性特征。进入新时代，除满足被救助群体最基本的需要外，托底型民生的保障对象逐步拓展至最低生活保障边缘群体，并且注重项目较为齐全的托底。不仅如此，随着经济社会的发展，托底型民生水平在满足被救助对象最基本生活需求基础上也会适时调整。就民生待遇标准而言，按照我们的测算，托底型民生支出要达到城乡居民的食品、衣着、家庭设备用品、医疗保障、交通通信、文娱教育及服务、居住、其他商品和服务等八大类消费品和服务价格之和的 60% 左右，方可托住最基本的生存之底。

基本型民生将保障对象与水平标准提升到满足民众基本生活需要这个层面，因而民生项目相较于托底型民生类型而言更为全面，所覆盖的领域与范围更为广泛。从资金投入和待遇水平上看，基本型民生项目的投入要能够与城乡居民八大类消费品和服务价格总和相当，以满足民众

---

① 高和荣：《论托底型民生》，《北京师范大学学报》（社会科学版）2020 年第 3 期。

基本的生活需求，并为其进入改善型乃至富裕型民生提供坚实的基础和条件。

改善型民生是顺应民众需求层次多样化而形成的民生类型，它针对部分社会成员较高层次的生活需要。改善型民生标准不再以全面性、普适性项目的设立为任务，它更侧重于提高民生供给的精准度和与民众需求的契合度。就民生保障待遇水平来看，改善型民生保障的资金投入总量要能够达到城乡居民八大类消费品和服务价格总和的 1.5 倍左右，以实现在保障基本民生投入基础上有针对性地运用到民生项目的改善中，增强人民群众的获得感、满足感与安全感。

富裕型民生的保障水平处于最高水平，资金投入总量应该是城乡居民八大类消费品和服务价格总和的 2 倍左右，以便能够全面优化各类民生项目的投入结构，提高民生供给水准及品质，让有高需求、高能力的民众享有富足的物质生活、完善的生活服务、丰富的精神生活以及充分的发展机会。富裕型民生的实施有助于社会善治，使之成为整个社会共同富裕的重要表征，通过市场及社会等资金的投入让各种有利于国家及社会治理的元素充分发展，实现国家与社会治理的任务及目标。

（二）民生项目在不同时期的纵向发展

为满足不同发展阶段的民生建设需求，同一民生项目在不同发展阶段中所设定的建设标准往往有所不同，各类民生项目具体实现的待遇也会随之发生变化，由此使得各类民生待遇呈现出时间上的纵向变化。我们可以从劳动收入、医疗卫生以及社会救助等方面进行剖析。

在劳动收入方面，改革开放前我国实行计划经济体制，对生产资料进行集中分配，采取了城乡二元劳动就业分配制度。改革开放后，我国收入分配制度进行了重大改革，企事业单位内部劳动者劳动关系与合法收入得到应有保障。特别是 2003 年 12 月 30 日劳动和社会保障部颁布的《最低工资规定》有力保障了劳动者最基本收入。进入新时代，居民生活标准发生显著提升，最低工资标准也大幅增加。以北京市为例，1994 年，最低工资标准为 210 元/月，2004 年增至 545 元/月，2013 年则达到 1400元/月，2021 年北京市最低工资标准已调整至 2320 元/月①，已是 20 世纪末的 10 倍多。

---

① 数据来源：北京市统计局相应年度的统计公报。

从医疗卫生方面来看，医疗床位数是事关医疗卫生机构服务设施的重要评估因素，直观反映医疗资源的可及性。改革开放前的 1977 年全国病床数约 177 万张，20 世纪 90 年代增至 262.4 万张，21 世纪初已增至 318 万张，2021 年全国医疗卫生机构床位 911 万张，是改革开放前床位数的 5 倍多。[①] 从医疗保障制度来看，改革开放前我国主要依靠医务工作者支援农村去建设农村医疗卫生单位，20 世纪 90 年代，全国城镇职工基本医疗保险制度建立，2003 年试点建立新型农村合作医疗制度。进入新时代，新农合与城镇居民基本医疗保险整合为城乡居民基本医疗保险。至 2019 年，全国基本医疗保险参保率稳定在 95% 以上。其中，职工享受医保待遇人次由 2012 年 12.3 亿上涨至 2019 年 21.2 亿，居民享受医保待遇人次由 2012 年的 2.3 亿人上涨至 2019 年的 21.7 亿人。医疗保障项目在纵向发展中公平性与覆盖范围均在不断提升。

再如社会救助方面，一些救助救济性民生项目保障呈现出增量提质趋势。改革开放以前，我国多以临时性、应急性救助为主。改革开放后，随着社会主义市场经济体制的建立，上海首创城市居民最低生活保障线制度，此后向全国其他城市试点推行。1999 年《城市居民最低生活保障条例》的出台昭示着城市居民社会救助具有常态化制度化的保证。21 世纪初，党和政府积极推进农村最低生活保障制度建设，特别是进入新时代，全社会救助范围、救助项目及救助水平不断提高。以北京市为例，1996 年创立最低生活保障制度，当时城市居民保障标准为 170 元/月，2007 年上升至 330 元/月，2020 年，低保标准调整至 1170 元/月。数据显示，我国最低生活保障线处于持续上涨状态，由此使得民生待遇水平呈现出纵向变化态势。

## 第三节　民生的横向结构

民生的横向结构基于共时性而言。它强调在同一时间维度上对不同的民生制度、民生项目及民生待遇投入与获得进行差异性比较，既包括不同国家或地区之间在同一时间维度上就民生体系、民生政策、民生制

---

① 数据来源：国家统计局相应年度国民经济与社会发展统计公报。

度及民生项目所进行的横向比较，也包括同一国家或地区内部承载不同功能的各民生制度、民生项目的相互比较，甚至还包括同一国家或地区内部各类民生项目所涉及的主管部门之间相互比较，或者说同一层级各部门所出台的民生政策或民生项目之间的横向比较等。

## 一 不同形态的民生制度

民生制度是民生事业特别是民生项目实施的可靠保证，关系民生事业长期发展的全局。有了不断完善和发展的民生制度，就会推动民生项目的建立健全乃至整个民生事业的持续发展。

### （一）中西方民生制度形态比较

民生制度是国家制度在社会生活领域的具体化，民生制度一旦建立就会形成自己的结构与功能，民生建设历来是各国政府的共同责任与工作任务，但不同国家制度形态不同，民生建设思想、理论、制度、模式等不尽相同。西方早期的福利事业基于宗教背景下的慈善救济，后期广泛受到人道主义思潮的影响，理论取向由传统自由主义、社会主义、保守主义，向国家干预主义、新自由主义、新保守主义以及福利多元主义转变。

从民生制度形态来看，西方国家采用的民生制度形态表现为社会保障制度。这种制度形态的出现源于工业化、城市化急剧发展对民众生活在医疗、劳工、老龄等方面造成了种种问题，迫使政府被动承担保障民众的压力与责任。由此社会保险形态显现以及福利国家出现。从1883年医疗保险制度出现，至20世纪三四十年代凯恩斯主义、《贝弗里奇报告》等制度性引导，社会保障制度才开始迈向全民化的进程，发展势头亦更为迅猛。然而到20世纪70年代后，社会保障与社会福利制度开始收缩。[①] 在此过程中，众多学者对西方社会福利制度按照不同标准进行了相对成熟的形态划分。常见的，如蒂特姆斯根据社会政策及社会福利制度在福利国家中发挥的作用差异，将福利国家模式划分为剩余型、制度型及工业绩效型；艾斯平-安德森依照马歇尔提出的非商品化、非层级化、国家承担责任标准异同进行划分，将资本主义世界福利国家模式划分为自由型、保守型及社会民主型。这些均可以看出西方资本主义国家间民

---

① 彭华民、黄叶青：《福利多元主义：福利提供从国家到多元部门的转型》，《南开学报》（哲学社会科学版）2006年第6期。

生制度形态存在的异同。

但是，西方国家的福利模式只是一种简单的供求关系，达不到中国的民生治理层次，尚未达到国家与社会治理的高度。原因在于中国的民生是一个整体概念，是政府对民生事业的顶层设计需要，体现治国安邦的目标与要求，供给什么、供给多少以及如何供给则要考虑到社会长治久安，所以容易形成优先向弱者倾斜的供给方略。而西方的福利是一个个体性概念，是个人社会权利的获得与彰显，体现为个人生活水平的提升，它较少地提及"长治久安"这个治理层面。

中国民生思想起源于先秦，强调民生建设在保障民众基本生活的基础上形成对政治及社会秩序的保障，因而中国的民生制度大都涉及保障最基本的民生、安定人民生活、为人民谋利益、改善人民生活状态，亦即对于"保民""利民""安民""教民""富民"的建构。就民生内容而言，它强调对"人民生计"的保障，早期主要聚焦于临时救济，因而民生成为君王巩固政权、稳定民心、治国安邦的手段，通过调整赋税、兴修水利、劝勉农耕、赈灾救济等施惠于民措施。新中国成立后特别是改革开放以来，民生建设的地位不断提升，民生投入不断加大、保障范围不断拓展。

（二）不同地区民生制度的比较

中国经济社会发展水平地区差异较大，民生建设理当百花齐放，各地从创新社会治理手段与方式方法、推进国家长治久安的高度出发，统筹规划、制定了相应的民生政策，开展了各自的民生实践活动。有些省份经济比较发达，而本地劳动力十分短缺，为了吸引外来务工人员就业，当地政府更容易出台并实施体现本地与外来人口均等化的教育、医疗、养老、基本公共服务及其他社会服务政策，这些地方倾向于制定和实施改善型乃至富裕型民生政策，并适当兼顾到托底型与基本型民生政策。例如，佛山市出台的医疗救助政策覆盖了所有外来务工人员。而经济不太发达的人口迁出省份十分重视留守人员的民生政策制定与落实，这些地方的民生政策以托底型和基本型为主，并兼顾改善型民生政策，由此形成了各有侧重、各具特色的民生政策框架与民生制度安排。为此，我们选取东部地区的上海市和西部地区的重庆市进行比较。

比较两市 2020 年政府工作报告中民生事业建设计划相关内容，两市同为直辖市，在建设目标与要求方面，上海市注重普惠、基础、兜底，提升人民幸福指数，重庆市则突出重点，确保困难群体基本生活得到保障与改善。就业层面，在关注高校毕业生就业基础上，上海市突出强调失业人员保障，确保"零就业"家庭动态清零，而重庆市则关注农民工等重点群体；教育层面，两市在学前教育、义务教育、高等教育、职业教育等规范性建设要求的前提下，上海市强调托幼一体化建设，重庆市更注重教师的合法权益建设；医疗健康层面，上海市注重以家庭医生为基础的社区卫生服务供给，重庆市注重区域医疗、医学中心建设和体育设施建设；社会保障层面，上海市涉及深化长期照护保险试点，强调要稳定物价，重庆市建设与居家社区机构相协调、医养康养相结合的养老服务体系，稳步提升城乡低保标准，完善分类救助政策；其他层面，上海市提及需改善居民居住条件，"稳地价、稳房价、稳预期，促进房地产市场平稳健康发展"①，重庆市关注文化、社会治理层面，"发展地方特色文化产业，深化基层治理经验"②。比较发现，两市在民生制度与建设规划上侧重不同，上海市更倾向于改善型，注重提质，同时兼顾托底型和基本型民生建设，而重庆市更多以基本型民生建设为主。

## 二 不同类型的民生项目

民生项目的横向结构主要体现在同一时期内国家或地区设计、实施不同的民生项目种类。新中国成立后特别是 21 世纪以来，政府从创新社会治理的高度统筹推进各民生项目的建设，有力促进了社会稳定和谐发展。

### （一）按项目的功能性划分

依据项目设计之初所欲实现的功能，可以将民生项目划分为保障民众生存的项目、提升人民生活质量的项目、增强人民群众幸福感的项目以及有助于增进社会安全的项目，以促进长治久安。

保障民众生存的项目涉及两种类型，一类是保障人民最基本生活、具有托底型的民生项目，此类项目直接关乎人民基本生活特别是最基本生活，是对"有没有"民生的保障。通过对"底线"民生的全面保障，以实现社会稳定、国家长治久安。主要涉及最低生活保障项目、各种类型的救助项目等。另一类属于保基本的项目，如通过基础教育、基本养

---

① 参见上海市人民政府网站《上海市人民政府工作报告（2020 年）》，2020 年 1 月 29 日。
② 参见重庆市人民政府网站《重庆市人民政府工作报告（2020 年）》，2020 年 1 月 19 日。

老、医疗保险、住房保障以满足人们基本的教育、养老、医疗及住房需要。

提升人民生活质量的项目。此类项目回应人民日益增长的美好生活需要，更加关切人的公平发展，它更注重为人的发展提供平台与机会。例如，教育层面，由最初保障义务教育普及率转至义务教育阶段的普惠化；由原先兜底性、救助性保障拓展至建设多层次社会保障体系，由摆脱贫困向乡村振兴转移等。特别是通过调节税收、专项转移支付等项目，实现在城乡、群体之间的协调统筹。

增强人民群众幸福感的项目。此类项目呈现明显补充性，如公共基础设施不仅关注"有"，还更关注"好"；不仅强调公共空间的打造，还更注重人民群众与空间的交互及体验。这就要求此类项目在社会发展中注重自身发展性，强调与社会发展及人民需求相适应，自我进行及时跟进。再如个人养老金的设立为人民群众在养老保障的投资提供了更多选择可能，其中规定的项目包含银行理财、商业保险等，均可以让个人便捷地开展投资。总之，增强人民群众幸福感的项目不再单一采用强制性保障的形式，而是通过人民群众根据自身实际，进行自主选择，通过提升获得感的方式增强幸福感。

增进社会安全的项目。此类项目的实施能够有效增进社会治理。它以社会治理为切入点，涉及公共安全体系、社会治安防控体系和社区治理体系三类项目，对民生项目的丰富与拓展，在提升人民获得感、幸福感、安全感的同时，形成有效社会治理。

（二）按项目内容划分

民生项目内容十分广泛，涉及教育、劳动就业、医疗卫生、社会保障、住房保障及社会安全等各个方面。

教育保障项目是对"幼有所育""学有所教"乃至"学有优教"项目内容的囊括。它统筹教育资源与水平，实现基本教育项目区域性均衡发展。在保障与巩固"两基"与"两全"项目建设基础上，通过加强对普惠性学前教育及高等教育的普及，不断延长教育年限，延伸教育阶段，满足受教育对象全生命周期的需求。

基本就业创业项目是保障人民获得基本收入的主要渠道，通过提供基本就业创业培训、完善劳动关系与就业保障、搭建就业创业信息平台等，以稳定就业市场秩序，确保劳动者尽可能有就业机会的同时保障获取相应报酬。此外，它还涉及与劳动者相关社会保险权益的保障，确保"劳有所得"甚至"劳有厚得"。

医疗卫生项目为了实现"病有所医"乃至"病有良医"。主要是疾病预防、医疗保险、疾病治疗以及基本卫生公共服务等项目，以促进人的健康。

社会保障项目在民生项目中处于主体地位，它是对"老有所养""弱有所扶"的全面回应。社会保障所包含的项目内容丰富，涵盖养老、失业、工伤等社会保险以及最低生活保障、医疗救助等项目，还包括各种类型的社会服务，织密民生保障安全网。

住房保障项目则是对"住有所居"的可靠保障。通过住房公积金、经济适用房、公租房、廉租房等制度的出台，实现从"住有所居"到"住有宜居"的跃升，百姓能够安居乐业，社会秩序和谐稳定。

社会安全是民生建设成效的直接体现。各类民生政策的实施、民生项目的供给以及民生待遇的设计能否以及在多大程度上化解社会矛盾是衡量民生建设水平的重要方面。通过加强民生建设，培育自尊自信、理性平和、积极向上的社会心态，推动社会治理重心向基层下移，动员更多力量投入基层深化建设中去，切实解决社会问题，化解社会矛盾，促进社会长治久安。

### 三 差异性民生投入与民生获得

民生投入所形成的待遇差异是指由投入不同所形成的不同民生项目发展水平的差异。通过对同一时期不同民生项目间、不同地域间民生投入、民生获得进行比较，发现存在较为明显的差异。

#### （一）差异性民生投入

从对民生项目的投入来看，同时期、同地域内，民生保障在不同项目资金投入占总投入比重上存在差异，产生差异的原因与民生项目建设难易程度、已有建设情况、需求程度等因素有关，其中，民生项目建设的难易程度受制于社会发展的客观性条件。例如在古代，朝廷的民生投入大量用于救济赈灾、兴修水利等，主要因为这一时期内，受到社会客观因素限制，尚未有充分的医疗、住房、就业保障投入，民生建设重点用于救助托底。民生项目的投入同样会因已有建设情况或需求程度不同而出现差异性。例如，改革开放以来，尤其是21世纪以来，我国民生建设投入在以往社会保障、教育、医疗、住房、就业等项目基础上，逐步增添收入、环境等新项目，这种投入结构变化一方面是这一时期基本型民生项目投入已经相对稳定，另一方面社会发展及人民生活的需求结构发生变化，对于民生投入项目的类型提出了新要求。不同项目间的投入差异展现了在同一发展阶段内民生建设关注的重点，其中古代民生投入更注重于维护社会秩序的稳定性，而改革开放后更注重民生保障的基础性与全面性以及人民的获得性。通过对同时期同地域内民生项目投入的横向比较，可以窥见特定时期民生建设投入重点，对分析特定时期内民生建设和社会发展任务以及未来进一步调整民生投入结构有重要参考作用。

　　除了民生项目间存在投入差异外，地域间的民生投入同样存在差异性。透过各地差异性的民生投入，特别是各民生项目投入占当地民生总投入之比等指标，可以比较各地民生投入情况、投入结构及投入方向，总结各地民生事业所体现出来的地方特色，评判各地民生横向结构的异同，进而分析各地民生事业的发展重点和发展水平。例如，继续对比上海市与重庆市 2019 年官方统计数据可以发现，上海市财政收入总计 8965 亿元①，居民消费价格指数为 102.5②。财政总支出 9412.6 亿元，其中，教育支出占 10.58%；社会保障与就业支出占 10.62%；卫生健康支出占 5.24%；住房保障支出占 2.9%。重庆市 2019 年财政收入总计 2134.9 亿元③，居民消费价格指数为 102.7④。财政总支出 4847.8 亿元，其中，教育支出占 15.0%；社会保障与就业支出占 18.16%；卫生健康支出占 7.9%；住房保障支出占 2.5%。不难发现，两市之间，重庆市在教育、社会保障与就业、卫生健康支出项目上投入高于上海市，说明重庆市在这几个领域的投入以前较为不足，成为重庆市经济社会发展的制约，而在住房保障领域相对较好，它的建设投入低于上海市。

---

①　上海市统计局：《上海市 2019 年一般公共预算收入决算情况表》，2020 年 7 月 31 日，https：//czj. sh. gov. cn/zys_8908/czsj_9054/zfyjs/yjsbg_9056/20200731/77e2c94b823144889d5b764a2d9de782. html。

②　上海市统计局：《2019 年 12 月份居民消费价格》，2020 年 1 月 9 日，http：//tjj. sh. gov. cn/ydsj61/20200109/0014-1004282. html。

③　重庆市统计局：《2019 年重庆市财政预算执行情况》，2020 年 1 月 17 日，http：//czj. cq. gov. cn/zwgk_268/fdzdgknr/yszx/202004/t20200402_6967999. html。

④　重庆市统计局：《居民消费价格指数》，2020 年 12 月 6 日，http：//tjj. cq. gov. cn/zwgk_233/fdzdgknr/tjxx/rdsj_55470/202012/t20201206_8546045. html。

（二）差异性民生获得

民生获得是民生待遇水平落脚到民众身上的直接体现，反映同一民生项目在相同时间内不同空间的发展水平。由于民生具有"自上而下的建构性"特征①，民生待遇因而就与地方政府的重视及投入程度直接有关。民生获得受民生待遇水平影响，侧面体现了民生待遇的差异性投入，其背后更直接与各地经济发展水平、已有民生项目建设程度相关。地方经济发展水平高，政府就有可能拿出更多的财力投入民生项目，用来发展民生事业，提高保障和改善民生水平，促进民生待遇的提升。因此，差异性的民生投入及其所形成的待遇差距直接导致不同的民生待遇获得，这成为测量全国各地保障和改善民生水平程度的重要指标，体现出横向民生结构所具有的重要功能。

21世纪以来，全国各省份民生投入总体上呈现出东中西部差异。实际上，透过民生投入结构的差异还可以分析各地政府对某项民生事业的重视程度。其中，作为民生之基的最低生活保障历来为各地政府所重视。例如，2012年上海、北京及杭州的最低生活保障线分别为570、520、476元，同期沈阳、石家庄及海口的最低生活保障线为440、358及300元；到了2020年，前述三个城市的最低生活保障线已经上升到1240、1170及1102元，而后三个城市的最低生活保障线提高了300元左右，分别为715、766以及610元，② 增幅较为缓慢。通过各地民生投入情况分析，可以织就一张区域性乃至全国性的民生待遇空间分布网络，以此评估全国各地保障和改善民生待遇及水平状况，推动各地民生建设走向更加公平更可持续的发展道路。

# 第四节　民生的功能

结构与功能是描述一个事物或概念内部关系及所具有的外部属性之间关联的一对范畴。研究民生的结构，不仅要揭示民生这个范畴所蕴含的纵向及横向结构，而且要掌握民生这个范畴所具有的基本功能，只有

---

① 高和荣：《民生的内涵及意蕴》，《厦门大学学报》（哲学社会科学版）2019年第4期。

② 数据来源：各地市政府公报，统计局、社保部门及民政部门当年度的相关文件及统计公报。

这样才能有助于我们深入理解和把握民生的结构。民生结构所呈现出来的功能主要包括统摄功能、整体功能以及治理功能等方面。

**一　民生的统摄功能**

与欧美发达国家的福利等概念不同，中国的民生概念从一开始就不是民众描述自身的福利水平，不是大众用来表征自身生活境遇的概念，而是朝廷特别是君王治理国家的社会生活观照。从源头上看，历代统治者都会提出民生主张，承诺要保障民生、造福万民，特别是灾荒年份更会采取相应的保民安民措施。"为国者以民为基"① "治国有常，而利民为本"② 等句中的"民"不仅指"民众"而且也包含"民众的生活"，即"民生"，谁忽视民生甚至搞得民不聊生，谁就会遭到民众的反对。在传统社会里，君王给予民众生活保障是"拥立而王"进而取得统治合法性的前提，所以孟子所言"保民而王，莫之能御"就是这个意思。只有解决了民生问题才能得到民众拥护，才能有效统治国家。正如《尚书》所言"协和万邦"③，安定民生能够使国家协调和谐。反过来，如果民生凋敝乃至民不聊生，天下民众可以揭竿而起推翻君主统治，民生因而天然就与统治的合法性紧密相关。

今天，民生作为国家与社会治理的基础性工程，政府出台民生政策，拓展民生项目，完善民生制度，健全民生体系，努力改善并提高民生水平，就是发挥民生在国家与社会治理中的统摄功能，通过民生建设密切党和政府与人民群众的联系，塑造新型官民关系。我们强调：民生保障在国家治理框架下依靠政府及民众的共同推进，而不能脱离国家治理的框架，变成国家、政府或民众单方面的事情；民生保障是自下而上的生活结构与自上而下的政策建构的统一，体现了民众获得相应保障的权利性以及国家和政府的责任性，蕴含国家为实现治理目标所承担的义务性以及民众为获得此福利所需要的条件性。由此形成纵向的合法性与合理性的互动过程。

与纵向建设民生、实现政权巩固作用相对应，历代先贤认为，民生建设与政权巩固、国家稳定间存在相互促进关系。一是民生建设是统摄性治理功能发挥的渠道或方式。孔子认为"政之急者，莫大乎使民富且

---

① （晋）陈寿，（宋）裴松之注：《三国志》，中华书局 1999 年版，第 305 页。
② 顾迁译注：《淮南子》，中华书局 2012 年版，第 205 页。
③ 慕平译注：《尚书》，中华书局 2009 年版，第 2 页。

寿也"①。他认为,人民是社会发展的主体,要想治国理政就应当使人民先富起来。荀子强调"王者富民"②,提倡统治者"节用裕民"③,只有人民富裕,国家才会有更多的结余。通过使百姓富裕,统治者可收获威信与支持以利于统治,形成自下而上的凝聚力。二是统摄功能的发挥为民生建设与发展提供稳定的政治环境。历朝历代受贤能之士思想影响施行改革,或无为而治、休养生息、调整土地,或实行盐铁专卖等政策,以利于百姓谋生计。在王朝发展之初,政治局势稳定,将发展之利惠及百姓以恢复生计。例如春秋时期,齐桓公采用轻重敛散的"准平"政策以调动百姓生产积极性,促进人民富裕;汉初推行"休养生息"之策,减轻赋税徭役,减轻百姓生活负担;等等,有利于民生改进及长治久安。

**二 民生的整体功能**

民生是生活在特定时空中民众生计的宏观表达。因此,民众生计的表现形式、呈现样态及变化样式等都离不开其赖以生活的社会场域,凡是能够与社会结构相契合的民生就有助于社会结构巩固、模式维持以及秩序强化。

中国是一个纵向关系国家,与之相应形成了不同层次的纵向民生结构,同时又有横向包含从中央到地方乃至社会群体的整体性民生政策、民生制度及其项目安排,由此呈现浸润着中国社会与文化特质的民生结构体系。该体系首先在保障对象范围上,透过群体性呈现了整体性。其主要表现为在方法论整体主义基础上、尊重个人独立性的同时,还特别注重个人作为社会成员的群体性,强调人不能无群。其次,在这一结构下,我国的民生保障制度注重民生保障在资源统筹与分配方面的整体性。我国民生保障制度坚持个人保障与全社会的保障间存在着文化的相近性以及生活上的涵容性,同时资源统筹与分配方式受到整个民生保障战略及国家治理目标的影响。在这种情形下,我们的民生保障以整体形式、系统方式、长远目标呈现出来,展示了整个社会所要达到的一种生活理想与生活状态。这样的民生结构体系,有助于中央民生方略的制定与实施。

---

① 王国轩、王秀梅译注:《孔子家语》,中华书局 2009 年版,第 117 页。
② (清)王先谦撰,沈啸寰、王星贤点校:《荀子集解》,中华书局 1988 年版,第 153 页。
③ (清)王先谦撰,沈啸寰、王星贤点校:《荀子集解》,中华书局 1988 年版,第 177 页。

民生的整体性亦通过保障项目的全面性得以体现。民生作为一种集合概念，其既可保障人民的基本生活，又可用于维护社会秩序稳定；不仅兼具教育、医疗、社会保障、住房等单一项目的功能，还是面向人民生活方方面面的"安全网"式保障；既具有地域性发展特征，同时又体现国家范围的整体性均衡发展底线。由此形成的横向民生结构有助于各地开展民生建设，进而为地区整合型民生项目的建立与形成提供条件。实际上，正是有了相互兼容的整合型项目才能将各地零散的民生项目结为民生整体，而民生待遇的适度差距（只要这种差距在较为合理的区间内）有助于人口正向流动与社会融合，减少阶层对立和社会区隔，消解阶层固化。因此，纵横交错的民生结构成为社会运行的基石，维持社会有机体的良性运行与发展。

### 三　民生的治理功能

治理功能是民生建设最根本、最核心的功能，增强统治合法性的民生设置及民生建设在任何一个历史时期都承载着保障民众基本生活需求的责任与使命。在传统社会里更多地通过开展灾害救助、生活救济以及尊老慈幼等被称为"仁政"的措施以彰显帝王泽被四海，进而强化民众对政治统治的认同。反过来，如果统治者做不好救灾救济工作，民众流离失所、哀鸿遍野、娼盗盛行，被贴上"暴政"或"懒政"标签，必将危及自身统治。

一方面，我们今天开展提高保障和改善民生水平的社会建设，创新国家与社会治理，就是要吸取历代民生政策的经验与教训，深化对民生内涵及外延的理解与认识，实行党委领导、政府负责、社会协同、法制保障，扎实推进民生建设，织密民生保障网络，完善民生保障体系，把保障和改善民生当成国家治理体系和治理能力现代化的着力点，以民生为基，坚守民生情怀，回应民众关切，破解民生难题，不断满足人民群众日益增长的美好生活需要，让民生成为善治的纽带、抓手与手段，做到"善生养人""善班治人"，这样民众才"亲之""安之"。

另一方面，既然社会治理的出发点就是从民生入手，积极关注民生，那么，民众的事自然是天大的事，妥善协调好社会各界特别是群众的利益纠纷，不断化解利益矛盾，就成为整个社会的应然性要求。从这个角度看，社会治理的着力点就是要能解决民生问题，呼应民生需求，关注民众冷暖，让经济社会发展成果惠及全体人民，助力形成"各美其美"

"美美与共"的昌明社会。如前所述，我国的民生饱含治理意蕴，2013年中央提出"社会治理"概念，党的十九大报告提出要全面建成多层次社会保障体系，社会作为自我管理的主体地位显著提升。与之相对应，中国的民生建设与民生供应在以国家为主体的同时，还应不断丰富市场及社会的力量，以增强民生投入的反应速度及反应效率。例如，从就业角度而言，进入新时代，政府反复强调"就业是最大的民生"，提高民生保障水平就是要发挥市场作为吸纳劳动力就业的主体地位，让市场在提供就业、带动生产、拉动消费等方面发挥积极作用，有效实现市场、社会主体与国家民生政策制度间的相互和解。结合国家政策引导与支持，通过激发社会自身活力，营造良好市场环境与氛围，拓展民生保障资金来源，拓宽民生保障兜底渠道，形成与国家层面的民生保障互补机制，提高民生事业发展可持续性。随着改革不断深入，国家与社会治理水平和治理能力不断提升，民生保障作为内含国家治理的实体工具，理应与国家治理体系相偕行，承载国家与社会治理使命与任务。

# 第七章 民生的测量指标

民生描绘了民众的生活状态及其对美好生活的追求，是一个国家或地区政治是否稳定、经济是否发展、民众生活水平是否提升、社会秩序是否安宁等方面的综合反映。因此，民生可以从三个方面加以理解：一是民众生活需求，它反映了民众日常生活所依赖的衣食住行娱、生老病死葬等诸方面的切实需求；二是民众生活状态，它是用以刻画人民生活水平的综合概念，体现一个社会的民众生活状态；三是社会治理水平，这是民生建设成就的集中反映，表现为整个社会的安定祥和情况。那么，一个国家或社会的民众生活需求怎样，这个国家与社会能否满足以及在多大程度上满足，满足民众生活需求特别是基本生活需求后的整体发展状态如何，社会矛盾是否有效化解，社会秩序是否更加稳定等都需要我们加以测量，以便科学评估民生供给，解决社会问题、促进社会发展，形成有助于社会长治久安的民生事业供给体系。

这意味着，对民生的研究不能仅着眼于概念、内涵、特征与结构等质性方面，同样需要借助现有研究方法与数据统计技术，选取恰当的指标对民生进行量化评估，以推进保障与改善民生事业的发展。由于民生内涵与外延极其丰富，涉及民众生活的各个方面，使用单一指标难以客观准确测量，这就需要我们构建一套内涵丰富、具有科学性和可行性的指标体系加以测量。

利用指标体系测量民生，既可以对中国各地民生建设情况加以测量，也可以对不同国家和地区的民生水平进行量化对比。就前者而言，全国各省（区、市）之间资源禀赋与经济社会发展具有一定差异，尚未形成成熟、公认的民生指标体系，而用单个指标去衡量一个地区的民生水平较为片面。这就需要建立一套科学的评价指标体系，运用相应测算方法，测算出各省（区、市）的民生建设水平。就后者来说，尽管西方国家更多地使用"福利"概念，但它们与我们的"民生"在性质及功能上有较大差异，但同样可以对某个指标加以中外比较。就福利指向性及福祉增进角度而言，通过构建民生指标体系，测量并评价各个国家或地区的整体民生水平以及民众的民生需求，可以从整体上把握世界各国或地区的民生建设状态，反映出各个国家或地区民生建设的侧重点，总结各国或地区的民生建设经验，补齐民生短板。

# 第一节　民生指标的选择

民生指标的选择涉及民生指标有关概念、民生指标体系建立等方面，这是测量民生的基本要求。

## 一　民生指标相关概念

民生不仅仅可以反映一段时期人民的生活状态与生活需求，同样也是评价一个国家或地区经济社会发展水平乃至社会治理水平的尺度。在大力发展经济推动社会进步的同时，如何评价全国或某个地区的民生水平及民生状态，测量民生需求，就涉及如何构建一套指标，对我们的民生投入、民生项目、民生标准以及民生获得等进行测量的问题。

### 1. 民生水平

"水平"（level）在《剑桥国际英语词典》中的释义为"高度""数量""与他人相比的能力"等。"水平"一词所表达的意思是数量、能力等某一方面的比较，反映的是同一层次上某一个方面的数量对比。民生水平是对民生状态的直观表达与整体反映，它能够横向比较国家之间、地区之间、省份之间乃至县域之间民生状态的高与低，同样，它也能比较同一个国家或地区在不同时期内的民生状态发展趋势与规律。当然，民生水平是一个相对概念，体现的是国家治理成效以及经济社会发展成果。例如，教育水平的提升反映了我国人力资本量与质的提升，代表着更高的国民素质，就业水平的提升代表失业率的降低及国民收入的增加，而社会保障水平的提升代表着更加健全的养老保障、医疗保障及其相应待遇水平的提升。另外，科技水平的提高，可以将科技成果转化运用到民众生活的方方面面，提升人民的生活质量及生活水平，增强人民的获得感。

2. 民生标准

"标准"（standard）指"道德准则与行为准则""通用模式""规范的、通常的""权威的"等。"标准"所表达的意义在于它具有客观存在的、规范的、可度量的特性等。民生从狭义上讲是指民众对自身日常生活相关各方面的要求与期许，是人民在日常生活中的刚性需要，是维持人们最基本生活的标准，低于这个标准他们就无法维持自身基本生存，体现出数量关系。

3. 生活质量

所谓生活质量，就是个人对于生活及其各个方面的评价和总结，表达的是个人对其生活的总体满意程度以及对生活各方面的感受情况，① 艾伦·沃克等人对社会质量作了许多定量研究并延伸到生活质量领域。在民生领域，生活质量表现为人民对当下生活需求的满足程度以及对未来发展的预期。对生活质量的量化研究可以分为三种类型，第一种是以客观指标为主构建指标体系衡量生活质量；第二种是主观满意度指标体系，该种指标体系以生活满意度调查为主要测量方式，反映人民生活的幸福感与获得感；第三种则是综合主观与客观两种方法构建指标体系。

4. 民生指标

所谓民生指标，就是对人民生活有显著影响的客观经济与社会环境特征，通常是指收入、消费、教育、医疗、社会保障、安全、民众对自身生活的满意程度等与人民生活高度相关的，并且支撑人民追求更加美好生活的客观统计指标与主观评价指标，反映了民生的构成维度。

国内学者基于不同的原则与研究主题分别构建出不同的民生指标体系。这些研究可以分为构建多指标民生体系以及运用单一指标衡量民生水平两种类型。民生指标体系构建多以国家对于民生范围的界定为原则。张香云以党的十七大报告对民生的定义为构建原则，提出一套涉及居民收入分配、教育文化发展、社会保障、公共服务、生存环境及安全五个领域共 27 个指标的民生指标体系②，李志强等从民生、社会、经济、环境 4 个维度选取 32 个具体指标③，王青等从就业、收入、消费、社会保

---

① 林南等：《生活质量的结构与指标——1985 年天津千户户卷调查资料分析》，《社会学研究》1987 年第 6 期。

② 张香云：《民生指标体系的构建及评价导向》，《中国统计》2010 年第 6 期。

③ 李志强等：《民生指标体系构建及赋权方法研究》，《江西社会科学》2012 年第 9 期。

障、医疗、教育、安全和公共基础设施 7 个维度选取 19 个指标①，张弥
从文化与教育、就业与收入、健康与医疗、社会与保障、住房与交通 5
个维度选取 49 个指标②，姜文芹将民生分为民生服务、民生生活和民生
安全三大部分，构建了涉及 9 个领域共计 102 项指标的民生指标体系③。
王威海等从社会学视角提出以改善民生福利为目标的民生指标体系，该
套指标体系从裕民、智民、便民、安民、怡民、惠民、助民与健民 8 个
角度选取的 55 个代理指标构成④。也有学者使用民生财政作为衡量民生
水平的指标，但民生财政支出项目的划分仍有分歧⑤。岳经纶等分析了狭
义、广义与更为宏观角度的民生概念及其度量工具的局限性，提出用社
会支出替代民生财政衡量民生水平，他们认为社会支出反映了一个国家
或地区在社会政策领域的投入是衡量一个国家或地区在改善福利水平方
面所做努力的重要指标。⑥

　　5. 民生指数

　　民生指数使用定量研究方法对民生指标进行综合量化，对当下民生
状态的好坏进行评价与比较。民生指数脱胎于民生指标，民生指标是对
民生丰富内涵的标准化、具体化，而民生指数则是基于民生指标对不同
民生领域的精确化。民生指标需要尽可能涵盖其全部内涵，而民生指数
需要遵循可获得性、可计算性原则。例如，与民生指数相关，国务院发
展研究中心"中国民生指数研究"课题组于 2013 年构建我国民生水平主
客观评价指标体系，指标涉及工作与就业、收入与消费、基本民生问题、
子女教育、医疗卫生、养老保障、住房保障、生活环境、政府服务等方
面。中国统计学会"地区发展与民生指数研究"课题组于 2011 年提出了
地区发展与民生指数（Development and Life Index，DLI），DLI 包含经济
发展、民生改善、社会发展、生态建设、科技创新和公众评价六大领域，
涉及 17 项二级指标和 42 项三级指标。DLI 借鉴联合国人类发展指数
（HDL）等有关测算方法，对各指标进行无纲量化，使用专家打分法

　　① 王青、王娜：《民生统计指标体系的构建与评价》，《统计与决策》2014 年第 17 期。
　　② 张弥：《民生幸福指标体系的构建：一个初步框架》，《科学社会主义》2014 年第 3 期。
　　③ 姜文芹：《民生类基本公共服务绩效指标体系构建》，《统计与决策》2018 年第 22 期。
　　④ 王威海、陆康强：《社会学视角的民生指标体系研究》，《人文杂志》2011 年第 3 期。
　　⑤ 张馨：《论民生财政》，《财政研究》2009 年第 1 期。
　　⑥ 岳经纶、方萍：《民生财政的量度：民生支出若干概念的比较分析》，《中国公共政策评论》2015 年第 9 期。

（Delphi）确定各级指标权重。

联合国开发计划署（UNDP）于 1990 年提出了一套度量人类发展水平的指标体系，包括人类发展指数（HDI）、不平等调整后人类发展指数（IHDI）、性别不平等指数（GII）、发展中国家多维贫困指数（MPI）以及 2014 年后引入的性别发展指数（GDI）①。OECD 于 2011年推出了美好生活指数（BLI），该指数采用网络问卷形式收集数据，每年发布一次。BLI 指标体系共涉及住房、收入、就业、社会、教育、环境、公民参与、健康、安全、工作与生活的平衡以及生活满意度等11 个领域。

**二　民生指标体系**

1. 建构民生指标体系的必要性

一方面，民生的测量与评价是一个复杂的过程，涉及多种因素，需要从各种因素中找出能够反映民生变动趋势及民生发展水平的主要指标，科学揭示民生事业的发展规律，为提高保障和改善民生水平的社会建设提供客观依据。这就需要我们建构能够反映民生状态、评价民生水平、测算民生需求、促进民生事业发展的指标体系，以权重等形式明确各民生指标在整个指标体系中的地位。

另一方面，随着保障和改善民生事业的发展，政府及社会各界加大民生事业的投入与建设力度，同样需要我们对民生建设情况加以测量。但民生的范围比较宽广，包含衣食住行娱、生老病死葬等，而通过构建民生指标体系，采取科学方法加以测量与评估，能够反映各地民生建设总体水平以及某个民生项目建设水平，从而为各地加强民生投入、促进民生事业的发展提供直观依据。

2. 建构民生指标体系的任务

构建民生指标，形成一整套科学合理的民生指标体系，可以评价我国或某个地区的民生建设水平，分析这个国家或地区各民生项目及其建设水平、民生建设特点和优势、民生建设问题和短板、需要优化的民生项目，也可以对当下民生标准进行测算，评价当下民生需求是否被真正满足。不仅如此，透过民生指标体系的建设，采取一套民生指标加以评

---

① 联合国开发计划署：《人类发展指数报告 2019》，http：//hdr. undp. org/sites/default/files/hdr_2019_cn. pdf.

估，可以准确揭示全国各地民生建设情况，剖析自身民生建设中存在的问题，寻求提高保障和改善民生水平的社会建设办法，进而为高质量开展民生建设提供客观依据。

## 第二节　民生指标体系的建立

评价指标体系是指由表征评价对象各方面特性及其相互联系的多个指标所构成的具有内在结构的有机整体。选取指标时应充分考虑研究对象的内涵及外延，遵循客观性、具体性要求，并符合下列三个原则。

一是科学性原则。由于民生水平的测量具有一定的复杂性，如果指标选取过多，会降低关键指标的权重，从而影响最终结果。反过来，如果指标选取过少，就不能全面反映丰富的民生内涵。因此，建立指标体系时，需要立足于民生理论基础，选取的指标应具备一定的科学性，体现一定的系统性、可量化性、可比性等特点。构建民生指标体系的关键点在于一、二、三级指标的选取理论依据，它通常由三级指标贡献出与所属二级指标的公共属性，聚合成二级指标，二级指标聚合成一级指标，再由一级指标通过同样方式对我们所要衡量与评价的目标层进行量化。

二是全面性原则。民生涉及民众的衣食住行、就业、教育、医疗、安全等，涉及国家的经济、社会乃至科技发展程度。早在 2007 年，中央用"学有所教、劳有所得、病有所医、老有所养、住有所居"对民生内涵进行了概括。2017 年 10 月，中央强调"保障和改善民生要抓住人民最关心最直接最现实的利益问题"。可见，党和政府对民生的规定具有与时偕行特性，从最初的教育、就业、医疗、养老、住房，到经济发展、人民生活、公共服务、社会保障。已有的研究往往把民生指标概括为收入消费、就业、教育、医疗、住房、环境、文化、安全、社会保障与社会治理等方面，少有将经济发展与科技创新纳入民生指标中。实际上，经济发展是保障和改善民生的物质基础，社会保障、基本公共服务与社会治理是保障与改善民生的主要途径，提升人民生活水平则是保障与改善民生的根本目标，科技创新为经济发展提供动力，为提升保障效率，为人民生活提供便利。

三是善治性原则。我们通过调查采集人民群众对保障与改善民生服务及项目满意程度，从主客观相结合角度构建民生指标，有助于增进民生指标体系的科学性、客观性及有效性。为此，在构建民生指标体系时需要将经济发展与科技创新等纳入其中。同时，与欧美发达国家情况不同，我们的民生建设目的不只是为了改善民生水平，还包括社会治理这一目标及任务，透过民生项目的供给与完善，缩小阶层之间的差异，增进社会的和谐，实现社会善治。基于此，我们认为，民生指标应该涉及经济发展、生活水平、社会保障、基本公共服务、科技创新、社会治理与社会评价等 7 个一级指标、18 个二级指标和 87 个三级指标。

**一　民生的一级指标**

民生的一级指标主要涉及经济发展、生活水平、社会保障、基本公共服务、科技创新、社会治理与社会评价七个方面。这七个方面构成一个整体，用来测量民生水平。

**1. 经济发展**

经济发展并不是单纯的数量增长，还表现为质的提升，特别是能否以及多大程度改善民生水平。当前，中国经济一直保持较高速度增长，经济总量位居世界第二，经济发展由追求总量的高速增长转向追求质的提升，以此更好满足人民不断增长的美好生活需要。这就要求将经济发展成果更多地投入改善人民生活中去，因而经济发展与民生建设相互依存、相互促进：经济发展是为了促进民生改善，而民生改善又可以转化为经济发展的动能。因此，构建民生指标体系自然就需要将经济发展这个变量纳入进来，寻求二者的科学关系。

保障与改善民生是经济发展的重点。一方面，经济发展是民生的物质保障，经济发展的根本目的就是保障和改善民生，脱离健康稳定的经济发展，保障和改善民生就缺少了可靠来源，因此，保障和改善民生就成为经济发展的出发点和落脚点。另一方面，经济发展是解决民生问题的基本条件，就业、教育、医疗、社会保障和安全等每一个民生问题的解决都需要依靠经济发展，没有经济发展，特别是一定速度与质量的经济发展，就不可能做到基本养老保险以及基本医疗保险制度的全民覆盖、基础养老金待遇的连年上调、基本药物目录品种及范围的持续扩大，也不可能妥善解决各种民生问题。同时，破解民生难题、回应民生关切、满足民生需求也会释放经济发展活力，增添经济发展的动力。

从财政角度看，我们将经济发展纳入民生指标，是因为经济发展带来财政收入的增加，用于保障与改善民生事业的公共财政投入就有可能增加，进而确保各项民生政策特别是托底型民生政策能够惠及全体人民。反之，如果国家没有足够的财政投入用来建设民生，就难以解决民众的基本需求，甚至连托底保障都难以为继。

2. 生活水平

生活水平是对生活来源、生活消费、生活环境以及生活满意度等方面的总结与体现，涉及客观测量、主观感受以及生活环境等三个方面。客观测量是利用一些可观测的数据去测算一个国家或地区及其内部各地民众的收入与支出、消费与积累等情况。例如，在八大类消费品及服务价格不断提升情形下，一个国家或地区民众的食品支出占八大类消费品及服务总支出的比例降低，可以说明这些民众的生活水平有所提升，生活质量有所改善。同时，生活水平反映着民生需求，民众日常生活离不开衣、食、住、行、教育、就医等活动，它们构成了人民的消费结构与习惯，反映人民日常生活对各方面的需求，而这些需求是否真正代表人民的真实需要，就需要利用民生指标进行精确测算。同样使用八大类消费品及服务价格，通过扩展性线性模型对民生需求进行测算，并与现今各项需求进行对比，评价当下民生需求是否被真正满足。生活水平的主观评价表现为民众对自身拥有的以及与自身所预期的主观评价[1]，反映着他们对当下生活的满足程度与对未来生活的期望。生活环境则是从较为客观的角度进行测量。

如前所述，生活水平可以从与人民生活息息相关的收入分配和日常生活消费等方面进行衡量，它反映的是日常生活民众对生存所依赖的衣食住行、教育、健康、社会保障等方面的切实需求。保障和改善民生最终的落脚点是人民收入水平提高，特别是消费能力的增强以及食品、衣服等生存类消费支出不再占所有支出的绝大部分，而文化、休闲、教育等发展类消费支出的比重持续提高。通过建立生活水平类民生指标，分析民众哪些生活需求比较高但是还未得到满足、短板在哪里等，这有助于民生事业的改进。因此，我们将人民的生活水平纳入民生指标中，使用反映日常生活的指标对人民收入消费、居住环境、用水用气等方面进

---

① 陈世平、乐国安：《城市居民生活满意度及其影响因素研究》，《心理科学》2001年第6期。

行衡量，同时引入对人民生活的主观评价，从主客观相统一角度揭示整个社会的生活水平。

3. 社会保障

社会保障相对通行的含义是由国家立法保证旨在增加收入安全的制度安排，其核心是保障收入，社会保障包含社会保险、社会救助、社会福利等方面，它具有一定的强制性，承担着保障民生的责任。社会保险制度的建立与完善可以使民众免受老年贫困的困扰，减轻看病负担，抵御失业风险等，这些方面的支出被社会保险部分承担，增加了民众的福利待遇；社会救助制度使没有劳动能力的人（家庭）获得了生存能力，是对弱势群体的生存保障。这表明，民生水平的提高不是特定群体的生活水平提高，而是所有民众生活水平的提高，社会保障成为筑牢民生底线的重要制度。

例如，作为社会保障重要的制度，中国建立了世界上覆盖人口最多的养老保障制度，通过构建覆盖全民的养老保险制度体系，为民众提供保障基本生活的养老金，进而给予鳏寡孤独等需要帮扶的人口以生活托底，保障这类社会成员最基本的生存权，为他们重新进入社会提供基本保障，增强他们重新融入社会以及生存下去的希望。医疗保障同样如此，它能够有效地解决民众因病致贫及因病返贫问题。因此，社会保障与民生水平紧密相连，包括养老、医疗、教育等在内的各种社会保障的建设水平关系到一个地区的民生建设水平，甚至成为民生水平的代名词，社会保障水平甚至等同于民生水平，尽管两者并不完全等同。

4. 基本公共服务

基本公共服务是指在一定经济社会条件下为保障民众最基本的权益而提供的应普遍享有的公共服务，是保障民众生活便利、增进社会资源公平享有、促进社会各阶层和谐共处的制度安排。因而它以均等化、便利化以及无差别化为主要特征，体现社会的正义与善治。

民众个体在生老病死葬等基本需求得到满足后，就会对教育、健康、文化、安全等非物质方面产生需求，需要社会为其提供相应领域服务。随着经济社会的发展以及个人平等意识的增强，民众越来越追求公平的公共服务。因此，基本公共服务天然与民生事业相合。在当代中国，基本公共服务的提供还能够缩小城乡差异与阶层差异。受户籍等制度的影响，城乡居民之间、本地与外来人口之间在基础教育、公共卫生、收入分配、基础设施等民生服务方面的供给与享有还呈现较大的差异性，因此，通过对基本公共服务的测量，可以形成对一个地区民生建设水平的把握。

5. 科技创新

科技创新是任何时候都要重视的因素，国家综合国力的竞争、民生的改善都离不开科学技术的进步。科技用于民生领域，能够为民众的发展机会、发展能力等提供支撑①，科技创新可以提高生产率、增加食品产量；科技的发展，可以应用到医疗卫生领域开展救死扶伤，促进人的寿命延长；科技的进步，可以运用到交通通信等领域，扩展社会联系方式，使得整个世界成为名副其实的"地球村"。

科技为人民生活提供了数不胜数的便利，也为一些难以解决的民生问题提供了新的解决途径。例如，机器人可以代替人类从事高危作业，并且机器人的劳动生产率更高，错误率更低，人们可以充分享有人工智能时代所带来的发展成果。再如，机器人可以应用到老年照护服务中去，更好地适应老年人、残疾人的个性化需求，增强老年群体的认同感，进而提升总体民生水平。根据木桶理论，民生状态的好坏不是由最高生活水平的民众决定的，而是由残障人士、孤儿、失独老人等弱势群体的生活水平决定的。民生水平反映的是一个国家整体的民生状态，不能忽视弱势群体的民生。科技的发展，人工智能技术的运用，能够为弱势群体提供更加全面、专业的照料。因此，科技创新与民生息息相关。

6. 社会治理

社会治理是政府及社会各界对社会的管理与服务，以理顺社会关系、调整社会结构、减少社会冲突、增进社会认同。通常社会治理依靠社会保障、社会福利以及社会管理进行，通过社会治理机构的设置、社会治理秩序的搭建、社会福利事项的供给、社会弱势群体的救助，最大限度地增进社会认同、减少社会对立、实现社会善治。因此，以民生为载体可以为社会治理提供条件与保证。

另外，保障与改善民生的最终落脚点在于强化社会治理能力，提高人民生活水平。由于社区作为最小的治理单元，民众日常生活多发生在社区这一场所，保障和改善民生事业要将成果落实到民众生活中，就需

---

① 赵辉：《民生科技发展探析》，《学习与探索》2009 年第 6 期。

要人民自身、社区与社会组织三者相互协作。因此，社会治理自然可以成为民生指标，用以衡量民生建设水平与质量。

7. 社会评价

经济总量的增长、财政收入的增加、社会保障项目的供给、公共服务设施的投入、生活环境的改造、科学技术的发展、社会综合治理手段的运用等，究竟在多大程度上保障和改善了民生水平？民众对这些事业产生了多少获得感、认同感及幸福感？不仅需要找到客观的、可以进行纵横向比较的指标加以测量，客观揭示民生保障的投入力度与获得情况，同样也需要通过广泛而深入的社会调查，了解民众对各类民生项目以及民生事业总体乃至整个民生状态的评价，将其纳入民生指标体系中并成为测量民生水平的有机组成。

综上，我们从经济发展、生活水平、社会保障、基本公共服务、科技创新、社会治理及社会评价七个方面分别阐释它们与民生建设及民生水平的关系。其中，经济发展是民生事业的基础，生活水平是民生事业的落脚点，社会保障是民生事业的核心，基本公共服务构成民生事业的载体，科技创新成为民生事业的推动，社会治理成为民生事业的晴雨表，而社会评价则构成民生事业的表征，它们紧密结合在一起，成为民生指标体系的有机组成。

**二 民生的二级指标**

在初步厘清与民生密切相关的领域及可以用来衡量民生水平的一级指标后，我们可以将一级指标进一步细化为若干个二级指标，为三级指标的选取提供基础。

1. 经济发展类二级指标

经济发展与民生事业相互促进。经济的发展、经济总量的提升有利于增加国民收入，提升综合国力，这是保障与改善民生的物质基础；经济发展本质上是人的发展一部分，经济发展为人的全面发展提供基础，这就需要将经济发展成果惠及全体人民，弥补民生短板，解决民生问题，提升人民福祉。当然，人民收入的增加、福祉的提升，可以刺激消费水平上升，推动国内大循环，有助于经济发展。因此，经济发展一级指标下设置经济增长、经济结构、发展质量及财政支持四个二级指标。

经济增长直接反映一国或地区经济发展总量，通常用 GDP 总量、

GDP 增长率和人均 GDP 等指标进行衡量[1]，但经济发展是一个复杂过程。一方面，单一 GDP 指标并不能很好地揭示经济发展内涵，一味追求 GDP 容易造成只顾数量而不顾质量的风险；另一方面，GDP 作为经济发展绝对量的衡量指标，又是衡量经济发展水平不可或缺的一部分。

从民生角度出发，经济结构可以分为城乡结构、年龄结构、就业结构、产业结构等。城乡二元结构是历史的选择，但逐渐成为中国经济发展的阻碍，制约了经济和个人（家庭）的发展。老龄人口的快速增长意味着青壮年劳动力比重下降、老龄化程度加深，在一定程度上制约经济发展，直接影响民生建设。以社会保险来说，老年人口增加，基本养老金支出增加，人口出生率下降，基金收入减少，不利于社会保险基金持续发展，加重财政与企业负担。产业结构是理解经济发展的核心变量，中国从以第一产业为主转变为如今以第二、三产业为主的经济结构，使得劳动力流动与配置更加有效率，民众收入相比从事农业生产有了较大提升。

注重发展质量是中国经济发展进入"新常态"的必然要求。在这一阶段，民众对衣食住行等物质性的基本需求得到满足后逐渐转向对公正、共享、环境及生活服务等非物质性方面的追求，政府及社会在做好物质成果分配的同时更加注重非物质成果的分配，表现为强调经济发展不能以牺牲环境作为代价，强调通过非物质方面的供给提升人民的获得感与幸福感，强调增加人民群众分享经济发展成果的能力与途径，增强人民发展潜能。

财政支持是改善民生的重要保障。经济发展意味着财政收入的增加，财政支持是制度制定与政策实施的基础，民生领域的财政投入会直接改善民生水平。例如，《2021 年政府收支分类科目》中，教育财政支出主要用于各类教育行政单位的基本支出、政府部门举办的各层次教育支出、职业教育支出和城乡学校校舍等基础设施建设支出等，[2] 可以发现：财政支出科目直接作用在对投入领域的全方面提升上，民生类财政支出能够直接提升民生水平。

---

① 沈坤荣、马俊：《中国经济增长的"俱乐部收敛"特征及其成因研究》，《经济研究》2002 年第 1 期。

② 中华人民共和国财政部：《2021 年政府收支分类科目》，中国财政经济出版社 2021 年版，第 58—60 页。

从国家治理角度，通过相应财政投入，可以促进基本公共服务均等化，缩小收入差距，缓解社会不公，促进就业，消除经济快速发展带来的不利影响，让发展成果更多惠及全体人民。因此，从经济发展量的方面选取经济增长指标，从质的方面选取结构优化及发展质量指标，从经济发展能够转化到保障与改善民生上选取财政支撑指标，构成了经济发展领域类的二级指标。

2. 生活水平类二级指标

生活水平是检验保障与改善民生程度的重要标准，也是经济发展、社会保障、科技创新、社会治理及社会评价在民生领域的体现。生活水平是衡量保障与改善民生事业水平的核心，它与其他指标构成整体民生指标。人民群众只有通过自身努力才能提高生活水平，离开经济发展民众无法获得高质量的就业，脱离基本公共服务民众就容易丧失公平发展的权利，失去社会保障民众就难以抵御各种社会风险，脱离科技创新民众生活的便利性与舒适度就会被大大削弱。

一方面，生活水平的高低受到自身收入与消费的影响。收入与消费水平的高低影响其获取生存及发展资料的能力。从收入消费角度看，需要客观衡量城乡收入差距，采取相应措施努力缩小。当然，城乡居民消费因其收入水平、生活环境的不同而具有明显的异质性，通过衡量不同类型的消费占其总消费及总收入的比重，可以对比城乡居民在衣食住行、教育、医疗、文化等各方面的消费结构与消费习惯，形成可比较的民生水平及民生标准，为保障和改善民生事业提供现实素材。

另一方面，生活水平受到非物质因素影响。居住环境舒适程度、日常生活便利程度、接收信息便捷程度、预期寿命长短等都会对生活水平产生影响。这表明，日常生活受到经济因素与非经济因素共同决定。因此，本研究选择收入消费与日常生活两个方面作为生活水平类二级指标。

3. 社会保障类二级指标

社会保障是保障和改善民生、维护社会公平、增进人民福祉的基本保障制度。一些学者将社会保障水平直接等同于民生保障水平。其实，社会保障与民生保障内涵并不相同，民生特别是民生保障包含社会保障，社会保障因民众所处阶段的不同，享受的保障待遇具有一定差异性，而民生水平的提高特别是公平享有保障与改善民生项目能够带来生活水平的整体提高。借鉴通常的理解，我们把社会保险、社会救助、社会福利与社会优抚四个方面纳入社会保障类二级指标。

社会保险是社会保障体系重要构成部分，也是助推保障与改善民生事业的动力。养老、医疗、失业、工伤与生育保险共同构成社会保险，基本养老保险能够有效解决城乡老年贫困问题，既有利于其自身有尊严地生活，也能减轻子女的赡养压力；医疗保险制度为人民在面对疾病风险侵袭时提供了强有力的保障，是对人民日益增长的健康需求的满足；经济波动和个人健康等方面的问题会使人民面临失业风险，在找到下一份工作的空档期内人民群众的生存问题就需要失业保险来帮助抵御，为人民群众提供失业金，是帮助其找到下一份工作的支撑。社会保险是针对人民日常生活不同方面可能遇到的风险所建立的有力保障。

社会救助是兜底性保障，它试图解决病、残、老、幼等特殊群体的生存问题。社会保障主要靠社会救助来兜底。国家通过直接的现金补助，为无法生存的人群提供兜底保障，维持其继续生存的权利，托住民生底线。

社会福利，本书特指狭义的社会福利，即作为社会保障体系组成部分的社会福利①。其涵盖老年人、残疾人、妇女、儿童等人群，是对社会特定群体在社会生活中的有力支持。

社会优抚是政府为伤亡军人、警察或其他公务人员等特殊贡献者提供的物质帮助与精神慰藉，并为其本人及家庭成员提供就业、生活安置等优待的社会保障制度。

4. 基本公共服务类二级指标

基本公共服务是为了满足民众基本生活需要而设置的各种服务设施及服务项目，是人生活于这个社会的必要条件。对广大民众而言，公平享有教育、医疗、安全、就业培训及公共文化方面的服务，既是生活的必需，也是民众应有的权利，更是改善民生的重要方面。因此，本研究将其设置为基本公共服务类二级指标。

教育是兴国之基。教育不但能够帮助群众获得高质量就业、提升收入水平，还能够促进阶层与社会的正向流动，阻滞贫困的代际传递，良好的教育能够使子女获得高于父辈的生活水平。因此，教育是重要的民生项目，教育水平与民生水平密切相关；医疗卫生事业关乎人民生活品质，是衡量一个地区民生水平的指标。就业是最大的民生，充分就业不

---

① 尚晓援：《"社会福利"与"社会保障"再认识》，《中国社会科学》2001 年第 3 期。

仅能够为经济建设和社会发展提供强健支撑，同时能够为民生保障提供强有力的后盾。公共文化是民生之魂，民生事业的发展不能只着眼于物质上的极大满足，发展体育文化和娱乐事业有助于满足人民群众的精神需求，提高民众身心素质，增强社会归属感和凝聚力。和平稳定的内部环境是一个国家良性发展的基础，对民生而言，安全首先来自内部的社会治理，社会治安是衡量地区民生水平的一部分。

5. 科技创新类二级指标

科学成果的使用对民生产生深远影响。一方面，科技创新影响到各个民生领域，技术进步可以显著提升劳动生产率，加快经济发展，为改善民生提供支撑；另一方面，科技使人民生活更加便捷，提升生活品质。例如通信技术的发展，使得收入消费与情感交流都有巨大提升。科学技术的进步能够显著提升服务质量与效率，以医疗卫生为例，先进的医疗器械、专业的药品研发，直接关乎人民健康需求；在社会保障方面，科学技术的进步能够使弱势群体像正常群体一样融入社会，享受美好生活，如残障人士的辅助器具、老人的日常健康监测仪器的使用以及情感慰藉技术的投入等。

因此，民生事业的发展离不开科技的应用，我们选择投入产出与科学普及指标作为科技创新类二级指标。

6. 社会治理类二级指标

社会治理与人民生活密切相关。社会治理的重心在城乡基层社区，作为人民群众日常生产与生活的基本单元，社区为民众生活提供服务，帮助他们解决日常生活问题，所以，社区治理能力的高低直接影响人民生活。社会组织为老人、儿童、残疾人等提供服务，因其公益性、志愿性在社会治理中充当着重要角色。社区治理依靠社区自身以及政府的推动，但本质上还是靠政府充分发挥人民群众的首创精神，鼓励民众积极参与社区治理，体现出人民群众在社会治理中的重要作用。社会治理的目的是保障和维护群众的权利，解决民生问题，化解社会矛盾，提升社会福利，保障与改善民生。社区组织、社会组织与政府组织共同承担解决民生问题的任务。因此，我们将社区治理与社会组织作为社会治理类二级指标。

7. 社会评价类二级指标

从保障与改善民生事业的各个项目出发，分别收集人民群众对经济发展方面的满意程度，如财政在民生方面的支出是否切实改善生活水平等，对收入与消费方面的满意程度、社会保障的满意程度、公共服务的满意程度、科技创新对生活便利的满意程度以及社会治理的满意程度，进行主观评价。社会评价是对保障与改善民生事业的主观评价，是对民生指标的补充，也是检视现阶段保障与改善民生事业的重要方面。

### 三　民生的三级指标

指标的选取需要根据要衡量的主题进行界定与划分，最终要落脚到能够反映不同领域的具体指标上。前文已经对民生的一级和二级指标的选取与划分依据进行了阐释，现在要针对每一个不同涉及方面进行具体指标的确定及其部分指标测算公式。

1. 经济发展类三级指标

在经济发展类一级指标的选取依据中详细论述了经济发展与民生的相互关系，选取了经济增长、经济结构、发展质量、财政支持作为民生指标中经济发展的二级指标。基于此，可以从与民生最密切相关角度出发选取经济发展类三级指标。

经济增长的衡量需要从经济发展绝对量的角度出发，经济发展量的增长是国家对改善民生投入的重要保证。因此，衡量经济增长指标，要从能够反映经济发展量的变动这方面入手，GDP 增长率能够衡量总体经济增长趋势，人均 GDP 能够反映人民群众参与经济增长的程度，它们是国际上通行的衡量经济增长的两个主要指标。

经济结构反映了经济发展总体情况，体现经济发展动能。通常，城镇化进程加快有助于经济发展，经济的发展也推动城镇化进程的加快。老年人口占总人口的比重越大意味着年轻劳动力的越少，在一定程度上影响经济良性发展，同时对养老事业产生冲击；产业结构特别是以服务业为主的第三产业占比重越高意味着就业机会越多。同时，失业率是衡量经济是否平稳的晴雨表。因此，本研究选择城镇化率、老年人口抚养比、城镇登记失业率以及第三产业产值占 GDP 比重作为经济结构的代理指标。

经济发展不仅要追求量的增长，也要关注质的提升，尤其要使发展成果由人民共享。同时，经济不能一味追求量的增长而以环境破坏为代价，必须将环境因素考虑进来。因此，本研究选择地区消费共享水平、地区收入共享水平、工业污染治理完成投资占 GDP 比重和全社会劳动生产率作为经济发展质量指标。

财政收入对经济发展有重要影响，经济发展水平越高财政收入越高，对保障和改善民生投入的力度就越大，可以说财政支撑是经济发展中与民生最为密切的一方面①，财政投入可以直接提升民生水平。由于民生类财政支出范围还未有统一界定，本研究将民生财政支出项目划分为公共安全支出、教育支出、科学技术支出、文化旅游体育与传媒支出、社会保障和就业支出、卫生健康支出、节能环保支出、城乡社区支出、农林水支出、住房保障支出、粮油物资储备支出、灾害防治及应急管理支出等，共计12项，分析这12个项目的财政支出分别占GDP比重。其中：

$$地区收入共享水平 = \frac{各省人均 GDP}{全国人均 GDP}$$

$$地区消费共享水平 = \frac{各省居民消费水平}{全国平均消费水平}$$

$$全社会劳动生产率 = \frac{GDP}{全部从业人员数} \times 100\%$$

2. 生活水平类三级指标

生活水平受到物质性与非物质性等因素的共同影响。从物质方面看，收入与消费决定着民众的生活水平。民众的日常消费离不开衣食住行、教育医疗等方面，这就可以加以比较和分析。如果生存类消费占比依然较高，说明民生水平还处于较低水平，民众仍然处于温饱阶段，民生的基本需求还没有得到较好满足，相应地，解决生存问题就应当成为民生工作的重点。反之，发展类消费占比较高，则说明当下民众的生存问题已经得到基本解决，民生需求进入了新的阶段，而改善民生则要着眼于发展性方面的需求。

收入水平与消费结构能够反映人民在日常生活当中对衣食住行、教育医疗等方面的需求，收入水平决定消费结构，消费结构定义生活水平，生活水平受到收入水平与消费结构的影响。如果民众的消费结构依然以衣食住行为主，而像教育、文化娱乐等方面的占比依然较小，就难以言说生活水平的提升。此外，一个地区的人均医疗支出占比持续增大可能意味着该地医疗卫生体系的不完善，教育支出的不断升高可能意味着该

① 贾康等：《"民生财政"论析》，《中共中央党校学报》2011年第2期。

地区基本教育服务出现了不均等问题等。因此，我们选取城乡居民人均可支配收入、城乡居民现金消费支出、消费者价格指数、城乡八大类消费品及服务各项人均支出占总收入的比重等去衡量日常生活收入消费方面的指标。

另外，居住环境、生活便利程度、受教育年限与预期寿命的长短、接收信息的渠道多寡等都会对民众生活产生影响。其中，受教育年限反映民众的发展潜力及生活水平，通信技术的高速发展提升了民众获取信息的及时性、便捷性，公共交通的便捷性与公共设施的可达性等直接影响民众的生活品质。为此，我们使用平均受教育年限、城市用水普及率、农村供水普及率、集中供水行政村、城市燃气普及率、每万人拥有公共汽电车辆、人均公园绿地面积等指标。其中：

$$城乡食品烟酒支出比重 = \frac{城乡人均食品烟酒支出}{城乡人均可支配收入}$$

$$平均受教育年限 = \frac{\sum p_i h_i}{P}$$

式中，$i$ 为受教育程度（$i=6$、$9$、$12$、$15$），我们将受教育程度分为小学、初中、高中、大学及以上；$p_i$ 为 6 岁及以上受 $i$ 教育程度的人口数，$h_i$ 为第 $i$ 层次受教育程度的教育年限，$p$ 为该年龄段及以上总人口。

3. 社会保障类三级指标

社会保障涉及社会保险、社会救助和社会福利等领域。在社会保险领域，中国已经建成覆盖全民的社会保险制度，帮助民众抵御养老、失业、疾病等方面的风险。而衡量社会保险水平通常要衡量该制度的覆盖程度，评价社会保险基金可持续问题，进而了解社会保障待遇水平在多大程度上保障民众的生活。为此，我们使用养老、医疗、工伤、失业、生育等保险参保率去反映社会保险覆盖程度，使用各项社会保险基金总收入占 GDP 比重来衡量基金财务发展状况，使用养老金替代率衡量社会保险待遇水平，从而构成衡量社会保险水平三级指标。

社会救助制度为无法依靠自身劳动生存的人民提供生存下去的能力，它保障民众的生存底线，也是托底型民生的重要方面。通过各种类型的社会救助，切实保障民众免受饥饿及疾病侵扰风险，进而有效化解其他风险因素。随着民生水平提高，社会救助领域及救助范围不断扩大、救助标准不断提高，反映了民生底线在不断升高。本研究使用城乡社会救助人数、城乡社会救助标准与城乡直接医疗救助金额作为社会救助代理指标。

社会福利是指为老人、儿童与残疾人提供相应服务。在狭义层面上主要为孤寡老人及残障人士提供各种服务，以便促进他们的社会融入。例如，通过给孤寡老人提供相应的养老、医疗、照料等服务，保障其日常生活需要；为儿童提供衣食住行、教育等方面的服务帮助其健康成长，为残障人士提供生活照料、康复等服务以帮助其逐渐融入社会。因此，本研究使用每千老年人口养老床位数、儿童收养机构数、寄宿制机构中托养残疾人数以及日间照料机构中托养残疾人数作为社会福利三级指标。

$$社会保险参保率 = \frac{已参保人口}{应参保人口}$$

$$社会保险基金发展水平 = \frac{年末基金总收入}{当年\,GDP\,总量}$$

其中，以城镇职工基本养老保险为例，已参保人口指年末参加城镇职工基本养老保险人数，应参保人数为城镇单位就业人口数。

4. 基本公共服务类三级指标

基本公共服务通过为民众提供教育、住房、卫生、就业、文化、安全等方面的服务，满足人民群众对自身发展的需求，为民众更好地生活与发展提供支撑。

教育对人的发展起到基础性支撑作用，它满足了人民群众受教育的需求，增强了人民群众追求更好生活的能力。衡量一个国家或地区的教育水平首先要考察整体受教育程度，其次要考察在校生情况，最后还要考察这个国家或地区各层次教育情况特别是师资结构情况。因此，本研究选取平均受教育年限反映当下整体教育服务水平，使用每十万人口各级学校平均在校生人数反映人民对教育服务的需求程度，使用在校师生比、各级学校数和小学、初中、高中义务教育生均经费衡量基本教育服务的供给水平。

基本卫生服务满足民众对自身基本健康的需求，良好的基本公共卫生服务能够缓解人民群众在追求更高水平生活时所遇到的健康问题。从需求角度看，民众发生疾病的风险具有不确定性，民众一旦生病就会直接影响自身生活，因而对医院的需求具有刚性；从供给角度看，地区医疗机构、医院床位、医疗技术人员的供给反映该地区基本医疗服务供给能力。因此，我们选取医院的病床使用率、城乡孕产妇死亡率测量人民群众对医疗服务的需求，选取三级医院数、基层卫生机构数、每千医疗机构床位数、每千人口卫生技术人员数衡量基础医疗服务供给能力。

基本就业服务通过为民众提供就业和创业指导，满足其在获得就业机会、提高就业质量、争取更高就业收入等方面的需求。因此，本研究选取接受就业指导人数与接受创业指导人数去反映人民对基本就业服务的需求程度，选取就业培训机构数去测量该地区基本就业服务供给能力。

基本文化服务是为了满足人民日益增长的精神文化方面需求，良好的基本文化服务可以提升民众对这个民族、这个国家乃至对自我的认同，增强社会凝聚力。而文化的认同、传播与引导需要通过广播、电视、图书以及网络、自媒体等渠道，我们使用规模以上文化及相关产业法人单位、公共图书馆个数、人均拥有公共图书馆藏量、每万人拥有公共图书馆建筑面积、广播节目综合人口覆盖率来衡量基本公共文化服务水平。

基本安全服务有助于提高社会治安水平，为社会成员的发展提供安稳的社会环境。一方面，民众会遇到人与自然环境带来的安全风险，这会影响民众生活；另一方面，在民众遇到安全问题时需要法律来维护自身权利，特别是弱势群体，更加需要法律来保障其人权与基本自由。

因此，我们从教育、卫生、就业、文化、安全等方面测量基本公共服务如何满足民众的发展需求，提升其生活水平与生活质量。其中：

$$每千人口医疗机构床位数 = \frac{地区医疗机构床位数}{常住人口} \times 1000$$

$$人均拥有公共图书馆藏量 = \frac{公共图书馆藏书量}{常住人口}$$

5. 科技创新类三级指标

科技创新为改善民生提供内生动力，科技创新影响民生领域各个方面。为了科技创新而进行的研发投入水平、产出水平、科学技术人员数均能够反映出一个国家与地区的科技创新水平。我们从科技创新的投入与产出方面选取 R&D 经费支出占 GDP 比重、研究与开发机构 R&D 人员数衡量科技投入程度；选取有效发明专利数、高技术产业销售收入占 GDP 比重作为指标。其中：

$$R\&D 经费支出占 GDP 比重 = \frac{R\&D 经费支出}{当年 GDP 总量}$$

$$高技术产业销售收入占 GDP 比重 = \frac{高技术产业销售收入}{当年 GDP 总量}$$

$$万人刑事案件发案率 = \frac{地区刑事生效犯罪人数}{地区常住人口} \times 10000$$

6. 社会治理类三级指标

社会治理是保障与改善民生的落脚点，社区是发生与解决民生问题的场所，社区治理能力受社区组织以及社区居民等因素的影响，因此，衡量社会治理水平要从社区组织、社会组织以及个人三方面进行考虑。本研究选取村民委员会数量、社区居委会数量反映社区组织在社会治理中的力量，使用社会组织个数与社会工作师人数反映社会组织在社会治理中的能力。

7. 社会评价类三级指标

社会评价是民众从主观亲身感受角度来表达个人对经济发展、生活水平、社会保障、基本公共服务、科技创新、社会治理方面的满意程度。民生与民众的生活感受密切相关，民生要体现为民众的认同，它要求我们不能单纯从客观角度用财政投入有多高、制度覆盖有多广、服务类型有多全面等来代替。

人们的满意程度评价。这就需要了解人民的主客观需求以及对民生项目的满意程度，以此去提升保障和改善民生水平。

表 7-1　　　　　　　　　　　　　　　民生的指标体系

| 一级指标 | 二级指标 | 三级指标 | 单位 | 方向 |
|---|---|---|---|---|
| 经济发展 | 经济增长 | 人均 GDP | 元 | + |
| | | GDP 增长率 | % | + |
| | 结构优化 | 第三产业增加值占 GDP 比重 | % | + |
| | | 城镇化率 | % | + |
| | | 老年人口抚养比 | % | − |
| | | 儿童人口抚养比 | % | − |
| | | 城镇登记失业率 | % | |
| | 财政支持 | 民生类财政支出占 GDP 比重 | % | + |
| | 发展质量 | 地区消费共享水平 | % | + |
| | | 地区收入共享水平 | % | + |
| | | 工业污染治理完成投资占 GDP 比重 | % | + |
| | | 全社会劳动生产率 | % | + |

续表

| 一级指标 | 二级指标 | 三级指标 | 单位 | 方向 |
|---|---|---|---|---|
| 生活水平 | 收入与消费 | 城乡居民收入比 | 农村=1 | − |
| | | 城镇居民人均可支配收入 | 元 | + |
| | | 农村居民人均可支配收入 | 元 | + |
| | | 居民现金消费支出 | 元 | + |
| | | 消费者价格指数 | % | − |
| | | 农村居民恩格尔系数 | % | − |
| | | 八大类消费品及服务各项支出占个人总收入的比重 | % | − |
| | 日常生活 | 电视节目综合人口覆盖率 | % | + |
| | | 民众有线电视入户接入率 | % | + |
| | | 平均受教育年限 | 年 | + |
| | | 城市生活垃圾无害化处理率 | % | + |
| | | 每万人拥有公共汽（电）车辆 | 台 | + |
| | | 人均公园绿地面积 | M2/人 | + |
| | | 每万人拥有公共厕所 | 个/人 | + |
| | | 城市供水普及率 | % | + |
| | | 城市燃气普及率 | % | + |
| | | 集中供水行政村 | 个 | + |
| | | 农村供水普及率 | % | + |
| | | 人均互联网宽带接入端口数 | 个 | + |
| 基本公共服务 | 劳动就业 | 本期接受就业指导人数 | 人 | + |
| | | 本期接受创业指导人数 | 人 | + |
| | | 就业培训机构数 | 个 | + |
| | | 当期劳动争议案件结案数 | 件 | + |
| | | 本期登记求职人数 | 人 | + |
| | 教育卫生 | 小学生师比 | 教师=1 | + |
| | | 初中生师比 | 教师=1 | + |
| | | 特殊教育生师比 | 教师=1 | + |
| | | 高中生师比 | 教师=1 | + |
| | | 高校生师比 | 教师=1 | + |
| | | 每十万人口小学平均在校生数 | 人 | + |
| | | 每十万人口初中平均在校生数 | 人 | + |

续表

| 一级指标 | 二级指标 | 三级指标 | 单位 | 方向 |
|---|---|---|---|---|
| 基本公共服务 | 教育卫生 | 每十万人口高中平均在校生数 | 人 | + |
| | | 每十万人口高校平均在校生数 | 人 | + |
| | | 小学生均教育经费 | 元 | + |
| | | 初中生均教育经费 | 元 | + |
| | | 高中生均教育经费 | 元 | + |
| | | 高校生均教育经费 | 元 | + |
| | | 每千人口卫生技术人员数 | 人 | + |
| | | 每千人口医疗机构床位数 | 个 | + |
| | | 城市孕产妇死亡率（1/10 万） | % | − |
| | | 农村孕产妇死亡率（1/10 万） | % | − |
| | | 三级医院个数 | 个 | + |
| | | 村卫生室个数 | 个 | + |
| | 文化娱乐 | 规模以上文化及相关产业法人单位 | 个 | + |
| | | 公共图书馆个数 | 个 | + |
| | | 人均拥有公共图书馆藏量 | 册 | + |
| | | 广播节目综合人口覆盖率 | % | + |
| | | 每万人拥有公共图书馆建筑面积 | M2 | + |
| | 公共安全 | 交通事故发生数 | 个 | − |
| 社会保障 | 社会保险 | 城乡居民养老、医疗保险收入占 GDP 的比重 | % | + |
| | | 城镇居民各项社会保险收入占 GDP 的比重 | % | + |
| | | 养老保险覆盖率 | % | + |
| | | 医疗保险覆盖率 | % | + |
| | | 失业保险覆盖率 | % | + |
| | | 工伤保险覆盖率 | % | + |
| | | 职工基本养老替代率 | % | + |
| | | 城乡居民养老替代率 | % | + |
| | 社会救助 | 城市低保人数 | 万人 | − |
| | | 农村低保人数 | 万人 | − |
| | | 城市居民最低生活保障标准 | 元 | + |
| | | 农村居民最低生活保障标准 | 元 | + |
| | | 人均城乡直接医疗救助 | 元 | + |

续表

| 一级指标 | 二级指标 | 三级指标 | 单位 | 方向 |
|---|---|---|---|---|
| 社会保障 | 社会福利 | 每千老年人口养老床位数 | 个 | + |
| | | 儿童收养机构数 | 个 | + |
| | | 托养残疾人数 | 人 | + |
| | | 提供床位的社会机构数 | 个 | + |
| 社会治理 | 社区治理 | 村民委员会 | 个 | + |
| | | 社区居委会 | 个 | + |
| | 社会组织 | 社会组织个数 | 个 | + |
| | | 社会工作师 | 人 | + |
| 科技创新 | 科技投入 | R&D 经费支出占 GDP 比重 | % | + |
| | | 研究与开发机构 R&D 人员 | 人 | + |
| | 科技产出 | 有效发明专利数 | 件 | + |
| | | 高技术产业销售收入占 GDP 比重 | % | + |
| 社会评价 | 生活满意度 | 对保障与改善民生事业的满意程度 | － | + |

## 第三节　民生指标的意义及价值

### 一　民生指标的意义

从民生状态看，民生制度、民生项目、民生投入的不同，必然导致民生水平的不同，民生建设水平也就有高下之分。这一情形不仅存在于不同国家，同一国家内部不同地区也是如此。从需求角度看，民生需求既有基本生存需求也有发展需求，既有物质需求也有服务需求及精神需求，这就要用不同的民生指标、形成不同的民生标准识别这些需求，并且以此标准划分民生类型。

（一）民生标准与民生水平的区别

民生标准是指同一个国家或地区的民生总体需求，背后是民众日常生活的客观需求，它如同生存线、贫困线一样，这样的标准需要一条需求线，借此评价民众日常生活是否从保障和改善民生中受益。通常，民众的生活达到并实现某种需求后，自然而然产生更高标准的需求。这是一个不断发展的过程。以民生类型为例，使用民生标准将民生类型划分成托底型、基本型、改善型与富裕型四种，民生模式类型不太好进行量的方面比较，比如，我们不能将托底型与富裕型进行横向比较，因为民生类型的划分代表的是对民生需求的不断实现与发展。而民生投入特别是民生水平则具有比较意义，我们通过对不同国家和地区或者同一国家和地区不同时间的民生水平进行比较，可以发现民生事业发展的短板与不足，进而针对性地增强与弥补。民生水平的侧重点在于通过丰富的指标测量出当下整个国家或地区民生状态，并且以此与其他同等级个体进行比较，突出了民生状态的差异性，意义在于针对性弥补与促进。民生标准的侧重点是对具体人民生活需求的表达。所以我们使用指标体系来衡量民生状态，这样有利于包含更加丰富的民生内涵，以及随着民生内涵发展进行相应调整，有利于从宏观角度发现民生状态的差异。而使用八大类消费品及服务价格综合指标测算民生标准，是因为民生需要具体的民生需求，必须使用能够精确表达人民生活各方面的指标。如托底型民生保障的是民众基本生存资料的获取，这是民众生存的红线，因此需要精确的标准来衡量民众在衣食住行等方面的真实需要，并以此标准帮助国家实施相应托底政策。

（二）民生标准与民生水平的联系

我们将民生划分为民生状态与民生需求两个层次，并且选取相应的民生指标进行衡量。在民生状态的衡量中我们使用民生水平来指代，通过构建包含经济发展、生活水平、基本公共服务、社会保障、科技创新、社会治理与社会评价七大子系统的民生指标体系进行衡量。而民生标准是为了精确衡量民众对当下生产生活的需求，这个标准能够告诉我们民众最需要的是哪些方面以及现阶段哪些方面的需求还没有满足。民生标准的确定不能仅仅通过主观臆断，应当通过科学、合理的途径进行划分。因此，确定民生标准需要从人民生活最紧密的领域选取民生指标，而与人民日常最息息相关的就是吃饭、睡觉、工作、学习和就医等方面，所以我们使用居民八大类消费品及服务价格作为具体衡量指标。而使用八大类消费品及服务总和测算民生标准的优点有三：一是八大类消费品有助于从宏观角度划分民生标准，二是八大类消费品反映的民生信息更为准确，三是八大类消费品指标有利于对民生标准进行量化。这两套指标体系并不是完全割裂的体系，相互之间具有较强联系，民生即人民生活，人民生活包含当下生活状态与需求。

本研究构建的民生水平指标体系包含经济发展、生活水平、基本公共服务、社会保障、科技创新、社会治理与社会评价七大领域，民生标准所使用的八大类消费品及服务价格总和则包含食品、衣着、家庭设备用品及维修服务、医疗保健、交通通信、居住、文教娱乐以及其他商品和服务。通过对比民生水平与民生标准类指标选取的侧重点，可以发现，民生水平指标体系所包含的内容，八大类消费品同样包括，区别在于民生水平与民生标准的侧重点不同；对民生标准来说，需要我们从个人（家庭）角度出发，需要精确的数据进行测算，这样才有利于民生需求的衡量及民生类型的划分，相较于民生水平指标体系，民生标准划分指标更加聚焦于人民日常生活各方面的支出，这与民生标准的意义相呼应。

民生标准与民生水平共同构成民生的内涵及外延，区别在于所要表达的侧重点不同，民生水平侧重于民生状态的高低与比较，民生标准则侧重于民生需求的衡量与民生类型的识别与划分。两者衡量指标既有区别也有联系，缺一不可。

## 二　民生指标的价值

从民生内涵及意蕴出发，区分民生状态与民生需求，进而提出衡量民生状态与民生需求的民生指标，通过使用不同的测量方法对民生进行量化，共同构成衡量民生内涵及外延的民生的指标，使得民生指标的提出具有如下三个方面的意义。

### （一）有利于测量民生状态与民生需求

民生存在于国家、社会及个人等各个层面，反映一段时期内人民群众的生活状态和对未来生活的期盼。以往我们更多地通过定性描述民生状态与民生需求，无法准确地把握我们的民生到底处于什么水平，我们的民生状态如何，民生制度建设是否完善，民生项目的执行是否取得了理想的成效，民生待遇能否满足民众的需要。将民生状态与民生需求进行量化，是解决上述问题的重要途径。民生包罗万象，单一指标衡量具有局限性，我们需要通过民生涉及的各个方面选取合适的代理指标，形成衡量民生水平和民生标准的民生指标，用以衡量民生状态和民生需求。当我们将民生量化后，就可以对民生状态进行科学检测与评价，对民生需求做到心中有数，才能使保障和改善民生事业得以全面、系统、深入、有效地开展和落实。

（二）有利于弥补民生事业短板

21世纪初特别是进入新时代，政府不断拓展民生事业的范围，提升民生事业在国家与社会治理中的重要性，扎实开展各项民生事业的建设。但是，民生是一项巨大的建设工程，从宏观层面看，它是国家治国理政的重要抓手；从微观层面看，个人（家庭）的生活水平如何、是否有增长，都是民生事业需要关心的方面，如果我们不能通过民生指标将民生内涵进行区分并测量，就不利于民生事业的发展。通过测量，了解哪些还没有做，哪些做得不够好，进而便于补齐短板。例如，在民生保障问题中，民生保障该如何保障？保障的责任主体是谁？保障项目是什么？保障力度以多少合适？在民生财政支出结构问题中，民生财政支出项目有哪些？各项在当前时期的比重该如何确定？再如，在民生建设受益主体问题上，新阶层的保障问题、灵活就业人员的保障问题、农民工的保障问题、退役军人的保障问题以及老年人、残疾人和孤儿问题等，这些问题长期存在。民生指标像是一张图纸，它能够清晰地告诉我们民生事业的建设成效有哪些、短板在哪里，人民需求是否满足，通过构建民生大类各个子系统，突出我们想要关心的重点，并针对性地反映出各个子系统中哪些重要的指标所占权重较弱，这样有利于针对性解决民生问题，推进民生事业发展。

（三）有利于民生国家的建立

民生国家基于国家对经济运行规律的深刻洞察，是对民生事业进而对国家治理能力的把握，是对人民日益增长的美好生活需要的真切关怀。民生国家不是天生就有的，它的出场有一个制度化过程，它的形成经历了一系列制度变迁及逻辑演进过程[①]。而制度变迁的结果需要民生指标加以反映，不同发展时期民生事业并不一定被当作建设重点，改革开放之初，国家将经济作为发展重心，民生事业的发展必须顺应经济发展，民生指标能够为民生项目拓展提供方向。如今我们已经进入了新的发展阶段，保障和改善民生必然会遇到新的问题。新发展阶段更加需要明确民生事业发展阶段的划分，能够帮助我们研判所处的民生阶段与发展类型，明确现阶段人民最实际最直接最迫切的需要，以及为更高保障水平的民

---

① 高和荣：《民生国家的出场：中国保障和改善民生的实践与逻辑》，《江海学刊》2019年第3期。

生事业发展指明方向。民生水平能够从横向上反映不同地区的民生状态，进而突出差异及造成差异的原因，有利于指导政策的制定与项目的拓展。民生标准的划分指标，可以帮助我们从纵向上清晰识别我国当前民生发展所处层次，能够有利于对民生的不同发展类型进行划分，如托底型、基本型、改善型与富裕型等民生类型。民生保障的量化，能够针对性提升民生的质与量，为民生政策的制定与实施指明方向，为民生国家的建立奠定基础。

# 第八章　民生水平的测量

民生水平主要是一个量的问题，表现为高低、优劣等问题，因而可以通过民生投入、民生样态或民生获得等指标加以测量，以此评判一个国家或地区民生建设成效和建设水平情况。

## 第一节　总体民生水平

### 一　时间演进趋势

（一）整体民生水平演进趋势

根据前文所构建的指标体系借助熵权法计算 2014 年至 2020 年我国总体民生水平（见图 8-1）。从发展趋势来看，全国民生水平具有一定波动性，呈现上升、下降、再上升的微小变化过程。其中，2014 年到 2015 年全国整体民生水平处于较高速增长阶段，从 0.2814 高至 0.2855，增长率为 2.52%。2016 年开始伴随着经济增速首次低于 7%，我国经济下行压力逐步增大，经济增速放缓，到 2019 年为 6%，在这一背景下，国家的重心在于稳住经济，相应宏观调控政策主要关乎经济领域，导致 2016 年至 2018 年全国民生水平总体呈现小幅度下降趋势，从 0.2881 降至 0.2702，其中 2018 年降幅最大达 3.98%。

为此，2018 年 7 月 31 日政府首次提出"六稳"方针，并将"稳就业"置于首位，以实现经济运行在合理区间，同年 12 月 31 日中央再次强调做好"六稳"工作，要求统筹推进稳增长、促改革、调结构、惠民生、防风险工作。"六稳"方针的提出意味着稳就业、惠民生等工作成为经济稳增长的重要组成部分，使得 2019 年民生水平下降趋势减缓，降幅仅有 1.25%。2020 年伊始新冠疫情暴发，中国经济社会受到冲击，第一季度 GDP 同比下降 6.9%，年度 GDP 增长仅 2.2%。在经济下行、就业不佳和疫情防控的多重压力下，2020年4月召开的中共中央政治局会议提出做好"六保"，即保居民就业、保基本民生、保市场主体、保粮食能源安全、保产业链供应链，不断加大民生投入，民生水平在2020年出现转折并提升至0.2789，增长率达4.53%，实现了民生水平的最快增长。

从整体水平来看，2014年至2020年全国民生水平维持在0.26—0.29之间，总体增长偏低，说明我国提高保障和改善民生水平的力度具有较大提升空间。

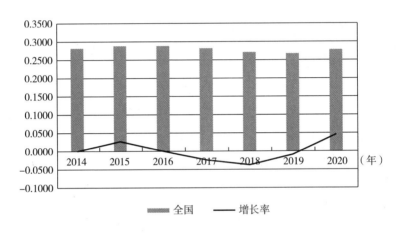

图8-1　全国民生水平及其增长率

**（二）三大区域地区民生水平演进趋势及差距**

为了解各地区民生水平，将全国31个省划分为东部、中部和西部三个区域①，计算每个区域内民生水平均值，结果如表8-1所示。结果显示，三大区域民生水平发展趋势和全国基本相同，大致呈现上升、下降再上升趋势。同时，东部地区民生水平最高，中部其次、西部最低，且东部显著高于中部、西部以及全国民生水平，表明我国民生水平在区域之间发展不平衡问题较为突出。

---

① 东部为北京、天津、河北、辽宁、上海、江苏、浙江、福建、山东、广东、海南，中部为山西、吉林、黑龙江、安徽、江西、河南、湖北、湖南，西部为内蒙古、广西、重庆、四川、贵州、云南、西藏、陕西、甘肃、青海、宁夏、新疆。

表 8-1 各地区民生水平

| 地区 | 2014 年 | 2015 年 | 2016 年 | 2017 年 | 2018 年 | 2019 年 | 2020 年 |
|---|---|---|---|---|---|---|---|
| 东部 | 0.3921 | 0.3972 | 0.3928 | 0.3806 | 0.3591 | 0.3594 | 0.3690 |
| 中部 | 0.2302 | 0.2398 | 0.2429 | 0.2389 | 0.2285 | 0.2255 | 0.2433 |
| 西部 | 0.2140 | 0.2213 | 0.2222 | 0.2180 | 0.2164 | 0.2094 | 0.2199 |
| 全国 | 0.2814 | 0.2885 | 0.2881 | 0.2811 | 0.2702 | 0.2668 | 0.2789 |

为呈现各地区民生水平差距及其来源，借助 Dagum 基尼系数进一步分析（表 8-2）。从全国基尼系数变动看，我国民生水平差距总体上呈现波动中缩小趋势，2014 年为 0.2028，2020 年已降至 0.1755，说明我国民生发展不平衡状况在逐步改善。从区域内基尼系数来看，东部基尼系数最大，中部和西部大致持平，东部、西部基尼系数在波动中有所缩小，而中部则在波动中呈现扩大的趋势，意味着东部和西部民生水平差异在逐步缩小，中部民生水平差异则相反呈现不断扩大特征，可能的原因在于随着东部崛起战略的升级，东部内部在经济发展、民生保障领域出现分化，部分中部省份经济逐步发展，更加注重提高保障和改善民生水平，其民生水平提高较多，如河南、安徽、江西等地，而有些省份因自身经济衰退趋势不可逆转，其民生投入较少，致使民生水平改善较少，如吉林、黑龙江。从区域间基尼系数来看，东部和中部、东部和西部之间民生水平差距总体呈现缩小的趋势，但中部和西部之间的差距并没有缩小，甚至在多个年份呈现扩大之势，意味着中部地区在保障和改善民生水平方面的成效优于西部地区。

表 8-2 2014—2020 年中国民生水平基尼系数及其分解

| 年份 | 全国 | 区域内基尼系数 | | | 区域间基尼系数 | | | 基尼系数贡献率（%） | | |
|---|---|---|---|---|---|---|---|---|---|---|
| | | 东部 | 中部 | 西部 | 东—中 | 东—西 | 中—西 | 区域内 | 区域间 | 超变密度 |
| 2014 | 0.2028 | 0.1690 | 0.0693 | 0.0961 | 0.2704 | 0.3017 | 0.0911 | 21.88 | 71.66 | 6.46 |
| 2015 | 0.1950 | 0.1630 | 0.0724 | 0.0861 | 0.2604 | 0.2927 | 0.0877 | 21.62 | 71.85 | 6.53 |
| 2016 | 0.1928 | 0.1590 | 0.0785 | 0.0895 | 0.2529 | 0.2878 | 0.0943 | 21.81 | 70.67 | 7.52 |
| 2017 | 0.1916 | 0.1690 | 0.0898 | 0.0763 | 0.2490 | 0.2840 | 0.0956 | 22.31 | 69.44 | 8.25 |
| 2018 | 0.1830 | 0.1645 | 0.0882 | 0.0786 | 0.2440 | 0.2642 | 0.0919 | 22.92 | 66.27 | 10.81 |
| 2019 | 0.1888 | 0.1696 | 0.0916 | 0.0728 | 0.2491 | 0.2759 | 0.0950 | 22.51 | 68.45 | 9.04 |

续表

| 年份 | 全国 | 区域内基尼系数 | | | 区域间基尼系数 | | | 基尼系数贡献率（%） | | |
|---|---|---|---|---|---|---|---|---|---|---|
| | | 东部 | 中部 | 西部 | 东—中 | 东—西 | 中—西 | 区域内 | 区域间 | 超变密度 |
| 2020 | 0.1755 | 0.1543 | 0.0795 | 0.0631 | 0.2273 | 0.2651 | 0.0912 | 21.53 | 70.15 | 8.32 |
| 平均 | 0.1899 | 0.1641 | 0.0813 | 0.0804 | 0.2504 | 0.2816 | 0.0924 | 22.08 | 69.78 | 8.13 |

从基尼系数的贡献率来看，区域间差异贡献最大，平均达 69.78%，区域内差异贡献其次，平均为 22.08%，超变密度平均贡献 8.13%，表明区域之间的差距是我国民生水平发展不平衡的最主要原因，未来缩小民生差距的重点在于提升不同区域之间民生保障水平的协调性。值得注意的是，区域间和区域内基尼系数贡献率在波动中略有下降，而超变密度贡献率则在波动中上升，表明东部地区存在部分"异常"省份，其民生水平低于中部或西部地区，如海南、辽宁，这些"异常"省份导致的差异增大意味着并非所有的东部地区民生水平都很高，东部地区落后省份的民生水平也值得关注。

（三）各省民生水平演进趋势

为反映各省民生水平变动趋势，绘制了各省平均民生水平时间序列图（见图 8-2）。总体而言，大多数省份民生水平变动幅度较小，少数省份民生水平呈现明显上升、下降再上升趋势，2020 年几乎所有省份均有小幅度上升（见表 8-3）。

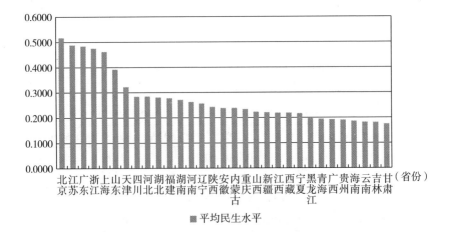

图 8-2　2014-2020 年各省平均民生水平

表 8-3　　　　　　　　2014-2020 年中国各省（区、市）民生水平

| 省份 | 2014 年 | 2015 年 | 2016 年 | 2017 年 | 2018 年 | 2019 年 | 2020 年 |
|---|---|---|---|---|---|---|---|
| 北京 | 0.5641 | 0.5318 | 0.5264 | 0.5269 | 0.4874 | 0.4938 | 0.5090 |
| 天津 | 0.3393 | 0.3466 | 0.3396 | 0.3219 | 0.3004 | 0.2913 | 0.3213 |
| 河北 | 0.2696 | 0.2850 | 0.2918 | 0.2782 | 0.2831 | 0.2845 | 0.3123 |
| 山西 | 0.2194 | 0.2319 | 0.2272 | 0.2324 | 0.2220 | 0.2121 | 0.2282 |
| 内蒙古 | 0.2520 | 0.2542 | 0.2492 | 0.2433 | 0.2333 | 0.2196 | 0.2289 |
| 辽宁 | 0.2853 | 0.2760 | 0.2818 | 0.2552 | 0.2315 | 0.2274 | 0.2394 |
| 吉林 | 0.1828 | 0.1906 | 0.1997 | 0.1783 | 0.1719 | 0.1700 | 0.1819 |
| 黑龙江 | 0.2109 | 0.2212 | 0.2089 | 0.2008 | 0.1814 | 0.1711 | 0.2014 |
| 上海 | 0.4844 | 0.5131 | 0.5001 | 0.4703 | 0.4226 | 0.4266 | 0.4392 |
| 江苏 | 0.5174 | 0.5091 | 0.5019 | 0.5024 | 0.4715 | 0.4640 | 0.4706 |
| 浙江 | 0.4789 | 0.4914 | 0.4960 | 0.4896 | 0.4634 | 0.4792 | 0.4378 |
| 安徽 | 0.2326 | 0.2335 | 0.2374 | 0.2351 | 0.2445 | 0.2390 | 0.2589 |
| 福建 | 0.2816 | 0.2799 | 0.2802 | 0.2879 | 0.2847 | 0.2694 | 0.2786 |
| 江西 | 0.2094 | 0.2176 | 0.2234 | 0.2170 | 0.2121 | 0.2209 | 0.2402 |
| 山东 | 0.3999 | 0.4209 | 0.4133 | 0.3827 | 0.3633 | 0.3681 | 0.4052 |
| 河南 | 0.2511 | 0.2505 | 0.2651 | 0.2716 | 0.2556 | 0.2706 | 0.2795 |
| 湖北 | 0.2678 | 0.2843 | 0.3097 | 0.2887 | 0.2714 | 0.2650 | 0.2791 |
| 湖南 | 0.2678 | 0.2889 | 0.2718 | 0.2875 | 0.2695 | 0.2551 | 0.2773 |
| 广东 | 0.4955 | 0.5162 | 0.4976 | 0.4882 | 0.4694 | 0.4713 | 0.4589 |
| 广西 | 0.1798 | 0.1913 | 0.1935 | 0.1959 | 0.2005 | 0.1905 | 0.2019 |
| 海南 | 0.1965 | 0.1991 | 0.1926 | 0.1832 | 0.1723 | 0.1777 | 0.1873 |
| 重庆 | 0.2490 | 0.2553 | 0.2562 | 0.2385 | 0.2224 | 0.2117 | 0.2193 |
| 四川 | 0.2774 | 0.2855 | 0.2943 | 0.2961 | 0.2854 | 0.2766 | 0.2898 |
| 贵州 | 0.1765 | 0.1969 | 0.1907 | 0.1932 | 0.1995 | 0.1885 | 0.1921 |
| 云南 | 0.1674 | 0.1751 | 0.1751 | 0.2001 | 0.1846 | 0.1795 | 0.1972 |
| 西藏 | 0.2069 | 0.2101 | 0.2034 | 0.2079 | 0.2596 | 0.2269 | 0.2238 |
| 陕西 | 0.2469 | 0.2513 | 0.2477 | 0.2417 | 0.2348 | 0.2413 | 0.2465 |
| 甘肃 | 0.1682 | 0.1768 | 0.1780 | 0.1792 | 0.1766 | 0.1697 | 0.1905 |
| 青海 | 0.1873 | 0.2002 | 0.2000 | 0.1884 | 0.1888 | 0.2012 | 0.2117 |
| 宁夏 | 0.2333 | 0.2314 | 0.2468 | 0.2126 | 0.1983 | 0.1981 | 0.2080 |
| 新疆 | 0.2240 | 0.2278 | 0.2312 | 0.2191 | 0.2132 | 0.2091 | 0.2293 |

续表

| 省份 | 2014 年 | 2015 年 | 2016 年 | 2017 年 | 2018 年 | 2019 年 | 2020 年 |
|------|---------|---------|---------|---------|---------|---------|---------|
| 全国 | 0.2814 | 0.2885 | 0.2881 | 0.2811 | 0.2702 | 0.2668 | 0.2789 |
| 增长率 | — | 2.52% | -0.14% | -2.43% | -3.89% | -1.25% | 4.53% |

注：全国为 31 个省的平均民生水平，增长率为全国平均民生水平的增长率。

从各省平均民生水平来看，东部的北京、江苏、广东、浙江、上海是民生水平最高的五个省份，分别为 0.5199、0.4910、0.4853、0.4766、0.4652，且远高于其他省份，这五个省份经济较为发达，同时在社会、政治、文化等领域实力较强，其民生水平高也是意料之中。山东、天津紧随其后，分别为 0.3933、0.3229，这两地亦属东部省份，综合实力总体较强，其民生水平和第一梯队的五个省份差距明显。其他省份平均民生水平差距不大，如排名第八的四川民生水平为 0.2864，而排名第 23 的宁夏为 0.2184，和前两个梯队的省份相比，这部分省份的平均民生水平较低，均在 0.29 以下。

平均民生水平最低的五个省份是贵州、海南、云南、吉林、甘肃，分别为 0.1910、0.1869、0.1827、0.1822、0.1770。贵州、云南、甘肃属于西部欠发达地区，民生投入相对不足，民生水平总体偏低。海南经济发展水平不高，同时作为自由贸易港和国际旅游岛，产业结构较为单一，以依托贸易和旅游业的第三产业为主，工业发展相对不足，基本公共服务和科技创新落后，最终使得民生水平较低。吉林作为老工业基地，人口外流严重、老龄化问题突出、社会抚养压力较大，基本公共服务和社会保障相对薄弱，这两个项目在民生水平中的权重较大，导致民生水平偏低。

进一步分析各省民生水平排名情况（表 8-4），发现北京始终排名第一，原因在于北京不仅经济发达，同时作为政治和文化中心，其人民生活、基本公共服务、社会保障等领域表现较好，整体民生水平自然很高。江苏、广东、上海、浙江四地在第二和第五之间徘徊，这四地总体综合实力较强，但由于其在某个项目上表现亮眼导致民生水平的排位发生变化，如江苏在基本公共服务领域表现突出，广东在社会治理方面投入较大。天津、山东、四川、湖北、湖南民生水平排名较为稳定，处于中上水平，内蒙古、辽宁、吉林、黑龙江、福建、海南、重庆、宁夏等地民生水平随着时间的推移排名呈现后退趋势，河北、安徽、江西、广西、云南、西藏等地民生水平则呈现前进趋势。

表 8-4　　　　　　　　　2014—2020 年各省民生水平排名

| 省份 | 2014 年 | 2015 年 | 2016 年 | 2017 年 | 2018 年 | 2019 年 | 2020 年 |
|------|--------|--------|--------|--------|--------|--------|--------|
| 北京 | 1 | 1 | 1 | 1 | 1 | 1 | 1 |
| 天津 | 7 | 7 | 7 | 7 | 7 | 7 | 7 |
| 河北 | 11 | 10 | 10 | 12 | 10 | 8 | 8 |
| 山西 | 21 | 19 | 21 | 19 | 20 | 20 | 20 |
| 内蒙古 | 14 | 15 | 16 | 15 | 17 | 19 | 19 |
| 辽宁 | 8 | 13 | 11 | 14 | 18 | 16 | 17 |
| 吉林 | 27 | 29 | 26 | 31 | 31 | 30 | 31 |
| 黑龙江 | 22 | 22 | 23 | 24 | 28 | 29 | 26 |
| 上海 | 4 | 3 | 3 | 5 | 5 | 5 | 4 |
| 江苏 | 2 | 4 | 2 | 2 | 2 | 4 | 2 |
| 浙江 | 5 | 5 | 5 | 3 | 4 | 2 | 5 |
| 安徽 | 19 | 18 | 19 | 18 | 15 | 15 | 14 |
| 福建 | 9 | 12 | 12 | 10 | 9 | 11 | 12 |
| 江西 | 23 | 23 | 22 | 21 | 22 | 18 | 16 |
| 山东 | 6 | 6 | 6 | 6 | 6 | 6 | 6 |
| 河南 | 15 | 17 | 14 | 13 | 14 | 10 | 10 |
| 湖北 | 12 | 11 | 8 | 9 | 11 | 12 | 11 |
| 湖南 | 13 | 8 | 13 | 11 | 12 | 13 | 13 |
| 广东 | 3 | 2 | 4 | 4 | 3 | 3 | 3 |
| 广西 | 28 | 28 | 27 | 26 | 23 | 25 | 25 |
| 海南 | 25 | 26 | 28 | 29 | 30 | 28 | 30 |
| 重庆 | 16 | 14 | 15 | 17 | 19 | 21 | 22 |
| 四川 | 10 | 9 | 9 | 8 | 8 | 9 | 9 |
| 贵州 | 29 | 27 | 29 | 27 | 24 | 26 | 28 |
| 云南 | 31 | 31 | 31 | 25 | 27 | 27 | 27 |
| 西藏 | 24 | 24 | 24 | 23 | 13 | 17 | 21 |
| 陕西 | 17 | 16 | 17 | 16 | 16 | 14 | 15 |
| 甘肃 | 30 | 30 | 30 | 30 | 29 | 31 | 29 |
| 青海 | 26 | 25 | 25 | 28 | 26 | 23 | 23 |
| 宁夏 | 18 | 20 | 18 | 22 | 25 | 24 | 24 |
| 新疆 | 20 | 21 | 20 | 20 | 21 | 22 | 18 |

### 二 空间演进趋势

（一）民生水平的空间分布

将各省民生水平进一步以平均数和标准差划分为高水平（大于平均数与 0.5 倍标准差之和）、低水平（小于平均数与 0.5 倍标准差之差）和中等水平（介于前二者之间），发现各省份民生水平具有明显的空间集聚现象。以 2014 年、2016 年、2018 年、2020 年为例，高水平集中在北京、上海、江苏、浙江、山东、广东等地，天津自 2016 年从高水平跌至中等水平后始终维持在中等水平；中等水平集中在河北、内蒙古、辽宁、安徽、福建、河南、湖北、湖南、重庆、四川、陕西等地，其中，重庆自 2020 年跌入低水平区；而低水平主要集中在山西、吉林、黑龙江、广西、海南、江西、贵州、云南、西藏、甘肃、青海、宁夏、新疆等地，其中，江西 2018 年之前一直处于低水平区，之后上升到中等水平区，宁夏在 2017 年之后处于低水平区。高水平均为东部省份，而中等水平以中部地区为主，同时包含部分东部和西部省份；低水平以西部省份为主，并包含个别东部和中部省份。这表明经济发展确实是保障民生水平的重要因素，经济发展水平高的省份民生水平通常较高，而经济发展水平低的省份民生水平通常也较低，由此可能造成强者愈强、弱者愈弱的"马太效应"。

表 8-5　　　　　　　　　　　民生水平空间分布

| 等级 | 2014 年 | 2016 年 | 2018 年 | 2020 年 |
|---|---|---|---|---|
| 高水平 | 北京、天津、上海、江苏、浙江、山东、广东 | 北京、上海、江苏、浙江、山东、广东 | 北京、上海、江苏、浙江、山东、广东 | 北京、上海、江苏、浙江、山东、广东 |
| 中等水平 | 河北、内蒙古、辽宁、安徽、福建、河南、湖北、湖南、重庆、四川、陕西、宁夏 | 天津、河北、内蒙古、辽宁、安徽、福建、河南、湖北、湖南、重庆、四川、陕西、宁夏 | 天津、河北、山西、内蒙古、辽宁、安徽、福建、河南、湖北、湖南、重庆、四川、西藏、陕西 | 天津、河北、辽宁、安徽、福建、江西、河南、湖北、湖南、四川、陕西 |
| 低水平 | 山西、吉林、黑龙江、江西、广西、海南、贵州、云南、西藏、甘肃、青海、新疆 | 山西、吉林、黑龙江、江西、广西、海南、贵州、云南、西藏、甘肃、青海、新疆 | 吉林、黑龙江、江西、广西、海南、贵州、云南、甘肃、青海、宁夏、新疆 | 山西、内蒙古、吉林、黑龙江、广西、海南、重庆、贵州、云南、西藏、甘肃、青海、宁夏、新疆 |

（二）民生水平的空间相关

为考察民生水平的空间集聚，采用全局 Moran's I 值和局部 Moran's

I 值进一步分析（表 8-6）。全局 Moran's I 值可以反映变量空间相关程度，大于 0 时表示空间正相关，小于 0 时表示空间负相关。从历年全局 Moran's I 值的方向可以判断我国民生水平呈现空间正相关特征，即民生水平具有空间集聚特征。总体来看，全局 Moran's I 值在波动中有所上浮，表明各地民生水平空间集聚特征逐步加强。

表 8-6　　　　　2014—2020 年民生水平的全局 Moran's I 值

| 年份 | 2014 | 2016 | 2018 | 2020 |
|---|---|---|---|---|
| 全局 Moran's I 值 | 0.369*** (0.001) | 0.386*** (0.000) | 0.378*** (0.000) | 0.431*** (0.000) |

　　注：Moran's I 计算所用矩阵为邻接矩阵，*** 表示参数估计在 1% 的水平下通过了统计显著性检验，括号中为 p 值。

　　全局 Moran's I 值可以从整体角度展示全国各省民生水平的空间相关性，但未能区分不同地区间的差异。为考察各地区民生水平的空间相关性，进一步计算局部 Moran's I 值，并利用其散点图来展示民生水平的局部空间集聚性。局部 Moran's I 值取值大于 0 表示民生水平高的省份被其他民生水平高的省份包围（高值—高值），或民生水平低的省份被其他民生水平低的省份包围（低值—低值）；取值小于 0 表示民生水平高的省份被民生水平低的省份包围（高值—低值），或民生水平低的省份被民生水平高的省份包围（低值—高值）。图 8-3 依次展示了 2014 年、2016 年、2018 年、2020 年各省份民生水平在邻接权重矩阵下的局部 Moran's I 值散点图。[①] 局部 Moran's I 值均为大于 0，说明各省民生水平呈现高值—高值或低值—低值的空间集聚特征。从散点图可以看出，全国多数省份民生水平分布在第一、三象限。2020 年表现尤为明显，分布在第一、三象限的省份达 25 个，占 80.65%。因此我国各省份民生水平存在空间集聚特征，各地区民生水平具有空间依赖性，民生水平高的地区参考邻近水平高的地区，以提高民生保障水平。反过来，民生水平低的地区则参照邻近民生水平低的地区，以降低民生保障水平。

――――――――――

　　① 图中 1—31 表示各省份，分别为北京、天津、河北、山西、内蒙古、辽宁、吉林、黑龙江、上海、江苏、浙江、安徽、福建、江西、山东、河南、湖北、湖南、广东、广西、海南、重庆、四川、贵州、云南、西藏、陕西、甘肃、青海、宁夏、新疆。

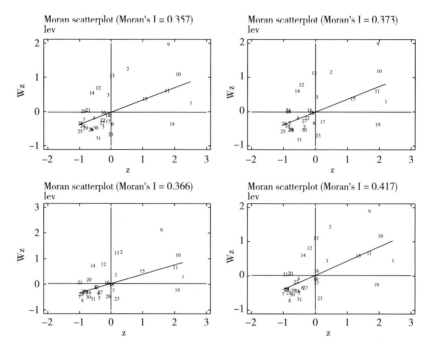

图 8-3　2014—2020 年各省民生水平局部 Moran's I 值及其散点图

# 第二节　民生子系统发展水平

## 一　经济发展

在经济发展子系统上，各省呈现较为一致的上升、下降再上升发展趋势。从 2014 年开始到 2017 年前后经济发展子系统水平稳步提升，2017 年前后因经济由高速增长向高质量发展的换挡，经济发展子系统水平有所下降，2020 年伴随着城镇化速度加快和产业结构优化，经济发展子系统水平总体上略有提升。

表 8-7　　　　　　2014—2020 年各省经济发展子系统水平

| 省份 | 2014 年 | 2015 年 | 2016 年 | 2017 年 | 2018 年 | 2019 年 | 2020 年 |
|------|---------|---------|---------|---------|---------|---------|---------|
| 北京 | 0.0891 | 0.0976 | 0.0977 | 0.0951 | 0.0909 | 0.0870 | 0.0939 |
| 天津 | 0.0587 | 0.0655 | 0.0601 | 0.0561 | 0.0525 | 0.0522 | 0.0591 |
| 河北 | 0.0235 | 0.0269 | 0.0219 | 0.0247 | 0.0382 | 0.0254 | 0.0239 |

续表

| 省份 | 2014 年 | 2015 年 | 2016 年 | 2017 年 | 2018 年 | 2019 年 | 2020 年 |
|------|---------|---------|---------|---------|---------|---------|---------|
| 山西 | 0.0260 | 0.0351 | 0.0326 | 0.0420 | 0.0390 | 0.0357 | 0.0397 |
| 内蒙古 | 0.0438 | 0.0474 | 0.0435 | 0.0458 | 0.0462 | 0.0385 | 0.0411 |
| 辽宁 | 0.0348 | 0.0363 | 0.0342 | 0.0335 | 0.0309 | 0.0275 | 0.0311 |
| 吉林 | 0.0259 | 0.0294 | 0.0293 | 0.0287 | 0.0272 | 0.0252 | 0.0284 |
| 黑龙江 | 0.0240 | 0.0320 | 0.0284 | 0.0302 | 0.0254 | 0.0204 | 0.0281 |
| 上海 | 0.0790 | 0.0864 | 0.0867 | 0.0862 | 0.0796 | 0.0787 | 0.0857 |
| 江苏 | 0.0543 | 0.0592 | 0.0589 | 0.0562 | 0.0557 | 0.0496 | 0.0546 |
| 浙江 | 0.0536 | 0.0596 | 0.0582 | 0.0580 | 0.0546 | 0.0508 | 0.0587 |
| 安徽 | 0.0225 | 0.0248 | 0.0282 | 0.0279 | 0.0290 | 0.0277 | 0.0314 |
| 福建 | 0.0447 | 0.0483 | 0.0422 | 0.0440 | 0.0445 | 0.0430 | 0.0453 |
| 江西 | 0.0220 | 0.0237 | 0.0234 | 0.0257 | 0.0285 | 0.0278 | 0.0264 |
| 山东 | 0.0372 | 0.0397 | 0.0383 | 0.0381 | 0.0321 | 0.0318 | 0.0364 |
| 河南 | 0.0232 | 0.0235 | 0.0266 | 0.0279 | 0.0253 | 0.0242 | 0.0198 |
| 湖北 | 0.0329 | 0.0356 | 0.0395 | 0.0373 | 0.0375 | 0.0341 | 0.0342 |
| 湖南 | 0.0242 | 0.0269 | 0.0237 | 0.0269 | 0.0250 | 0.0258 | 0.0280 |
| 广东 | 0.0464 | 0.0530 | 0.0538 | 0.0546 | 0.0492 | 0.0476 | 0.0501 |
| 广西 | 0.0178 | 0.0212 | 0.0210 | 0.0241 | 0.0232 | 0.0210 | 0.0206 |
| 海南 | 0.0356 | 0.0356 | 0.0375 | 0.0403 | 0.0345 | 0.0331 | 0.0350 |
| 重庆 | 0.0340 | 0.0359 | 0.0341 | 0.0362 | 0.0330 | 0.0318 | 0.0322 |
| 四川 | 0.0198 | 0.0223 | 0.0213 | 0.0258 | 0.0262 | 0.0237 | 0.0289 |
| 贵州 | 0.0238 | 0.0234 | 0.0220 | 0.0256 | 0.0223 | 0.0232 | 0.0255 |
| 云南 | 0.0226 | 0.0275 | 0.0243 | 0.0292 | 0.0276 | 0.0263 | 0.0292 |
| 西藏 | 0.0455 | 0.0460 | 0.0462 | 0.0455 | 0.0406 | 0.0387 | 0.0403 |
| 陕西 | 0.0323 | 0.0353 | 0.0325 | 0.0333 | 0.0347 | 0.0320 | 0.0330 |
| 甘肃 | 0.0276 | 0.0285 | 0.0324 | 0.0284 | 0.0279 | 0.0240 | 0.0264 |
| 青海 | 0.0355 | 0.0391 | 0.0422 | 0.0353 | 0.0364 | 0.0371 | 0.0358 |
| 宁夏 | 0.0461 | 0.0428 | 0.0478 | 0.0407 | 0.0390 | 0.0340 | 0.0411 |
| 新疆 | 0.0355 | 0.0360 | 0.0347 | 0.0363 | 0.0358 | 0.0332 | 0.0345 |

进一步计算三大区域和全国经济发展子系统平均水平可以看出，无论是东部、中部、西部还是全国均呈现上升、下降再上升趋势。得益于

经济发展的先发优势，东部经济发展子系统水平显著高于中部和西部，西部因国家实施西部大开发战略享受较多优惠政策，其经济发展子系统水平略高于中部，而中部由于人才的流失、技术的限制以及资本的缺乏，经济发展子系统水平最低。

表8-8　　　　2014—2020年全国及三大区域经济发展子系统水平

| 地区 | 2014 年 | 2015 年 | 2016 年 | 2017 年 | 2018 年 | 2019 年 | 2020 年 |
|---|---|---|---|---|---|---|---|
| 东部 | 0.0506 | 0.0553 | 0.0536 | 0.0534 | 0.0511 | 0.0479 | 0.0522 |
| 中部 | 0.0251 | 0.0289 | 0.0290 | 0.0308 | 0.0296 | 0.0276 | 0.0295 |
| 西部 | 0.0320 | 0.0338 | 0.0335 | 0.0339 | 0.0327 | 0.0303 | 0.0324 |
| 全国 | 0.0368 | 0.0401 | 0.0395 | 0.0400 | 0.0385 | 0.0358 | 0.0387 |

从各省经济发展子系统年平均水平来看，北京、上海经济发展子系统排名第一和第二，分别为0.0930、0.0832，且遥遥领先于其他省份，这两地除了经济增长率和人均GDP水平较高外，在产业机构、城镇化、消费和共享水平等方面也优于其他省份。天津、浙江、江苏、广东经济发展子系统水平处于次高状况，分别为0.0577、0.0562、0.0555、0.0507，尽管天津在直接的经济指标，如经济增长率、劳动生产率、人均GDP等方面不如浙江、江苏和广州等地，但其城镇化率很高，2020年高达84.72%，加之其社会抚养负担较轻，老年抚养比和儿童抚养比相对较低，最终导致其经济发展子系统水平略占优势。而四川、贵州、广西经济发展子系统水平最低，分别仅为0.0240、0.0237、0.0213，贵州和广西因经济发展相关的各项指标均处于末尾，导致经济发展子系统水平低，而四川的经济发展子系统水平低的原因主要在于养老负担很重，其老年抚养比在全国属于较高水平，2020年已达25.28%，全国排名第二。

## 二　人民生活

在人民生活子系统方面，全国整体上呈现先降后升趋势。2014—2019年人民生活水平波动下降，2019—2020年开始上升。进一步分析全国和三大区域人民生活子系统水平，东部、中部、西部人民生活子系统水平按均值排序为东部（0.072）＞全国（0.052）＞中部（0.043）＞西部（0.039），可以发现东部地区民众生活水平高于全国平均水平，而中西部地区则低于全国平均水平。东部人民生活子系统水平最高，但呈现下滑

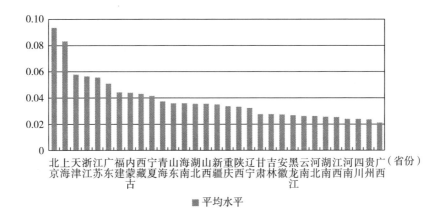

图 8-4　2014—2020 年各省经济发展子系统年平均水平

趋势，可能的原因在于东部地区房价和消费水平较高，人民的获得感逐渐下降；中部地区人民生活子系统水平总体在波动中略有下降；而西部地区人民生活子系统水平在波动中略有上升。分阶段看，2014—2018 年东部与中部地区呈现波动下降趋势，而西部地区则相反。2019—2020 年，全国及三大区域均呈现上升趋势。结合经济增速放缓与突发公共卫生事件等宏观背景，可以发现民众生活水平受到一定冲击。从 2014—2020 年居民收入与支出的变动可以发现，2014—2020 年中国居民人均收入与支出增速均呈现下降趋势，并且人均支出的下降幅度大于人均收入，2020 年居民人均收入增速由 2019 年的 8.9% 下降至 4.7%，而居民人均支出则由 8.6% 下降至 -1.6%。经济增速放缓与突发公共卫生事件使居民开始减少日常生活开支。

表 8-9　　2014—2020 年全国及三大区域人民生活子系统水平

| 地区 | 2014 年 | 2015 年 | 2016 年 | 2017 年 | 2018 年 | 2019 年 | 2020 年 |
|------|---------|---------|---------|---------|---------|---------|---------|
| 东部 | 0.0774 | 0.0769 | 0.0738 | 0.0726 | 0.0688 | 0.0666 | 0.0670 |
| 中部 | 0.0457 | 0.0454 | 0.0442 | 0.0415 | 0.0437 | 0.0409 | 0.0430 |
| 西部 | 0.0393 | 0.0385 | 0.0370 | 0.0369 | 0.0425 | 0.0394 | 0.0399 |
| 全国 | 0.0545 | 0.0539 | 0.0519 | 0.0508 | 0.0521 | 0.0494 | 0.0503 |

　　各省变动趋势不完全一致。大多数省份人民生活子系统水平呈现逐步下降或波动中下降趋势，如北京、天津、河北、山西、上海等地，部

分省份人民生活子系统水平在波动中上升，如河南、湖南、海南、贵州、西藏、甘肃和青海，少数省份人民生活子系统水平变化不大，如江西、广西、四川和宁夏。

表 8-10　　　　　2014—2020 年各省人民生活子系统水平

| 省份 | 2014 年 | 2015 年 | 2016 年 | 2017 年 | 2018 年 | 2019 年 | 2020 年 |
|------|---------|---------|---------|---------|---------|---------|---------|
| 北京 | 0.1137 | 0.1115 | 0.1106 | 0.1104 | 0.0977 | 0.0994 | 0.0983 |
| 天津 | 0.0742 | 0.0739 | 0.0709 | 0.0744 | 0.0635 | 0.0623 | 0.0692 |
| 河北 | 0.0601 | 0.0604 | 0.0554 | 0.0526 | 0.0496 | 0.0497 | 0.0519 |
| 山西 | 0.0489 | 0.0475 | 0.0442 | 0.0389 | 0.0449 | 0.0401 | 0.0402 |
| 内蒙古 | 0.0561 | 0.0550 | 0.0553 | 0.0534 | 0.0569 | 0.0525 | 0.0535 |
| 辽宁 | 0.0593 | 0.0550 | 0.0543 | 0.0498 | 0.0443 | 0.0468 | 0.0456 |
| 吉林 | 0.0438 | 0.0435 | 0.0442 | 0.0377 | 0.0375 | 0.0330 | 0.0417 |
| 黑龙江 | 0.0515 | 0.0491 | 0.0442 | 0.0409 | 0.0408 | 0.0405 | 0.0428 |
| 上海 | 0.1026 | 0.1032 | 0.0989 | 0.0978 | 0.0929 | 0.0846 | 0.0911 |
| 江苏 | 0.0882 | 0.0869 | 0.0839 | 0.0792 | 0.0746 | 0.0725 | 0.0723 |
| 浙江 | 0.0964 | 0.0987 | 0.0957 | 0.0902 | 0.0859 | 0.0835 | 0.0782 |
| 安徽 | 0.0439 | 0.0429 | 0.0409 | 0.0412 | 0.0452 | 0.0424 | 0.0428 |
| 福建 | 0.0697 | 0.0679 | 0.0648 | 0.0659 | 0.0726 | 0.0633 | 0.0624 |
| 江西 | 0.0398 | 0.0411 | 0.0405 | 0.0390 | 0.0409 | 0.0395 | 0.0397 |
| 山东 | 0.0815 | 0.0813 | 0.0757 | 0.0738 | 0.0689 | 0.0705 | 0.0678 |
| 河南 | 0.0443 | 0.0435 | 0.0455 | 0.0442 | 0.0452 | 0.0445 | 0.0458 |
| 湖北 | 0.0514 | 0.0514 | 0.0493 | 0.0470 | 0.0498 | 0.0451 | 0.0472 |
| 湖南 | 0.0422 | 0.0446 | 0.0448 | 0.0431 | 0.0451 | 0.0418 | 0.0436 |
| 广东 | 0.0659 | 0.0671 | 0.0628 | 0.0630 | 0.0622 | 0.0579 | 0.0567 |
| 广西 | 0.0341 | 0.0331 | 0.0333 | 0.0316 | 0.0343 | 0.0325 | 0.0328 |
| 海南 | 0.0394 | 0.0406 | 0.0392 | 0.0414 | 0.0443 | 0.0420 | 0.0436 |
| 重庆 | 0.0492 | 0.0458 | 0.0451 | 0.0433 | 0.0515 | 0.0435 | 0.0421 |
| 四川 | 0.0419 | 0.0382 | 0.0378 | 0.0414 | 0.0510 | 0.0421 | 0.0424 |
| 贵州 | 0.0245 | 0.0264 | 0.0265 | 0.0294 | 0.0371 | 0.0344 | 0.0318 |
| 云南 | 0.0342 | 0.0333 | 0.0339 | 0.0348 | 0.0437 | 0.0327 | 0.0316 |
| 西藏 | 0.0207 | 0.0218 | 0.0164 | 0.0217 | 0.0290 | 0.0267 | 0.0329 |
| 陕西 | 0.0580 | 0.0566 | 0.0539 | 0.0502 | 0.0502 | 0.0483 | 0.0498 |

续表

| 省份 | 2014 年 | 2015 年 | 2016 年 | 2017 年 | 2018 年 | 2019 年 | 2020 年 |
|------|---------|---------|---------|---------|---------|---------|---------|
| 甘肃 | 0.0233 | 0.0231 | 0.0238 | 0.0264 | 0.0312 | 0.0309 | 0.0328 |
| 青海 | 0.0362 | 0.0356 | 0.0337 | 0.0322 | 0.0338 | 0.0372 | 0.0392 |
| 宁夏 | 0.0467 | 0.0457 | 0.0431 | 0.0407 | 0.0467 | 0.0481 | 0.0476 |
| 新疆 | 0.0472 | 0.0470 | 0.0410 | 0.0383 | 0.0450 | 0.0437 | 0.0429 |

　　从各省人民生活子系统平均水平来看，其分布呈现阶梯式下降趋势。北京、上海、浙江、江苏等地生活子系统水平排名前四，分别为 0.1059、0.0959、0.0898、0.0796，经济发展水平是人民生活水平提高的基础，这四地经济较为发达，人均 GDP 在全国排名靠前，相应地，人民生活子系统水平也较高。而贵州、甘肃、西藏人民生活子系统水平排名最后，分别为 0.0300、0.0274、0.0242，原因主要在于这三地的经济发展水平较低，加之地理环境以山区、高原为主，人民基本生活的设施和条件较差，最终导致人民生活子系统水平很低。

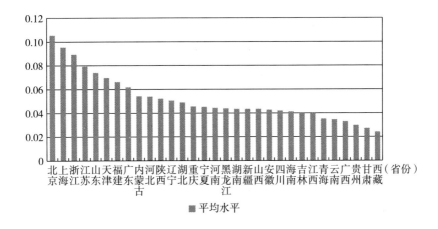

图 8-5　2014—2020 年各省人民生活子系统年平均水平

### 三　基本公共服务

　　各省基本公共服务子系统水平变动趋势不全相同。少数省份基本公共服务子系统水平变动较小，如浙江、山西。大多数省份在波动中略有提高，主要集中在中、西部的省份，在国家倡导基本公共服务均等化的大背景下，中部和西部地区基本公共服务得到较大幅度的提升。部分省份基本公共服务子系统水平表现为下降趋势，如北京、天津、上海、江苏等地，主要集中在东部地区，可能的原因在于这些地区基本公共服务水平已经相对较高，提升的空间较小，政府倾向于选择将财政投入其他能够显著改善民生水平的领域，最终导致其基本公共服务子系统水平略有下降。而这种中部和西部地区基本公共服务子系统水平普遍提升、东部基本公共服务子系统水平较高地区略有下降的变动趋势，正好说明基本公共服务均等化的政策已显成效。

表 8-11　　　　2014—2020 年各省基本公共服务子系统水平

| 省份 | 2014 年 | 2015 年 | 2016 年 | 2017 年 | 2018 年 | 2019 年 | 2020 年 |
|---|---|---|---|---|---|---|---|
| 北京 | 0.1697 | 0.1412 | 0.1440 | 0.1518 | 0.1458 | 0.1570 | 0.1456 |
| 天津 | 0.1053 | 0.0953 | 0.0963 | 0.0901 | 0.0896 | 0.0854 | 0.0843 |
| 河北 | 0.0980 | 0.0999 | 0.1058 | 0.1063 | 0.1085 | 0.1216 | 0.1454 |
| 山西 | 0.0694 | 0.0718 | 0.0774 | 0.0725 | 0.0661 | 0.0700 | 0.0695 |
| 内蒙古 | 0.0799 | 0.0768 | 0.0840 | 0.0731 | 0.0685 | 0.0678 | 0.0679 |
| 辽宁 | 0.0938 | 0.0914 | 0.0978 | 0.0849 | 0.0739 | 0.0740 | 0.0737 |
| 吉林 | 0.0582 | 0.0626 | 0.0665 | 0.0613 | 0.0566 | 0.0533 | 0.0550 |
| 黑龙江 | 0.0653 | 0.0679 | 0.0702 | 0.0655 | 0.0591 | 0.0574 | 0.0696 |
| 上海 | 0.1409 | 0.1277 | 0.1373 | 0.1164 | 0.1120 | 0.1147 | 0.1092 |
| 江苏 | 0.1815 | 0.1648 | 0.1618 | 0.1734 | 0.1645 | 0.1679 | 0.1628 |
| 浙江 | 0.1253 | 0.1342 | 0.1308 | 0.1303 | 0.1258 | 0.1324 | 0.1235 |
| 安徽 | 0.0752 | 0.0758 | 0.0794 | 0.0808 | 0.0771 | 0.0811 | 0.0848 |
| 福建 | 0.0886 | 0.0836 | 0.0932 | 0.0897 | 0.0866 | 0.0841 | 0.0817 |
| 江西 | 0.0883 | 0.0892 | 0.0986 | 0.0869 | 0.0824 | 0.0885 | 0.0944 |
| 山东 | 0.1272 | 0.1350 | 0.1407 | 0.1290 | 0.1318 | 0.1438 | 0.1571 |
| 河南 | 0.1013 | 0.1002 | 0.1130 | 0.1097 | 0.1016 | 0.1099 | 0.1120 |
| 湖北 | 0.0884 | 0.0975 | 0.1229 | 0.1028 | 0.0928 | 0.0949 | 0.0987 |
| 湖南 | 0.1179 | 0.1220 | 0.1133 | 0.1210 | 0.1128 | 0.1026 | 0.1052 |
| 广东 | 0.1478 | 0.1538 | 0.1420 | 0.1395 | 0.1375 | 0.1492 | 0.1438 |
| 广西 | 0.0769 | 0.0801 | 0.0792 | 0.0739 | 0.0787 | 0.0782 | 0.0806 |
| 海南 | 0.0549 | 0.0562 | 0.0591 | 0.0508 | 0.0532 | 0.0572 | 0.0602 |

续表

| 省份 | 2014 年 | 2015 年 | 2016 年 | 2017 年 | 2018 年 | 2019 年 | 2020 年 |
|---|---|---|---|---|---|---|---|
| 重庆 | 0.0715 | 0.0773 | 0.0852 | 0.0743 | 0.0688 | 0.0703 | 0.0689 |
| 四川 | 0.1025 | 0.1072 | 0.1108 | 0.1152 | 0.1081 | 0.1070 | 0.1136 |
| 贵州 | 0.0683 | 0.0761 | 0.0778 | 0.0734 | 0.0714 | 0.0721 | 0.0762 |
| 云南 | 0.0643 | 0.0673 | 0.0722 | 0.0736 | 0.0696 | 0.0742 | 0.0841 |
| 西藏 | 0.0741 | 0.0796 | 0.0807 | 0.0749 | 0.0809 | 0.0866 | 0.0860 |
| 陕西 | 0.0811 | 0.0824 | 0.0858 | 0.0825 | 0.0783 | 0.0878 | 0.0892 |
| 甘肃 | 0.0578 | 0.0595 | 0.0645 | 0.0615 | 0.0584 | 0.0598 | 0.0666 |
| 青海 | 0.0646 | 0.0669 | 0.0679 | 0.0633 | 0.0684 | 0.0725 | 0.0729 |
| 宁夏 | 0.0765 | 0.0741 | 0.0811 | 0.0700 | 0.0649 | 0.0666 | 0.0664 |
| 新疆 | 0.0708 | 0.0751 | 0.0778 | 0.0778 | 0.0725 | 0.0750 | 0.0943 |

从三大区域看，东部地区基本公共服务子系统水平最高，中部其次，西部最低，且东部基本公共服务子系统水平远高于中部和西部。三大区域的基本公共服务子系统水平变化趋势不全相同，其中东部地区总体表现为波动中略有下降的趋势，而中部和西部均呈现波动中逐步增加态势，且西部地区增加的幅度大于中部地区，这一趋势表明我国地区之间基本公共服务差距正在缩小，逐步迈向基本公共服务均等化。全国基本公共服务子系统水平经历上升、下降、再上升的过程，总体在波动中小幅度提高。这种变动趋势与国家提出"加快健全基本公共服务体系"有关。不过，2017 年经济增速下滑，政府工作重心是稳经济，相对而言，对基本公共服务领域重视程度下降，导致基本公共服务子系统水平在 2017 和 2018 年略有下滑，在 2018 年年底中央强调"六稳"、要求统筹推进惠民生工作后，2019 年基本公共服务子系统水平出现转折，开始逐渐提升。

表 8-12　2014—2020 年全国及三大区域基本公共服务子系统水平

| 地区 | 2014 年 | 2015 年 | 2016 年 | 2017 年 | 2018 年 | 2019 年 | 2020 年 |
|---|---|---|---|---|---|---|---|
| 东部 | 0.1212 | 0.1166 | 0.1190 | 0.1148 | 0.1117 | 0.1170 | 0.1170 |
| 中部 | 0.0830 | 0.0859 | 0.0927 | 0.0876 | 0.0811 | 0.0822 | 0.0862 |
| 西部 | 0.0740 | 0.0769 | 0.0806 | 0.0761 | 0.0740 | 0.0765 | 0.0806 |
| 全国 | 0.0931 | 0.0933 | 0.0973 | 0.0928 | 0.0892 | 0.0924 | 0.0949 |

从各省情况来看，江苏基本公共服务子系统水平最高，达 0.1681，原因是江苏的就业培训、教育等指标表现突出，且这些指标的权重较大。北京、广东、山东、浙江、上海紧随其后，山东基本公共服务子系统水平较为领先的原因与江苏类似，而北京、广东、浙江和上海基本公共服务靠前与其整体基本公共服务投入较多有关。甘肃、吉林、海南基本公共服务子系统水平最低，分别为 0.0611、0.0591、0.0560，其中，甘肃的基本公共服务的各项指标均偏低。吉林在教育、卫生机构、文化建设等方面投入较少导致公共服务子系统水平较低。而以旅游和贸易为主要产业的海南，其私人消费的服务业较为发达，但就业培训、医疗卫生机构以及文化建设等公共服务方面表现较为一般。

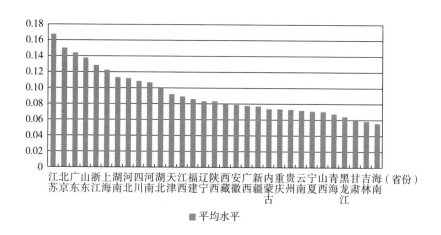

图 8-6　2014—2020 年各省基本公共服务子系统年平均水平

### 四　社会保障

各省社会保障子系统水平演变趋势略有不同，大多数省份社会保障子系统水平呈现上升、下降、再上升特征，这与整体民生水平变动趋势基本一致。2020 年新冠疫情中，社会保障作为保住民生底线的安全网发挥了巨大作用，如医疗保障支出为患者承担医疗费用、最低生活保障支出为因失去收入陷入贫困的低收入群体提供兜底性救助，这使得社会保障支出总体增加，大部分省份这一年社会保障子系统水平大幅提升。仅有少数省份如浙江、广东在 2020 年社会保障子系统水平略有下降，原因在于这两地的新业态从业人员如快递员、外卖员、网约车司机以及外来务工人员较多，受疫情影响，其收入来源不稳定，通常选择不参加社会保险或者是回流至家乡，导致这两地社会保险参保率下降较多，最终影响社会保障子系统水平。

表 8-13　　　　2014—2020 年各省社会保障子系统水平

| 省份 | 2014 年 | 2015 年 | 2016 年 | 2017 年 | 2018 年 | 2019 年 | 2020 年 |
|------|---------|---------|---------|---------|---------|---------|---------|
| 北京 | 0.1332 | 0.1392 | 0.1367 | 0.1343 | 0.1200 | 0.1186 | 0.1416 |
| 天津 | 0.0693 | 0.0791 | 0.0809 | 0.0780 | 0.0683 | 0.0693 | 0.0864 |
| 河北 | 0.0500 | 0.0489 | 0.0599 | 0.0479 | 0.0404 | 0.0425 | 0.0440 |
| 山西 | 0.0542 | 0.0579 | 0.0506 | 0.0567 | 0.0491 | 0.0444 | 0.0535 |
| 内蒙古 | 0.0565 | 0.0589 | 0.0510 | 0.0555 | 0.0466 | 0.0456 | 0.0501 |
| 辽宁 | 0.0613 | 0.0649 | 0.0641 | 0.0555 | 0.0495 | 0.0484 | 0.0550 |
| 吉林 | 0.0399 | 0.0388 | 0.0420 | 0.0341 | 0.0364 | 0.0383 | 0.0387 |
| 黑龙江 | 0.0545 | 0.0548 | 0.0491 | 0.0482 | 0.0427 | 0.0389 | 0.0459 |
| 上海 | 0.1168 | 0.1281 | 0.1330 | 0.1276 | 0.0987 | 0.1108 | 0.1153 |
| 江苏 | 0.0781 | 0.0852 | 0.0799 | 0.0807 | 0.0676 | 0.0686 | 0.0720 |
| 浙江 | 0.1138 | 0.1143 | 0.1233 | 0.1250 | 0.1088 | 0.1212 | 0.0836 |
| 安徽 | 0.0512 | 0.0476 | 0.0450 | 0.0415 | 0.0525 | 0.0490 | 0.0562 |
| 福建 | 0.0437 | 0.0463 | 0.0458 | 0.0535 | 0.0461 | 0.0443 | 0.0487 |
| 江西 | 0.0387 | 0.0421 | 0.0367 | 0.0392 | 0.0328 | 0.0337 | 0.0429 |
| 山东 | 0.0733 | 0.0826 | 0.0729 | 0.0581 | 0.0498 | 0.0475 | 0.0563 |
| 河南 | 0.0416 | 0.0398 | 0.0361 | 0.0461 | 0.0399 | 0.0417 | 0.0474 |
| 湖北 | 0.0554 | 0.0571 | 0.0552 | 0.0607 | 0.0488 | 0.0477 | 0.0537 |
| 湖南 | 0.0403 | 0.0451 | 0.0460 | 0.0527 | 0.0434 | 0.0431 | 0.0521 |
| 广东 | 0.0866 | 0.0916 | 0.0934 | 0.0876 | 0.0772 | 0.0767 | 0.0722 |
| 广西 | 0.0350 | 0.0356 | 0.0390 | 0.0459 | 0.0454 | 0.0408 | 0.0493 |
| 海南 | 0.0616 | 0.0622 | 0.0526 | 0.0468 | 0.0367 | 0.0421 | 0.0447 |
| 重庆 | 0.0664 | 0.0641 | 0.0614 | 0.0548 | 0.0401 | 0.0391 | 0.0453 |
| 四川 | 0.0619 | 0.0670 | 0.0760 | 0.0646 | 0.0561 | 0.0575 | 0.0656 |
| 贵州 | 0.0392 | 0.0500 | 0.0423 | 0.0440 | 0.0474 | 0.0396 | 0.0378 |
| 云南 | 0.0332 | 0.0327 | 0.0294 | 0.0472 | 0.0299 | 0.0309 | 0.0369 |
| 西藏 | 0.0657 | 0.0618 | 0.0593 | 0.0650 | 0.1053 | 0.0741 | 0.0601 |
| 陕西 | 0.0529 | 0.0539 | 0.0498 | 0.0493 | 0.0450 | 0.0466 | 0.0471 |

| 省份 | 2014 年 | 2015 年 | 2016 年 | 2017 年 | 2018 年 | 2019 年 | 2020 年 |
|---|---|---|---|---|---|---|---|
| 甘肃 | 0.0430 | 0.0480 | 0.0409 | 0.0469 | 0.0439 | 0.0401 | 0.0496 |
| 青海 | 0.0479 | 0.0548 | 0.0528 | 0.0534 | 0.0463 | 0.0504 | 0.0591 |
| 宁夏 | 0.0579 | 0.0616 | 0.0678 | 0.0528 | 0.0373 | 0.0400 | 0.0438 |
| 新疆 | 0.0588 | 0.0574 | 0.0653 | 0.0552 | 0.0494 | 0.0471 | 0.0452 |

进一步比较三大地区，可以看出东部地区社会保障子系统水平最高，远高于中部和西部，这主要得益于东部经济发展水平较高，西部社会保障子系统水平其次，中部最低，原因在于西部地区因国家政策倾斜获得较多的社会保障转移支付，而中部获得的社会保障转移支付较少，加之经济发展水平偏低，导致其社会保障子系统水平最低。东部和西部社会保障子系统水平总体在波动中略有下降，西部则在波动中略有上升，地区之间社会保障子系统水平差距在逐步缩小，走向均衡发展之路。三大区域以及全国社会保障子系统水平总体表现为上升、下降、再上升过程，其中 2020 年相较于前一年均有小幅度提升，原因在于这一年社会保障支出特别是医疗保障支出在全国范围内大幅增加，从而导致社会保障子系统水平总体提高。

表 8-14　　　2014—2020 年全国及三大区域社会保障子系统水平

| 地区 | 2014 年 | 2015 年 | 2016 年 | 2017 年 | 2018 年 | 2019 年 | 2020 年 |
|---|---|---|---|---|---|---|---|
| 东部 | 0.0807 | 0.0857 | 0.0857 | 0.0814 | 0.0694 | 0.0718 | 0.0745 |
| 中部 | 0.0470 | 0.0479 | 0.0451 | 0.0474 | 0.0432 | 0.0421 | 0.0488 |
| 西部 | 0.0515 | 0.0538 | 0.0529 | 0.0529 | 0.0494 | 0.0460 | 0.0491 |
| 全国 | 0.0607 | 0.0636 | 0.0625 | 0.0616 | 0.0549 | 0.0541 | 0.0581 |

从各省社会保障子系统平均水平来看，北京、上海、浙江三地社会保障子系统水平排名前三，分别为 0.1319、0.1186、0.1129，远高于其他省份。原因在于：一方面，这三地经济发展水平较高，社会保障待遇标准相应地比较高，同时提供的社会保障服务更为完善；另一方面，这三地城镇化水平较高。广东、江苏、天津社会保障子系统处于次高水平，分别为 0.0836、0.0760、0.0759，经济发展水平和城镇化也是其社会保

障子系统水平较高的主要原因。西藏作为一个经济欠发达地区，社会保
障子系统水平在全国排名第七，主要原因在于国家对西藏转移支付力度
较大，特别是在社会保障待遇方面，其养老保险替代率、人均医疗救助
支出、最低生活保障标准均名列前茅，最终使得社会保障子系统水平较
高。吉林、江西、云南社会保障子系统水平在全国最低，仅 0.0383、
0.0380、0.0343，这三地由于经济发展水平不高、中央给予的财政转移支
付有限，社会保障待遇水平总体较低，加之社会保险的覆盖面，特别是
工伤保险和失业保险覆盖率很低，最终导致社会保障子系统水平低下。

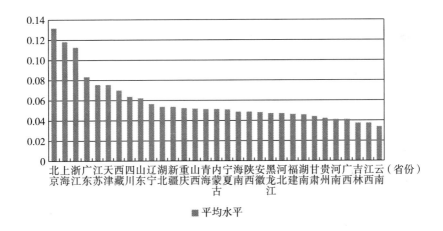

图 8-7　2014—2020 年各省社会保障子系统年平均水平

## 五　社会治理

各省社会治理水平演进趋势有所差异，多数省份表现为上升、下降、
再上升趋势，如河北、上海、安徽、吉林、湖南等地，部分省份则是在
波动中表现出先下降后上升特征，如福建、辽宁、江西等地，少数省份
呈现一路下降态势，如北京、江苏。

表 8-15　　　　　　2014—2020 年各省基本公共服务子系统水平

| 省份 | 2014 年 | 2015 年 | 2016 年 | 2017 年 | 2018 年 | 2019 年 | 2020 年 |
|---|---|---|---|---|---|---|---|
| 北京 | 0.0407 | 0.0261 | 0.0218 | 0.0206 | 0.0200 | 0.0190 | 0.0170 |
| 天津 | 0.0068 | 0.0060 | 0.0068 | 0.0064 | 0.0063 | 0.0060 | 0.0066 |
| 河北 | 0.0263 | 0.0358 | 0.0349 | 0.0329 | 0.0325 | 0.0309 | 0.0319 |
| 山西 | 0.0127 | 0.0124 | 0.0148 | 0.0146 | 0.0146 | 0.0144 | 0.0171 |

续表

| 省份 | 2014 年 | 2015 年 | 2016 年 | 2017 年 | 2018 年 | 2019 年 | 2020 年 |
|---|---|---|---|---|---|---|---|
| 内蒙古 | 0.0108 | 0.0106 | 0.0094 | 0.0096 | 0.0101 | 0.0104 | 0.0110 |
| 辽宁 | 0.0223 | 0.0170 | 0.0180 | 0.0179 | 0.0181 | 0.0178 | 0.0204 |
| 吉林 | 0.0080 | 0.0085 | 0.0085 | 0.0081 | 0.0083 | 0.0114 | 0.0109 |
| 黑龙江 | 0.0095 | 0.0119 | 0.0116 | 0.0111 | 0.0099 | 0.0099 | 0.0106 |
| 上海 | 0.0157 | 0.0399 | 0.0165 | 0.0162 | 0.0167 | 0.0169 | 0.0174 |
| 江苏 | 0.0542 | 0.0507 | 0.0535 | 0.0515 | 0.0517 | 0.0492 | 0.0492 |
| 浙江 | 0.0476 | 0.0387 | 0.0418 | 0.0416 | 0.0438 | 0.0448 | 0.0470 |
| 安徽 | 0.0168 | 0.0176 | 0.0171 | 0.0165 | 0.0164 | 0.0160 | 0.0189 |
| 福建 | 0.0176 | 0.0166 | 0.0164 | 0.0169 | 0.0174 | 0.0176 | 0.0222 |
| 江西 | 0.0123 | 0.0120 | 0.0126 | 0.0129 | 0.0131 | 0.0153 | 0.0200 |
| 山东 | 0.0470 | 0.0465 | 0.0494 | 0.0481 | 0.0482 | 0.0484 | 0.0578 |
| 河南 | 0.0235 | 0.0253 | 0.0255 | 0.0259 | 0.0268 | 0.0341 | 0.0375 |
| 湖北 | 0.0211 | 0.0233 | 0.0224 | 0.0216 | 0.0236 | 0.0246 | 0.0260 |
| 湖南 | 0.0244 | 0.0294 | 0.0234 | 0.0232 | 0.0235 | 0.0229 | 0.0299 |
| 广东 | 0.0755 | 0.0728 | 0.0653 | 0.0620 | 0.0591 | 0.0566 | 0.0510 |
| 广西 | 0.0098 | 0.0150 | 0.0144 | 0.0136 | 0.0134 | 0.0127 | 0.0128 |
| 海南 | 0.0022 | 0.0020 | 0.0024 | 0.0025 | 0.0024 | 0.0024 | 0.0024 |
| 重庆 | 0.0125 | 0.0151 | 0.0128 | 0.0123 | 0.0136 | 0.0130 | 0.0157 |
| 四川 | 0.0386 | 0.0383 | 0.0358 | 0.0353 | 0.0315 | 0.0342 | 0.0265 |
| 贵州 | 0.0162 | 0.0169 | 0.0173 | 0.0162 | 0.0169 | 0.0147 | 0.0161 |
| 云南 | 0.0092 | 0.0099 | 0.0105 | 0.0102 | 0.0093 | 0.0105 | 0.0104 |
| 西藏 | 0.0008 | 0.0009 | 0.0009 | 0.0009 | 0.0038 | 0.0009 | 0.0045 |
| 陕西 | 0.0132 | 0.0138 | 0.0160 | 0.0169 | 0.0175 | 0.0175 | 0.0179 |
| 甘肃 | 0.0101 | 0.0116 | 0.0118 | 0.0118 | 0.0118 | 0.0110 | 0.0112 |
| 青海 | 0.0016 | 0.0027 | 0.0020 | 0.0021 | 0.0021 | 0.0021 | 0.0021 |
| 宁夏 | 0.0014 | 0.0015 | 0.0021 | 0.0025 | 0.0025 | 0.0024 | 0.0022 |
| 新疆 | 0.0084 | 0.0088 | 0.0090 | 0.0088 | 0.0082 | 0.0078 | 0.0100 |

通过比较三大区域社会治理子系统水平，可以看出东部地区社会治理子系统水平最高，中部其次，西部最低。从发展趋势来看，东部、中部和西部地区社会治理子系统水平演进趋势有所差异，其中东部总体呈现下降态势，而中部在波动中提升较多，西部则是微小幅度上升，这种发展特征意味着各地区社会治理水平逐步走向均衡。

表 8-16　　　2014—2020 年全国及三大区域社会治理子系统水平

| 地区 | 2014 年 | 2015 年 | 2016 年 | 2017 年 | 2018 年 | 2019 年 | 2020 年 |
|------|---------|---------|---------|---------|---------|---------|---------|
| 东部 | 0.0324 | 0.0320 | 0.0297 | 0.0288 | 0.0287 | 0.0281 | 0.0293 |
| 中部 | 0.0160 | 0.0175 | 0.0170 | 0.0167 | 0.0170 | 0.0186 | 0.0214 |
| 西部 | 0.0111 | 0.0121 | 0.0118 | 0.0117 | 0.0117 | 0.0114 | 0.0117 |
| 全国 | 0.0199 | 0.0206 | 0.0195 | 0.0190 | 0.0191 | 0.0192 | 0.0205 |

从各省社会治理子系统平均水平来看，广东、江苏、山东、浙江社会治理子系统水平排名前四，远高于其他省份，分别为 0.0632、0.0514、0.0493、0.0436，意味着这些省份基层治理能力较强。而海南、青海、宁夏、西藏社会治理子系统水平最低，且远低于其他省份，分别仅为 0.0023、0.0021、0.0021、0.0018，这四个省份有一个共同特点，即地广人稀，社会治理难度大，导致社会治理子系统水平低下。

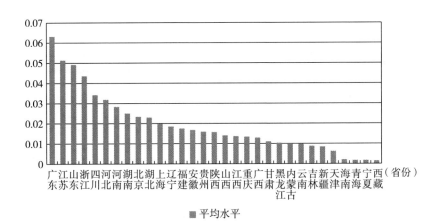

图 8-8　2014—2020 年各省社会治理子系统年平均水平

## 六　科技创新

各省科技创新子系统水平演进趋势不一，约三分之一的省份呈现逐步下降或波动中下降趋势，如北京、天津、黑龙江等，三分之一省份科技创新子系统水平总体持平，剩下三分之一省份科技创新子系统水平逐步上升或在波动中上升。

表 8-17  2014—2020 年各省科技创新了系统水平

| 省份 | 2014 年 | 2015 年 | 2016 年 | 2017 年 | 2018 年 | 2019 年 | 2020 年 |
|------|---------|---------|---------|---------|---------|---------|---------|
| 北京 | 0.0176 | 0.0163 | 0.0156 | 0.0147 | 0.0131 | 0.0129 | 0.0127 |
| 天津 | 0.0250 | 0.0267 | 0.0247 | 0.0168 | 0.0203 | 0.0162 | 0.0157 |
| 河北 | 0.0118 | 0.0132 | 0.0139 | 0.0138 | 0.0140 | 0.0144 | 0.0151 |
| 山西 | 0.0083 | 0.0073 | 0.0075 | 0.0078 | 0.0083 | 0.0075 | 0.0081 |
| 内蒙古 | 0.0048 | 0.0055 | 0.0058 | 0.0059 | 0.0049 | 0.0048 | 0.0052 |
| 辽宁 | 0.0138 | 0.0114 | 0.0135 | 0.0137 | 0.0149 | 0.0130 | 0.0135 |
| 吉林 | 0.0072 | 0.0079 | 0.0093 | 0.0085 | 0.0060 | 0.0087 | 0.0072 |
| 黑龙江 | 0.0060 | 0.0055 | 0.0054 | 0.0049 | 0.0036 | 0.0040 | 0.0044 |
| 上海 | 0.0294 | 0.0277 | 0.0276 | 0.0260 | 0.0227 | 0.0208 | 0.0205 |
| 江苏 | 0.0611 | 0.0623 | 0.0640 | 0.0614 | 0.0575 | 0.0562 | 0.0598 |
| 浙江 | 0.0423 | 0.0459 | 0.0461 | 0.0445 | 0.0446 | 0.0465 | 0.0468 |
| 安徽 | 0.0230 | 0.0249 | 0.0269 | 0.0271 | 0.0245 | 0.0229 | 0.0248 |
| 福建 | 0.0173 | 0.0173 | 0.0179 | 0.0179 | 0.0176 | 0.0171 | 0.0182 |
| 江西 | 0.0084 | 0.0096 | 0.0116 | 0.0132 | 0.0143 | 0.0162 | 0.0169 |
| 山东 | 0.0338 | 0.0358 | 0.0362 | 0.0357 | 0.0325 | 0.0261 | 0.0297 |
| 河南 | 0.0173 | 0.0183 | 0.0184 | 0.0178 | 0.0168 | 0.0161 | 0.0170 |
| 湖北 | 0.0185 | 0.0193 | 0.0205 | 0.0192 | 0.0190 | 0.0187 | 0.0194 |
| 湖南 | 0.0187 | 0.0209 | 0.0208 | 0.0207 | 0.0196 | 0.0188 | 0.0186 |
| 广东 | 0.0735 | 0.0779 | 0.0803 | 0.0814 | 0.0842 | 0.0833 | 0.0850 |
| 广西 | 0.0062 | 0.0063 | 0.0067 | 0.0067 | 0.0055 | 0.0053 | 0.0058 |
| 海南 | 0.0027 | 0.0024 | 0.0017 | 0.0014 | 0.0012 | 0.0009 | 0.0013 |
| 重庆 | 0.0153 | 0.0172 | 0.0174 | 0.0176 | 0.0154 | 0.0140 | 0.0151 |
| 四川 | 0.0127 | 0.0124 | 0.0127 | 0.0138 | 0.0125 | 0.0121 | 0.0127 |
| 贵州 | 0.0044 | 0.0042 | 0.0047 | 0.0046 | 0.0044 | 0.0044 | 0.0048 |
| 云南 | 0.0039 | 0.0045 | 0.0047 | 0.0051 | 0.0045 | 0.0048 | 0.0050 |
| 西藏 | 0.0000 | 0.0000 | 0.0000 | 0.0000 | 0.0000 | 0.0000 | 0.0000 |
| 陕西 | 0.0095 | 0.0092 | 0.0096 | 0.0096 | 0.0091 | 0.0091 | 0.0095 |
| 甘肃 | 0.0064 | 0.0061 | 0.0047 | 0.0042 | 0.0034 | 0.0039 | 0.0039 |
| 青海 | 0.0015 | 0.0011 | 0.0014 | 0.0021 | 0.0018 | 0.0019 | 0.0027 |
| 宁夏 | 0.0047 | 0.0057 | 0.0049 | 0.0060 | 0.0081 | 0.0071 | 0.0070 |
| 新疆 | 0.0034 | 0.0035 | 0.0034 | 0.0027 | 0.0024 | 0.0022 | 0.0024 |

进一步比较三大区域科技创新子系统水平,发现东部科技创新子系统水平最高,中部居中,西部最低,这与各地区产业结构相关,东部地区高精尖产业较多,集中了设计、研发等技术含量高的企业,其研发投入、研发机构和人员、专利等指标很高,相应地,科技创新子系统水平自然就高。中部地区因靠近东部可以获得部分东部地区科技溢出效应,但囿于人才和资本,其高新技术产业相对发展不是很好,总体科技创新子系统处于中等水平。而西部因地处偏远,加之人才、资本的匮乏,科技创新子系统水平很低。从演进趋势来看,三大区域和全国科技创新子系统水平总体呈现上升、下降、再上升波动趋势,其中,东部地区在波动中小幅度下降、西部地区在波动中小幅度上升、中部地区和全国在波动中基本持平,这种演进趋势表明地区之间科技创新子系统水平差距在逐步缩小。

表 8-18　　　2014—2020 年全国及三大区域科技创新子系统水平

| 地区 | 2014 年 | 2015 年 | 2016 年 | 2017 年 | 2018 年 | 2019 年 | 2020 年 |
|---|---|---|---|---|---|---|---|
| 东部 | 0.0298 | 0.0306 | 0.0311 | 0.0298 | 0.0293 | 0.0279 | 0.0289 |
| 中部 | 0.0134 | 0.0142 | 0.0150 | 0.0149 | 0.0140 | 0.0141 | 0.0145 |
| 西部 | 0.0061 | 0.0063 | 0.0063 | 0.0065 | 0.0060 | 0.0058 | 0.0062 |
| 全国 | 0.0164 | 0.0170 | 0.0174 | 0.0169 | 0.0163 | 0.0158 | 0.0164 |

从各省科学创新子系统平均水平来看,广东、江苏、浙江科学创新子系统水平最高,分别为 0.0808、0.0603、0.0452,这三省均在高新技术产业占据重要位置,广东在电子信息产业处于全国领先水平,江苏在先进制造业领域集群规模全国第一,浙江的互联网技术在全国首屈一指,科技创新子系统水平较高在意料之中。青海、海南、西藏科学创新子系统水平最低,分别为 0.0018、0.0017、0,青海和西藏均属高原地区,地广人稀,产业不发达,以农业和畜牧业为主,不可避免地导致科技创新子系统水平较低,而海南尽管旅游业和贸易较为发达,但均不属于高新技术产业,故而其科技创新的投入和产出相对较少,科技创新子系统水平偏低。

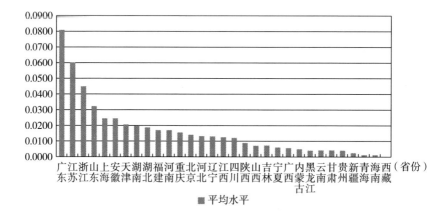

图 8-9　2014—2020 年各省科技创新子系统年平均水平

# 第九章　托底型民生

　　托底型民生是最具基础性的民生类型，在解决民众最基本生活需求特别是打赢脱贫攻坚战中具有重要地位。它着重解决民众最基本生存问题，成为民众生存的基础与先决条件，体现国家对民众最基本生计的责任和担当，构成国家长治久安的重要基石。人们通常用职工平均工资比例以及最低生活保障线等指标来建构托底型民生标准，但是，全国各地最低生活保障标准较低，以此作为托底型民生标准并不能解决民众最基本生活需要。同时，平均工资相关的衍生指标也不能准确反映民众的实际消费支出能力，特别是丧失或尚无劳动能力群体的生存需求。实际上，托底型民生本身属于维持生存、体现物质消耗的概念，反映着人们的消费能力与消费水平，它更多地与城乡居民八大类消费品和服务价格总和相关。这就需要测算维持民众最基础生存支出，并以此作为标准确定托底型民生保障水平，据此提出增强托底型民生建设的政策建议，确保民众生存之"底"得到有效保证。

## 第一节　托底型民生的内涵

　　民生内涵极为丰富，它随着经济社会的发展在具体实践中演化出多种模式与类型，由此呈现出不同内容及形式，努力实现各自建设目标和实践任务。根据责任负担大小、保障水平高低以及民众需求差异等维度，我们可以把民生保障划分为托底型、基本型、改善型以及富裕型等四种模式类型，这些民生保障类型内涵及外延、责任与待遇以及实现的方式与途径等差异很大。其中，托底型民生在整个民生保障体系最为基础，是任何社会必不可少的，因而也是最为基本的模式类型，其贯穿于民生保障事业发展的始终，具有根本性与前提性属性和特征，体现着民生保障事业发展的历史根据与逻辑必然。

## 一 托底、兜底与保底

人生活在自然及社会环境中，总要受到自然及环境因素的制约，极易发生仅仅依靠自身而无法生存下去的情形，而托底是人类得以存活、社会得以存续的前提与保证。从民生角度看，托底意味着守护民众生存的底线，让他们的生活得以保底。低于底线甚至无底必将导致民众生活难以维系，个人将无法结合成群体及社会，更遑论组成民族和国家。因此，民生托底就是要守住民众最基本生活底线，保障好民众最起码至少是最低生活需求，守底和保底构成一切社会寻求并评判统治合法性的重要尺度，也是国家与社会治理的重要抓手。托底型民生因而贯穿于一切社会发展过程中，是民生之基、治国之本及稳定之源，在整个民生体系乃至整个国家与社会治理体系中处于基础性地位。托底型民生由此就成为现代社会保障制度的源头，进而成为现代社会保障制度的有机组成部分，世界各国建立社会保障制度无不始于托底理念、无不始建于具有托底意蕴的民生制度，并逐步扩大保障对象与范围，提高保障待遇和标准，强化保障责任与担当，进而建成较为完备的社会保障体系。当然，经济社会发展水平不同，各国托底项目稍微有所侧重，托底水准有所不同。

新中国成立后特别是改革开放以来，中国的托底型民生是以最低生活保障和农村五保供养为基础，延伸到医疗、教育、住房等专项救助领域，重点针对妇女、未成年人、老年人以及残障人等特殊人群，除了低保及"五保"外，其他托底形式主要采取临时救助和慈善帮扶。因而这样的托底具有补缺性及建构性特征，体现出国家的民生治理意志。

在汉语中，"兜底""保底""托底"关系较为紧密、内容及表现形式相互交叉但内涵又有所侧重。从相互联系角度看，三者责任都集中在政府，都强调政府在保障民众最基本生活方面应负有责任，都承认这样的政策供给、制度安排及福利提供只是基于解决民众生活之"底"，试图调和或者缓解经济与社会发展之间不平衡问题，试图维护社会稳定、促进社会治理，因而具有社会公正的属性和特征。

从区别的角度看，"兜底"对象通常是依靠自身力量无法生存的特定群体或个体，如重症或重度残障患者以及无劳动能力的个体。"兜底"发生在最后，具有"最终、最后全部承受"意思，它只能依靠社会特别是政府承担下来，因而是最后的出场者以及最后的责任人，这样的"出场者"或"责任人"承担着市场、社会或其他个体不愿承担、不能承担或无力承担的终极责任。因此,兜底的标准相对较低,对象较为有限。就范围来说,兜底范围通常只涉及关乎生存或死亡领域,也就是说,如果政府不介入、政府不兜底,民众就面临无法存活的风险,容易引发社会动荡不安。

"保底"是一种政策手段与政策工具,体现了政府的制度化担当,表现为政府作为最后的出场人必须负担的责任。这是一种没有回旋余地的责任,否则就失信于民众。当然,保底可以通过降低政策门槛、改变特别是缩小政策覆盖对象范围,甚至制定新的民生政策等方式得以实现。也就是说,保底可以通过调整底线来得以保障。不过,无论怎样调整底线,保底的范围比兜底及托底都要小,这体现了有限财政下政府责任的全部性与不可回避性,体现了"保底"的社会政策所具有的硬性特质。

与兜底不同,"托底"的对象还包括依靠自身力量无法达到一定生活水准的那部分个体或群体,这些对象由于知识、经验、环境、信息或技能等因素的影响,收入特别是生活水平较低,低于大多数民众的基本生活水平。也就是说,托底并不意味着保障的水平极低,只意味着它尚未达到社会所划定的生活标准,因而需要政府或社会予以必要的支持,这体现出社会发展成果由人民共享的政策理念。因此,与兜底对象相比,托底的对象相对稍微宽一些;托底的标准较为弹性,既可以包括兜底部分,还可以包括兜底以上的部分;托底的范围相对较宽,既包含最基本生存所必需的项目,还涉及影响个体生活的外部环境,体现出托底具有与时俱进的特性;托底的任务是保障底层民众不要漏到底线之下,确保底线不被击穿。例如,在全面建成小康社会时期,托底要有助于推动人们进入小康社会,而非只是温饱或脱贫。这就是说,"托底"一词体现了社会政策的刚性与柔性、硬性与弹性的统一。

**二 担负民众最基本生计责任**

托底型民生是政府对民众最基本生计的责任担当。作为关系个人存活、社会存续的民生保障制度,其责任担当在不同的历史时期有不同的表征。在古代社会,朝廷不仅把托底型民生当作其泽被四海的体现,也把它当作治理国家的手段与方式,"保民""安民"成为"国家与社会治理体系的一部分"①。解决好托底有助于筑牢执政之基，促进长治久安；而托不住底则容易引发社会动荡不安，民众会形成社会抗争甚至揭竿而起，表达自己的民生诉求。当然，物质生产力不发达条件下，这种托底主要侧重于灾荒或瘟疫时的临时救济，不仅救济对象及救济范围十分有限，而且救济标准普遍很低。虽然这样的救济不具有"保底"功能，但客观上起到了一定的托底与社会稳定作用。正因国家的这种托底行为，使得宗族能够继续在托底型民生中发挥重要的补充作用。

总体上，家族或宗族承担主要的托底型民生项目，其他社会成员提供志愿性、互助性甚至是互惠性的帮助。《广东通志》对除祭祀之外的祭产用途进行了归纳：一是协助族人子孙读书应试；二是赡给族中老人；三是赡给族中贫穷户。② 清代关于宗族义庄赡给的规定更加详细。老人从五十一岁开始"每月给米一斗二升"，年龄每增加十岁，赡养标准越高，至"百岁建坊"。对于低于十岁的孤幼贫乏者每月给米八升，十岁以上给米一斗二升，这种赡养一直到"男至十七岁，女至出嫁日"。对于废疾无人养恤者，十六岁以内按照孤幼例，十六到六十岁，每月给米一斗二升，六十以上参照老人赡养方式。③ 由此可见，古代宗族保障项目同样体现出托底型民生特征，即将无法依靠自身生存的群体托至能够依靠自身生存，对丧失劳动能力群体采取应托尽托的兜底方式。

进入现代社会，托底型民生被作为民众部分权利让渡国家之后的必要补偿，也是取得统治合法性的社会及民意基础，因而成为政府不可回避的底线责任。托底型民生由此成为国家治理的手段与方式，各个国家、各届政府无一不动态调整底线，强化托底型民生项目及待遇的供给，开展托底型民生保障制度建设，托底特别是与时俱进式的托底成为所有民生项目的优先政策选项，担负起托底任务、筑牢社会保护的底线成为政府的施政纲领。

近年来，随着中国特色社会主义进入新时代，中央明确了社会主要矛盾的转换，提出"人民对美好生活的向往就是我们的奋斗目标"，夯实

---

① 高和荣：《民生的内涵及意蕴》，《厦门大学学报》（哲学社会科学版）2019 年第 4 期。

② 李文治、江太新：《中国宗法宗族制和族田义庄》，社会科学文献出版社 2000 年版，第 203 页。

③ 李文治、江太新：《中国宗法宗族制和族田义庄》，社会科学文献出版社 2000 年版，第 208 页。

以人民为中心的发展理念并转化为政策行动，实施精准扶贫。党的十九大报告在原来"学有所教、劳有所得、病有所医、老有所养、住有所居"基础上，增加了"幼有所育、弱有所扶"两项新使命与新要求，努力打赢脱贫攻坚战，全面建成小康社会。十九届四中全会进一步提出"坚持和完善统筹城乡的民生保障制度，满足人民日益增长的美好生活需要"，"注重加强普惠性、基础性、兜底性民生建设"，强调"始终牢牢守住保障群众基本生活和基本权益这一民生底线"，不断提高托底型民生待遇标准，满足人民日益增长的美好生活需要。这不仅体现了"以人为中心"的民生思想，更为托底型民生的实现提出了具体要求，体现了中国民生政策的担当作为。

### 三　保障民众最基本生活需要

"需要"是个体开展社会互动的前提，构成人类社会发展的驱动力，也是我们制定经济社会政策的重要依据，有什么样的需要就会形成何种发展动力及政策主张，托底型民生侧重于解决最基本生活所需。人的需要类型很多，不仅有"中间需要"，更有"基本需要"，其中"基本需要"涉及"健康""自主"等维度，每个维度又涉及很多层面，由此构成了需要的集合体，形成社会政策的有机整体。

托底型民生就是要关注并着力解决这些众多需要中最基本的需要，尤其抓住与民众生存息息相关的项目及其种类。如切实解决与最基本生存需要相关的衣、食、住、行等生活资料的供应以及年老、妇女、儿童、残障、疾病，特别是突发性不明原因传染病等最基本需求，这些生存与健康项目构成人类赖以生存和繁衍的基础和必要条件，如果连这些最基本、最低程度的生存需要都得不到满足，那么人将无法生存，社会也将动荡不安。反过来，在生存风险日益增多、社会保障与社会福利项目逐步完善的现代社会里，托底型民生就是要解决这类问题，它所关注的民生项目主要体现在能够解决民众最基本生活需要的物质生活、教育、传染病救助、住房及灾害救助等项目上。也就是说，涵盖民众最基本生存需要的各类项目必须提供、必须拥有，能够对应到最基本生存所需要的各个类别以及全部类别。否则，一旦项目不全就会顾此失彼，做不到应托尽托、全部托底。"一个都不能少""底线保障""不断追求美好生活"等表明我们将不断提升最后边的那部分群体生活水平作为托底型民生保障的基本内容①，尽量改善他们的生存环境。

从实践上，城乡居民最低生活保障制度、农村贫困地区特困人员救助供养制度、临时救助制度等具有托底型意蕴，尽管托底型民生远不止这些制度类型。20 世纪 50 年代，国家成立专门生产教养院、妇女教养院和新人习艺所，专门收容改造乞丐、小偷、游民与流氓等群体，使其能够获得基础的生存所需资料及技能。改革开放以后，政府资助特殊困难群体参加社会医疗保险，并对极困难群体采取二次救助，乃至第三次精准救助；为需托底对象采取减免学费、发放助学金、提供助学贷款、组织勤工俭学等方式，帮助其完成学业，获得独立生存的能力。关于临时救助，2014 年 10 月 25 日，国务院印发《关于全面建立临时救助制度的通知》，对遭遇突发事件、意外伤害、重大疾病或其他特殊原因导致基本生活陷入困境，其他社会救助制度暂时无法覆盖或救助之后基本生活仍有严重困难的家庭或个人给予应急性、过渡性救助，这样的救助同样具有托底型质。因此，托底型民生本质上可以划归为特殊群体的有限度的福利政策事项。

### 四 所托之"底"不断变化

民生永恒地存在，而民众的基本生活需求以及由此形成的民生待遇及民生标准随着经济社会的发展呈现出历史性的变化，不同的经济发展水平、不同的生活消费水平特别是不同时代人们存活在这个社会中的项目依托及其所展现出来的生活成本有所不同，因而表现为民生待遇水平的差异性与变动性。作为维系民众生存以及社会稳定的托底型民生要与它所在社会的民众最基本生活需求及生活水平相适应，托底型民生所呈现出来的待遇水平应该以保障民众最基本的生存需要为宜，确保民众能够存活在这个社会上，为自身生存与发展累积生命资源及提供生活保障。所以，这样的待遇标准不能像匮乏型社会那样仅仅聚焦于单一项目的托底，仅仅满足维持生命的食物救助。也就是说，托底标准不能过低，项目不能过于单一，过低及过于单一解决不了民众最基本的生活需求问题，根本"托不了底"。

当然，随着生产力的发展、生活消费品价格的上涨、人民生活水平

---

① 贾玉娇、杨佳：《"底"在哪里？如何"兜"？——全面建成小康社会背景下社会救助兜底保障研究》，《河南社会科学》2021 年第 5 期。

的提高以及民生保障制度的齐全，所"托"之"底"本身也处于变动中，它所代表的标准也会适当提高，能够涵盖到人的日常生活的多个方面，实现从最初的单一项目托底向最基本生活的全面托底，从最初的生命维系托底向现在的衣食住行、教育医疗卫生等日常生活给予的最基本保障，由原来的常态性项目托底到现在的常态性与突发性或应急性项目均覆盖的托底，从原来的托极其有限的人群到现行的托某一生活标准以下的所有群体的底，体现出积极民生政策的担当作为。也就是说，现行的托底内容更为广泛，既要托民生保障的底，也要"托社会稳定的底"，更要"托社会公平的底"。① 当然，托底的标准不能太高，也不宜太高，否则不仅增加社会运行成本，还会引发新的社会矛盾与社会问题。总之，托底型民生坚持标准和待遇的托底，保障所有人员最基本生活，维护社会长治久安。

不过，民政部公布的托底标准总体上稍微偏低，托底项目也比较有限。即便如此，我国托底型民生所托之"底"也在不断发展。一方面，随着经济的发展，托"底"标准不断提升。其中，城市低保平均标准由2017年的540.6元/人月提升到2019年的624.0元/人月，农村低保平均标准由2017年的4300.7元/人年提升到2019年的5335.5元/人年；2017年全国平均救助水平达到1109.9元/人次，次年全国平均救助水平上涨到1178.8元/人次，2019年全国平均救助水平更是达到1421.1元/人次，逐年提升态势比较明显。另一方面，随着托底型民生项目的增加，托"底"资金投入不断增多。有数据显示，截至2017年年底，全年各级财政共支出农村特困人员救助供养资金269.4亿元、城市特困人员救助供养资金21.2亿元；次年年底全国支出农村特困人员救助供养资金306.9亿元、城市特困人员救助供养资金上升到29.5亿元；到了2019年年底，全年支出农村特困人员救助供养资金进一步上升到346.0亿元，而城市特困人员救助供养资金也上涨到37.0亿元。② 托底型民生支出体现了与时俱进的品格与特性。

---

① 关信平：《"社会政策要托底"：一种积极和发展型社会政策新理念》，《北京日报》2016年5月30日。

② 本部分数据来源民政部网站公布的2017—2019年"民政事业发展统计公报"。见 http：//www.mca.gov.cn/wap/article/sj/tjgb/。

## 第二节　托底型民生标准的划分

如何确定托底型民生标准既是一个重要的经济问题，也是一项重大的社会政策问题，更蕴含着民生价值取向和价值导向问题。确定托底型民生标准，就是要把它当作保障民众最基本生存的先决条件、维持社会安定的关键力量以及长治久安的深厚基础。通常，托底型民生标准与各地职工平均工资相挂钩，与各地最低生活保障标准相关联，进而把它与城乡居民八大类消费品和服务价格总和相关切。

### 一　与各地职工平均工资相挂钩

托底型民生标准与各地职工平均工资及最低工资标准相挂钩。发达国家把生活救助当成托底依据。由于它们的城市化水平很高，这些国家的托底型福利支出通常采取与社会平均工资水平相挂钩的方法，通常为各国职工平均工资的20%—35%[①]。其中，欧洲福利国家以及日本韩国等相对更高，有的超过职工平均工资的40%，加上这些国家的职工平均工资水平较高，因而其待遇水平已经超过了底线本身，甚至达到了基本水平，不仅失去了托底的意义与价值，而且还引发了新的社会矛盾。托定型民生将基本生活线以下的民众托至基本生活线，其后则由更高保障水平的民生类型负责，一味对需托底对象给予高待遇标准，容易产生搭便车、养懒汉等问题。

就我国来说，全国各地职工平均工资大多以国有企业或规模以上企业职工税前平均工资计算，还把单位缴交的"五险二金"纳入其中，加上平均工资的分母只计算正在就业职工而不包括老人、小孩等其他非就业人员、新业态以及其他类型的灵活就业人员，因而平均工资水平总体很高，如果简单地借用发达国家的占比会产生标准过高问题。这表明，我国的托底型民生标准不宜简单地与职工工资水平相挂钩。另外，工资只反映个人收入情况，而托底型民生更多地涉及消费支出情况，而消费又与各地物价水平等最基本生活成本有关。从这个角度看，托底型民生标准可以兼顾到职工平均工资情况，但不宜简单地与职工平均工资相

---

① 王德文：《制定社会救助标准的国际经验与政策启示》，《中国民政》2015年第7期。

挂钩。

## 二 与最低生活保障标准密切相关

托底型民生是解决生活困难群体最基本生活需要而设置的制度，因而它自然与最低生活保障标准密切相关。托底型民生标准是否合理关系到这项制度的实施以及民生目标的顺利实现，如果标准过高，则会加重政府的负担，有悖于托底型民生制度的设立初衷。反之则反。因此，托底型民生标准与我国最低生活保障制度有一定关系。在很多地方，最低生活保障线通常与贫困线等同起来，成为解决下岗失业人员、无生活来源者、无劳动能力者以及家庭人均收入低于某一标准人员的最基本生活所需的政策措施。

从量上看，全国各地最低生活保障标准主要依据当地维持最低生活所需的物品和服务，特别是根据市场价格计算维持吃饭所需现金费用去乘以某个系数加以确定。除此之外，人们也经常采用恩格尔系数法确定最低生活保障标准，把占家庭支出总数的60%作为最低生活保障金额救助标准。然而，问题就在于，这种只考虑食品消费而不考虑衣着、医疗、居住以及常态性应急救助支出的最低生活保障标准达不到解决民众最基本生活需要的要求与目标。所以，托底型民生标准虽然与最低生活保障有关，但我们不能把它简单地等同于最低生活保障标准，以最低生活保障线作为托底型民生标准并不能解决民众最基本的生活需要问题。

## 三 与城乡居民八大类消费品和服务价格总和相关联

托底型民生与城乡居民八大类消费品和服务价格总和相关。上述情况表明，以解决最基本消费需求的托底型民生标准不同于最低生活保障线。本质上讲，托底就是要托起民众日常生活各个方面的"底"，而不只是某一项目的"底"，更不只是单一食品或衣着所需之"底"。如果仅仅解决了一个方面的最基本需求，民众仍然无法存活在这个社会上。从项目上看，托底型民生应该包括民众最基本的日常生活需求种类，如最基本的食品、衣着、家用设施、医疗保障、交通通信、教育、住房以及常态性或应急性救助项目，甚至涵盖突发性不明原因传染病的免费救治，它们只要成为民众日常生活的必需，理当成为政府制定托底型民生政策重要考量。这意味着，托底型民生标准不能简单地采取与职工平均工资或者与最低生活保障水平相挂钩的做法，而应该实行与各地城乡居民的食品、衣着、家庭设备用品、医疗保障、交通通信、文娱教育及服务、居住、其他商品和服务等八大类消费品和服务价格总和相关联的办法来确定。不仅如此，这八大类消费项目均由国家统计局对全国 31 个省份的 1800 个县的 16 万户采取分层、多阶段按比例概率抽样调查各户各类消费品消耗数量及当地物价计算而来，每个类别的项目包括十分详细的子项目，确实能够更加真实地反映民众生活水准。因此，从消费需求上看，八大类消费品和服务价格作为一个总体性概念，覆盖了居民衣食住行等基本生存需要的全部项目，是任何一个人生活于这个社会上总要消费的项目，可以从消费总额中确定某个比例作为其最基本的生活需要。这样的消费支出比职工平均工资更能够准确反映民众的生活水平，比最低生活保障标准更能全面地解决民众最基本的生活需求。

另外，透过这八大类消费品和服务内部各项目支出差异，还可以探讨更加合理的民生支出项目、民生支出结构及费用支出比重，确保民生投入能够优先向最基本的民生项目倾斜。例如，2018 年全国城乡居民八大类消费品和服务价格中排列前三位的均为食品、衣着、居住及其他，这几项构成了消费价格总和的 60% 以上，体现出这个时代的民生支出结构性特征，这一数据可以成为托底型民生投入方向及投入结构的依据，引导社会优先解决民众这些方面的需求。同时，这八大类消费品和服务价格指数常常受到 CPI、恩格尔系数等因素的影响，能够准确反映社会成员的购买力与生活水平等方面的变化情况，避免了直接将最基本食品开销的三倍划为底线的简单做法。结合各地历年来公布的数据，我们可以把城镇居民八大类消费品和服务价格基本需求总和的某个百分比确定为托底型民生费用支出标准，这一标准要超过现行的贫困线或最低生活保障线标准。依据这样的标准能够解决民众最基本的生活需求，并为基本型、改善型乃至富裕型民生保障标准的确立打下基础，进而可以成为全面建成小康社会后的脱贫攻坚的重要参考指标。

## 第三节　托底型民生标准的测算

上面的研究显示，托底型民生标准可以利用城乡居民八大类消费品和服务价格总和数据，借助统计模型讨论托底型民生标准与城乡居民八大类消费品和服务价格总和的关系，测算托底型民生的标准及其变动趋势与变动规律。

（一）模型构建

究竟托底型民生标准多少为宜？学界对此尚未进行过讨论，我们尝试采用扩展线性支出模型（Extended Linear Expenditure System，ELES）来测算。该模型在线性支出模型（LES）基础上提出来，LES 将居民支出分为维持基本生存需求的支出与超过居民基本需求的支出两部分，对各类商品的消费支出分别建立回归模型。ELES 对 LES 进行以下两点改进：以消费者的收入水平代替预算总支出；以边际消费倾向代替边际预算份额。该模型的具体形式为：

$$p_i q_i = p_i x_i^0 + \beta_i (I - \sum_{i=1}^{n} p_i x_i^0) \qquad (9\text{-}1)$$

其中，$p_i q_i$ 为第 $i$ 类商品消费的总支出，$p_i x_i^0$ 为第 $i$ 类中商品的基本需求支出，$\sum_{i=1}^{n} p_i x_i^0$ 代表满足居民基本消费总支出，$I$ 为人均可支配收入，$(I - \sum_{i=1}^{n} p_i x_i^0)$ 为满足基本消费需求后剩余的收入部分，这部分按照边际消费倾向 $\beta_i$ 在除 $i$ 类商品外的其他商品中进行分配。

对（9-1）进行整理，得到：

$$p_i q_i = (p_i x_i^0 - \beta_i \sum_{i=1}^{n} p_i x_i^0) + \beta_i I \qquad (9\text{-}2)$$

令 $\alpha_i = p_i x_i^0 - \beta_i \sum_{i=1}^{n} p_i x_i^0$，$p_i q_i$ 为 $y_i$，即居民对第 $i$ 类商品的实际消费额。则（9-2）式可改写成一元线性回归模型：

$$y_i = \alpha_i + \beta_i I + \mu_i \qquad (9\text{-}3)$$

其中，$\alpha_i$ 与 $\beta_i$ 为待估参数，$\mu_i$ 为随机扰动项，对上式使用最小二乘估计，得到估计值 $\hat{\alpha}$ 与 $\hat{\beta}$，代入 $\alpha_i = p_i x_i^0 - \beta_i \sum_{i=1}^{n} p_i x_i^0$，移项整理可得：

$$p_i x_i^0 = \alpha_i + \beta_i \sum_{i=1}^{n} p_i x_i^0 \qquad (9\text{-}4)$$

式中，$p_i x_i^0$ 为居民对 $i$ 类商品的基本需求，$\beta_i$ 是第 $i$ 类商品的边际消费倾向，$\sum_{i=1}^{n} p_i x_i^0$ 为 $i$ 类商品总的消费支出。

（二）数据来源与测算

本研究利用《中国统计年鉴》（2014—2019）的数据，按照人均可支配收入进行分组，将我国城镇居民八大类消费品人均总消费支出代入模型进行测算，得到八个回归方程。结果如表 9-1 所示。

表 9-1 城镇居民八大类消费支出测算结果

| 年份 | 估计参数 | 食品烟酒 | 衣着 | 居住 | 家庭设备用品及服务 | 医疗保健 | 交通通信 | 教育文化娱乐服务 | 杂项商品和服务 |
|---|---|---|---|---|---|---|---|---|---|
| 2014 | α | 1555 | 978 | −3265 | 291 | 12.7 | 117 | 326 | −149 |
| | β | 0.156*** | 0.024** | 0.274*** | 0.032*** | 0.089*** | 0.070*** | 0.035*** | 0.024*** |
| | white 检验 | 1.10 | 0.24 | 11.21*** | 11.41*** | 9.69*** | 0.97 | 0.64 | 0.66 |
| | 基本需求 | 4545 | 1421 | 2020 | 908 | 1729 | 1467 | 1001 | 313 |
| 2015 | α | 1986 | 1049 | −3713 | 355 | −114 | 116 | 600 | −101 |
| | β | 0.140*** | 0.021** | 0.275*** | 0.029*** | 0.096*** | 0.072*** | 0.028*** | 0.021*** |
| | white 检验 | 0.74 | 0.34 | 11.38*** | 14.05*** | 0.38 | 0.61 | 1.79 | 2.48 |
| | 基本需求 | 4886 | 1484 | 1983 | 955 | 1874 | 1607 | 1180 | 334 |
| 2016 | α | 2502 | 1120 | −3992 | 378 | 331 | 259 | 651 | −86 |
| | β | 0.126*** | 0.019** | 0.274*** | 0.030*** | 0.084*** | 0.069*** | 0.031*** | 0.020*** |
| | white 检验 | 0.09 | 0.21 | 12.55*** | 11.41*** | 0.82 | 0.37 | 0.19 | 10.22*** |
| | 基本需求 | 5317 | 1544 | 2040 | 1048 | 2207 | 1800 | 1343 | 360 |
| 2017 | α | 2669 | 1317 | −4714 | 445 | 716 | 327 | 783 | −64 |
| | β | 0.118*** | 0.013* | 0.284*** | 0.029*** | 0.071*** | 0.068*** | 0.029*** | 0.019*** |
| | white 检验 | 0.7 | 0.25 | 10.84*** | 18.73*** | 3.09 | 0.09 | 0.97 | 8.02** |
| | 基本需求 | 5459 | 1619 | 2001 | 1130 | 2371 | 1934 | 1468 | 385 |
| 2018 | α | 2672 | 1346 | −4748 | 570 | 936 | 966 | 486 | 11.6 |
| | β | 0.116*** | 0.013** | 0.281*** | 0.026*** | 0.030*** | 0.064*** | 0.063*** | 0.017*** |
| | white 检验 | 1.71 | 0.92 | 4.99* | 0.09 | 0.33 | 0.31 | 0.22 | 1.73 |
| | 基本需求 | 5620 | 1676 | 2369 | 1230 | 1698 | 2592 | 2087 | 443 |

注：*表示 p 值<0.1，**表示 p 值<0.05，***表示 p 值<0.001。

测算结果显示，在 0.05 的显著性水平下，2014—2018 年城镇居民八大类消费支出回归的大部分估计参数 β 是显著的，并且各个回归模型的判决系数 $R^2$ 均达到 0.6 以上。可见，模型拟合效果良好。对这些截面数据进行异方差性检验发现，2014—2018 年居住支出均存在异方差，2014—2017 年家庭设备用品及服务支出均存在异方差，杂项商品和服务在 2016 年存在异方差。对存在异方差的模型采用加权最小二乘法（WLS）重新估计，权重为残差的倒数。结果见表 9-2 所示。

表 9-2　　　　　　　　　　WLS 回归结果

| 年份 | 估计参数 | 食品烟酒 | 衣着 | 居住 | 家庭设备用品及服务 | 医疗保健 | 交通通信 | 教育文化娱乐服务 | 杂项商品和服务 |
|---|---|---|---|---|---|---|---|---|---|
| 2014 | α | 1555 | 978 | -1386 | 262 | 12.7 | 117 | 326 | -149 |
| | β | 0.155*** | 0.023** | 0.201*** | 0.033*** | 0.089*** | 0.07*** | 0.035*** | 0.024*** |
| | $R^2$ | 0.672 | 0.688 | 0.759 | 0.648 | 0.718 | 0.749 | 0.632 | 0.734 |
| | 基本需求 | 4545 | 1421 | 2491 | 898 | 1729 | 1467 | 1001 | 313 |
| 2015 | α | 1986 | 1049 | -2468 | 232 | -114 | 116 | 600 | -101 |
| | β | 0.14*** | 0.021** | 0.231*** | 0.034*** | 0.096*** | 0.072*** | 0.028*** | 0.021*** |
| | $R^2$ | 0.600 | 0.615 | 0.842 | 0.644 | 0.803 | 0.729 | 0.627 | 0.745 |
| | 基本需求 | 4886 | 1484 | 2317 | 936 | 1874 | 1607 | 1180 | 334 |
| 2016 | α | 2502 | 1120 | -2189 | 349 | 331 | 259 | 651 | -91 |
| | β | 0.126*** | 0.019** | 0.214*** | 0.031*** | 0.084*** | 0.069*** | 0.031*** | 0.02*** |
| | $R^2$ | 0.650 | 0.623 | 0.800 | 0.651 | 0.721 | 0.710 | 0.628 | 0.772 |
| | 基本需求 | 5317 | 1544 | 2592 | 1041 | 2207 | 1800 | 1343 | 355 |
| 2017 | α | 2669 | 1317 | -2948 | 408 | 716 | 327 | 783 | -64 |
| | β | 0.118*** | 0.0128* | 0.23*** | 0.03*** | 0.07*** | 0.068*** | 0.029*** | 0.019*** |
| | $R^2$ | 0.679 | 0.610 | 0.819 | 0.657 | 0.678 | 0.678 | 0.672 | 0.634 |
| | 基本需求 | 5459 | 1619 | 2490 | 1117 | 2371 | 1934 | 1468 | 385 |
| 2018 | α | 2672 | 1346 | -3078 | 531 | 936 | 966 | 486 | 11.6 |
| | β | 0.116*** | 0.013** | 0.234*** | 0.027*** | 0.03*** | 0.064*** | 0.063*** | 0.017*** |
| | $R^2$ | 0.652 | 0.635 | 0.786 | 0.647 | 0.623 | 0.705 | 0.672 | 0.711 |
| | 基本需求 | 5620 | 1676 | 2870 | 1217 | 1698 | 2592 | 2087 | 443 |

注：* 表示 p 值<0.1，** 表示 p 值<0.05，*** 表示 p 值<0.001。

将测算结果代入公式（9-4），得出托底型民生标准的上下限，结果见表 9-3 所示。

| 年份 | 下限 | 上限 | 最低工资标准[a] | 下限占总支出比例（%） | 下限占最低工资比例（%） | 城镇最低生活保障 |
|------|------|------|------|------|------|------|
| 2014 | 730 | 1155 | 1390 | 63.20 | 52.5 | 411 |
| 2015 | 751 | 1218 | 1549 | 61.66 | 48.5 | 451 |
| 2016 | 817 | 1350 | 1598 | 60.52 | 51.1 | 495 |
| 2017 | 829 | 1403 | 1692 | 59.09 | 49.0 | 541 |
| 2018 | 884 | 1517 | 1773 | 58.27 | 49.9 | 580 |

表9-3　　　　　　　　托底型民生标准测算结果　　　　　单位：元/月

注：a 由各年份各省（市、区）最低档最低工资标准求均值得出。

　　根据托底型民生标准的划分，我们将满足食品、衣着、居住、其他商品及服务的支出所需要的费用设定为托底型民生标准；而将所有八大类消费品支出设定为托底型民生标准上限，这是基本型民生待遇标准，也是城镇居民对八大类消费品及服务价格总和的基本需求。由表9-3可知，2014年托底型民生标准约为人均总消费支出，也就是基本型民生支出标准的63.2%，2015年为61.66%，2016年为60.52%，2017年为59.09%，2018年为58.27%，五年均值为60.55%。这验证了前文对托底型民生标准的判断，即托底型民生标准占八大类消费品基本消费总支出60%左右。另外，2014—2018年满足城镇居民最低消费支出占八大类消费品基本消费总支出的比例有所下降，五年内仅下降4.93%。考虑到名义工资增长率，这个下降幅度是合理的。托底型民生标准与城镇最低生活保障相比，托底型民生标准下限远高于现行的城镇居民最低生活保障标准，与最低工资标准相比，整体在最低工资标准的50%上下波动。从量上看，随着社会经济的发展以及人民生活水平的提升，每人每月基本需求消费从2014年的730元逐步上升到2018年的884元左右，体现了民众最基本生活所需要之"底"一直处于变动中。

## 第四节　托底型民生的实现

　　托底型民生作为整个民生体系中最为基础的一环，它在任何国家的民生建设中都处于基础性地位，是各个国家长治久安的重要手段与可靠保证，在一个民生艰辛、民生凋敝甚至民不聊生的社会里，国家很难做到长治久安。加强托底型民生建设，就是要理顺民生项目结构及类型，找准其中哪些属于托底型民生项目，哪些属于民生之"底"，明确各类民生项目所托之"底"究竟在何处，标准如何，能否托住"底"，进而寻求合理的托底型民生支出比例，从而建立起托底型民生标准与民众生活消费水平之间的动态调整机制，据此开展托底型民生政策供给与实践活动，这是确保托底型民生事业持续发展的现实根据。

**一　合理安排托底型民生项目**

托底型民生项目主要回应"托什么"的问题，是确定"托到什么程度"与"如何托"的基础与前提。托底型民生项目的设计应采用顶层设计和动态补充相结合的方式。一方面通过顶层设计去制定托底型民生项目，全面统筹托底型民生"托底"目标与任务；另一方面根据实际情况不断加以补充，将其与民众最基本的实际需要相结合、与地方和国家发展相契合。

托底型民生的供给强调要保障民众最基本生活，让民众能够生存于这个社会，这是托底型民生的首要任务。只有解决了民众最基本的生活需要，才可能讨论并提供相应的公共服务，进而为所有民众筑牢最基本生活保障安全网。这就要求增强托底型民生项目的开放性与动态调整性。但是，托底型民生要解决人的生存问题，因而就要以共享发展理念为指导，完善托底型民生项目及其内容，满足受托者群体不同生命周期、不同层次以及不同情境中的最基本需要。例如，个体不仅有上述八大类消费品需求，还有遭受未知病种侵袭后希望获得及时治疗、确保自己能够活命的需求，这就需要调整托底型民生资金结构，拓展托底型民生项目类型，将突发性不明原因疾病纳入托底型民生保障项目，切实增强托底型民生项目的开放性与包容性。

首先是民生项目能够保障最基本生活需要。按照多亚尔等的理解，在任何社会及文化事项下，"身体健康"和"自主"都是最基本的需要。[①] 托底型民生的首要目的是"保基本""托底线"，它聚焦民众最关

---

① ［英］莱恩·多亚尔、伊恩·高夫：《人的需要理论》，汪淳波等译，商务印书馆 2008 年版，第 73 页。

切的衣食住行等极其基本的生活需要，是人类社会亘古以来就存在的文化及社会事项，是维系人类社会运行与发展的生活基础，具有与整个人类社会相伴而生的秉性及特征。联系到生活实际，主要是基础教育、基本医疗卫生服务、最低生活保障制度、特困人员救助、灾害救助等，政府通过实施这些项目保障困难群体过上"体面的生活"。再如，对纳入低保的老年人、特困供养人员、重点优抚对象和其他困难老年人，无须申请直接纳入失能老年人护理补贴制度。之后是发展性需要项目，托底型民生的功能定位着眼于"兜底"和"保生存"，内含"保基本"意蕴，为这类群体开展社会交往、融入社会生活、增强自身能力等开启窗口。例如，将相关医疗康复服务项目、药品器械纳入残障儿童医疗保障范围内，设置残障人职业津贴，补助残障人参加社会保险的个人缴费和职业培训费用；通过对失业人员再就业技能培训、残障人的康复训练和再社会化等，帮助受托群体提高抵御风险的能力，从而实现"授之以渔"的效果。

**二 科学设定托底型民生标准**

政府提供的保障性收入是托底对象的主要经济来源，特别是残障人士的转移支付收入更是如此。因此，托底标准的高低直接影响托底对象最基本生活需要的满足程度。应该看到，我国托底型民生建设存在托底标准模糊，缺乏较为明确而可信的标准，动态托底标准调整机制尚未健全等问题。此外，民众的需求特别是最基本需求不是一成不变，它不仅受到社会生产力发展的制约，也受到整个社会消费水平与消费文化的影响，还受到物价变动因素的影响。因此，托底型民生标准不能简单地等同于最低生活保障标准，如果单纯地将托底型民生与各地职工平均工资相挂钩、以最低生活保障线为托底型民生标准，将无法解决民众最基本的生活需要。

由于托底型民生的标准与城乡居民八大类消费品和服务价格总和相关联，根据本研究测算，托底型民生标准应占城乡居民八大类消费品总支出的60%左右。但是，这个总支出的60%所代表的数值并不是始终如一，它要随着社会经济的发展而改变，这就要求我们形成城乡居民八大类消费品及服务价格与托底型民生相挂钩的政策框架及实施依据，并根据价格因素的变动周期性、常态化地公布托底型民生保障标准，使之既能够解决民众最基本的生活需要，又能让民众对自己的生活获得积极的心理预期。同时，对最基本的需求也就是托底型民生内部的项目设置、支出结构等加以优化与调整，把解决民众最基本的生活需要的项目及其支出作为托底型民生的首要任务，夯实民生保障之基。

### 三　优化托底型民生支出结构

本研究测算结果显示，2018 年全国城乡居民八大类消费品和服务价格中排列前三位的项目为食品、衣着、居住，这几项构成了消费价格总和的 60% 以上，体现出这个时代的民生支出结构性特征，这可以为托底型民生投入方向和投入结构提供依据和参考。

在复杂国家与社会治理情境中，托底型民生有关"底线"确定需要打破固有思维，着眼全局，明确这个"底线"随着经济社会的发展、基本生活消费品价格的变动而进行变动。实现有效托底的是积极的社会政策，新常态下的民生托底，要从整体的角度看待困难群体的问题，也要从整体角度设计和实施托底型民生政策。[①] 要根据民众消费结构及消费比例的变化，引导社会投入民众消费结构中占比最大的部分，引导社会投入民众八大类消费中消费量最大的部分，即通过更有针对性的公共资源分配而使托底型民生能够优先解决最需要解决的问题，优先托起民生体系特别是民生项目的短板。透过这些，筑牢托底型民生之基，让民众感受到经济社会的发展给自身带来的改善。

### 四　形成托底型民生政策行动

重视托底型民生建设，要将它置于民生之本上考量，从推进国家治理体系和推进治理能力现代化的维度，探讨在经济总量较大而人均经济总量排名靠后、地区及行业发展不平衡且保留独特生活方式与保障习惯的当代中国如何筑牢民生底线，帮助民众解决最基本的生存需求问题，从而释放整个社会的发展活力，形成彰显中国民生建设道路特色的"中国之治"。具体来说，就是要与时俱进地研究各个群体存在的各种困难和问题，有针对性地建立和完善托底型民生保障制度及其民生项目，有效地托起民生保障的底[②]，避免社会动荡不安。在"强政府、强市场"的当

---

① 王思斌：《积极托底的社会政策及其建构》，《中国社会科学》2017 年第 6 期。
② 关信平：《论当前我国社会政策托底的主要任务和实践方略》，《国家行政学院学报》2016 年第 3 期。

代中国①，重视托底型民生建设，不仅要将其置于治国之基上加以考虑，任何时候以及任何发展阶段都要予以重视。

就现实情况而言，全国各地托底型民生的基本内容、制度框架、保障范围及待遇水平等尚未形成共识，托底型民生水平的测算尚未展开，大多数地方仍然用最低生活保障线替代托底型民生的待遇及标准的确定。现阶段可将统筹层次提高为省级，省级政府周期性地发布利用 ELES 模型计算的统一的托底型民生保障水平标准，各市县执行时不得低于该标准，与此同时，这个标准随着经济发展水平、物价指数等自动实现动态调整，保证民众能够共享经济社会发展成果。此外，相关托底型民生项目要与基本生活需要标准实现对接，推动全国各省区社会保障制度建立并达到基本生活需要的最低标准；在支持东部沿海发达地区和中西部有条件的特大城市率先达到基本生活需要适当标准的基础上，通过加大中央财政民生领域转移支付、促进建立地区间社会建设领域协调机制等方式，遏制并消除地区之间、群体之间社会保护水准的不平衡。②

---

① 国内外学者普遍认为中国是个"强政府、弱市场"社会，而笔者主张是"强政府与强市场"相统一的社会，两者并行不悖。

② 程中培、乐章：《美好生活的社会保护水准：社会政策体系中基本生活需要标准的建构》，《求实》2020 年第 2 期。

# 第十章　基本型民生

根据保障水平与层次，我们可以把作为国家治理有机组成部分的民生保障划分为托底型、基本型、改善型以及富裕型等四种制度类型①，这四种民生保障类型各自具有不同的内涵及外延，体现出不同的责任关系与责任要求，它们结合在一起为社会成员提供相应的民生保障项目及待遇，实现各自的民生建设任务及目标，维护经济发展和社会稳定大局，促进国家长治久安。如果说托底型民生是整个民生保障体系的根基，贯穿于人类社会发展的始终，那么，试图保障绝大多数人口基本生活需要的基本型民生在整个民生保障体系中处于承前启后的位置，是最为基本的民生保障制度类型，成为国家有效治理的现实需要，体现了积极的治国安邦理念、行动与担当。如果仅有针对对象极其有限的托底型民生，不可能解决民众的基本生活需要，尤其不可能满足绝大多数社会成员日益增长的美好生活需要。只有在托住底线的基础上全面实施基本型民生，并适度发展改善型及富裕型民生，形成一个梯度型民生类型体系，才能在保基本民生的同时形成对美好生活的新期待，不断增强经济发展、促进社会和谐的内生动力。

## 第一节　基本型民生的内涵

就稳定有序的社会整体而言，大多数民众应该处于基本状态：获得稳定的就业，拥有可预期的收入，享有安定的生活等，"基本"成了生活的场景与常态，而"非基本"则成为生活的异样。国家与社会治理就是要去解决各种"异样"或"非常态"，以便让社会回到"基本"，回归

---

① 高和荣：《新时代民生保障制度的类型转向及特征》，《社会科学辑刊》2020 年第 3 期。

"常态"。在社会及民生领域,这个"基本"主要涉及民众的"基本生计""基本发展能力""基本发展机会"等三个维度①,它们是维系社会正常运行的中坚力量。民众只有解决了基本生活需要,才能更好地从事改造对象世界的实践活动;只有大多数民众生活在"基本"状态,才能为生活在"基本"之下的民众指明努力方向,为自身追求更加美好生活,特别是迈进改善型以及富裕型民生提供不竭动力。一个社会如果绝大多数成员的生活水准低于"基本",或者只有极少数人口获得"基本"生活,这个社会必将动荡不安,甚至国将不国。为此,我们可以从覆盖对象、保障水准、保障层次及项目内容等四个维度界定基本型民生内涵。

**一 基本型民生的覆盖对象**

人是民生保障的主体,民生问题成为影响社会稳定的重要因素。② 保障最大多数人、解决这些人的基本生活需要是基本型民生的目标与任务,更是国家长治久安的客观要求。从覆盖对象上看,基本型民生不是解决经济地位比较弱势、需要政府及社会各界予以托底保障的那部分社会成员,而是要解决除此之外的其他社会成员的日常生活事项,因而是覆盖这个社会中最多数人口,具有覆盖对象的最广泛性以及覆盖人员的最多数性特征,成为促进社会有效治理的主要抓手。也就是说,不仅中等收入群体需要基本型民生,高收入群体也同样需要基本型民生,只不过这些群体还会寻求改善型乃至富裕型民生项目及待遇,基本型民生在这类群体日常生活中不占主导地位。某种程度上,当我们说橄榄形或纺锤形社会结构比较稳定时,这不仅是从社会成员的政治地位、社会声望角度,而且更是特别强调可以从其经济地位特别是民生保障获得这个维度来谈论,强调这样的社会结构类型之所以更加合理,就在于这样的社会结构以基本型民生为依托和支撑后,就能够保障这个社会的最大多数人口,覆盖这个社会的最大多数人群,能够让最大多数社会成员的生活安定,成为国家长治久安的"定海神针"与最大公约数。

人们常说"民为邦本,本固而邦宁"。这里的"民本"不是简单地指称"抽象的人口",而是说基本生活获得保障的那些"民众"才是立国之"本",才是安邦之"基"。从历史上看,不同的发展阶段基本型民生保障

① 龚维斌、李志明:《民生与基本民生有什么区别》,《北京日报》2013 年 7 月 22 日。
② 青连斌:《当前中国社会稳定的影响因素及其对策》,《科学社会主义》2012 年第 2 期。

手段与载体有所侧重，前工业社会的基本型民生主要依靠土地来维系，土地保障成为基本型民生重要来源，有了土地就有了收成与收入，民众的基本生活大致能够得到保障；而在工业社会及后工业社会主要依靠脱离土地的就业，以货币收入为主的社会保障成了基本型民生重要标志。有了就业，民众就有了收入并获得其他相关待遇。正因为如此，人们才越来越把就业当成"民生之本"，透过就业在解决基本生计的同时增强其基本发展能力及机会。国家医疗保障局、人力资源和社会保障部的数据显示，2020年年末，全国基本医疗保险参保人数为136131万人，占总人口的96%以上；基本养老保险参保人数为99865万人，占总人口的71%左右；全年城镇新增就业1186万人，帮助城镇失业再就业人员达511万人、就业困难就业人员达167万人；① 在教育、住房、文化、公共服务等领域也建立了自己的制度体系，从而形成世界上规模最大的基本型民生体系。

**二 基本型民生的保障水准**

民生保障类型的划分暗含了民众生活水平的差异，而民生保障类型的推出与实施总是与特定的生产力发展水平特别是民众的生活水准相适应，否则，这样的民生保障只能称为"理想类型"或"梦想追求"。从水平层次上来看，四种民生保障类型满足民众生活需求的质和量均呈现出由低到高态势。其中，基本型民生处于托底型民生与改善型民生的中间环节及中间层次，它给底层民众燃起生活希望的同时，保障最大多数社会成员的基本生活，并为他们架起了通向更加美好生活的桥梁，在整个民生保障类型中处于第二层次。基本型民生不是灾荒时代的应急之举，而是维系社会常态运行与发展的客观要求；不以解决生活在贫困线以下那部分群体的最基本生活需求问题为目标和任务，而是着眼于全体社会成员达到一般生活水准的制度设计、政策安排及措施保证，使整个社会达到常态的生活保障。

这表明，基本型民生着力解决社会上最大多数民众的基本生活需求问题，如基本的就业岗位、基本的就业收入，以便为自身或家庭成员提供基本的衣食住行娱、生老病死葬等日常生活资料；基本的设施及服务，为民众提供便利的日常生活等，因而在整个民生保障体系中处于主体地

---

① 参见《2020年全国医疗保障事业发展统计公报》《2020年度人力资源和社会保障事业发展统计公报》，见国家医保局、人力资源和社会保障部网站。

位。如果说托底型民生的保障水平以解决民众最基本生活需要为标准，那么基本型民生保障水平的依据应在此基础之上，以保障绝大多数社会成员的基本生活所需。因此，确定基本型民生保障水准既要考虑居民的可支配收入情况，更要考虑一个地区在某个时间范围内的民众维持日常生活所需的消费水平。因为从现实情况来看，随着经济社会的发展，居民人均消费支出水平和居民人均可支配收入水平总会不断提升，这就需要结合城乡及地区差异有侧重地加大基本型民生项目的投入，以保障绝大多数居民的基本生活需求得到满足。

### 三 基本型民生的保障层次

就民生保障的层次来说，各种类型的民生保障制度所面对的对象不同，解决的问题亦不同，保障待遇水平也有高低之分，因而体现出层次性属性与特征，每一位社会成员都能在整个民生保障体系中找到自己的位置。就基本型民生而言，它涉及解决民众的基本生计，这样的基本生计体现出一定的数量及品质，表现为一定的水准、等级与层次。一是基本的收入，以便与时俱进地解决自己的基本生活所需费用问题；二是基本的就业岗位、就业环境，以便能够获得更多的就业保障及职业认同；三是社会所期待的基本教育年限及教育层次，以便为就业及收入提供保障与支撑；四是全面的养老保险与生活照顾服务特别是长期护理保险服务的供给，为民众获得更为周到的生活安排；五是基本的发展机会和发展能力，以便体现人的自我发展性与生活追求的向上性。如此等等。这种水准适度、层次有所提升的民生项目的建立健全与全面保障，不仅避免更多人口滑向依靠救助的托底型民生，而且能够最大范围地夯实社会稳定之基，进而为走向改善型乃至富裕型民生打下基础、提供支撑。

因此，基本型民生的保障水准高于托底型民生，低于改善型民生及富裕型民生，在整个民生保障类型中处于第二层次，是整个民生体系中覆盖人口最多、最为民众所关注的一种类型，因而是最有助于社会稳定的一种民生类型。从量上看，如果将托底型民生保障水平假设为 0.6，那么基本型民生则要达到 1 左右，而改善型及富裕型民生则可以进一步上升到 1.5 及 2.0 左右，进而体现出民生保障水平由低到高的层次性。按照前文的测算，它的保障水平要能够达到同期城乡居民八大类消费品和服务价格总和这个水准，也就是托底型民生 1.5 倍左右，这是维持个人基本生活的必需。进一步，从时间层面上看，古代的民生最多只能落脚到托底部分，甚至朝廷连托底都难以做到。新中国成立后，随着经济社会的发展，政府逐步扩大托底保障项目、内容及标准，进而着手建立基本型民生，让基本型民生成为维系这个社会稳定的主轴。21世纪，伴随着脱贫攻坚战的全面胜利、小康社会的全面建成以及国家治理能力现代化的推进，保基本民生已然成为国家政策与方略的自觉行动，甚至成为全面建成小康社会目标的必要前提。在此基础上，政府着手实施改善型民生以及富裕型民生，并选择浙江等省份进行共同富裕的实践探索，由此使得民生类型体现出时间上的层次性。

**四 基本型民生的项目内容**

每一种民生保障制度的制定与实施均蕴含着特定的政治文化、"价值观念"及"意识形态"等因素的考量[1]，进而影响到该民生保障项目的选择、内容的确立特别是水平的设定，项目就成为民生保障的重要内容。反过来，民生保障内容的设置折射出这个国家或地区的民生治理理念以及民众的福利观念。通常情况下，各种类型的民生均涉及与整个社会经济负担能力密切相关的物质、精神及服务等内容。在四种民生类型中，托底型民生以及基本型民生并不是那种项目不全的民生，更不是"绝大多数的民生事项"[2]，它们同样也是项目齐全、结构完整、内容完备的民生保障，特别是就这种民生保障类型的使命与功能来说更是如此。终极意义上讲，能够完成其使命、实现其功能的就应该是完整的、齐全的。

具体来说，基本型民生包括教育、就业、医疗、健康卫生、养老、长照、住房以及公共服务等关乎民众日常生活的一切事项，只不过这些项目从内容上看是要求能够保基本。而且这种"保基本"不是一成不变，而是处于历时性变化中，不同的经济发展水平形成了民众的不同基本生活期待，表现为不同的基本生活需要，这就决定了基本型民生的内部结构、供给秩序、待遇标准等在各个历史时期可以有所侧重，其供给水平也会历时性地变动着。结合已有的研究，基本型民生项目的投入要能够解决当下民众的基本生活需要，投入总量要达到同期城乡居民八大类消费品和服务价格总和这个水准。[3] 因为这些项目及其所形成的价格总量是维持民众日常基本生活支出的常量，它反映了各个城市乃至整个民众的

---

① 李明政：《意识形态与社会政策》，洪叶文化事业有限公司1998年版，第3页。
② 赵曼：《让人民在共享发展中有更多获得感》，《湖北日报》2015年12月4日，第11版。
③ 参见高和荣《论托底型民生》，《北京师范大学学报》（社会科学版）2020年第3期。

基本消费与生活支出能力，体现了这个地区民众基本的生活需要与生活水平。只有这样强度的资金投入、项目安排及内容保证，才能解决民众的基本生活需要并为其迈进改善型乃至富裕型民生打下坚实的基础。当然，个体的基本生活需要有所偏好，因而每个人就可以根据自身的基本需要调整各民生项目内容的供给量及供给顺序。例如，就整体而言，统计数据显示，中国居民消费支出中服务性消费支出占比快速增长，这不仅意味着服务性消费支出已经成为基本型民生支出的重要方面，而且意味着我们在开展基本型民生项目内容安排时需要调整内部结构比例，以适应民众基本生活需要的变化。

# 第二节　基本型民生的特性

保基本是基本型民生的核心要义，也是基本型民生的主题和目的。作为一种民生制度类型，基本型民生的任务就是保障民众基本生活，增强他们的社会认同，为他们奔向改善型乃至富裕型的生活提供支撑，保基本生活由此就构成基本型民生的主要任务，也是实现国家治理目标的内在需要。当然，要想实现这个目标和任务，就必须搭建起完整的项目种类，适度的待遇支撑，覆盖这个社会最广泛的群体和最多数人口。所以，以解决民众基本生活需要为己任的基本型民生，需要通过全面的项目设置、稳定的资金投入才能让民众获得可靠的生活来源，形成相对稳定的收入与生活预期，确保他们能够安全地生活在这个社会中，实现经济发展与社会安宁的统一。因此，这就需要明确基本型民生的项目安排与投入强度，准确界定基本型民生的范围。

## 一　项目确定的复杂性

民生是个历史生成的概念，范围极其广泛，项目种类更是多样，以往人们总是从抽象层面上谈论民生，揭示它对于治国安邦的重要性，把它作为一种手段及方法，而较少地去剖析其项目与内容、结构及待遇，只是强调"民生在勤"。实际上，民生项目十分复杂，它随着历史的演进呈现出新的内容与形式。例如，古人讲的民生项目侧重于社会救助类项目及投入，如灾荒救济、瘟疫控制等。托底成了古代社会民生的重要功能与使命，托住民众最基本生活的底线成为江山永固的基本要求，成为检验民生政策乃至整个治国方略的维度。在那个时代，整个社会主要关注民生托底，也就是我们所说的"托底型民生"，而较少从顶层设计层面去构建"基本型民生"。及至今天，特别是打赢脱贫攻坚战的今天，民生仍然作为发展的第一要务，我们的民生已经逐步走出了"托底保障"的任务而迈进了"保基本"与"全覆盖"时代，保基本民生成为经济社会及人的发展的前提，国家在发展经济的同时着力保障和改善民生，让经济社会发展的成果由人民共享。

这表明，不仅整个民生项目是开放的，基本型民生同样也是含混的，它具体包括哪些项目，可以划分为哪几个层次，很难确定。例如，基本型民生的"基本"如何界定，它在整个民生体系中与其他三个层次的关系如何；哪些项目属于"基本"，哪些项目是"非基本"；基本型民生如何测量，投入多少算作基本，它是测算单一项目还是所有项目，是测量个别项目的资金投入还是测算所有项目的资金投入总量；等等。从供需双方角度看基本型民生项目的确定同样具有复杂性。就需方来说，每个人对基本生活需要的定义不同，因而对基本型民生项目的需要也有所不同，有的基本需要集中在物质领域，有的注重社会服务特别是公共服务、心理和精神。就供方来说，中央及各级政府的财政支付能力几乎决定了民生项目的种类、数量及水平。这意味着，整个社会的基本需要及政府的供给均处于变动中，如何从变动的供需中找出兼具稳定性、平衡性的结合点比较困难，由此使得基本型民生项目、类型及其总量比较复杂，很难用单一项目或单一尺度加以界定。

## 二　项目种类的一致性

基本型民生项目与城乡居民八大类消费品和服务项目一致。人们的基本生活需要是由若干个项目组合而成的，不同时空范围的人的生活需要有高低差异，不同阶层、不同年龄段的人的生活需要有多寡之别，同一时空范围、同一年龄段的人的生活需要也各有千秋，各个项目在某个时期同样有所侧重、有所调整。例如，西周时期，除救济灾荒的保存生命的托底型项目之外，还涵盖了最低限度的医疗、教育、救助及养老等项目[①]，无论是文景之治还是开元盛世，无论是永乐盛世还是康乾盛世，

---

① （清）孙诒让撰，王文锦、陈玉霞点校：《周礼正义》，中华书局1987年版，第315—338、689—771、986—991页。

抑或其他朝代，托底民生建设内容不外乎衣食住行娱、生老病死葬。但是，不管如何调整，它总要体现出这种民生类型的特性，总是一个综合性的体系。

随着经济的发展以及民生水平的改善，民生类型从托底型走向基本型，而且在数量上日益扩展、水平上不断提升，展示出基本型民生的发展性。但是，从基本需要角度看，每个人均需要衣着、食品、家用设备用品、交通通信、文娱教育服务、居住成本等基本生活必需品项目及社会保险、健康保障等公共服务项目，这是个体维持基本生活所需要的项目及服务；在特定时空范围内他们所需要的基本生活项目种类总数大致相同，均围绕衣食住行娱、生老病死葬等方面展开，解决了这些问题，个人的基本生活需要得到了基本满足。也就是说，这些项目的种类、服务类型及其数量大小虽然有所差异，但其所体现出来的消费或服务价格总和相差不大，在同一时期内基本上是一个常数，能够准确反映社会成员的消费能力变迁趋势，反映了整个社会成员基本的生活水平与生活需求。结合各地历年来公布的数据，根据我们已有的研究①，基本型民生标准与城镇居民八大类消费品和服务价格基本需求总和大致相当，有了这样的获得标准就可以保证民众的基本生活需要得到解决。因此，所谓民生"项目种类的一致性"其实是指基本型民生项目的价格总和或指数呈现出一个常数。

### 三 项目构成的稳定性

基本型民生项目的构成具有稳定性。这种稳定性首先表现在民众需求的相对稳定性。例如，根据国务院发展研究中心发布的"中国民生调查"数据可知，从 2015 年至 2019 年，五年间城乡居民最关切的民生问题不外乎收入、医疗、住房、就业、养老和教育六个方面，其中收入和医疗一直位居第一位或第二位，住房或教育经常性地位居第三位。这就是说，城乡居民的基本需求及其所蕴含的民生项目总会形成相对稳定状态，在一定的时空范围内项目类别及其所体现出来的价格总和变化不大。因而，可以将其凝聚成某种民生类型，具有安德森所说的"类型学"特质。这种具有类型学特质的基本型民生可以借助城乡居民八大类消费品和服务价格总和来加以测量，以便形成基本型民生支出的常量。从现实来看，国家统计局每年均会对全国 31 个省份 1800 个县的 16 万户采取分层、多

---

① 参见高和荣《论托底型民生》，《北京师范大学学报》（社会科学版）2020 年第 3 期。

阶段按比例概率抽样调查各户各类消费品消耗数量，并将这八大类项目细分为 263 个基本项目、700 个项目品种，结合当地的物价水平计算出各地的八大类消费品和服务价格总和，进而形成全国的消费品和服务价格。

结合 21 世纪初以来的历年数据，这八大类消费品和服务所蕴含的数百种项目品种基本上涵盖了所有民生项目，如此丰富多样的项目品种囊括了人的基本需要的全部方面。尤其是它所形成的总和价格（费用）可以满足人的基本需要，真实地反映民众基本生活需要的价格总和，构成一个消费函数，体现了各地民众基本需要的完整性与稳定性。如果这些项目、品种特别是消费支出能够得到满足，就可以较好地解决民众的基本生活问题。当然，民众的基本生活需要所涉及的项目及品种也会有所变化，某个时段可能偏向于食品，而另外一个时段倾向于衣着或其他；有时候集中需要家用设施，也有的时候偏重于医疗保障等，但这八大类消费品及服务价格在同一时间范围内总会形成一个常数，根据这个常数进行内部结构调整，重新组合各基本消费品及相关服务，形成能够解决不同个体基本需要的项目类型，做到基本需要的项目及种类在变动性基础上实现基本需要的稳定性。也就是说，采取这八大类消费品和服务总和的价格常数体现了民众基本需要的变动性与稳定性、选择性与完整性的统一，用这样的项目类型来测量民众的基本需要比较可靠及可行。

### 四　项目需求的发展性

发展是人的本性，人总要不断地超越自己、超越他人及超越当下，体现为不断发展的过程。基本型民生需求同样具有发展性一面。人的基本需要在一定的时空范围内虽然有其相对稳定的一面，但个体的全部生命历程决定了他们的基本生活需要具有变动性特征，表现出不断上升的发展趋势，这种变动性和上升性就是一种发展性。马斯洛从社会心理学角度提出的五层次需求之间也是层层递进关系，即人在满足了低层次需求后就会追求较高层次的需求，正如 L. A. 汉密尔顿所言，需求以及需求问题的解决同样离不开发展的眼光[①]。多亚尔等将人的需要分为基本需要和中介需要，认为"在满足人的需要方面取得进展的目标是合理和可行

---

① Hamilton L. A., *The Political Philosophy of Needs*, England：Cambridge University Press, 2003, p. 62.

的"①。迪明等在研究欧洲最低收入保障政策时认为保障标准要不断丰富且具连贯性②，因为社会成员的基本生活需求是不断发展的。所有这些证明每个人的基本生活需求总是变化的，每个国家的基本型民生所形成的价格也是发展的，这体现了人类社会发展的本性和规律。

一方面，八大类消费品和服务的价格不会一成不变，它总要随着经济社会的发展以及人民生活水平的提高而进行调整，这就要求以保障基本生活为己任的基本型民生支出要进行与时俱进的变化。另一方面，虽然基本型民生涉及八类项目和服务，但各个项目在总项目中的地位及占比也会不同：在物资匮乏的年代，个人乃至整个社会的食品支出占总支出的比例相对较高，食品支出成为基本型民生支出的重点；而解决了温饱之后，衣着、家用设备用品支出甚至文化娱乐等支出占比就会高于其他商品及服务的支出；面对人口老龄化的冲击，老年人的养老、医疗、护理等相关服务的支出就会高些，此时，他们的食品及衣着等支出相对较小。但不管如何变化，八大类消费品和服务价格作为一个总体性概念，覆盖了居民基本生存需要的全部项目，是任何一个人生活于这个社会上总要消费的项目，可以从消费总额中确定某个比例作为其基本需要，根据这种变化中的项目所形成的基本型民生需求体现出发展的特性。

总之，把居民八大类消费品和服务价格总和作为一个常数，以此作为基本型民生费用支出标准，来测量个人、家庭、某个地区或全社会的民生保障水平，不仅较为全面地覆盖到人的基本生活需要的各个方面，还能够兼顾不同社会成员的基本生活需要的变化性与差异性，体现了基本型民生致力于解决基本生活问题的特性与功能。

## 第三节　基本型民生的结构

基本型民生成为维系社会成员基本生活所需的要素，体现了社会分层体系中社会成员的社会地位与社会福利情况，展现出基本型民生所具

---

① Doyal L., Gough I., "A theory of human needs", *Critical Social Policy*, Vol. 4, No. 10, 1984, pp. 6-38.

② Deeming, Christopher, "Defining minimum income (and living) standards in Europe: Methodological issues and policy debates", *Social Policy & Society*, Vol. 16, No. 1, 2015, pp. 33-48.

有的结构性特征。由于民生的结构涉及纵向及横向两个维度，相应地，作为民生一部分的基本型民生的结构也可以从类型及关系等维度及其不同方面去加以阐释，形成对基本型民生的理解和把握。

**一 项目与类型**

根据前面的内容，尽管基本型民生支出表现为价格常数，但是基本型民生项目及种类并非固定不变，它随着经济社会的发展特别是人们的基本生活需要的变化而变化。就类型而言，马克斯·尼夫认为人的需要包括"存在"和"价值"两类，其中"存在"又可以划分为"生存、拥有、行动及互动"等方面[①]；纳拉扬将需要划分为物质、身体、社会、安全、选择与行动、自由及心理等六种类型，[②] 莫林·拉姆齐将需要划分为身体生存、安全、爱与关联、尊重与认同、自我实现等六种，[③] 不同类型的需要不仅体现出需要的层次性与结构性，还展示出基本型民生内容的丰富性与差异性。

由于基本型民生具有通过解决民众的基本生活问题去促进他们追求改善型乃至富裕型生活的功能，因此，基本型民生项目主要由基本的物质项目、基本的服务项目以及基本的发展项目等三个部分组成。其中，基本的物质项目主要由基本的衣食住行及家用设备等项目构成，以解决社会成员的日常物质生活需要的问题；基本的服务项目涉及民众基本的养老服务、医疗服务、照护服务、殡葬服务、休闲娱乐服务等需求，解决社会成员基本的生活服务需求问题；而基本的发展项目主要包括基本的教育、基本的就业、基本的职业技能培训与职业提升等项目的需要，以解决社会成员的生活能力、生活水平以及生活质量提升等问题，具有面向未来的特性。当然，不同地区以及不同社会成员在其生命周期的不同时段内对这三个方面需要有所侧重。但就基本型民生项目来说，这三个层次的项目作为一个整体组合在一起，构成了基本型民生项目的全貌。有学者认为，这三个层面的项目组合体现出"纵向层次性"[④]，表现为人的基本需要由低到高、逐步

---

① Manfred Max-Neef，"Development and human needs"．in Paul，Ekins & Manfred Max-Neef (ed.)，*Real-Life Economics*：*Understanding Wealth Creation*，London：Routledge，1992，pp. 197-213.

② Deepa Narayan，"Voices of the poor：Can anyone hear us?" *Journal of International Development*．2000，13（3）．

③ Maureen Ramsay，*Human Needs and the Market*，Avebury，1992，pp. 149-178

④ 参见李有发《民生需求及其结构：一个社会学视角的理论分析》，《甘肃社会科学》2014年第5期。

满足的过程，由此体现出民生项目及民生类型的变化与发展。

## 二　整体与部分

从民生项目整体与部分关系上看，基本型民生涉及社会成员的基本生活状态以及他们所依赖的民生项目、民生制度、民生政策与民生待遇等。其中，民生状态描绘了社会成员的基本生活总体上所处的状态，是处于贫困状态、温饱状态还是富裕状态，这些基本的民生项目供给属于匮乏状态抑或是充裕状态。大致上看，这种基本的民生状态应该以保基本生活为基调、为主线，它蕴含着国家对民众基本生活的主动建构与顶层设计，因而常常受到这个国家的治国理政理念及价值目标等因素影响，也会受到经济发展水平作用，并由此形成特有的民生制度、政策体系以及民生项目设置。民生状态体现为一个整体性概念，是对这个社会民生事业的总体性把握。

民生政策是由政府制定、用以解决民众日常生活问题的政策及规章，它不仅体现一个国家或地区民众的生活需求及生活期盼，而且体现了整个国家的治理理念、治理蓝图、治理方略及治理目标，根据民生政策可以出台民生项目与完善民生项目，而民生项目及其所形成的民生待遇则是民生政策的在地化。当然，基本型民生就其项目覆盖面而言要能够涵盖人的全部生命历程，只不过人的全部生命历程中各个阶段所需要的项目水准及项目功能主要是保基本的，而不是改善的或富裕的，也不是托底的。应该看到，同一个国家或地区在不同发展阶段呈现出不同的基本型民生需要及其政策主张。其中，在生产力不发达的社会里，基本型民生所体现出来的民生政策主要解决衣食住行等基本的物质生活资料匮乏问题，而基本的服务项目以及基本的发展性项目相对来说被忽视；相应地，在物质生活资料充分发展的今天，基本型民生政策更加关注基本的服务类项目，并越来越重视基本的发展类项目的规划、投入与建设。这意味着基本型民生内部形成纵向间的逻辑关系。

## 三　制度与投入

从民生制度与民生投入角度看，制度与投入属于一体两面。民生制度是民生事业发展的可靠保证，关系民生事业发展的全局。没有民生制度，民生项目就是一种无目的的社会行动；没有民生制度，民生投入就是盲动。民众生活所形成的民生需求及民生项目构成了民生制度建设以及民生投入的基础。基本型民生孕育着丰富的制度类型，它的各个项目均有相应的制度与之对应。各地在推进基本型民生事业实践中所创新的诸多做法为地方政府出台相应的民生制度提供了源头活水，并由此凝聚成基本型民生制度体系，指导本地基本型民生政策的实施。同样，有了基本型民生制度，就可以在民生建设实践中确定究竟哪些项目以及各个项目的哪些方面、哪些层次属于基本型，进而制度化地加以规范组织与实施；建设基本型民生事业，也要结合实际形成具有普遍性的民生制度，否则，民生事业就成了"盲人摸象"式的投入与建设。从民生事业来说，与基本型民生相关联的八大类消费品和服务项目中每一种类都包含着若干个次级项目，使得民生项目在纵横两个维度上不断深化和拓展。例如，人们通常把小学教育及初中教育纳入基本的教育项目，但是，随着经济的发展以及社会的进步，一些地方出台扩展义务教育年限等民生制度，相继把学前教育或高中教育纳入其中，还有的地方把外来务工人员的适龄子女纳入进来，在项目覆盖对象及覆盖年限等方面拓展了基本的教育项目。

民生事业的发展、民生制度的实施、民生待遇的保证离不开财政投入，这样的财政投入可称为"民生财政"。通常，因民生投入不同所形成的待遇差异是比较不同地区同一民生项目在同一时间中的发展水平。作为反映民众基本生活总体状况的概念，基本型民生受民生理念、民生文化、政治意识形态以及经济社会发展水平等多种因素的影响，同一时间点上的民生投入在空间分布上会有所不同，由此使得各地对基本型民生内部结构、获得对象及待遇界定等呈现出明显的不同。正常情况是：一个地方的 GDP 以及公共财政收入总量越大，特别是人均 GDP 以及人均可支配收入越高，地方政府就越有财力完善民生项目；地方政府越重视民生特别是越来越实行以民生为导向的经济建设，就越有可能加大民生事业的投入强度；一个地方越有良好的慈善福利文化，这个地方就越倾向于更多地投入民生。反之则反。例如，社会保障是民生保障的主要部分，李琼等的研究发现，我国社会保障水平所呈现出的"东—中—西"分布与地区经济发展的格局相一致，人均 GDP 是引起社会保障水平时序变化和空间布局的因素之一。[①] 李胜会等的研究进一步表明，我国社会保障财

---

① 李琼等：《2002—2015 年中国社会保障水平时空分异及驱动机制》，《地理研究》2018年第 9 期。

政投入上存在严重的城乡效率差异。[1] 因此，在提高和改善民生方面应关注地区差异、城乡差异及民生项目结构等问题。这说明在同一时间范围内各地对基本型民生项目及其待遇标准等呈现出差异性，透过各地差异性基本型民生待遇，可以比较各地对基本型民生的投入强度与投入结构，评判各地基本型民生结构的异同，进而分析各地基本型民生的发展重点，推动各地基本型民生事业的建设、发展与完善。

# 第四节　基本型民生水平的测量

中国的基本型民生建设目前处于何种阶段？不同地区基本型民生水平差距呈现出怎样的演变规律？这样的差距是由哪些因素导致的？厘清这些问题对于保障和改善民生、不断满足人民群众对美好生活的需要、最终奔向共同富裕型民生具有重要的现实意义。

## 一　基本型民生指标体系构建

本研究在充分了解中国民生发展的历史阶段、内在规律和相关研究成果的基础上，结合国家统计局对民生指数（DLI）论述[2]，从 7 个维度选取 25 个指标，构建一套反映中国基本型民生发展水平的综合指标体系（见表 10-1）。

**表 10-1**　　　　　　　　中国基本型民生发展综合指标体系

| 准则层 | 权重 | 指标方向 |
| --- | --- | --- |
| 消费水平 | | |
| 城乡居民八大类消费支出总和 | 0.041 | + |
| 农村居民恩格尔系数 | 0.013 | − |
| 社会报账 | | |
| 城市居民最低生活保障人均支出 | 0.06 | + |

---

① 李胜会、熊璨：《社会保障财政支出：城乡效率差异及原因》，《公共管理学报》2016 年第 3 期。

② 中国统计学会、国家统计局统计科学研究所：《2013 年地区发展与民生指数（DLI）统计监测结果》，国家统计局网站，http://www.stats.gov.cn/tjsj/zxfb/201412/t20141231_661933.html。

续表

| 准则层 | 权重 | 指标方向 |
|---|---|---|
| 农村居民最低生活保障人均支出 | 0.068 | + |
| 人均城乡直接医疗救助 | 0.048 | + |
| 基本养老保险覆盖率 | 0.027 | + |
| 失业保险覆盖率 | 0.067 | + |
| 工伤保险覆盖率 | 0.064 | + |
| 社会医疗保险覆盖率 | 0.039 | + |
| 提供住宿的民政机构床位数 | 0.053 | + |
| 文化教育 | | |
| 小学生师比（教师＝1） | 0.035 | − |
| 中学生师比（教师＝1） | 0.017 | − |
| 特殊教育生师比（教师＝1） | 0.017 | − |
| 教育支出占财政支出比重 | 0.023 | + |
| 就业与培训 | | |
| 当期劳动争议案件结案数 | 0.069 | + |
| 本期登记求职人数 | 0.008 | + |
| 公共安全 | | |
| 公共安全支出占地方财政总支出比重 | 0.027 | + |
| 交通事故发生数 | 0.011 | + |
| 公共医疗安全 | | |
| 每千人口卫生技术人员数 | 0.038 | + |
| 每千人口医疗机构床位数 | 0.029 | + |
| 村卫生室数 | 0.059 | + |
| 医疗卫生经费占财政支出比重 | 0.056 | + |
| 公共基础设施 | | |
| 每万人公共交通拥有量 | 0.036 | + |
| 民众有线电视入户率 | 0.051 | + |
| 人均互联网宽带接入率 | 0.043 | + |

注：表中权重为熵权法计算的历年权重的平均值。

本研究以中国31个省份为对象，数据来自2011—2020年《中国统计年鉴》《中国劳动统计年鉴》《中国民政统计年鉴》《中国卫生健康统计年鉴》《中国农村统计年鉴》《中国教育统计年鉴》《中国人口和就业统计年鉴》《中国社会统计年鉴》，各省统计年鉴及国民经济与社会发展统计公报。

## 二　中国基本型民生发展水平及时空特征

### 1. 基本型民生发展水平演进趋势

图 10-1 可见，2010—2019 年中国基本型民生发展指数由 0.27 上升到 0.31，提高 14.8%。这说明基本型民生发展水平总体上不断提高，基本型民生建设取得了良好成效，民众获得感增加。其主要原因有两点。（1）中国经济持续的健康发展。截至 2020 年年底，中国 GDP 总量已超过 100 万亿元，为基本型民生改善奠定了坚实的物质基础。（2）注重在发展中保障和改善民生，不断扩展民生建设的内容，将民生"五有"扩展为民生"七有"，建成了世界上最大的民生保障体系。图 10-1 还显示，中国基本型民生发展指数并非逐年上升，而是具有一定的波动性。2010—2016 年，基本型民生发展指数稳定上升。然而，2016 年后，基本型民生指数逐年下降。这是由于基本型民生覆盖范围最广，政府每年民生投入项目有所侧重，加上反映不同项目指标的权重不同，如果政府投入更大的比例到权重占比大的项目，基本型民生发展指数可能会上升，反之有可能下降。因此，政府在进行民生项目投入时，需要有科学的理论依据，并及时对民生建设成效进行评估。

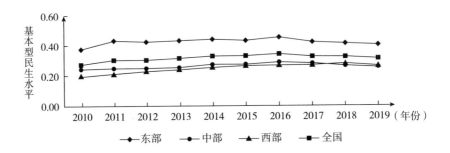

**图 10-1　2010—2019 年全国及三大经济区域基本型民生发展指数趋势**

从三大区域看，东部地区的基本型民生发展指数高于全国平均水平，且远高于中西部地区。基本型民生平均指数由高到低依次为东部（0.419）>中部（0.264）>西部（0.248），但东部波动幅度比中西部地区大，西部变动趋势与全国较为一致。西部地区整体呈上升趋势，并在 2018 年超过中部地区，这说明西部地区民生建设稳定，民生持续得到改善，但水平相对较低。

2. 基本型民生发展水平"中间塌陷"的空间特征

图 10-2 可知，中国基本型民生发展指数等级在空间上存在固化和变化并存现象，且呈现出空间异质性特征。具体来看，等级固化的省份有北京、天津、江苏、浙江、上海、广东（高水平），以及云南、贵州、广西（低水平）。2010—2019 年，较高水平和高水平呈现东部积聚趋势，相邻地区具有正的空间集聚性。较低水平和低水平由西部集聚到西部扩散再到中部集聚，最终形成明显的中间地区塌陷的空间格局。由此可见，促进中部地区崛起，加快形成中部崛起的新局面，提高中部地区民生水平，让城乡居民过上更好的生活，关系到中国民生能否高质量发展。

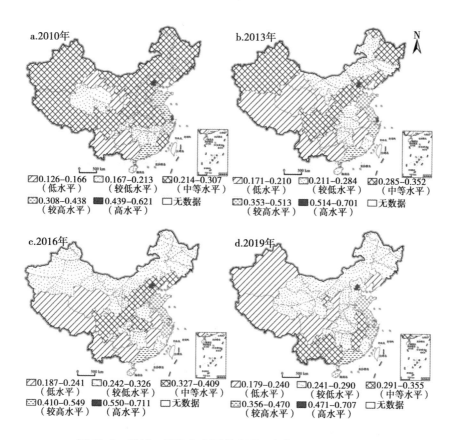

**图 10-2 2010—2019 年中国基本型民生发展指数空间格局**

注：该图基于自然资源部标准地图服务网站下载［审图号为 GS（2019）1825 号］，底图无修改。

# 第五节　基本型民生的实现

在经济总量跃居世界第二的当代中国，全国各地都在筑牢托底型民生基础上积极探索适合自身实际、能够保障民众基本生活的基本型民生制度。基本型民生在整个民生体系中处于核心地位，既是提升应对风险挑战的手段，也是民众走向更加美好生活的前提，还是社会稳定与和谐发展的保证，成为中国着力加以建设与完善的制度类型。实现基本型民生，特别要注意以下四点。

## 一　注重经济发展

基本型民生的实现离不开经济的发展特别是公共财政的投入，充足的财政投入是基本型民生得以实现的基础，离开了资金投入保障，基本型民生就难以实现。这就要大力发展经济，壮大经济总量，提升经济运行质量，为基本型民生的建设提供可靠的财政支持。21 世纪以来，我国经济持续快速发展，有关数据显示，我国 GDP 总量从 2002 年首次突破10 万亿上升到 2020 年的 100 万亿元以上，人均 GDP 从 2002 年的 0. 6 万元上升到 7. 2 万元。相应地，财政收入从最初的 1. 89 万亿增长到 2020 年的 18. 29 万亿元，同期城镇居民人均可支配收入从 7703 元上涨到 2020 年的 43834 元，农村居民的人均纯收入从 2476 元上升到 17131 元。与此同时，我国城镇居民八大类基本消费品和服务价格总和也从 2002 年的 6030元上涨到 2019 年的 28063 元，农村居民则从最初的人均 1834 元上涨到13328 元。

经济的快速发展为政府实施基本型民生奠定了物质基础，提供了必要的物质条件，而居民基本消费支出的上涨为我们能够探索基本型民生的支出强度提供了根据。财政支出方面，2019 年作为民生项目组成部分的教育、社会保障和就业、卫生健康、住房方面的支出总额为 107587. 21亿元，人均为 7684 元，占总支出的 45%。如果我们的财政收入中用于民生支出的部分已经能够承担起城乡居民八大类基本消费品和服务的价格，这就为全面实施基本型民生保障制度提供了财政保证；人均可支配收入能够支付得起八大类基本消费品和服务价格，使民众的基本生活需要得到有效保证。因此，应大力发展经济、提高财政支出能力，以便有更多的财政投入基本型民生事业的发展中，进而为基本型民生的建设提供现实条件。

## 二　完善供给体系

基本型民生是一个涉及项目、待遇、制度、政策的综合体，是涉及政府、市场、社会及家庭（个人）的一个有机整体。实现基本型民生的建设任务及建设目标，需要不断完善基本型民生保障供给体系，补齐基本型民生内部各个项目短板，缩小基本型民生项目及城乡区域发展不平衡，切实解决基本型民生项目供给数量和质量不足，特别是部分项目建设"滞后、错位、绵软"①，达不到保基本标准等问题，以确保基本型民生建设目标的实现。

国家治理本质上就是对人的治理，治理好人也就是荀子所说的"善班治人"，让民众安居乐业，自然也就治理好了国家。从民生类型上看，四种民生类型既然成为长治久安的手段，那么，覆盖人口最多的基本型民生与治国安邦的关系就最为密切。解决了一个国家覆盖人口最多的群体的基本生活需要，也就在最大程度上实现了治国安邦。在当今社会，保障民生不能只停留在托底型民生这个较低水平层面，还要扩展到满足最大多数人的基本需要的基本型民生，这是任何一个政府取得统治合法性的社会基础，也是社会长治久安的最大公约数。这就要求政府从制度设计、项目供给、资金投入以及主体整合等方面进行顶层设计，形成资金来源可靠、供给主体多元、项目内容齐全的民生供给体系。从治理角度看，基本型民生通过保障最大多数社会成员的基本生活去实现社会长治久安，它同样需要广泛动员社会各界的力量积极投身到基本型民生项目的建设中去，或提供保障资金，或提供保障项目，或提供基本服务，扩大基本型民生的供给主体，提升基本型民生保障的供给能力。实际上，社会一旦投入基本型民生的供给，它本身也增大了社会稳定基数，减少了社会不稳定力量。另外，人民群众是基本型民生的获得者与享用者，个人及其所在家庭比政府及社会组织更清楚自身的基本生活需求究竟在哪里，更愿意开展解决自身基本生活需要的民生建设。所以，基本型民生建设不是单一的政府行为，它离不开社会及家庭（个人）的推动，因

---

① 贺方彬：《供给侧结构性改革与改善民生》，《中南大学学报》（社会科学版）2017年第2期。

而，完善政府、社会及家庭（个人）共同参与的多元供给体系同样是做好基本型民生的第一要务。

### 三 优化支出结构

优化基本型民生所需资金的支出结构，是基本型民生得以顺利实施的重要保证。基本型民生项目及服务价格总和一经确定，也就明确了某个地区乃至某个国家基本型民生资金投入总量，以保障人民群众的基本生活需要得到满足。不过，民众的基本生活需要在时空分布中有所不同，全社会的基本生活需要也呈现出时空差异，因而需要政府及社会在民生总支出规模保持相对稳定的前提下优化基本型民生支出结构，形成能够更加有利于保障基本民生的财政支出结构比例。

一方面，要将民生支出资金用于优先解决最大多数人口的基本生活，形成以保障最大多数人口的基本生活为导向的民生支出结构，以及城乡居民八大类消费品及服务价格与基本型民生相挂钩的政策框架，并据此常态化地公布基本型民生支持标准，使之既能够解决民众基本生活需要，又让民众对自己的基本生活获得稳定的心理预期。另一方面，要借助大数据等技术手段对基本型民生的各项支出进行模拟仿真，讨论基本型民生较优支出总量、支出结构及其比例，分析哪些民生项目的投入更具有生产性功能，探讨更为科学的各子项目支出情况，预测基本型民生支出的总体趋势，不断优化基本型民生的支出结构及支出标准。同时，要根据民众消费结构及消费比例的变化，引导社会投入八大类消费品及服务价格中最能体现基本消费的部分，不断增强基本型民生支出的能力，确保基本型民生目标和任务的实现。另外，还要注意地区之间的协调与平衡，通过财政供给，缩小基本型民生分布的地区差异。

### 四 推进项目落实

民生建设总要通过项目推进去提供民生待遇，落实项目是推进基本型民生实现的手段。作为覆盖人口最多的民生保障类型，基本型民生在整个民生建设体系特别是民生项目供给体系中处于主导地位，它关乎绝大多数社会成员的基本生活。无论是实现更加充分和更高质量的就业，提升教育水平，提高全民健康水平，还是改善收入分配结构，提高基本公共服务均等化水平，健全多层次社会保障体系，都涉及这些项目能否落实以及如何落实的问题。项目不落实，或者落实不到位，都不利于基本型民生的实现。

　　为此，要发挥组织体系优势，整合相关部门，建立起中央及地方各级政府基本型民生建设清单制度，明确基本型民生所包含的各民生项目周期性以及年度性的建设责任、建设目标、建设项目、建设进度及建设成效，厘清利益相关者之间的关系网络，抓住痛点，精准施策，在组织层面上确保基本型民生项目落到实处。要加强基本型民生项目的建设评估。既要评估所建设的民生项目究竟是不是基本型，有没有达到基本型的要求、标准及投入强度，也要评估所建设的项目有没有解决民众的基本生活需求以及在多大程度上解决了他们的基本生活需求。不仅如此，要赋予人民群众基本型民生建设与民生获得的知情权和监督权，综合运用科技的力量建立一套科学规范的、行之有效的标准体系，让他们广泛而便捷地参与到基本型民生项目的建设全过程，对基本型民生各项目的建设与实施责任主体进行监督，从而将"自上而下"的组织管理与"自下而上"的群众监督有机结合起来，确保基本型民生项目得到落实。

# 第十一章　改善型民生

改善型民生作为整个民生体系的有机组成部分，是经济发展到一定阶段以及国家治理能力现代化的客观要求，是全体人民实现共同富裕的必经之路及重要手段，越来越体现出民生建设能够"形成自身支撑基础"并为社会成员带来"正义感"的必然选择[1]，成为民生保障高质量发展的客观要求。

## 第一节　改善型民生的提出

时代是民生建设的现实根据与社会基础，民生建设离不开它所处的那个时代。改善型民生是指通过民生项目的安排及民生待遇优化以促进民众生活得到持续改善、社会发展水平得到提升的一种制度类型，是民生项目更加齐全、内容更为完善、治理水平更高、使民众生活更加幸福的民生模式，是人们日常生活与服务消费支出总额持续增长以提升民众生活水平的民生类型，是积极回应人民美好生活新期待、不断满足人的较高层次需要的模式类型，也是更有助于形成社会结构稳定、国家长治久安的民生制度类型，因而其具有综合性、完善性、激励性及发展性等特点。这就要求我们优化民生类型设计及民生投入结构，补齐改善型民生短板，营造良好社会秩序，扎实推进国家治理体系及治理能力现代化建设。

### 一　民生类型的重要部分

民生是一个涉及人的全生命周期、包含各个项目、体现不同福利待

---

① ［瑞典］博·罗思坦：《正义的制度：全民福利国家的道德和政治逻辑》，靳继东、丁浩译，中国人民大学出版社 2017 年版，第 114 页。

遇的集合体概念，也是一个试图解决社会各阶层生活所需的范畴体系，由此便演化出不同的制度类型。既然有着眼于社会救济的托底型民生，也有致力于保障最大多数民众基本生活的基本型民生，自然也就会有提高生活水准的改善型民生乃至追求更加美好生活的富裕型民生。

从逻辑角度看，民生类型与处于一定生产力发展水平中人的需要相适应，人的需要达到何种程度、人发展到什么地步就需要有相应的民生类型，正因为如此，多亚尔等把人类的需要分为"基本需要"和"中介需要"两个层次，其中，基本需要又包括"身体健康"和"自主"两个方面，而中介需要则涉及食物、住房、就业、教育以及生育等 10 多个方面。[①] 就社会各个群体来说也是如此，不同群体需要不同类型的民生，同一群体在不同发展水平也需要不同类型的民生，甚至同一个体在不同发展阶段所需要的民生类型也有所差异。其中，改善型民生是人到了生活相对宽裕、追求较为体面的生活及服务时而设置的制度，富裕型民生则聚焦于解决人的生活十分富裕情形下的需要问题。这些不同类型的民生体现出差异化的待遇水平及责任要求。因此，开展民生建设，固然需要加强托底型民生建设与投入，需要扩大基本型民生保障的覆盖面，以便能够保障民众基本的生活需要。但是，它同样也离不开改善型民生的制度供给及项目安排，特别是在经济总量跃居世界第二、人均经济总量居于中等收入国家的当代中国更是如此。事实上，只要开展民生建设就应该内含改善型民生这一类型。反过来，如果只有托底型民生和基本型民生的投入和供给，而缺乏改善型民生乃至富裕型民生建设，那么这样的民生便无法满足社会成员多样化多层次的福利需求，这样的民生体系就不是健全的制度安排。也就是说，只要开展托底型及基本型的民生建设，就自然要开展改善型民生的建设，以便形成更高的民生保障水平与层次。这是民生类型建设规律的集中体现。

从这个角度看，改善型民生的提出是民生类型、民生制度发展的内在规律使然，就其终极意义而言，任何时代、任何生产力条件下都有与之相应的改善型民生，只不过其所覆盖的人群与对象、项目及内容、待遇及标准有所差异而已。

---

① ［英］莱恩·多亚尔、伊恩·高夫：《人的需要理论》，商务印书馆 2008 年版，第 170 页、241 页。

## 二 经济发展的客观需要

民生与经济发展水平密切相关，这是民生事业发展的客观规律。一个社会进入何种发展阶段、处于何种发展水平，就需要并产生何种类型的民生制度，这是民生制度与社会相互适应关系原理的基本要求，也是社会良性运行以及民生制度发挥功能的客观需要，两者不可分离地联结在一起。

在生产力不发达的前现代社会里，国家主要聚焦于以灾害救济为主要任务的托底型民生建设，普通民众追求保障那个时代的基本生活，而改善型民生事项只能依赖于家庭或家族本身，以及朝廷的恩赐。新中国成立后的相当长一段时间内，政府在做好托底保障的同时努力开展基本的民生项目建设，托底型及基本型民生就成为那个时代的社会建设主轴。当时，改善型民生更多地是个人或家庭的自我行动，待遇水平也比较低，而富裕型民生仍然还是一种社会理想。

随着经济的快速发展以及经济总量的增大，中国人均经济总量连续两年超过 10000 美元。其中，高收入群体可支配收入达到 80294 元，中间偏上收入群体可支配收入达到 41172 元，这两类人群已占全国人口总数的 40%[①]，日益增长的美好生活向往成为这个时代的主流。可是，我国民生建设事业还不能够与经济发展速度和规模相适应，经济发展的成果没有同步反映到民生福祉增进上来，甚至形成了民生与经济非均衡增长格局，有学者形象地称之为"民生缺失陷阱"[②]。尽管这个比喻的科学性需要验证，但所反映出来的问题需要我们重视。因此，在中国特色社会主义进入新时代情形下，自然就需要我们在做好托底及基本两个保障层次的同时，稳步推进改善型民生，适当兼顾富裕型民生，从项目范围、种类、水平等各个方面切实改善民生保障水平，不断满足民众日益增长的美好生活需要，积极适应这个时代的变革。否则，民生制度与社会发展之间就出现了裂缝，民生制度与社会发展无法相颉颃，甚至成为社会发展的阻滞性力量。

## 三 民生福祉新水平的必然要求

作为治理范畴的民生保障不管怎样最终总是要落脚到民众福祉上，

---

① 国家统计局：《中华人民共和国 2020 年国民经济和社会发展统计公报》，http://www.stats.gov.cn/tjsj/zxfb/202102/t20210227_1814154.html，2021 年 2 月 28 日。

② 韩喜平、孙贺：《突破保障和改善民生的认识误区》，《湖北社会科学》2015 年第 1 期。

而民众的福祉具有丰富性与多样性色彩，不仅不同的人有不同的需要，同一个人在不同的时段其需要也有所不同，既有低层次、低水平的需要，也有较高水准的需要，甚至还有更高的需要，解决了较低层次的需要后，较高层次的需要就会从隐性走向显性、从后台走进前台。这就是说民生福祉的水平是不断提升的，随着经济社会的发展以及民众需求的改变，民生福祉必然要改变自己的形态，拓展自身的内容与形式。因此，改善民生特别是改善型民生的提出，是民生福祉新水平的必然要求。

例如，就贫困线及最低生活保障来说，改革开放初期，我们把人均年收入低于 100 元确定为贫困线，20 世纪 80 年代中期调整为 206 元，到了 2003 年贫困线标准提升到 637 元，2010 年起，政府将农民人均年纯收入 2300 元作为新的贫困标准，2020 年的贫困线标准提升到人均年收入 4000 元。再如，2019 年年末，中国大陆地区的城市和农村最低生活保障标准分别为每人每年 7488 元和 5336 元，比 2007 年全国农村低保分别提高了 2.4 倍和 5.4 倍。① 再如，试图解决农民看病难看病贵问题的新农合制度，2003 年试点时个人每年只需缴纳 10 元，到 2021 年已经上涨到 700 元左右。贫困线标准、最低生活保障以及新农合个人筹资标准尚且如此，更何况其他民生项目的投入了。所以，民生福祉水平的提升呼唤着改善型民生的出场。可以预见，随着生活条件的改善，改善型民生还将承担积极功能。

**四　治国安邦的重要手段**

"民生"是一个含义十分丰富的概念范畴，从不同的角度可以形成不同的认识。但是不管怎样，民生这个概念自诞生之日起就被用于国家及社会治理，因而具有了国家治理的内涵与意蕴、治国安邦的使命和功能②，体现出国家治理的理念、方略、政策与行动，展示出国家治理的基本要求、领域范围及整体状态。作为治理对象，民生总是要针对全体社会成员并努力覆盖社会整体而非部分，通过为各类群体提供与之相应的制度、项目、内容及待遇，实现各安其分、长治久安，因而自然需要为收入较高的群体建立相关保障与服务，改善型民生就成了增进这类群体社会认同的重要方面。

---

① 万东华：《从社会发展看全面建成小康社会成就》，《人民日报》2020 年 8 月 4 日第 11 版。

② 高和荣：《民生的内涵及意蕴》，《厦门大学学报》（哲学社会科学版）2019 年第 4 期。

　　就治理领域而言，民生保障注重通过顶层设计与整体推进，形成满足各类群体包括生老病死、衣食住行等多层次需要的政策框架及制度体系，实现民众安居乐业，促进社会长治久安，这不仅要实施托底型民生以及基本型民生，更要实施改善型民生，它们合成一个整体发挥积极作用；作为治理要求，它蕴含了治国理政者的责任担当，强调"民生在勤"和"勤政为民"，不断改善全体社会成员的基本生活，以体现国家治理所具有的与时俱进品格，展示出国家治理要落脚到改善全体社会成员生活，让民众生活在更加安全与富足的社会里，改善民生成为国家治理的应有之义。当然，作为一种治理状态，改善型民生的实施可以让这个社会变得更加美好，有助于激发托底型以及基本型民生所覆盖到的对象的动力与活力，实现"各美其美"、长治久安。

### 五　社会变革的必要回应

　　改善型民生存在于任何一个时代中，每个时代都有自己的改善型民生，无论是秦汉、魏晋，还是当今。只不过，改善型民生的"改善"与它所处的时代相一致，使得改善型民生的"改善"具有相对意义；改善型民生所覆盖到的人口规模与它所处的时代也一致。当社会生产力处于较低水平时，改善型民生项目及水平只能处于同时代相对较高的生活水准，而无法与当今社会相媲美；在普遍贫苦的年代，改善型民生所覆盖的人口极其有限。例如，在普遍贫穷的改革开放以前，我国改善型民生所覆盖的家庭特别是农村家庭不可能拥有彩电、冰箱及电话之类的日用消费品，而到了今天社会，这些消费品甚至已经降为基本型乃至托底型民生的配置了；同样，改善型民生在改革开放以前只有个别或极少数农村家庭才能享受得上，绝大部分家庭还处于基本型乃至托底型。

　　所以，改善型民生是社会变革的必然要求。社会发展到何种程度，需要改善型民生建设到相应地步；社会建设水平怎样，改善型民生就达到何种层次与标准；经济发展特别是民众收入水平如何，改善型民生将在多大范围内覆盖社会成员。这表明，改善型民生与社会变革及社会发展相一致，改善型民生的建设必须适应社会的变革需要，回应社会变革对包括改善型在内的各种民生类型的新希望，满足民众对美好生活的向往与期待，使得以提高人民生活水平为目标的改善型民生应运而生。

# 第二节 改善型民生的内涵

"保障"和"改善"是民生事业的本性和使命，成为治国安邦的两个有力抓手。建立民生制度、完善民生体系的首要任务是保障民众基本的生活，至少能够保障民众最基本的生活，在此基础上致力于不断改善民众的生活。如果说"保障"成为民生事业的建设基础及基本要求，那么"改善"就是民生事业的追求和期待，体现出民生保障的基础性以及民生事业发展性的有机统一。从这个角度看，改善型民生是指通过各类民生项目的安排及民生待遇优化以促进民众生活得到持续改善、社会发展水平得到提升的一种制度类型。改善型民生可以从项目内容、投入标准、保障层次以及功能实现等四个维度加以剖析。

## 一 改善型民生的项目内容

项目是民生事业的载体，透过各种项目的供给可以描绘并衡量民生建设究竟进入何种阶段、达到何种程度。与基本型民生类型相比，一方面，改善型民生着眼于民众生活水平的改善而努力去拓展民生项目范围，增加民生项目种类，扩大民生项目供给，使得它所包含的项目更为周全，更能满足人民美好生活需要的新期待。毫无疑问，那种个别项目提升的民生无论对于个体还是整个社会而言，都难以称为改善型民生，只有绝大多数民生项目得到改善或提升的才可以称为改善型民生。另一方面，改善型民生是保障水平提高的民生。保障水平是用来反映民生类型层次的重要指标，保障水平低的民生类型最多只能算作基本型民生甚至托底型而不可能被冠之以改善型民生，只有保障水平不断与时俱进得到提升、让民众生活水平得以改善的民生才能称为改善型民生。同时，改善型民生是那种有助于提升社会治理能力、让人民生活更加安全的民生。因此，改善型民生在项目上就会有所拓展。

例如，建立企业年金可以提高职工退休后的养老金待遇，解决由于基本养老金替代率逐年下降而造成的职工退休前后较大收入差距问题，弥补基本养老金保障水平的不足，满足退休人员享受较高生活质量的客观需要。因此，企业年金就成了改善型民生中有关养老项目的重要组成部分。再如，突发性公共事件的到来、全球流行性疾病的暴发，不仅需要政府能够尽快控制住疾病流行与蔓延，恢复社会秩序，更要求政府采取科学手段与方法主动作为、精准施策，缩短疫情蔓延时间，挤压疫情蔓延空间，尽快恢复良好的社会秩序。这就是说，改善型民生内在地包含着治理手段及治理方法从传统到现代、从经验到科学、从自发到自觉的转型与创生，以体现作为治国安邦手段的民生能够提升社会治理水平、不断改善民众生活、满足社会成员多样化及多层次需求。这表明，改善型民生是民生项目更加齐全、内容更为完善、治理水平更高、民众生活更加幸福的类型。

二 改善型民生的投入标准

从消费总额上看，GDP 的增长、收入水平的提高、生活成本的增长通常都会体现在城乡居民八大类消费品及服务价格总和上。由于我们在已有的研究成果中把城乡居民八大类消费品和服务价格总和的 60% 定义为托底型民生的支出与消费标准，把这个价格总和的 100% 作为基本型民生支出与消费标准。相应地，我们可以把城乡居民八大类消费品和服务价格基本需求总和的 150% 作为改善型民生支出标准。之所以提出这样的投入标准，一方面，改善型民生可以从消费总额上加以验证，如果民众的消费能力特别是实际消费水平较低，这样的民生不可能是一种较高水准民生。只有消费水平尤其是消费总额不断增长、民众有此消费能力的民生才可能成为改善型民生。另一方面，衡量民生事业的发展往往可以从投入上加以说明，民生事业并不是投入越多越好，但如果没有足够的投入，不仅民生项目无法建立，甚至已有的民生项目也难以得到优化与提升，优质的民生项目不可能建立与完善。

例如，提高以改善民生为主旨的基础养老金、扩大医保目录范围意味着财政投入的增加，长期护理保险服务的推行同样离不开各级财政资金投入。这样，根据我们已有的测算，如果资金投入达到城乡居民八大类消费品和服务价格基本需求总和的 150%[1]，除非民生投入结构极其失衡，否则民众就可以享受到较为周到的生活服务，这样的民生投入更容易化解社会矛盾，提升社会治理水平。

三 改善型民生的保障层次

改善型民生着重解决民众如何通过适度缴费以提高自身生活水准问

---

① 高和荣：《论托底型民生》，《北京师范大学学报》（社会科学版）2020 年第 3 期。

题。因此，它是一种保障层次有所提升、能够满足较高生活需求、有助于国家及社会治理的民生类型。

一方面，改善型民生并非针对全体社会成员，而是解决部分社会成员的较高生活需求，主要保障那些有一定消费能力、对民生项目有更高要求的部分社会成员。因此，改善型民生并不是对所有基本型民生项目的改善，也不是增加对所有基本型项目的投入，它是从部分民生项目需求入手逐步提高与完善，并努力扩大的民生项目类型。另一方面，改善型民生兼顾民众个性化需求进行差异化供给，以增强某项民生项目供给的精准度与契合度。它着重解决部分民众生活水准及生活品质提升问题，解决民众在物质生活需求得到保障之后还能够享有周到的生活服务以及良好的精神生活需求的问题，努力增进民众的发展能力与发展平台、发展机会与发展前景，避免各类民生项目供给与获得过程中出现歧视，促进社会和谐与进步。① 通常，教育是改善民生的重要抓手。在教育领域，政府及社会各界重视农村教育、推动城乡教育一体化，建立了覆盖各教育阶段的精准资助计划，全国大专以上受教育程度人口比重超过13%②，通过教育提升了个人的就业与发展能力和机会，有力地改善了民生。

**四　改善型民生的功能**

从个人角度看，改善型民生直接表现为个人生活境遇得到改善尤其是满意度与获得感不断增强的民生模式，是那种能够较好地提升其生活品质、增强其幸福感的民生类型，体现出改善型民生需求由较低层次向较高层次的迈进。民生与人的需要息息相关，民生把人的需要的满足作为载体和落脚点，透过解决人的需要实现长治久安，提升国家与社会治理水平与能力。但是，人的需要具有变动性特征，当满足了最基本也就是托底需要后就会追求基本需要，相应地，满足了基本需要后又会追求较高乃至更高需要，这是"世界决不会满足于人"的集中展现③，深深体现出人的超越性与向上性特性。为此，社会心理学家马斯洛将人的需要划分为五个层次，戴维·麦克利兰还把人的需要划分为"低层次"和"高层次"两个维度。其中，高层次的需要涉及"权力""亲和""成就"

---

① 高和荣：《新时代民生保障制度的类型转向及特征》，《社会科学辑刊》2020年第3期。
② 中新网：《促进教育公平新中国70年学生资助成效显著》，http://www.chinanews.com/gn/2019/09-25/8964740.shtml。
③ 《列宁全集》（第55卷），人民出版社1990年版，第183页。

等三个方面①，这些方面反映在民生领域已经不是托底型或基本型了，实际上涉及改善型乃至富裕型民生了，涉及民生保障背后的价值目标、价值追求及价值实现等问题，也就是民生保障在多大程度上能够实现马克思所说的"人的自由而全面的发展"问题了。② 所以，改善型民生就是那种不断满足人的需要特别是较高层次需要的模式类型。

从社会层面看，社会是一个多层次多方面的有机整体，涉及种群、家庭、组织、阶层、城乡以及区域等各个方面，社会的发展因而可以理解为种群、家庭、阶层等方面协调发展。它需要社会形成满足这些群体或主体发展所需要的动力与机制，而民生作为推进社会运行与发展的自为性力量，有助于这些社会主体的发展。问题就在于，这些人口、家庭、种群、阶层等结构异质性显著，民生需求的差异性比较明显，不仅不同的社会主体需要给予不同类型的民生，而且同一社会主体内部也要给予相应的民生类型。这就需要根据不同的主体给予差异性民生安排，而不能用单一类型的民生去覆盖所有这些社会主体。削足适履、整齐划一的民生类型供给必将引发社会结构单一、社会秩序失衡而无助于社会发展。所以，这就有必要在建好托底型及基本型民生以解决这类人口、种群及阶层生活问题的同时，积极开展改善型民生的建设，逐步缩小低收入群体或阶层规模，适度扩大中高收入群体总量，使得越来越多的人口朝着共同富裕方向发展，切实提高社会建设水平，人口、家庭、种群、阶层、城乡、区域等流动更加合理有序，全体社会成员能够各得其所，社会更加和谐发展。因此，所谓改善型民生就是通过民生项目的设置与供给，提升部分社会群体的生活水平，引导形成更为合理的社会分层及社会预期，避免单一托底型或基本型民生所引发的社会结构失衡。

从国家层面看，改善型民生使得用民生制度统筹管理社会事务能力进一步增强，国家治理体系效能进一步体现，国家治理体系与治理能力现代化进一步提升，彰显着改善型民生治国安邦的示范性与引领性。与欧美发达国家的社会福利不同，我们的民生保障透过自上而下的制度体系及规则安排，强化政府的顶层设计与治理职责，以实现国家与社会治

① McCleuard, D. C., Atkinson, J, W., Clark, R. A., and Lowell, E. L., *The Achievemenrt Motive*, New York：Appleton-centnry-crofts, 1953, pp. 55-67.

② 《马克思恩格斯选集》（第23卷），人民出版社1972年版，第649页。

理目标。我们的民生类型的形成与实施注重本国国情和发展要求，注重为国家治理所服务而不只是满足个人需要，民生保障具有治国安邦之意而不只是个人或群体福利权益满足，民生保障始终成为政治框架的一部分，为政治统治所服务。这是中国的民生保障不同于发达国家的最突出之处，体现了我们的民生保障所蕴含的"家国天下"这一整体主义观念。因此，把民生作为国家治理手段，就是要适应经济发展及人民生活水平的时代性变化，把"蛋糕"做大的同时把"蛋糕"分好，切实兼顾各类群体、各个阶层以及各个方面的利益诉求，不断优化民生制度模式类型、法律法规，使民生制度更加科学、民生类型更加完善，社会环境更加公平，改革发展成果更多更公平惠及全体人民。透过改善型民生的制度供给、项目实施及待遇优化，人民群众日益增长的美好生活需要得到满足，各种不稳定、不协调因素大大降低，治国安邦能力得到显著提升，执政根基更加夯实。因此，所谓改善型民生就是民众利益得到维护和发展、社会风险特别是生活风险因素更加可控、更有助于国家治理能力提升的民生类型及其制度模式与政策安排。

## 第三节　改善型民生的特点

每个阶层都有改善自身生活水准的需求与愿望，每一个社会都希望增进民生福祉，提升国家与社会治理水平，这是民生事业发展的一般规律。就其一般意义而言，改善型民生试图解决人们较高水准的生活需要，或者说，它试图解决生活水平较高的那部分群体的要求，自然具有不同于托底型以及基本型民生的鲜明特点。

### 一　综合性

改善型民生具有综合性。民生改善是一个综合的过程，它不只是解决单一的就业、养老、医疗或住房等问题，而是透过各种民生项目的供给与优化使得民生水平得到整体性提升与总体性改善，因而具有综合性特点。这种综合性表现为民生事业整体改善、民生项目全面、民生水平增进以及社会运行有序和社会秩序可控。

一方面，民生事业整体上的改善。它不拘泥于某一个项目的改善，不是碎片化地讨论单一民生项目，而是把民生事业作为一个整体来看待，

审视与社会发展相适应的民生事业所应具有的状态及其效应,让生活在
这里、经济社会地位较高的民众感受到整个社会民生事业得到整体性改
善,自身生活环境得到改善。另一方面,改善型民生不是某种单一项目
的全面,如某种治疗方案优化、某个药品价格下调、某次补偿比例提升
等,而是设法让所有的民生项目均得到提升,以满足社会各阶层民众丰
富多样、较高品质的生活需要,确保民生项目在提质增效中体现民生水
平改善。同时,改善型民生是在实现了托底保障以及基本保障之后一种
较高水平的民生类型安排,改善型民生的供给能够满足社会上政治、经
济、社会以及文化等地位较高群体的福祉需要,有助于增强这部分群体
的获得感与满意度,有助于增强生活在改善型民生水平之下的社会成员
的生活期待,不断增强社会整合与社会凝聚能力,促进社会各阶层群体
更加有序运行,使社会风险更加可控,社会发展更可期待。

**二 层次性**

首先,改善型民生内含的民生项目具有层次性。它能够满足人的不
同需求,特别是对较高生活水准的期待。借鉴恩格斯将人生存发展所需
的客观条件划分为生存资料、享受资料和发展资料三个维度,民生需要
也可以划分为"生存需要""享受需要""发展需要"等三个层次①,每
个层次的需要会随着社会生产的发展和社会产品的丰富而得以调整自己
的结构、改变自身的形态,形成新的需求类型。特别是在人的基本需求
得到满足后,较高收入者就会追求满足更高层次的舒适生活需求,而改
善型民生就是注重人的这部分需要的获得与满足。

其次,改善型民生的保障水平具有层次性。改善型民生不仅会提升
普惠性民生项目的保障水平,还会解决部分民众生活水准及生活品质提
升问题,满足他们在物质生活需求得到保障之后还能够享有周到的生活
服务以及良好的精神生活需求问题。随着经济社会的发展,特别是生活
水平的提高,民生保障水平也会逐步得到改善。

最后,改善型民生的功能具有层次性。改善型民生是帮助个人生活
境遇得到改善、使其生活满意度与获得感不断增强的民生类型,是能够
较好地提升个人生活品质、增强其幸福感的民生类型,体现出民生需求
由较低层次向较高层次的不断迈进。改善型民生通过民生项目的设置与

---

① 刘明松:《马克思的民生思想及其当代价值》,《马克思主义研究》2019 年第 8 期。

供给，能够提高部分社会群体生活水平，有助于社会结构的稳定，避免单一托底型或基本型民生所引发的社会结构失衡。另外，改善型民生能够增强民生制度统筹管理社会各方面事务能力，提升国家治理效能，提升国家治理体系与治理能力现代化水平。

### 三　变动性

民生问题既是一个政治问题，也是一个经济问题，但它首先是一个历史问题，是在历史长河中逐渐形成的某个地区民众的生活态度、生活方式与生活愿景，展示各地区民众丰富的生活内容。它"是随着社会发展而发展、随着环境变化而变化的，它作为一个具体的历史范畴，表现出必然的动态变化性"①。每个时代都有体现生活改善的民生类型及制度安排，这些民生项目内容需要跟随民众需求的变化而变化。经过改革开放 40 多年建设，我国经济建设取得重大成就，人们的衣食住行发生了巨大变化，托底保障和基本保障得到全面实施，基本生存需要已得到满足。

21 世纪特别是进入新时代，随着生产力的提高，人们期待更加美好的生活，对各种较高层次与领域的生活需求不断增加，因而使得改善型民生的项目具有开放性与适应性，它会随着人们生活需求的变动而变动，满足目标群体不同生命周期、不同层次以及不同情境中的享受需要和发展需要。相应地，改善型民生的支出也要跟随城乡居民八大类消费品和服务价格的变动而变动。根据测算，我们以城乡居民八大类消费品和服务价格基本需求总和的150%作为改善型民生支出的标准，尽管这个比值相对稳定，但其背后所蕴含的项目及服务同样会随着消费品及服务价格的变化而发生相应的变化。

### 四　完善性

任何一种民生类型都有一个根据经济社会发展以及人民生活需求变化而走向完善的过程，在自身发展过程中均或多或少地对项目种类、待遇水平、可及可得性等方面加以完善。当然，不同的民生类型其完善的要求与任务有所不同，改善型民生是在基本型民生基础上的改善，特别是社会大体完成了托底保障及基本保障任务后为经济社会等地位较高的群体而进行的制度安排，这样的民生类型既要随着托底特别是基本型民生水平的提升而不断加以完善，也要随着社会发展水平的变化而做出相

---

① 刘明松：《准确理解并坚持科学的社会主义民生观》，《江淮论坛》2017 年第 3 期。

应的安排，尤其要随着这部分群体的生活需要发生变化而做出相应的调整，这是民生事业高质量发展的客观要求与应有之义。

一方面，改善型民生的出现进一步丰富了民生保障类型，有助于形成健全而完整的民生保障体系。很难想象完整的民生体系只包含托底型和基本型，很难想象一个只有托底或基本的民生保障能够满足人民群众日益增长的美好生活需要。只有不断加以完善，满足民众多样化及多层次的需求，才有助于民生事业的发展。另一方面，改善型民生的完善性直接体现为项目、待遇的优化及社会秩序的良好，它不仅仅满足于提供基本的甚至托底型的项目及待遇，而是通过提高个人缴费标准让经济社会等地位较高的群体获得更加优渥的民生保障，向着幼有善育、学有优教、劳有厚得、病有良医、老有安养、住有宜居、弱有众扶、秩序稳定、社会和谐方向前行，增进社会各阶层认同。

**五 激励性**

任何一种民生类型的实施都能够激励某个（某些）社会群体或阶层，都是为了实现某种社会功能，凸显该民生类型所具有的社会激励功能。改善型民生也不例外。改善型民生的实施有助于整个社会的民生改善与福祉增进，有助于激发社会成员为着更加美好生活而努力奋斗，因而具有激励性特征。这就是说，改善型民生不只是增加财政负担，不只是一种消费性的支出，而是透过这种消费性支出引导生活成员为获得并享有更高水平的生活待遇、生活环境及生活质量而不断努力工作，因而具有生产性功能。某种程度上我们可以说，离开生产性功能的民生类型是难以长久的，缺乏生产性功能的民生制度必然产生消极后果。

从阶层上看，改善型民生的实施为中低收入群体未来的可能生活指明了方向，这些阶层通过自己的努力，将来可以获得比基本型民生更高水准的项目、待遇及环境，能够从基本型走进改善型，甚至激发那些还要托底的群体通过努力而直接跃升到改善型民生阶段。当然，改善型民生的实施自然也能够促进阶层结构优化以及社会正向流动，增强中高收入阶层幸福感，让他们感受生活美好及社会和谐，激发他们更加努力地工作，向着富裕型民生前进。从社会整体看，改善型民生的实施有助于完善整个民生类型体系，形成更加丰富的社会治理抓手，彰显党和政府保障和改善民生、不断提升民生水平、促进治理能力现代化的决心与担当，激发民众为实现民族伟大复兴的理想而努力工作。

### 六　发展性

发展是民生事业的本性，不存在一成不变的民生事业、民生项目和民生待遇，更不存在一成不变的民生类型。包括改善型在内的四种民生类型划分只具有相对意义，随着经济社会发展特别是民生需要的变化，现行的四种民生类型还可能会划分为其他类型，使得民生类型具有发展性特征。就单一民生类型而言，每一种民生类型均面临着如何丰富其内涵、拓展其形式、强化其载体等问题，面临如何优化项目与内容、结构和比例关系等问题，这就涉及如何与时俱进的发展问题。

就改善型民生而言，它的提出实际上就是对基本型民生的整体性发展。一方面，随着 GDP 特别是财政收入的增长、居民收入水平的提高，社会有能力投入更多的资金用于民生建设，扩大改善型民生的覆盖面。另一方面，经济的发展推动生活成本的增加，尤其是消费性支出的增长，引发城乡居民八大类消费品及服务价格总和的变化，由此推动改善型民生内部支出结构及支出总额的变化，推动民生类型由基本型向改善型转变，进而为走向富裕型民生、形成完备的民生体系打下坚实的基础，充分展示出包括改善型在内的各种民生类型具有发展性特征。

# 第四节　改善型民生水平的测量

### 一　指标体系构建

根据支撑基础、责任负担、保障水平以及民众需求等维度，可以把民生保障划分为托底型、基本型、改善型与富裕型四种类型。托底型民生担负着无法依靠自身努力获得维持自身生存所需资料的群体的保障责任，因此托底型民生的供给主体为政府与社会，保障项目则聚焦在为民众提供保障最基本的生存项目，使其能够生存。基本型民生肩负着保障绝大多数民众的基本生活与发展的责任，在保障项目方面，充分考虑民众的基本生存与发展的需求，项目尽可能全面，保障水平高于托底型民生。

基本型民生在四类民生项目中处于承上启下的地位，基本项目的健全为改善型民生提供了发展基础，改善型民生面对的是民众更高层次的生活与发展需求，因此在保障项目上高于基本型民生，如基本型民生中的小学、初中及特殊教育是衡量基本型民生教育水平的指标之一，但在衡量改善型民生教育保障中，高中（中职）教育与高等教育则更加合适。改善型民生的其中一层含义就是保障层次的不断提升与优化，当然，对于不合适的项目的改革也是改善型民生的应有之义，但在量化改善型民生方面，这一层含义难以表达，改善是一个发展的概念，是一个不断运动的过程，在不断发展中达到富裕型民生。因此，对改善型民生水平的测量应聚焦于对更高层次的保障项目的测量。基于上述，本章结合第八章对民生的测量指标的梳理及改善型民生的内涵及特征，从经济水平、人口结构、劳动就业、日常生活、教育健康、居住环境、社会福利、社会参与及科技发展9个维度，构建测量改善型民生的指标体系。

经济发展是为了促进民生改善，而民生改善又可以转化为经济发展的动能。在托底型与基本型民生中，经济发展水平不是必要条件，即使国家经济水平较低，对弱势群体的生存问题以及民众的基本生活与发展的保障也是其应当承担的义务，不以经济水平高低作为是否承担义务的标准。改善型民生则不同，更多的是个人或家庭的自我行动，是人到了生活相对宽裕、追求较为体面的生活及服务时而需要的制度。因此我们使用人均GDP衡量改善型民生的经济水平，人均GDP不仅代表一个国家或地区的经济发展状况，也体现了民众对经济发展的参与程度。

城乡二元结构限制了中国经济社会的发展，造成城镇与农村居民在享受权益方面的差异。身份上的差异使得居民在享受福利、获得权利等方面存在不平等，在基本型民生中，不同身份的居民能够获得满足其基本生活与发展的保障项目，但在改善型民生中，缩小差异成为重点。本研究使用城镇化水平衡量人口结构，城镇化水平的高低表明城乡二元结构的消解程度，体现了改善型民生的发展性。就业是民生之本，但就业具有层次性。在托底型民生中，多数为缺乏劳动能力群体，无法依靠就业满足生存所需，因此需要国家进行托底。在基本型民生中，国家需要提供满足大多数民众就业需求的项目，而其中最为普遍的是就业培训，帮助民众更好地就业。在改善型民生中，民众需要更高层次的帮助，以满足自身更高收入水平的需求。因此，本研究选取本期接受创业指导人数作为衡量劳动就业指标。

民众的日常生活水平是衡量民生的重要指标之一，收入与支出能够直观反映民众的日常生活水平。在基本型民生中我们可以使用民众的消费综合与农村居民恩格尔系数进行衡量。在改善型民生中，本章使用城乡均收入比、教育文化娱乐支出以及其他用品及服务支出作为衡量指标。城乡居民收入比能够反映城乡差异的变动情况，差异缩小，表明改善的成果显著，缩小城乡收入差异是改善型民生的本质内涵。教育、文化、娱乐支出体现了民众在精神生活方面的支出，其他用品及服务支出衡量的是居民在手表、金银首饰等奢侈品方面的支出，精神生活与奢侈品等方面的支出越高，表明民众的生活水平越高，在满足基本的生活与发展的基础之上，追求更高的生活水平。

教育与健康是人力资本投资的主要方面，良好的教育与健康是民众追求更好水平生活的保障。基本型民生需要保障民众的小学、中学以及特殊群体的教育，而改善型民生需要保障更高层次的教育与健康。因此，本章选取普通高中（中职）在校师生比、普通高等学校数以及三级医院个数作为衡量指标。民众在基本的生活与发展需求被满足后，对其他方面的需求会逐渐凸显出来。居住环境的好坏能够反映改善型民生发展水平。城市环境卫生情况、城市公园绿地存有情况以及对知识的需求，均能衡量民众的居住环境水平。因此本章选取城市生活垃圾无害化处理量、人均公园绿地面积、人均拥有公共图书馆藏量衡量民众的居住环境水平。

社会保险制度的建立与完善可以使民众免受老年贫困的困扰，减轻看病负担，抵御失业风险等，这些方面的支出被社会保险部分承担，增加了民众的福利待遇。本章选取城镇职工基本养老金替代率、城乡居民基本养老金替代率、城乡居民基本养老保险收入占 GDP 的比重、城镇居民各项社会保险收入占 GDP 的比重作为改善型民生社会福利方面的衡量指标。

随着民生水平的提高，民众对社会治理的参与意愿会随之提升，发挥自身能力，为社会作出贡献在一定程度上体现了民生的发展状况。本章选取社区服务机构数、社会工作师作为衡量社会参与的指标。科技创新是任何时候都要重视的因素，国家综合国力的竞争、民生的改善都离不开科学技术的进步。科技为人民生活提供了数不胜数的便利，也为一些无法解决的民生问题提供了新的解决途径。本章选取 R&D 经费支出占 GDP 比重、研究与开发机构 R&D 人员、有效发明专利数作为科技发展的衡量指标。

表 11-1 改善型民生指标体系

| 准则层 | 权重 | 指标方向 |
|---|---|---|
| 经济水平 | | |
| 人均 GDP | 0.052 | + |
| 人口结构 | | |
| 城镇化水平 | 0.014 | + |
| 劳动就业 | | |
| 本期接受创业指导人数 | 0.083 | + |
| 日常生活 | | + |
| 城乡居民收入比 | 0.016 | − |
| 人均其他用品及服务与教育文化娱乐支出占比 | 0.008 | + |
| 教育健康 | | |
| 普通高中在校师生比 | 0.015 | + |
| 普通中职在校师生比 | 0.027 | + |
| 普通本科在校师生比 | 0.021 | + |
| 三级医院数 | 0.038 | + |
| 居住环境 | | |
| 城市生活垃圾无害化处理量（率） | 0.009 | + |
| 人均公园绿地面积 | 0.020 | + |
| 人均拥有公共图书馆藏量 | 0.068 | + |
| 社会福利 | | |
| 城镇职工基本养老金替代率 | 0.036 | + |
| 城乡居民基本养老金替代率 | 0.095 | + |
| 城乡居民基本养老保险收入占 GDP 的比重 | 0.032 | + |
| 城镇居民各项社会保险收入占 GDP 的比重 | 0.046 | + |
| 社会参与 | | |
| 社区服务机构数 | 0.072 | + |
| 社会工作师 | 0.087 | + |
| 科技发展 | | |
| R&D 经费支出占 GDP 比重 | 0.027 | + |
| 研究与开发机构 R&D 人员 | 0.103 | + |
| 有效发明专利数 | 0.129 | + |

注：表中权重为熵权法计算的历年权重的平均值。

本研究以中国 31 个省份为研究对象，数据来自 2015—2021 年《中国统计年鉴》《中国劳动统计年鉴》《中国民政统计年鉴》《中国卫生健康统计年鉴》《中国农村统计年鉴》《中国教育统计年鉴》《中国人口和就业统计年鉴》《中国社会统计年鉴》，各省统计年鉴及国民经济与社会发展统计公报。

## 二　中国基本型民生发展水平及时空特征

### （一）改善型民生发展水平演进趋势

从图 11-1 可以看出，2014—2020 年，中国改善型民生发展指数由 0.241 上升到 0.249，提高了 3.31%。这说明改善型民生发展水平总体上波动上升，改善型民生建设取得了一定的成效，但成效不够突出。其主要原因在于中国民生事业建设仍主要处于尽可能满足绝大多数民众基本生活与发展的基本型民生阶段。因此，保基本的民生项目是中国目前的建设重点，层次更高一些的改善型民生项目建设速度相对缓慢。整体上，中国改善型民生发展指数并非逐年上升，而是具有一定的波动性。2014—2016 年，改善型民生发展指数稳定上升。然而，在 2016 年达到高点后，改善型民生指数逐年下降，2018 年达到低点（0.234）后反弹上升。从三大区域看，除东部地区外，全国及中西部地区改善型民生发展指数均在波动中上升。与基本型民生发展指数的整体上升趋势不同，改善型民生发展指数呈现出中西部地区对东部地区的追赶倾向。东部地区的基本型民生发展指数高于全国平均水平，且远高于中西部地区。改善型民生平均指数由高到低依次为东部（0.342）>中部（0.208）>西部（0.192），但东部波动幅度比中西部地区大，三大区域波动趋势与全国较

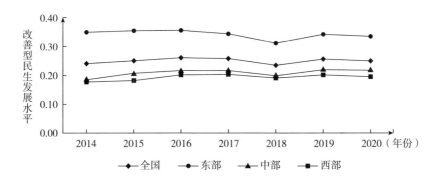

**图 11-1　2014—2020 年全国及三大区域改善型民生发展指数趋势**

为一致。中西部地区整体呈上升趋势，但西部地区始终未能赶超中部地区。这说明西部地区民生建设稳定，民生持续得到改善，但水平相对较低。

（二）改善型民生发展水平的空间特征

由图11-2可知，中国改善型民生发展指数等级在空间上存在扩散与集中两种特征，且呈现出空间异质性特征。具体来看，2014年低值区与次低值区在西部地区集中，2016年呈现向东扩散趋势，2018—2020年，再次集中在西部地区。高值区与次高值区在2014年集中在东部沿海省份，并且在2020年前呈现等级固化特征。2020年高值区与次高值区由东部向西扩散。改善型民生发展指数在空间上的这一演变特征，最终形成东边

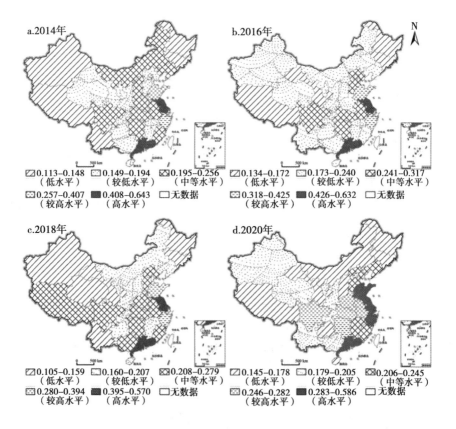

图11-2　2014—2020年中国改善型民生发展指数空间格局

注：该图基于自然资源部标准地图服务网站下载［审图号为GS（2019）1825号］，底图无修改。

高西边低的空间格局。由此可见，就更高层次的改善型民生项目建设看，西部地区仍处于较低水平，这就需要在保证西部地区基本生活与发展的基础之上，加快更高层次的民生项目建设。让城乡居民过上更好的生活，关系到中国民生能否更高质量发展。

### 三　改善型民生的实现

在社会主要矛盾表现为人民日益增长的物质文化需要同落后的社会生产之间矛盾阶段，整个社会聚焦于如何解决民众基本生活需要特别是最基本生活需要，聚焦于托底型及基本型民生建设，以便更多地挖掘民生的生产性功能。进入新时代，社会主要矛盾发生了转换，国家治理体系及治理能力现代化的提出内在地需要解决发展的不平衡不充分问题，需要我们把保障和改善民生作为治国理政的出发点与立足点，强化民生制度设计，优化民生投入结构，着力补齐民生短板，切实提高民生待遇，塑造良好社会秩序，让人民共享发展的成果，推动改善型民生建设的实现。

一是强化民生制度设计。民生总是随着经济社会的发展以及人的需要的变化而不断改变形态、产生新模式类型，这是民生供给以及民生事业发展的基本规律，也是民生事业契合人与社会发展规律的内在要求。它要求我们在民生事业建设过程中理顺托底型、基本型、改善型以及富裕型等各种民生类型之间的责任、项目、待遇及标准等关系，明确改善型民生在新时代整个民生体系中的重要地位，根据我国人口年龄结构、收入结构以及民生需求结构的变化，在做好托底保障与基本保障基础上注重改善型民生的制度及项目安排，强化改善型民生框架设计、制度供给与政策优化，统筹考虑它与基本型以及富裕型民生的投入及结构关系，形成更加合理的民生类型体系、民生结构体系以及民生投入体系，满足人民群众日益增长的美好生活需要，不断适应社会主要矛盾的变化，切实提升社会风险防控能力以及和谐社会秩序建构能力，促进国家和社会治理体系及治理能力现代化建设，为增进人类社会的福祉贡献丰富的民生类型及其建设方案。

二是优化民生投入结构。改善型民生的待遇及项目标准是变化的，它受到经济发展水平及社会消费水平等众多因素的影响，这意味着对改善型民生的投入也要与时俱进调整。因此，开展改善型民生建设，就要测算改善型民生支出结构及其在整个民生体系中的比例关系，使之形成更为合理的投入结构。

一方面，要形成城乡居民八大类消费品及服务价格与改善型民生相挂钩的政策框架及实施依据，根据这个价格变动特点与规律划定改善型民生投入规模，适时调整改善型民生投入标准，使之既能够解决民众较为体面的生活需要，又让民众对自己这种较高水准的生活需要获得稳定的心理预期，有助于社会秩序的建构。另一方面，要优化改善型民生投入结构，与托底型及基本型民生的投入不同，改善型民生很大程度上投向社会服务特别是高品质的社会服务领域，它不单纯满足于个体的衣食无忧，不单纯满足于基本公共服务的获得，而是适度追求个性化、体面性的社会服务项目供给与获得，透过这些公共服务以增强这部分社会群体的舒适度，让他们真正感受到民生改善给自身生活水平带来的提升。

三是切实提高民生待遇。改善型民生最终要靠待遇来衡量和测量，待遇成为改善型民生的重要方向标。而待遇必然与经济发展水平有关，受经济发展水平的影响。经济发展水平高，政府重视民生建设，社会就有能力和财力提高各项民生待遇，助推"小康""大同"等社会荣景的实现。① 因此，必须始终如一坚持以经济建设为中心，一心一意搞建设，聚精会神谋发展，切实为改善型民生夯实物质基础。很难想象，在一个欠发达乃至不发达地区能够普遍性地建设改善型民生。要盘活社会资源，激活社会活力，吸引更多的社会力量特别是社会资金投入改善型民生建设，充分发挥社会在民生建设领域的基础性地位。透过社会力量的介入可以激发政府单一供给主体的活力，提高民生供给的效率，还能够吸引市场的参与切实满足不同民众的个性化需要，达到改善型民生的目的。

实际上，伴随着中国特色社会主义进入新时代，人民群众对美好幸福生活的日益向往与追求必然带来民生类型的转型与升级，期盼从基本型走向改善型乃至跨入富裕型民生行列中。而民生类型的转换内在地蕴含着不断提高各种民生项目的待遇水平，特别要根据自身的财力稳步提高民众的生活水平，让他们的生活更有期待。与此同时，划出专项资金投入服务项目，尤其是移动互联网、可穿戴设备等数据服务，开发各类便民应用服务，提升公共服务的科技性与为人文性，改变传统民生服务中普遍性有余而个性化不足、常规性有余而科技性不足这一矛盾问题。

---

① 高和荣：《论民生的结构与功能》，《江淮论坛》2019 年第 6 期。

　　四是着力补齐民生短板。上述情况表明，改善型民生具有不同于基本型乃至托底型民生的主要特点，因而具有不同于这两种民生类型的任务和使命。所以，加强改善型民生建设固然需要补齐民生短板，但是这种补短板不能只停留在如何提高养老金待遇、如何提高医保补偿比例、如何增加住房公积金待遇等问题上，而应该聚焦于如何通过完善养老及医疗服务付费机制，加大高水准的养老及医疗服务供给，让经济或社会地位较高的群体能够享有更为周到、更高品质的养老和医疗服务，做到老有颐养和病有良医；适当建设品质较高的公共服务设施，让这类群体通过付费可以享有便捷而优质的公共服务；加大公共秩序的建设规划，让人们享有安定有序的生活环境。

　　总之，补齐改善型民生短板具有独特的意蕴，它是要加强能够增进民众生活舒适度民生项目的投入，而不能仅仅停留在"保基本"这个层次上；它不再追求项目及待遇的全覆盖，不再停留在"有没有"这个层面上，而应该逐步瞄准"好不好""优不优"这个问题，扎实推进民生事业差异化及个性化发展，切实提升民生事业的发展质量。

　　五是营造良好社会秩序。改善型民生本身是适应人的美好生活需要而设置的民生类型，改善型民生项目的实施有助于增进经济或社会地位较高群体的社会认同，让这类群体能够享有与自身经济或社会地位相当的社会福利及社会服务，进而有助于良好社会秩序的塑造与维系。改善型民生所涉及的不只是经济问题或社会问题，不只是个人生活满意程度问题，而且直接关系到各个阶层在多大程度上认同国家与社会治理这个大问题，因而需要从治国安邦的高度完善这一民生类型的项目内容及待遇标准，以便消除不利于社会秩序稳定、不利于治国安邦的民生设施、民生项目及民生待遇，为每个阶层打造适合自身需求的民生类型、民生项目及民生待遇，做到各行其道、各安其分，进而推进社会秩序和谐和国家长治久安。

　　为此，这就要站在人与社会协调发展的高度检视改善型民生项目的各项内容，形成既满足经济社会地位较高群体的舒适性需要，又能激发托底保障及基本保障的群体努力工作的积极性，形成有助于社会秩序稳定与和谐发展的民生制度类型，确保民众生活在更加安全、更为和谐的环境中。

# 第十二章　富裕型民生

　　民生连着民心。用以反映社会治理能力、治理水平以及民众获得感的民生范畴，是治国安邦的大问题。民生水平的高低特别是民生类型的差异体现着不同的治国理政要求，有什么样的民生类型就蕴含着何种民生水平，进而昭示着社会治理进入何种阶段、社会治理水平达到了何种状态。按照民生建设理论，民生建设与经济发展密切相关，经济发展到何种程度就有条件提供与经济发展水平相当的民生项目，人们的收入水平到了何种地步自然也需要与之相适应的民生待遇，以便既能够满足人民群众日益增长的美好生活需要，又能够提升社会治理水平，实现社会长治久安。这表明，在提高保障和改善民生水平的今天，我们不仅要继续做好托底型民生与基本型民生以解决民众的基本生活需要，还要致力于发展改善型民生，更要及时开启以共同富裕为宗旨的富裕型民生建设①，让每一位民众都能享有民生保障，进而助推社会善治目标的实现。

## 第一节　富裕型民生的提出

　　任何一种民生类型的提出总要顺应它所处时代的民众需求，开展某种类型的民生建设同样受到这个时代的经济发展水平影响。富裕型民生的提出既是民生类型的逻辑必然，也是实现民众美好生活的现实要求以及促进人的全面发展的重要手段，还是提升治理能力与水平的客观体现。

### 一　最高形态的民生类型

　　不同的民生类型背后体现了不同的民生建设水平，反映着社会群体

---

　　① 四种民生类型的划分参见高和荣《新时代民生保障制度的类型转向及特征》，《社会科学辑刊》2020 年第 3 期。

不同的生活水准及生活追求。如果说托底型民生试图解决小部分群体最基本的生活需要，基本型民生致力于解决最大多数群体的日常基本生活需要，改善型民生着力关注部分群体的较高生活需要，那么，富裕型民生则着眼于社会上经济社会地位很高群体的舒适生活的需求，它们由低到高地排列在一起构成较为完整的民生类型体系。四种不同类型的民生面向不同的社会群体，承载着不同的建设任务，体现出不同的社会发展水平以及民众的生活水准要求，实现不同的经济社会建设目标。

富裕型民生保障水平处于民生类型的最高层次，它注重民生建设的高水平及高待遇，成为最高水准的民生类型。以共同富裕为旨归的富裕型民生能够指引着其他三种民生类型的建设，其他三种类型的民生都要向富裕型民生方向发展。从社会与民生相互关系理论看，民生与社会相适应，社会结构呈现出何种类型，就需要有与之相应的民生类型；社会有什么样类型的阶层，自然就需要有相对应的民生类型，这是民生与社会结构相协调发展的科学规定。富裕型民生与社会结构体系中处于最高层次的那部分群体相适应，满足这类成员的生活需求。反之，如果缺乏富裕型民生，就不能满足这类社会成员的生活需要，造成社会结构、社会群体以及民生保障的不一致与断裂性，进而无法构成完整的民生类型体系，制约社会结构中这部分社会群体的有序发展。因此，如果承认社会结构及其社会发展水平具有层次性和差异性，那么自然就应该有作为最高类型的富裕型民生而存在，而且这种富裕型民生类型在任何社会都存在着。

**二　经济发展的必然选择**

民生总是与人的需要相对应，而人的需要与特定的生产力水平相一致。这意味着，每一种社会形态、每一个社会发展阶段都有自己的富裕型民生类型，富裕型民生存在于人类社会发展的各个阶段。只不过，生产力不发达尤其是统治者没有将民生摆在首位的古代社会，富裕型民生还停留在自发层面，仅有极少数人口才能享有，这种进步缓慢、"较为落后"甚至"停滞"的生产力绝对无法支撑起富裕型民生的建设需要[①]，无法提供富裕型民生建设所需要的财力支撑。不仅如此，早期社会的富裕型民生只是满足个别阶层、少数群体的专享，而不是以全体人民共同

---

[①]　参见刘培林等《共同富裕的内涵、实现路径与测度方法》，《管理世界》2021 年第 8 期。

享有、共同富裕为价值导向和取向的富裕型民生，富裕型民生只是一种"乌托邦"。

新中国成立后，特别是经过21世纪前20年的建设，我们取得了比发达国家更快的发展速度。经济总量接近15万亿美元，跃居世界第二，人均经济总量超过1万美元、处于中等收入水平并接近高收入国家行列，民生设施及公共服务得到明显改善。例如，作为体现公共文化服务的博物馆数量截至2020年年末增长到21世纪初的2.6倍左右，作为体现医疗卫生服务能力及水平的医疗卫生床位数已达911万张，与2000年相比增加593万张。① 一些省市的经济社会发展水平已经达到欧美发达国家的标准，真正"富可敌国"。例如，2020年，广东省地区生产总值为110760.94亿元，超过加拿大、澳大利亚、西班牙、瑞士等发达国家国内生产总值。② 其他省份也在加快发展速度，提升发展质量，人民生活普遍得到改善并逐步迈进富裕的幸福时代，这种快速发展、日益增长的生产力为富裕型民生建设提供基础和来源，以满足人民群众对美好生活日益提高的向往与追求，有力推动了共同富裕目标实现。可以说，建设富裕型民生、带领全国人民奔向共同富裕已经成为社会主义社会的本质要求、"实践议程"及"现实任务"③，成为我们这个时代的共同心声。

### 三 民生文化的传承与发展

任何一项民生事业的建设都离不开它赖以生存的社会特别是由该社会所凝练而成的文化，依附于特定社会的文化成为这个社会开展民生建设的可靠基础与精神依托。因此，民生事业的开展以及民生类型的形成"应该把它放在特定的环境——即给定的社会与文化"中，洞察到它"所反映该社会的主导文化和政治的特征"。④ 从民生文化角度看，中国自古以来就有建设富裕生活的文化基因，它贯穿于整个社会历史的长河。孔子倡导的"小康"、描绘的"大同"，就是希望建立一个富裕安康的理想

---

① 国家统计局：《中华人民共和国2020年国民经济和社会发展统计公报》，2021-02-28。
② 广东省统计局：《2020年广东省国民经济和社会发展统计公报》，http://stats.gd.gov.cn/attachment/0/414/414580/3232254.pdf，2021-03-01；世界银行数据库：https://data.worldbank.org.cn/indicator/NY.GDP.MKTP.CD。
③ 参见郁建兴、任杰《共同富裕的理论内涵与政策议程》，《政治学研究》2021年第3期。
④ 〔英〕理查德·蒂特马斯：《蒂特马斯社会政策十讲》，江绍康译，吉林出版集团有限责任公司2011年版，第3页、第7页。

社会。韩非提出的"帝王之政"就包括"使民以力得富"①。管子认为"善为国者，必先富民，然后治之"②，只有"民富"才能实现"易治"，而"民贫"则"难治"。东汉王符提出"为国者以富民为本"，并将其作为"明君之法"③。北宋程颢等强调"以厚民生为本"是"为政之道"的重要内容。④ 当然，在那个以救济为主、物质生活较为匮乏的社会里，"富民"更多地还是一种主张与号召，"富民"更朴素地表现为减免赋税、促进农工商业发展，远达不到现今意义上的富裕，更不可能建成如今的"先富带动后富"、最终走向共同富裕的富裕型民生。应该看到，这些主张、措施的实施有利于改善民众生活，有利于"富民强国"目标的实现，成为我们建设富裕型民生、推动实现共同富裕的文化根基与历史之维。

新中国成立后，政府及社会各界加强民生建设，注重提升民生建设的人民性、发展性、共享性水平。改革开放以来，人们把"小康"当成实现社会主义现代化的奋斗目标，"民亦劳止，汔可小康。惠此中国，以绥四方"⑤。21世纪初，中央确定了全面建设小康社会的奋斗目标，确立了2020年打赢脱贫攻坚战、全面建成小康的宏伟目标。小康社会的全面建成是对中国民生文化的传承与发展，作为中国特色社会主义事业建设的阶段性成果、迈向共同富裕的关键一步，小康社会所承载的民生文化为富裕型民生提供了坚实基础与有力引导，全面建成小康社会成为富裕型民生的深厚基础。

**四　实现善治的有效抓手**

中国的"民生"一开始就浸入国家与社会治理领域，成为治国理政的抓手。只不过早期社会的生产力水平较为低下，朝廷主要兴修水利、建立粮仓、开展灾害救济等，"富民"作为善治、实现王道的目标。管子认为，"治国之道，必先富民，民富则易治，民贫则难治……故治国常富，而乱国常贫"⑥。孔子也认为，"政之急者，莫大乎使民富且寿也"⑦。

① （清）王先慎：《韩非子集解》，中华书局1998年版，第422页。
② 黎翔凤撰，梁运华整理：《管子校注》，中华书局2004年版，第924页。
③ （汉）王符撰，（清）汪继培笺，彭铎校正：《潜夫论笺校正》，中华书局1985年版，第14页。
④ （宋）程颢、程颐：《二程集》，中华书局2004年版，第531页。
⑤ 袁愈荌译诗，唐莫尧注释：《诗经全译》，贵州人民出版社1993年版，第396页。
⑥ 黎翔凤撰，梁运华整理：《管子校注》，中华书局2004年版，第924页。
⑦ 王国轩、王秀梅译注：《孔子家语》，中华书局2009年版，第117页。

孟子提出，富民就是要做到"五亩之宅，树之以桑，五十者可以衣帛矣。鸡豚狗彘之畜，无失其时""百亩之田，勿夺其时""七十者可以食肉""八口之家可以无饥"。① 所以，荀子说："故王者富民，霸者富士，仅存之国富大夫，亡国富筐箧，实府库。"② 从政策措施上看，管子的"九惠之教"、孟子的"制民恒产"、荀子的"立大学设庠序、修六礼明十教"及"节用裕民"等都是富民之策并有所实施，践行了善治理想。后来北魏孝文帝推行了"均田改革"，通过"与牧守均给天下之田，还受以生死为断，劝课农桑"，以"兴富民之本"。③ 善待人民、让人民富裕是历代君王强国梦的抓手，富民成为民生的一部分，尽管在当时的条件难以真正实践。

新中国成立初，政府根据当时的政治、经济、社会条件及外部环境，只能解决最需要保障的那部分群体的低层次基本生活问题，以便将更多财力投入"国计"中去，此时的"民生"难以成为重要的治理要素，富裕型民生还只能是一种社会理想。20世纪80年代起，随着经济建设为中心任务的确定，"鼓励一部分人先富起来""实现共同富裕"的民生方略使得富裕型民生成为部分群众的实践追求，民生特别是富裕型民生成为激发经济发展活力与内生动力的手段以及解决社会矛盾及问题的工具，"有钱好办事""花钱买平安"理念得到一定程度认可。

进入21世纪特别是走进新时代，伴随着经济总量的扩大以及经济发展水平的提升，国家作为民生事业的方略决策者、规划设计者以及组织实施者，贯彻以人民为中心的发展理念，积极回应人民群众日益增长的美好生活需要，扎实贯彻"共享"理念，把民生当成最大的政治，在发展民生事业中赢得民心，强调为政之道"以顺民心为本，以厚民生为本，以安而不扰为本"④。坚持一切工作必须以最广大人民根本利益为最高标准，做到发展为了人民、发展依靠人民、发展成果由人民共享，不断促进社会公平正义，形成有效的社会治理、良好的社会秩序以及厚实的执

---

① 万丽华、蓝旭译注：《孟子》，中华书局2007年版，第16页。

② （清）王先谦撰，沈啸寰、王星贤点校：《荀子集解》，中华书局1988年版，第154页。

③ （北齐）魏收撰：《魏书》，中华书局2013年版，第156页。

④ （宋）程颢，程颐：《二程集》，中华书局2004年版，第531页。

政之基。此时，民生成为国家治理的"逻辑起点""关键要素""重要变量"①，国家在托底型民生兜底线、基本型民生织密网的基础上，着力提升改善民生水平，引导人们建设富裕型民生、走向共同富裕、实现社会善治，以共同富裕为显著特征的富裕型民生日益成为与欧美发达国家相比较、彰显中国特色社会主义制度自信的有力工具，成为社会善治的主要抓手与重要表现。

## 第二节　富裕型民生的内涵

富裕型民生是生产力特别是国家治理水平达到一定程度后实施的制度安排及其所形成的一种民生类型，它在整个民生类型中处于最高层次，是其他民生类型发展的最高形态，为其他三种民生类型的发展指明了方向，成为民众向往的生活制度。富裕型民生不仅具有不同于其他民生类型的独特内涵，而且在与欧美发达国家福利制度相比较中彰显出鲜明特色。

### 一　项目最全的民生

富裕型民生的项目最为周全，它所提供的项目涉及民生领域的全部内容，满足富裕群体更加舒适的生活需要，增强这类群体的获得感，并为其他群体的未来生活指明了前进方向，激发他们向着富裕型民生奋进。富裕型民生不是个别项目或部分项目的丰裕，而是所有民生项目的充足与富足，满足民众个性化、多样化以及多层次的生活需要。因此，项目周全成为富裕型民生的必要条件，项目不够周全自然不能称作富裕型民生。

从类型上看，富裕型民生涵盖物质、服务、精神、价值等类型，是民众物质生活、生活服务及精神生活一同富裕，民众自身价值得到彰显与实现，而不仅仅是物质上富裕，而服务上缺失、精神上空虚或价值沉沦。物质生活上的富裕是形成富裕型民生的必要条件，但仅有物质生活富裕哪怕是高品质物质生活也构不成富裕型民生。当然，只有精神生活

---

① 高和荣：《民生国家的出场：中国保障和改善民生的实践与逻辑》，《江海学刊》2019 年第 3 期。

富足或者生活服务优渥同样不能称为富裕型民生。因此，富裕型民生是"全品类"的民生。近年来，中国民生保障层面不断丰富、层次不断提升，学有所教、劳有所得、病有所医、老有所养、住有所居取得新进展，为富裕型民生建设打下坚实基础。2017年以来，政府加快健全多层次社会保障体系，支持一些城市开展中国特色社会主义先行示范区建设，着力打造幼有善育、学有优教、劳有厚得、病有良医、老有颐养、住有宜居、弱有众扶的富裕型民生，为民众早日过上幸福生活提供基础。还有的地区开展"高质量发展建设共同富裕示范区"，推行"宅基地制度改革"，深化养老、医疗、长期护理保险制度改革促进共同富裕等，推进民生领域内若干富裕型项目的建设。

从各地开展的以共同富裕为导向的富裕型民生试点情况来看，富裕型民生不仅有针对个人的项目，而且也有关乎社会整体水平的项目，它不仅涉及生老病死葬、衣食住行娱等各类"可见的"的项目，还包括服务、心理、价值实现等一些不容易被测量，甚至"不可见"的项目，这些项目在量的方面难以直接量化与比较，但在富裕型民生项目体系中却占据重要地位。所以，富裕型民生不仅仅指项目周全，而且项目的供给水准很高，能够满足这些群体高层次生活的需求。这表明，富裕型民生还要求它的保障水平高于其他民生类型，成为各种民生类型中水平最高的一种，这是富裕型民生的鲜亮底色。当然，富裕型民生的项目及其蕴含的待遇水平要体现出与时俱进的品格，能够随着经济社会的发展以及富裕群体的需要的提升而进行相应的调整与提高，以便不断提升社会成员的生活幸福感与舒适度，让幸福人生具有制度化保障。

**二 美好生活的民生**

民生揭示了人们的生活状态，有什么类型的民生就会呈现出何种生活方式，反过来，有什么样的生活状态就可以提炼成何种民生类型。富裕型民生作为最高层次的民生类型主要体现为人们的生活更加美好，在"好"的生活中彰显"美"、实现"美"，做到"好"与"美"的结合。其中，"好的生活"首先要体现在物质及服务的需要得到完全满足，物质生活完全自主、生活环境怡人等方面，而"美"的生活还可以体现在精神充实、有所追求、富有意义以及境界提升等方面。

首先，"好"是"美的生活"前提。"好"一方面保证了民生项目的全面可获得性，给予人们满足自我发展的多样性需求，另一方面拓展了项目的可实现方式，体现在服务的便捷性与可得性维度。例如，公共设施建设、公共物品与资源投入、民众基本的养老服务、医疗服务、照护服务、殡葬服务、休闲娱乐服务等需求，基本型及改善型甚至托底型民生也会有所涉及，但富裕型民生可实现这些服务项目的"菜单化"与"个性化"，体现项目及服务的温度，以满足迈入富裕阶段群体的高水平民生的需求。

其次，"美"是"好的生活"升华。"美"的生活则体现在精神充实、追求向上、富有意义以及提升境界等方面，它不仅着力于生活的满足与改善，还强调全面发展的实现。富裕型民生就需要为实现民生建设的最终目标而提升项目供给的范围。例如，通过高中教育、职业教育、高等教育、特殊教育等教育类别，拓宽义务教育强制性保障后适龄学生接受继续教育的渠道与途径，以实现自我发展，提升全民共享终身教育的机会，为富裕生活打下思想文化基础及知识准备。近年来，学生心理健康教育管理以及课程开设逐渐强化，相较于过往将视角落在教育资源建设上，现如今更加注重心理健康教育，增加场地与经费的投入，形成学校、家庭、社会的教育合力，共同营造良好的心理健康环境。

最后，只有"好的生活"还不能称为"美好生活"，只有将"好的生活"与"美的追求与实现"结合起来才构成并体现美好生活，才是富裕型民生，这是人的本质要求以及人的发展的崇高性与神圣性的集中体现。正如马克思所说，动物的生产只满足于肉体的需要也就是自身的生存需要，而人则"懂得按照任何一个种的尺度来进行生产，并且懂得处处把内在的尺度运用于对象"。因此，人是最有可能真正"按照人的尺度去生存与生活的存在"，也就是"按照美的规律来构造"的存在①，他会按照美好生活的目标去追求、去实现以及去享受。在"好"的生活基础上体现"美"的规律。因此，美好生活是富裕型民生的生动体现，富裕型民生成为美好生活的直接概括。如果说追求美好生活是永恒的主题，那么，实现富裕型民生就是永恒的动力和追求的目标，这是人可以各取所需也就是满足了马斯洛等人所说的生理、安全、社会以及尊重等基础上获得自我实现需要的直接体现。

---

① 《马克思恩格斯选集》（第1卷），人民出版社1995年版，第47页。

### 三 平衡充分的民生

富裕型民生有力地解决了人民日益增长的美好生活需要和发展不平衡不充分之间的矛盾。这并不意味着区域间、区域内或是不同领域间、个体间的差异性得到彻底消除，而是富裕型民生注重民生建设的平衡与充分。

一方面，注重区域间发展的平衡与充分。近年来，我国区域间发展差距逐步缩小，尤其是东中部地区之间的差距。中部发展进程加快，"新一线"城市不断涌现，成都、重庆、武汉、长沙等与东部城市间发展差距不断缩小。以成都市与上海市为例，2020 年，成都市地区生产总值与上海市之间相差 2 倍左右，而 2000 年，二者相差 3.5 倍左右，20 年内二者差距缩小十分明显。① 这为更加平衡的富裕型民生保障提供了良好基础。中部地区城市的崛起辐射周边城市，为更为平衡的富裕型民生事业提供更为丰裕、更加充分的物质保障。同时，也为西部地区富裕型民生建设起到引领作用。

另一方面，富裕型民生旨在努力缩小城乡差距。当然，它并非指对乡村开展完全的城市化兼并、改造，而是注重乡村现代化建设进程与资源配备，使得乡村内部达到富裕生活的群体能够充分享受到富裕型民生项目与待遇，与城市居民共享发展成果。当然，不同领域间的平衡与充分有所侧重。有的注重生活环境，有的兼顾个人发展机会，有的强调人人享有，从而做到城乡差距的缩小。

### 四 共同富裕的民生

富裕型民生必须追求共同富裕，追求并体现共同富裕是富裕型民生的本质内涵，致力于共同富裕是富裕型民生的内在要求，也是中国民生建设不同于欧美发达国家福利建设的旨趣与价值，离开了共同富裕这一根本点，富裕型民生建设就会偏离社会主义方向。富裕型民生强调我们的民生建设目标是"富裕"，而实现这一目标的前提则是"共同"。

富裕型民生的"共同"是一种实现路径而不只是一种结果呈现。富裕型民生不是中国传统社会所追求的"有田同耕，有饭同食，有衣同穿，

① 《2020 年成都市国民经济和社会发展统计公报》，http://cdstats.chengdu.gov.cn/tjg-zxxw/xhtml/tjxx_content.html? id = 384025&channel = ，2021-03-27；《2020 年上海市国民经济和社会发展统计公报》，http://tjj.sh.gov.cn/zdlyxxgk/20210701/fa09ad6c2b5f4bb6b508ef786cc89c4a.html，2021-03-19。

有钱同使，无处不均匀，无人不饱暖"的"平均主义"社会，而是一部分地区先富起来，先富带动后富的社会发展状态。早在改革开放之初，我们就提出共同富裕建设路径，表明了追求富裕发展的公平性与共同性。富裕型民生的"共同"强调共享权利的公平。每一位社会成员都有享受社会发展成果的权利，这是我国社会发展过程中所遵循的理念。富裕型民生不是那种只有少数人富裕，并通过少数人对多数人的统治而得以维持的富裕，而是通过一部分人先富起来并带动、引领和示范其他社会成员实现共同富裕。另外，富裕型民生的"共同"讲求富裕机会的平等。富裕型民生不是那种"无法实现所有人的共同发展"的"均贫富"甚至是"杀富济贫"，而是致力于优化环境、提供均等发展机会进而让更多的人通过自己的辛勤劳动实现富裕，它给予每位社会成员发展机会的可获得性，激活社会成员的创新活力与个体动能，调动个体追求富裕的主动性与积极性。此外，它还需注重撬动新发展格局的创新动力。所有这一切表明，富裕型民生不是那种"走回头路"、"吃大锅饭"、创造力不足的富裕，而是让创造财富的源泉充分涌流、激发全体人民奔向富裕的民生。

因此，这种富裕型民生不是整齐划一、没有差别、"人人相亲，人人平等"的同等富裕，而是具有丰富性与生动性的差等性富裕，是在物质、服务及精神等领域，亦即在项目、待遇及标准均有所差别并体现个性化需求的富裕；自然也不是个体差异、地区差异以及城乡差异彻底消失的富裕，不是物质富有、服务不足而精神空虚的富裕，而是展现多层次性和多样性的富裕，是通过共同努力、共同奋斗、共同发展去共享发展成果及社会进步与国家富强的共建共享富裕，因而表现为物质、服务、精神与自主有机统一的全面富裕。总之，共同富裕构成富裕型民生的目标与本质特征，通过共同富裕的追求实现马克思所说的"每个人自由而全面的发展"。

**五  社会善治的民生**

民生一开始就属于治理范畴，它始终要服务于社会治理，为实现社会治理目标和任务而开展制度设计与政策实施。作为社会治理的民生，透过项目设置、标准确定以及覆盖人群所凝练而成的各种民生类型承载着不同的治理任务，为着不同的治理目标而开展民生建设实践活动。

从治理角度看，托底型民生侧重于社会的安定，主要解决社会底层群体的生存与生活问题，避免因没有托底或托底不足而引发社会的动荡不安。基本型民生注重维护社会最大群体的安定问题，这是体现社会安全与社会稳定的客观需要，也是维护社会稳定发展的中坚力量。改善型民生特别是富裕型民生注重解决民众的发展性需求。通过富裕型民生的建设，切实保障其通过辛勤劳动所取得的合法性收入及其所享有的美好生活，这样的美好生活不仅体现在物质、服务及精神层面，而且体现在公平正义的彰显、民主法治的健全、社会安全的保障、社会秩序的良好、生态环境的友好以及合法收入的保护等层面。可以说，富裕型民生为实现各安其分、各得其所、各美其美的社会善治提供了民生保障，而社会善治为富裕型民生的建设与完善提供了良好的社会环境与社会预期，两者相得益彰、有机结合。

事实上，在人口众多的当代中国，如果不能形成满足不同阶层需求的民生类型，如果缺乏富裕型民生类型，将阻断民众生活富裕的制度性可能，使得民众难以积极地预期和规划未来可能生活，整个社会自然就缺乏追求美好生活的动力与活力，实现社会善治只能成为一句空话。而富裕型民生描绘出一幅社会善治状态，昭示社会善治方向，使得富裕的阶层形成对社会的积极期待，助力社会各阶层都各取所需、悉安其业、劳有厚得。所以，社会善治构成了富裕型民生的显著特征，富民构成了我们这个时代的"王者之道"。诚如荀子所言"王者富民"，而"霸者富士"。①

## 第三节　富裕型民生的特征

富裕型民生从理想变为现实、从潜在走向显在是中国特色社会主义进入新时代的客观需要，是全面建成小康社会后经济社会发展的现实抓手，体现出国家治理体系及治理能力现代化的必然要求，具有不同于其他民生类型的显著特征。

### 一　引领性

富裕型民生不是整齐划一，不是一蹴而就。它只是四种民生类型的一种，主要面向经济社会地位很高的群体，解决他们的物质、服务、精

---

① 方勇、李波译注：《荀子》，中华书局 2015 年版，第 118 页。

神及自我实现等方面高水准的需要问题，因而处于各种民生类型的顶端，成为其他三种民生类型的最高形态，其他三种民生类型成为富裕型民生得以产生的基础，只有解决了其他民生类型所面临的问题、只有跨越了其他三种民生类型的发展阶段才能通往富裕型民生，因此，其他三种民生类型构成富裕型民生的必要条件与发展阶梯，富裕型民生成为其他三种类型的发展方向与未来指向，它们紧密结合在一起成为民生类型整体，引领整个社会奔向共同富裕。这表明，富裕型民生所具有的引领性包括更高水平的民生抱负；不仅注重物质或服务的需要，还要有精神、心理以及自我价值的追求；不仅解决部分经济或社会地位很高群体的当下富庶生活，而且为其他生活得并不富裕乃至刚刚解决了基本生活需求的社会群体或个体的未来生活指引了前进方向，增强了他们追求美好生活的动力。当然，富裕型民生需要通过政府、社会、家庭以及个体的共同努力才能实现，需要有充裕的物质及服务条件才能实现，它所具有的指引性才能真正得到体现。

## 二　延展性

贫、富是一组相对的范畴，每一个社会既有打上时代烙印的穷人，更有属于那个时代的富人，古今中外概莫能外。

首先，富裕型民生的内涵及标准具有延展性。富裕型民生所覆盖的群体范围并不是一成不变，任何社会成员都有机会享受更进一步、更高水准的民生类型，它伴随生活水平与个人追求不断提升的动态过程。不仅如此，富裕型民生也会紧跟社会发展状况升级项目、内容、标准等，使之与当时的社会发展水平所蕴含的富裕内涵相一致。总体上看，作为描述民众生活状态、体现其生活水准的范畴，富裕型民生揭示了社会诸阶层中生活保障项目最全、待遇标准最高、生活服务最优的那个阶层的生活状况。这种类型的民生受到一定社会生产力所制约，不仅不同历史时期的富裕型民生覆盖的群体范围有所不同，即便是同一群体乃至同一个体在不同的历史时期以及发展阶段的内容、项目等也有所侧重，由此使得富裕型民生的供给标准与它所赖以生存的时代相适应。

其次，富裕型民生的实现形式具有延展性。它必将随着生产力的发展不断改变自己的形态去拓展民生形式，深化民生内涵，使得各种有助于推进美好生活的产品及享受方式涌现出来，并优先运用到生活水平最高及需求能力最强的那部分社会成员身上，极大地提升这类群体的生活便利性、舒适性与专享性，增强其生活的富庶性、自主性与愉悦性。将来，随着科学技术的发展，满足自身需求的方式与途径变得多样。特别是智能机器人广泛而普遍的应用使得物质产品、生活服务及精神需求得到极大的丰富与满足，富裕型民生的内涵与外延还要进一步拓展，人们对待富裕型民生的要求还要丰富，这是"世界绝不会满足于人，人决心以自己的行动来改变世界"①，进而创造属于自己美好生活的内在动力，体现了富裕型民生的延展性与发展性特征。

### 三 高质量

质量是民生事业的生命线，质量好的民生有助于凝聚各阶层投身于经济社会建设，带来社会的安宁与和谐，推进经济社会的发展；而质量较差的民生必然引起社会群体的不满，不利于社会凝聚、社会整合与社会团结，甚至某个民生项目的实施、民生待遇的提供非但解决不了已有的民生问题，反而诱发新的社会矛盾，这就需要在民生事业发展、民生类型设置、民生议题谋划以及民生项目提供等领域贯彻质量准则与质量要求。

一方面，高质量反映了民生建设类型的全面性、完整性。富裕型民生的提出、设置与实施使得整个社会形成了一个相对完整的民生类型体系，有助于各类社会成员获得与其身份及地位、收入与需求相协调的民生待遇，自然会推进民生事业的高质量发展。富裕型民生的高质量特性很好地回答了民生建设没有终点、永远在路上的问题，富裕型民生作为民生类型体系的最高形态并不表示民生事业发展的静止与终结，在这一层级的民生类型中，高质量可具体表现在即使人民生活水平不断提高的社会状态下，仍然有可供选择与享受的更高质量的民生类型，这种可选择性不仅是民生类型体系丰富性的表现，也是富裕型民生高质量特性的显现。

另一方面，富裕型民生建设不是民生项目的过剩、冗余，而是注重民生保障结果的多成效、有成效。作为一种最能够提高民众生活质量，增进民众满意度、幸福感与认同感的民生类型，富裕型民生有助于完善社会分层体系、形成正向社会流动、引领社会成员奔向共同富裕。通过富裕型民生的建设更加有助于实现对社会各阶层的治理，有助于公平正

---

① 《列宁全集》（第55卷），人民出版社1990年版，第183页。

义社会的实现。同时，对广大民众来说，富裕型民生类型及其项目的组成充分考虑了经济及社会地位较高群体的全面性、个性化及高水平的需求，极大激发其他社会成员投身于经济社会建设的动能，以便使自身也能够享有更高品质的生活，进而为自身的全面发展提供充裕的生活条件与生活保障。

#### 四　理想性

让广大民众普遍过上幸福而富庶的生活、以实现天下大同是自古以来仁人志士的奋斗目标，只不过在当时的生产力及生产关系条件下不可能普遍建立起富裕型民生。近年来，随着经济社会的发展、综合国力的增强以及小康社会的全面建成，政府及社会各界加大保障和改善民生水平的建设力度，民众的生活水平得到普遍提高，越来越多的地区开展奔向共同富裕的试验，相当一部分群体的生活达到了富裕程度，他们对自己的物质生活、服务保障、精神享受以及价值追求等有了更高期待，使得以共同富裕为归旨的富裕型民生从抽象的理想变为现实的、可以实现的目标。应该看到，我们所建立的富裕型民生还只是经济社会地位很高群体的当下需求，还没有成为所有社会成员普遍享有的民生制度及民生保障。这就是说，通过富裕型民生的建设，能够为那些经济社会地位较高群体的未来生活描绘图景、提供可能，并为处于基本民生问题获得解决的群体指明前进方向，因而它成为绝大多数社会成员的生活理想。

从社会治理角度看，社会动荡乃至朝代更替不仅让民众生活在困苦之中，而且使得普通百姓失去了富裕生活的可能性。因此，避免动荡不安成为中国人的生存策略，也是中国人追求富庶生活的必要条件。进入新时代，富裕型民生的提出与实施给所有社会成员以安定有序、富庶生活的希望，使得富裕型民生成为全社会的共同理想。这种共同理想的树立，坚定了社会成员对美好生活的信心信念，汇聚了共同富裕建设的社会合力，为推进国家与社会治理体系和治理能力现代化提供了强大发展动力。

## 第四节　富裕型民生的实现

富裕型民生是全面建成小康社会之后全体社会成员的共同期盼，推进以共同富裕为主要目标的富裕型民生建设体现了我们这个时代的使命担当。作为最高形态的民生类型，富裕型民生的实现需要政府及社会各界的共同推进，不断完善民生保障制度，健全民生政策体系，加强民生投入以缩小区域及城乡差距，形成共建共治共享的民生建设环境，促进人的全面发展与社会全面进步。

### 一 完善富裕型民生制度

按照制度经济学的看法，"有效率的经济组织是经济增长的关键"①，而这种"有效率的组织"需要依靠制度创新，因此，制度特别是创新的制度就构成了其中的关键因素。从理论与实践相结合的高度完善富裕型民生制度，就是要坚持问题导向，致力于补齐民生制度短板，不断激发制度完善与制度创新所蕴含的内生动力与强大活力，把民生保障制度优势转化为民生治理的效能优势，着力推进民生保障事业的现代化。作为一种民生保障制度类型，它分层化地针对经济社会地位最高的社会群体，解决这些群体高水准的民生项目、待遇标准及心理获得等，满足他们个性化、高品质的物质文化生活需求，为促进人的全面发展与社会全面进步提供民生制度保障。

为此，既要加强富裕型民生制度项目内容、结构体系的探讨，根据变化了的经济社会发展水平加以充实和提升，形成更加完备的富裕型民生制度内容体系。也要注重富裕型民生制度的系统性、整体性与协同性建设，使之与其他类型的民生保障制度有机衔接起来。更要注重与其他制度的配套，尤其也要注重其他制度的配套，尤其要优化财政转移支付制度，在做好托底保障和基本保障的同时，及时安排一部分资金投入改善型民生特别是富裕型民生项目的供给上。同时还要完善个人收入和财产申报制度，形成有利于第三次分配的制度与规则，为共同富裕型民生的实现提供制度保障。

### 二 健全富裕型民生政策

民生政策是民生制度的具体展开，它是为了实现民生制度目标而实施的措施及操作方式。以共同富裕为导向的富裕型民生政策的形成不仅需要富裕型民生制度的完善，而且也需要有与之相适应的政策提供支持。

---

① ［美］道格拉斯·诺斯、罗伯斯·托马斯：《西方世界的兴起》，厉以平、蔡磊译，华夏出版社1989年版，第1页。

一方面，在构建民生政策体系时要留出富裕型民生政策空间，努力形成体系完整、类型齐全的民生政策体系。另一方面，在出台有助于富裕型民生制度实现的政策时，要将共同富裕作为价值理念贯穿到所制定的政策内容中，使共同富裕成为健全富裕型民生政策的价值依据，确保共同富裕的政策价值目标的实现。同时，要结合富裕型民生制度所设定的项目与内容、待遇及标准等去制定相应的民生政策，形成与富裕型民生制度相一致的民生政策体系，使得富裕型民生制度目标的实现有着完善的政策保证。

这就要求我们全面梳理现行各项民生政策，揭示出哪些富裕型民生政策还比较欠缺，哪些民生政策未能体现或尚未涉及共同富裕，哪些民生政策的供给水平还达不到富裕的高度，等等，切实补齐民生政策短板，形成富裕型民生政策体系。当然，政策发挥其功能就在于实施并通过监督以保证其顺利实施，富裕型民生政策的健全还要依赖于政策监督的强化，便于人们及时总结富裕型民生政策的实践经验，找出其存在的不足并进一步加以完善、提升和健全，形成更加完善而科学的富裕型民生政策体系。

**三　注重富裕型民生投入**

民生投入是富裕型民生政策得以贯彻的根本保证，没有项目及资金的投入绝对不可能形成富裕型民生政策，投入不足最多只能保证个别项目的富裕而不能保证所有民生项目体现出富裕性特别是共同富裕性。注重富裕型民生项目的投入就是要致力于能够解决一部分经济社会地位很高群体的体面而富庶的生活需要，投入总量达到同期城乡居民八大类消费品和服务价格总和的 2 倍左右①，通过这样的投入标准去优化民生投入项目，调整民生投入结构，满足民众富庶的生活需求。

当然，富裕型民生项目的投入要注重一部分率先发展地区特别是共同富裕试验区或示范区的投入与需求相匹配。各地富裕型民生的投入还要根据自身在全国的地位予以适当调整，为所处地区社会成员提供与地区发展情况相适应的富裕型民生投入，才能回应所在地区民众对富裕生活的追求。就一般性来说，经济发达地区的富裕型民生所覆盖的人口要高于较发达、欠发达乃至不发达地区，它们的投入量自然也就最大，它

---

① 参见高和荣《新时代民生保障制度的类型转向及特征》，《社会科学辑刊》2020 年第 3 期。

们所体现出来的富裕程度及富裕水平也就最高；共同富裕试验区或示范区，其民生投入就应该高于非试验区或示范区。

**四　塑造富裕型民生建设氛围**

我们所要建设的富裕型民生不是个别人的富裕甚至暴富，不是个别地区个别行业的富裕，更不是将本地区本部门本行业的富裕建立在牺牲其他地区其他部门及其他行业的富裕，而是引导社会成员诚实劳动、勤劳致富以实现共同富裕。这就要在完善富裕型民生制度与政策基础上，营造良好的共同富裕型民生建设氛围。

政府要践行以人民为中心的民生建设理念，站稳经济社会的发展"为了谁""依靠谁""由谁享有"的价值立场，支持一部分地区深化民生领域改革，建设共同富裕型民生示范区，深化三次分配制度，既要"锦上添花"更要"雪中送炭"，着力破除制约高质量发展、高品质生活特别是不利于共同富裕的民生建设体制机制障碍，特别是要破除制约社会成员平等参与、平等发展和平等享有的体制机制障碍，注重起点公平、规则公平与结果公平的有机衔接与辩证统一，努力开创经济增长社会发展的同时居民收入与劳动报酬同步增长、幸福感日益提升的良好局面，努力形成全体社会成员各尽所能、各得其所，绘就人人参与、人尽其力、人人享有成就感与满足感的生动画卷。

# 第十三章　共同富裕型民生

　　民生建设从富裕迈向共同富裕，表明整个社会实现了普遍繁荣与普遍富裕，蕴含民生建设的高水准与高质量，体现了民生建设的理想追求与未来期待，成为国家治理体系及治理能力现代化的重要标志，彰显中国特色民生建设之路的示范引领性，建设共同富裕型民生是社会主义本质要求以及我们的"初心和使命"。

　　与富裕型民生不同，共同富裕型民生是对富裕型民生的扬弃，是富裕型民生发展的高级阶段，它表明民生建设中大多数社会成员进入富裕生活状态，富裕成为社会成员的主要状态，富裕型民生构成这个社会的基本类型及主要样式，整个社会实现了普遍繁荣与普遍富裕，而托底型、基本型以及改善型民生所面向的人口规模相对较小。从覆盖面看，共同富裕型民生着眼于社会整体，它所覆盖的人口是社会的主要部分，体现了共同富裕型民生的结果指向性，而富裕型民生所覆盖的人口可以很少，某种民生制度只要能够覆盖民众、哪怕极少民众的富裕生活，都可以称为富裕型民生。另外，共同富裕型民生可以指向民生事业的建设目标，强调民生建设的方向特别是建设目标不只是为了解决底层民众的基本生活问题，而且要透过社会经济的发展、民生项目的投入推进全体社会成员奔向共同富裕，共同富裕成为整个社会的民生建设方向。此时，在这个社会中依然并存托底型、基本型以及改善型等民生类型，但民生建设的目标指向共同富裕并致力于实现共同富裕。不仅如此，共同富裕型民生强调这种民生状态的实现并非一朝一夕，需要经济发展、民生项目投入、民生福祉优化以及民生待遇的普遍提升，让越来越多的民众生活在较为富裕状态中，共同富裕型民生呈现过程性与逐步实现性特征。于是，共同富裕型民生就具有当下性与未来性、现实性与可能性相统一的特性。

　　改革开放以来，我们深刻总结正反两方面历史经验，认识到贫穷不是社会主义，着力打破传统计划经济体制中束缚社会生产力的部分，允许并鼓励一部分地区、一部分人先富起来，解放和发展社会生产力。21世纪以来特别是进入新时代，中国社会经济取得长足进展，经济总量跃居世界第二，区域、城乡协调发展取得新进展，党和政府提出京津冀协同发展、长江经济带发展、粤港澳大湾区建设、长三角一体化发展、黄河流域生态保护和高质量发展等区域重大战略，围绕深入推进西部大开发、振兴东北地区等老工业基地、中部地区崛起、东部率先发展等作出新部署。扎实开展精准扶贫，着力打赢脱贫攻坚战，现行标准下的9899万农村贫困人口全部脱贫，人民生活水平普遍得到提高，小康社会全面建成，中华大地上吹起向共同富裕进军的号角。

## 第一节　共同富裕型民生的形成基础

共同富裕型民生是一个历史生成的、体现社会发展状态的范畴，浸润着中国人的文化与生活方式，体现出从理想到社会现实、从观念到政策方略、从潜在到逐步实现的过程，展示出中国人积极向上的生活态度，其理念较早诞生于先秦时期。

### 一　共同富裕型民生的历史之维

共同富裕型民生理念诞生于先秦时期，孔子的小康、大同思想为人类描绘出一幅美美与共、天下大同的生活样式。孔子认为，夏、商、周三代由于无法实践"大道"，人人只为私利而纷争不断，社会达到"小康"境，由贤明君主禹、汤、文、武、成王、周公等人以身作则，透过礼义"正君臣""笃父子""睦兄弟""和夫妇"，建立社会秩序。而更遥远的大道之行时期则是天下为公、选贤与能、讲信修睦的大同时代，生活在这样社会的人们都"不独亲其亲，不独子其子"，这样的社会能够"使老有所终，壮有所用，幼有所长，矜寡、孤独、废疾者皆有所养"，做到"男有分，女有归。货恶其弃于地也，不必藏于己；力恶其不出于身也，不必为己"①。毫无疑问，孔子对上古社会生活状态的擘画及推崇蕴含着未来实现共同富裕的社会理想及远大抱负。

在先秦时期，管子的"厚其生""输之以财""遗之以利""宽其政"

---

① 王文锦：《礼记译解》，中华书局2001年版，第287页。

"匡其急""振其穷"① 等同样指向未来生活、体现共同富裕理想与目标。在管子看来，"治国之道，必先富民"，只有"民富"才能实现"易治"，而"民贫"则"难治"。因此，"富民"是"善为国者"的重要标志，亦即"善为国者，必先富民，然后治之"②，因为"民富则安乡重家，安乡重家则敬上畏罪，敬上畏罪则易治也。民贫则危乡轻家，危乡轻家则敢凌上犯禁，凌上犯禁则难治也"③，并且"君寿以政年，百姓不夭厉，六畜遮育，五谷遮熟，然后民力可得用。邻国之君俱不贤，然后得王"④。其他社会学家如荀子等人也认为"用国者，得百姓之力者富"⑤，强调"王者富民"。

在那个时代，共同富裕不仅停留在思想家的思想里，而且已经反映到思想家们的政策主张及相关政策实践上，体现出共同富裕型民生从理想蓝图进入日常生活实践中。管子的"厚民养""省刑罚，薄赋敛"，孟子提出"易其田畴，薄其税敛，民可使富也"⑥。贾谊认识到"农业天下本"，为"以本予民，民大富"⑦。公孙弘强调"不夺民时，不妨民力，则百姓富"⑧。西汉时期桑弘羊担任治粟都尉时期采取"置平准于京师，都受天下委输。召工官治车诸器，皆仰给大农"之策，最终"民不益赋而天下用饶"⑨。东汉王符把"富民"当成衡量治国水平的标尺，提出"为国者以富民为本"⑩。在生产力极不发达的古代社会里，齐桓公减免赋税，"弛关市之征，五十而取一，赋禄以粟，案田而税，二岁而税一。上年什取三，中年什取二，下年什取一，岁饥不税。岁饥弛而税"⑪。汉文帝下诏"赐民十二年租税之半。明年，遂除民田之租税"⑫。北魏太武帝

---

① 黎翔凤撰，梁运华整理：《管子校注》，中华书局 2004 年版，第 194—195 页。
② 黎翔凤撰，梁运华整理：《管子校注》，中华书局 2004 年版，第 924 页。
③ 黎翔凤撰，梁运华整理：《管子校注》，中华书局 2004 年版，第 924 页。
④ 黎翔凤撰，梁运华整理：《管子校注》，中华书局 2004 年版，第 646 页。
⑤ 王先谦撰，沈啸寰、王星贤点校：《荀子集解》，中华书局 1988 年版，第 224 页。
⑥ 杨伯峻：《孟子译注》，中华书局 2005 年版，第 287—288 页。
⑦ （汉）贾谊撰，阎振益、钟夏校注：《新书校注》，中华书局 2000 年版，第 103 页。
⑧ （汉）班固：《汉书》，中华书局 1999 年版，第 1986 页。
⑨ （汉）班固：《汉书》，中华书局 2012 年版，第 983 页。
⑩ （汉）王符撰，（清）汪继培笺：《潜夫论笺校正》，中华书局 1985 年版，第 14 页。
⑪ 黎翔凤撰，梁运华整理：《管子校注》，中华书局 2004 年版，第 368 页。
⑫ （汉）班固：《汉书》，中华书局 1999 年版，第 955 页。

下诏百姓按照贫富分为三级，"富者租赋如常，中者复二年，下穷者复三年"[1]。

从此以后，以民为本、实现富民就成为历朝历代的政治追求、政策主张与实践遵循。"富民"措施的推行有利于缓解民众生活压力，有助于达到先哲所描绘的小康或大同社会，"富民"构成"国强"的前提，是国家治理逻辑链条的体现，被当作"善治"与"易治"的条件和标志，因而成为治国理政目标的实现。后来，孙中山将民生与土地和资本结合起来，强调民生"是社会一切活动的原动力"，认为发展民生、建立民生主义国家就是要"平均地权"，做到"耕者有其田"；要节制私人资本，"发达国有资本""以养民为目标"[2]。由此将对民生的理解推进到新的高度，这为科学民生观奠定了坚实基础。

真正将共同富裕作为民生建设行动指南的则是中国共产党。中国共产党一经成立就把实现共产主义当成自己的最高理想和最终目标，并将其写进党章。从此以后，无论是在国内革命战争还是抗日战争乃至解放战争时期，中国共产党都主张"耕者有其田"，制定《兴国土地法》，开展大生产运动，实行"地主减租减息，农民交租交息"政策，改善农民物质生活，确立了"社会保险制度与国家的失业津贴……颁布土地法，主张没收一切地主阶级的土地，分配给贫农、中农"[3] 发展任务。实施《中国土地法大纲》，以解放人口最多的农民群体，切实保障他们的基本生活，体现出民生建设的共同富裕政策意蕴及政策主张。

## 二 共同富裕型民生的社会基础

民生是社会的民生，任何一种民生类型都来源于实践、扎根于社会，是对社会民众生活的描述，反映了民众的生活样态及生活图景。人们共同的生活方式、生活习惯及生活水平构成了民生类型选择与形成的可靠基础。我们之所以把民生建设目标确定为建设共同富裕型民生，就在于共同富裕型民生契合中国古已有之的社会关系与社会结构，尤其与中国社会特有的组织和行动方式相协调。

第一，同心圆结构的社会要求。社会结构是社会的骨架，是社会运

---

① （北齐）魏收撰：《魏书》，中华书局 2013 年版，第 83 页。

② 孙中山：《孙中山选集》，人民出版社 1981 年版，第 803—835 页。

③ 中共中央文献研究室：《建党以来重要文献选编》（第 8 册），中央文献出版社 2011 年版，第 650—651 页。

行的支撑。费孝通先生将中国社会关系结构比喻成"丢石头形成的同心圆波纹",在家庭层面以己为中心,在社会层面以自家为中心将个人与他人整合起来,处于核心、中心位置的带动周边,然后一层一层向外扩散,影响边缘地区,从而将整个社会凝结成一个熟人关系网络。在国家层面以王为中心,处于同心圆的核心是君王、是官,官以民为本则天下大治、社会昌明,人们注重情感、强调均等,维持亲缘、地缘乃至业缘关系,有助于建立起一种能够缩小群体、地域差距,避免发展失衡的民生制度,也就是促进共同发展、共同进步的民生制度。在这一民生目标下,个体会因为群体乃至社会整体利益而加以限制,群体也会因为个体的差异性而给予支持,于是便形成"死徙无出乡,乡田同井,出入相友,守望相助,疾病相扶持,则百姓亲睦"的社会生活局面①。这种民生局面成为共同富裕型民生的朴素方式和初步表达,整个社会崇尚孝老抚幼爱亲,"老吾老,以及人之老;幼吾幼,以及人之幼"②,推崇由己及人,关爱其他社会成员,最终实现美美与共,从而为共同富裕型民生建设提供良好的社会环境。

第二,整体主义方法论的社会规制。以群为本的整体主义与以己为本的个体主义方法论贯穿于哲学社会科学的发展过程,成为中西方文化价值、社会观念及思维方式差异的具体表现。总体上,西方社会坚持个体主义的方法论,强调个体追求自身利益的权利,注重社会及个体的差异性,鼓励并追求个人利益最大化,认为个体对于利益追求若能缓和同其他社会成员之间的敌意,可以形成以个体促进社会整体的利益机制。哈耶克认为,社会只是作为个体与之形成交互的环境,不会成为个人发展或是整个国家发展的目标考量,只有将个人作用于其他个体才可以理解社会。艾伦·麦克法兰认为,这种"占有性个人主义"不仅在于它的历史具有长期的连贯性,还在于它将个人置于经济、伦理及政治制度的中心。③ 而中国从荀子开始就倡导"人不能无群",主张人异于其他任何物种的独特之处就在于合群性与能群性,将个体归于家庭、家族乃至民族国家,"群""民""众"成为社会运行的基本单位与分析对象。这种

---

①　万丽华、蓝旭译注:《孟子》,中华书局 2007 年版,第 105 页。

②　万丽华、蓝旭译注:《孟子》,中华书局 2007 年版,第 14 页。

③　[英]艾伦·麦克法兰:《英国个人主义的起源》,管可秾译,商务印书馆 2008 年版,"致中国读者",第 1 页。

整体主义方法论有助于"民贵君轻""民本君末"的社会发展理路形成，成为今天国家始终在民生建设中主动作为，政府致力于帮扶弱势群体，试图透过满足这些群体的基本生活需要实现社会的整体发展与长治久安，确保社会发展道路上"一个也不能掉队"的方法论依据，这就为形成以个人为出发点、筑牢民生之基、搭建群体性民生堡垒、体现整体主义方法论的社会运行过程，为共同富裕型民生的形成提供方法论依据。

第三，社会治理目标的内在张力。"民生"是治理者根据民众生活理想、生活状态及生存需要而形成的治理范畴，因此，民生与治理密切相关，两者相互促进。千百年来，中国社会恪守"德惟善政，政在养民""善为国者，必先富民"的治理理念与信条①，"善政"成了民生治理的理想性目标，"养民""富民"构成善政的必要前提，朝廷如果能够顺势而为，以苍生为念，给民众提供更充分、更公平及更富时代性的民生项目，身体力行地带领民众扎实推进民生建设，就可以维护社会稳定、实现国泰民安，促进社会善治。所以，古人始终强调"古之欲明明德于天下者，先治其国；欲治其国者，先齐其家；欲齐其家者，先修其身"②，优先保障个人能够获得且满足自身所处阶段的民生水平，切实保障民众的获得感、幸福感、安全感。从横向上看，传统中国社会治理所遵循的"皇权不下县、县下惟宗族、宗族皆自治、自治依伦理，伦理靠乡绅"治理结构及其所形成的治理体系有助于建立人与人守望相助、邻里互助、共同进步的社会互助体系以及民生保障体系，这就为共同富裕型民生的建设提供了社会伦理、社会习俗及社会规范方面的支持。

### 三 共同富裕型民生的文化根基

民生与文化密切相关，文化浸透着人们的生活，民众生活凝练成特定的文化模式。民生类型与模式、民生政策和制度富含文化元素，展示出文化特性，文化就是文化史的外化与活化。共同富裕型民生契合了中华民族所固有的家国天下一体、不患寡而患不均、中庸致和等文化特质，是这些文化特性的政策外化、制度呈现与生活表现。反过来，共同富裕型民生政策实施的每一步，都是对这些文化的理解与认同、坚守与强化、

① 《十三经注疏》整理委员会整理，李学勤主编：《十三经注疏·尚书正义》，北京大学出版社 1999 年版，第 89 页。

② 《十三经注疏》整理委员会整理，李学勤主编：《十三经注疏·尚书正义》，北京大学出版社 1999 年版，第 1592 页。

诠释与确证，使得共同富裕型民生成为嵌入中国人内心的文化表征。

第一，家国天下一体观体现出"共同富裕"的文化基因。中国人自我实现的途径是修身、齐家、治国、平天下这一逐级递进、着眼未来的文化价值体系，体现了家国天下一体的文化观念。这样的文化观中，人们修身的终极目的不是"身"本身而是为了"天下"，不是为了"个体"而是为了"整体"，不是着眼"独自"而是实现"共同"，他通过诵读诗书、修身养性、孝顺父母、处理好族里关系、胸怀天下，把个人、家庭（家族）、乡里、国家自下而上地紧密联系起来，形成强大的家国同构观念，哪怕再贫穷也要"独善其身"，以便为"兼济天下"打好基础。这样的情怀体现出社会整体及家国一体，"国"被认为是扩大了的"家"，"家"是缩小了的"国"，"家国一体"文化逐步推广到"华夷一家""四海一家""天下为家"。于是，体现全民共建共治共享的"亲亲仁民""邻里互助""守望相助"自然就成了应有之义和应然之举。

也就是说，家国天下一体文化观催生了中国人对民生制度"共同性"的认同以及民生福祉"同甘苦"的坚守，产生了平等分配各福利项目及福利待遇的偏好与情怀，强调"等贵贱"、注重"均贫富"、推崇"奔小康"、目标"求大同"，这是家国一体文化的逻辑展开与逻辑必然，只要坚持家国同构文化，自然就会形成如斯的民生观念及其行动，自然就会形成共同富裕型民生的孜孜以求。所以，只要生产力发展到一定水平自然就会把全人类当作休戚与共的命运共同体来看待并加以建设，总会去推进共同富裕型民生事业。正如邓小平同志所说"应当把发展问题提到全人类的高度来认识，要从这个高度去观察问题和解决问题"[①]。反过来说，如果发展的成果被小部分群体占有，只有特定人群才能享受富裕生活，则难以得到我们这个社会的文化认同，更容易引发社会矛盾。

第二，"不患寡而患不均"的文化心理构筑了共同富裕型民生观念与政策。中国人追求过上安稳的好日子，但苦于传统农业社会的物质条件匮乏、生活无法达到普遍丰裕程度，进一步促进了"不患寡而患不均"文化心理及民生观念的形塑。孔子的"均无贫"与"天下大同"，孟子的"制民恒产"，管子的"九惠之教"，董仲舒的"限民名田"，都是为了增加社会财富，尤其是让更多人参与到生产当中以获得生活资源，避免贫

---

① 《邓小平文选》（第三卷），人民出版社1993年版，第282页。

富差距过于悬殊。这种文化观念成为历朝历代制定实施保民养民、安民富民政策的文化基础并一直延续下来。即便是改革开放以来鼓励"一部分人先富起来"政策的实施，也没有阻挡人们"不患寡而患不均"的民生政策认同与实践，人们普遍认识到贫富分化的不断扩大只会带来更加严重的社会不稳定，因而普遍高扬共同富裕的大旗引领民生建设。于是，党和政府把解决"不均"问题作为制定民生政策的优先考量。例如，在养老保险领域，政府既规定了缴费下限也规定了缴费上限，避免不同缴费标准之间的差距过大，就是防止养老金待遇差距过大引发的个人不均。同时，根据不同省份的职工养老保险基金收支情况建立中央调剂金制度，实行养老保险的全国统筹也是防止养老金的地区不均。在此基础上，我们提出先富带动后富，讲究贫富群体通力合作，追求共建共治共享，推进共同富裕，正是"患不均""均无贫"文化传统在民生领域内的政策展现与政策实践。

第三，中庸致和文化形塑了共同富裕型民生道路。"不患寡而患不均"文化心理的背后就是"中庸致和"，它构成了中国人的思维方式与文化追求，"中庸之为德也，其至矣乎！民鲜久矣"[1]，强调"致中和，天地位焉，万物育焉"[2]，坚持不偏不倚，防止过犹不及。中国人将"中庸致和"奉为大道，中庸致和成为从日常生活到行为准则乃至民生治理的文化特性，突出体现在共同富裕既不是杀富济贫也不是劫贫济富，而是一种全民共同富裕。一方面，共同富裕的对象是不分性别、阶层、社会地位和经济状况差异的全体民众，这是"万物并育而不相害，道并行而不相悖"的中庸文化在民生事业领域内的集中体现，使得共同富裕型民生建设实践具有极强的包容性。另一方面，中庸致和文化为共同富裕型民生建设提供了"适度"这一方法论，强调共同富裕要"有度"，不是一味讲求"平均"或"过度投入""超前投入"，也不是"所有地区同时达到一个富裕水准"，更不是不同人群按照同一程度和标准实现富裕。因此，共同富裕是有差别的"共富"，是普惠性与差异性的统一，它根据群体的实际情况，有的先解决基本民生问题，有的需要予以改善，有的致力于富足；富裕的实现要"尽力而为，量力而行"，不可能一蹴而就、同

① 杨伯峻：《论语译注》，中华书局 1980 年版，第 64 页。
② 朱熹：《四书章句集注》，中华书局 1983 年版，第 18 页。

时同步同等地实现。例如，多层次多支柱养老保险体系的建立就体现了
这种中庸致和文化，它使得更多的福利主体参与养老保险的融资，推动
社会与市场力量投入养老事业，不同投资渠道分散了资金池风险，促进
不同主体融入养老保险体系中，扩大个人对养老产品与服务的选择空间。
如此看来，共同富裕型民生具有过程性含义与特性，它讲究在走向共同
富裕道路中既不能踌躇不前，也不能冒进，而是强调共同富裕型民生待
遇及标准、项目和品质是一个逐步提升的过程，这就不难理解我国民生
建设为什么是采取逐步试点方式稳步推进，背后的文化因素就在于此。

### 四 共同富裕型民生产生的历史根据

绵延数千年的中国民生建设历史构成了今天共同富裕型民生建设的
基础和来源，使得共同富裕型民生的产生有其可靠的历史思想来源，表
现为理想描绘、思想呈现以及实现途径等方面具有历史性根基。

首先，共同富裕型民生的理想描绘具有历史性。共同富裕型民生在
不同历史时期描述民众生活状态、体现民众生活水准时呈现出不同形式。
先秦时期，人们期盼全体社会成员"老有所终，壮有所用，幼有所长"，
即便是社会弱势群体也能"皆有所养"，擘画了社会富裕的共同性与共享
性。经历战乱的汉朝推行休养生息政策，"小国寡民"成为当时社会的理
想，"甘其食，美其服，安其居、乐其俗"是人们的生活畅想。汉代末期
的饥荒与战争造成民众的流离失所，大同理想的破灭使得人们走向了反
现实的乌托邦，幻想"土地平旷，屋舍俨然，有良田、美池、桑竹之属。
阡陌交通，鸡犬相闻……黄发垂髫，并怡然自乐"的桃花源生活。隋唐
之后，起义者的口号多凸显了人们对理想社会的期待，黄巢等人自称
"天补均平大将军""冲天太保均平大将军"，以激发民众对于共同富裕生
活的渴求。宋代朱熹认识到生产资料的分配不均极大地阻碍了共富，主
张"随产均税""轻重同齐"，强调社会公有、成果共享。近代康有为对
"太平世"的描述成为那个时代共同富裕的社会类型，认为人类社会的发
展应当从"据乱世"到"升平世"，再到"太平世"，最终迈向社会大
同，这就丰富了共同富裕型民生思想的历史呈现形式。孙中山认为，"民
生主义就是社会主义，又名共产主义，即是大同主义"[1]，体现了其对于
共同富裕型民生的展望。

---

[1] 冯契：《中国近代哲学史（上）》，生活・读书・新知三联书店 2014 年版，第 476 页。

　　其次，共同富裕型民生内涵具有历史性。共同富裕型民生在不同的历史阶段有不同表达方式，并在历史绵延中传承民本思想与富民内涵。夏商周朝代，民众成为君主治国的根本，君主要保障民众生活，做到保民安民、富民教民，这是君主能否实现治国安邦的历史前提。保民就是养民，做到"七十者衣帛食肉，黎民不饥不寒"①；富民则是养民基础上的提升，孔子主张"藏富于民"，孟子强调"制民恒产"，荀子强调"节用裕民"和"上下俱富"。财富分配上，荀子坚持"富有差等"，认为"贵贱有等，长幼有差，贫富轻重皆有称"②。墨家主张"节用利民""官府实则万民富"，用这些钱来为人民生产提供保障。《管子》中将富民作为治国理政第一要务与逻辑起点，"凡治国之道，必先富民，民富则易治也，民贫则难治也。奚以知其然也？民富则安乡重家，安乡重家则敬上畏罪，敬上畏罪则易治也"③。汉初贾谊提出"富安天下"，强调家与国都要注重余量储备。董仲舒主张"限民名田"，反对兼并农民土地，同样是一种均富主张。从此以后，富民成为治国理政的重要目标，唐朝李世民坚持民水君舟观点，强调"君依于国，国依于民，刻民以奉君犹割肉以充腹，腹饱而身毙，君富而国亡"。宋朝以后，随着商品经济的发展，庶民阶层逐渐分化，富民客体有所扩大，明朝李贽为工商富人辩护，东林学派主张"贫富两便"，主张保护商贾财富。后来，徐光启提出用"西学"来提高生产力以创造更多物质财富，这一思想成为近代实业救国的源头。这样的历史积淀与实践延展，使得今天的共同富裕型民生建设更加强调在发展中提高保障和改善民生水平，把共同富裕型民生建立在通晓历史成就基础上，夯实共同富裕型民生建设的历史厚度。

　　最后，共同富裕型民生的实现途径具有历史性。历史上对于共同富裕型民生的推动主要从"共同"及"富裕"两个方面着手。一方面，"富裕"是"共同"的基础，把粮食富足当作美好生活的前提，认为农业为天下之本，强调"明王之务，在于强本事、去无用，然后民可使富"④，历朝历代通过各种方式发展农业，要求"无夺民时，则百姓富"⑤，要求

① 杨伯峻：《孟子译注》，中华书局 2019 年版，第 6 页。
② 楼宇烈主撰：《荀子新注》，中华书局 2018 年版，第 173 页。
③ 李山译注：《管子》，中华书局 2009 年版，第 256 页。
④ 何怀远、贾歆、孙梦魁主编：《管子（上）》，远方出版社 2006 年版，第 108 页。
⑤ 李山译注：《管子》，中华书局 2009 年版，第 131 页。

"凡有地牧民者，务在四时，守在仓廪"①。同时，"辟田畴""修树艺""勉稼穑"等具体措施都是用以促农，这种重农实践贯通于秦汉以降而直至近代，仁人志士创办工厂探寻实业救国之路，这实际上延续了重视生产、创造财富这一实践路径。另一方面，"共同"是"富裕"的旨归。囿于生产力的束缚，我们对"共同"的实践弱于对"富裕"的提倡与追求，保障耕地、轻徭薄赋等体现出那个时代的"共同性"。汉代的"井田之法"试图确保土地平等分配，用分配手段来促进共同。宋代朱熹推崇"经界法"，重新丈量分配土地，也是在生产资料公有上推进共同并践行共同。到了近代，康有为主张工农首为国有，商业也分公私，同时主张去"九界"，试图消除家庭种族之间的界限，实现平等，推进共同共享。孙中山主张"裕民衣""乐民居""利民行"政策，实行平均地权、节制资本，都是力图实现富裕的"共同"。只不过在以往的时代，不仅"共同"与"富裕"无法真正做到统一，就连单一的"富裕"或单一"共同"也不可能做到。

## 第二节　共同富裕型民生的时代内涵

如果说上述民生理念与实践体现了共同富裕的理念萌芽与初步探索，那么，新中国成立后政府的民生政策主张则将这一理念具体化与实践化，体现出共同富裕的民生建设由潜在到显在、由抽象到具体，进而由理想到现实的过程。1953 年，在《中共中央关于发展农业生产合作社的决议》中，毛泽东认为"使农民能够逐步完全摆脱贫困的状况而取得共同富裕和普遍繁荣的生活"② 是农村工作的重要目标，这是党和政府首次使用"共同富裕"概念，标志着我国开始将这一理想蓝图付诸伟大实践。改革开放后，邓小平认为"我们坚持走社会主义道路，根本目标是实现共同富裕"。进入新时代，习近平明确指出中国"已经到了扎实推动共同富裕的历史阶段"，指出全民共同富裕要"迈出坚实步伐"，2035 年有"更为明显的实质性进展"，21 世纪中叶要"基本实现"，从而为共同富裕型民

---

① 李山译注：《管子》，中华书局 2009 年版，第 2 页。
② 《毛泽东年谱》（一九四九——一九六七）（第二卷），中央文献出版社，2013 年，第 449 页。

生建设指明了蓝图，使得共同富裕型民生有了鲜明内涵。

一是共同富裕型民生是生活美好的民生。民生揭示了人们的生活状态，有什么类型的民生就会呈现出何种生活方式，反过来，有什么样的生活状态就可以提炼成何种民生类型。共同富裕型民生作为最高的民生类型体现在人们的生活更加美好，在"好"生活中彰显"美"、实现"美"，做到"好"与"美"结合。其中，"好的生活"体现在全体社会成员的物质生活完全自主、生活环境怡人、生活服务齐全等方面，而"美"的生活还可以体现在精神充实、追求向上、富有意义以及提升境界等方面。

一方面，"好的生活"与"美的实现"存在层次性，"好"是"美的生活"前提。"好"保证了民生项目的全面可获得性，给予人们满足自我发展的多样性需求，拓展了项目的可实现方式，体现在服务的便捷性与可得性维度。例如，公共设施建设、公共物品与资源投入、民众基本的养老服务、医疗服务、照护服务、殡葬服务、休闲娱乐服务等需求，基本型及改善型甚至托底型民生也会涉及，但共同富裕型民生可实现这些服务项目的"菜单化"与"个性化"，体现项目及服务的温度，以满足迈入富裕阶段群体的高水平民生的需求。"美"是"好的生活"升华。"美"不仅着力于生活的满足与改善，还强调全面发展的实现。共同富裕型民生就需要为实现民生建设的最终目标而提升项目供给范围。例如，通过高中教育、职业教育、高等教育、特殊教育等教育类别，拓宽义务教育强制性保障后适龄学生接受继续教育的渠道与途径，以实现自我发展，促进全民共享终身教育的机会，为富裕生活打下思想基础及知识准备。

另一方面，只有将"好的生活"与"美的实现"结合起来才构成并体现美好生活，才是富裕型民生，这是人的本质的要求以及人的发展的崇高性的集中体现。正如马克思所说，动物的生产只满足于肉体的需要也就是自身的生存需要，而人则"懂得按照任何一个种的尺度来进行生产，并且懂得处处把内在的尺度运用于对象"。因此，人是最有可能真正"按照人的尺度去生存与生活的存在"，也就是"按照美的规律来构造"的存在①，他会按照美好生活目标去追求、去实现以及去享受。在"好"

---

① 马克思：《马克思恩格斯选集》（第1卷），人民出版社1995年版，第47页。

的生活基础上体现"美"的规律。故而美好生活是共同富裕型民生的生动体现，共同富裕型民生成为美好生活的直接概括。如果说追求美好生活是永恒主题，那么，实现共同富裕型民生就是人的永恒动力，这是人满足了马斯洛等人所说的生理、安全、社会以及尊重等基础上获得自我实现需要的直接体现。

二是共同富裕型民生是平衡充分的富裕民生。共同富裕型民生真正解决人民日益增长的美好生活需要和发展不平衡不充分之间的矛盾。这种类型的民生并不意味着区域间、区域内或者不同领域、不同个体间的福利差异得到彻底消除，而是在经济特别是人均经济总量较高水准、人民生活普遍富裕基础之上，它不仅有更高水平的生活保障，而且更加关注民众生活服务、能力提升、社会融入及自我发展，是一种立体式、多样化的民生保障类型。因此，这样的民生类型需要区域间尤其是地区间发展差距逐步缩小，尤其要不断缩小东中西部、南北方、沿海与内地、城市和乡村之间的发展差距，促进区域间人口、经济与社会协调发展。实际上，经过 21 世纪前 20 年的发展特别是最近 10 年的建设，中西部地区、内陆地区与东部沿海地区间发展差距不断缩小。以成都与上海市为例，2000 年，成都市地区生产总值与上海市之间相差 3.5 倍左右，而 2020 年，二者相差降到 2 倍。① 这为各地建设更加平衡及充分的富裕型民生提供良好基础。

这表明，在民生水平不断提升的基础上注重民生建设的平衡与充分、民生福祉的殷实与优渥就成了共同富裕型民生建设的客观要求，也是共同富裕型民生的基本内涵。没有平衡，这样的民生最多体现出富裕型民生端倪，而无法体现共同富裕的元素；没有充分，这样的民生最多是基本型民生乃至普遍托底的民生，而无法彰显富裕和殷实。因此，充分、殷实、优渥是共同富裕型民生的必要条件，而平衡、协调与共享则构成共同富裕型民生的内在要求。当然，平衡、充分、殷实乃至优渥是一个相对的过程性概念，不是整齐划一、没有差别、完全均等的同等富裕，而是具有丰富性与生动性的差等性共同富裕，它们在不同民生项目乃至

---

① 成都统计公众信息网：《2020 年成都市国民经济和社会发展统计公报》，http：//cdstats. chengdu. gov. cn/tjgzxxw/xhtml/tjxx_ content. html？id = 384025&channel = ，2021 年 3 月 27 日；上海市统计局：《2020 年上海市国民经济和社会发展统计公报》，http：//tjj. sh. gov. cn/zd-lyxxgk/20210701/fa09ad6c2b5f4bb6b508ef786cc89c4a. html，2021 年 3 月 19 日。

不同民生领域有所区别：有的注重生活环境；有的兼顾个人发展机会；有的强调人人享有，梯次建设、逐步实现，切实做到平衡、充分与高水平。

三是共同富裕型民生是共同实现的民生。共同富裕型民生强调我们的民生建设目标是"富裕"，而实现这一目标的前提则是"共同"，"共同"构成了实现路径、实现方式与呈现结果，"共同"与"富裕"结合起来成为共同富裕型民生的两个最基本维度。因此，共同富裕型民生不是中国传统社会所追求的"有田同耕，有饭同食，有衣同穿，有钱同使，无处不均匀，无人不饱暖"的"平均主义"民生，而是一部分地区先富起来，先富带动后富的民生。

一方面，共同富裕型民生强调富裕权利的共享，认为每一位社会成员都有共享社会经济发展成果的权利，民生不是那种只有少数人富裕的民生，更不是那种少数人对多数人统治而得以维持的富裕型民生，而是通过一部分人先富起来并带动、引领和示范其他社会成员实现共同富裕的民生，这就强调了富裕权利的一致性与无条件性。没有"共同"，这样的富裕民生与弱肉强食的资本主义福利建设没有本质差别；而失去了"富裕"，所"共同"建设的民生只能是普遍的贫穷。"共同"依托于"富裕"，"富裕"需要"共同"，两者紧密结合在一起成为这种民生类型的显著标志。另一方面，共同富裕型民生注重富裕机会的人人享有，认为民生不是那种"无法实现所有人的共同发展"的"均贫富"甚至是"杀富济贫"，而是致力于优化环境、提供均等发展机会进而让更多的人通过自己的辛勤劳动实现富裕的民生，它试图给予每位社会成员可获得性的发展机会，激活社会成员的创新活力与个体动能，调动个体追求富裕、奔向富裕的主动性与积极性，通过共同富裕的追求实现马克思所说的"每个人自由而全面的发展"。同时，共同富裕型民生不是瞬间的实现，而是一个过程，展现出多层次性和多样性的富裕，是通过共同努力、共同奋斗、共同发展去共享发展成果及社会进步与国家富强的共建共享富裕。

四是共同富裕型民生是社会善治的富裕民生。民生一开始就是治理范畴，它服务于社会治理、为实现社会治理任务和目标而开展制度设计与政策实施，各种民生类型组合起来承载着不同的国家与社会治理任务。其中，托底型民生主要解决社会底层群体的生存与生活问题，避免因没有托底或托底不足而引发底层社会群体的抗争。基本型民生注重维护社会最大群体的安定问题，这是维护社会稳定的中坚力量。改善型民生注重解决民众的发展性需求，增进这类群体的社会认同。富裕型民生重点保障社会成员享有美好生活，增进这类成员的幸福感与满意度。共同富裕型民生为实现各安其分、各得其所、各美其美的社会善治提供了民生支持，而社会善治为共同富裕型民生建设提供了良好社会环境，两者相得益彰、有机结合，扎实推进共同富裕型民生建设。

事实上，在人口众多的当代中国，如果不能形成满足不同阶层需求的民生类型，如果缺乏富裕型民生尤其缺乏共同富裕型民生的引领，如果一味地坚持多缴多得、长缴多得的福利分配准则，简单地坚持福利水平与缴费能力相挂钩原则，那么，伴随着民生福祉的建设将进一步拉大中低收入群体与高收入群体福利所得，使得低收入人口或贫困群体难以获得足够支持，进一步固化贫困阶层，贫困问题将难以根本上解决。只有从共同富裕角度建设民生，科学把握福祉与经济社会关系，把贫困当成共同富裕的绊脚石而加以真正解决，形成与国家性质相适应的社会福利安排，助力社会各阶层都各取所需、悉安其业、劳有厚得，形成各美其美、美美与共的社会图景。共同富裕型民生由此便构成了我们这个时代的"王者之道"，诚如荀子所言"王者富民"而"霸者富士"①。

## 第三节　共同富裕型民生基本特征

共同富裕型民生将富裕与共同紧密结合起来，用共同引导富裕型民生建设，用富裕筑牢全社会民生之基，这样的民生类型与中国社会相成，体现出中国社会特质，具有鲜明特点。

第一，共同富裕型民生具有社会性。社会是民生事业建设与发展的土壤，有什么样的社会结构就容易形成什么样的民生模式与民生类型，社会的性质决定了社会政策及社会制度样式。资本主义社会以"资"为本，必然把效用最大的市场规则和优胜劣汰的自然选择作为社会发展的第一原理，贫富差距问题将永恒地存在于资本主义社会中。尽管资本主

---

① 方勇、李波译注：《荀子》，中华书局 2015 年版，第 118 页。

义也建立起较为完整的社会福利制度，但这样的福利制度实质上是对社会成员的二次剥削，成为利益集团的操纵工具。而社会主义坚持"社会"为本，把社会效益、社会公正及社会和谐作为发展的目的，内在地决定了这样的社会要解决贫富差距和两极分化，推动整个社会协同发展、走向共同富裕。坚持社会主义自然就要坚持整体主义和共享发展，因而就会建设共同富裕型民生。从社会发展的连续性角度看，绵延数千年中国形成了以家为核心、视天下为家的家国天下纵向关系结构，体现了家国一体的整体主义方法论传统，整个社会认同不患寡而患不均。因而致力于保障和改善民生，与时俱进地提高民生福祉水平，积极建设共同富裕型民生，实现"善班治人"以呼应民众美好生活期待就成了我们这个社会的共同价值。这就是说，社会问题本质上需要用社会的方法解决，而不能简单地用市场手段；一种社会福祉模式、类型的选择必须切合它所依附的那个社会，与这个社会结构、社会关系相契合并由其导引而出。共同富裕型民生基于中国社会历史及现实而成，是中国社会发展的自然本性与客观要求。

第二，共同富裕型民生具有文化性。中国文化具有自上而下的纵向性、家国天下、面向未来等特性，这些特性与共同富裕型民生深深契合。一方面，自上而下的纵向性使得国家成为共同富裕型民生的引领者。古代社会为了促进社会各安其职，推行自上而下的教化与德政，天子践行养老礼以维护礼法，亲耕以鼓励百姓务本；官员则需要修身养性，率先垂范；个人要"修身""齐家"，然后致力于"治国""平天下"，指向华夷一体、协和万邦。因而形成了人人参与发展、人人共享发展的社会价值及共同意识，为共同富裕型民生的提出与形成创造了必要条件。另一方面，家国天下文化在实践中展开使之具有了历史延续性以及社会传承性。自汉朝以孝治天下以来，家国同构观念就落实到现实的、可见的民生制度实践中，实现了观念文化、制度文化以及生活文化的有机结合，人人参与发展、人人共享发展的价值观在日常生活中得到倡导，有利于社会责任感与共同体意识的形成，有助于以全民作为富裕对象的共同富裕型民生实践。同时，共同富裕型民生与中国面向未来的文化追求相契合。从人们对圣人贤君的畅想，到近代康有为等仁人志士的上下求索，中国人的文化都具有面向未来的禀赋与特性。正由于人们孜孜不倦地追求天下大同，使得中国文化始终保持向前发展的冲劲与活力。尽管从古至今大同理想的具体图景不断变化，但是天下合同为一、民众生活富足的原则要求没有变，以苍生为念、注重发展的人民性不断被提出，共同富裕型民生总会以各种方式呈现出来。特别是进入新时代，随着社会经济的发展，共同富裕型民生日益从理想变为现实、从潜在走向显在、从自发走向自觉，成为全面建成小康社会后经济社会发展的现实抓手，体现出国家治理体系及治理能力现代化的必然要求。

第三，共同富裕型民生具有理想性。共同富裕型民生是历史生成并不断发展以适应它所在社会结构的结果，使得共同富裕型民生展现出理想性特征。从历史上看，让广大民众普遍过上幸福而富庶的生活、以实现天下大同是自古以来仁人志士的奋斗目标，只不过在当时的生产力及生产关系条件下不可能普遍建立起富裕型民生。21世纪以来，党和政府立足基本国情，坚持量力而行和尽力而为，以托底型民生、基本型民生和改善型民生为主要抓手，致力于全面建成小康社会，为实现共同富裕型民生奠定坚实基础。特别是进入新时代，政府及社会各界加大保障和改善民生水平的建设力度，民众的生活水平得到普遍提高，越来越多的地区开展奔向共同富裕的试验，相当一部分群体的生活达到了富裕程度，他们对自己的物质生活、服务保障、精神享受以及价值追求等有了更高期待，使得以共同富裕为归旨的富裕型民生从抽象的理想变为现实的、可以实现的目标。这表明，共同富裕型民生是在经济发展中不断保障和改善民生的最高理想境界。另外，透过共同富裕型民生建设，能够为那些经济社会地位较高群体的未来生活描绘了图景、提供了可能，并为处于基本型或者改善型民生得到充分保障的群体指引了前进道路，成为绝大多数社会成员的生活理想，并为处于基本民生问题获得解决的群体指明了前进方向，因而它成为绝大多数社会成员的生活理想。人类民生事业的这一发展历史表明，共同富裕型民生不可能一蹴而就，作为一幅美好的社会蓝图，当生产力不断得到解放与发展、消除了两极分化后，共同富裕型民生实现从理想到现实的转变。

第四，共同富裕型民生具有善治性。实现共同富裕是最为公正的社会治理目标。把富民当成治国理政的重要旨归是中国社会的共同追求，管子认为"凡治国之道，必先富民"，只有"民富"才能实现"易治"，而"民贫"则"难治"，因此，"富民"是"善为国者"的重要标志，亦即"善为国者，必先富民，然后治之"①。如果统治者只在乎自身财富的积累不重视民生将会招致祸端，即"蓄藏积陈朽腐，不以与人者，殆"②。孔子认为"政之急者，莫大乎使民富且寿也。"③ 荀子认为，对君主来说，"用国者，得百姓之力者富"④。只有实现了"富民"，才能推行教化，实现社会善治。另外，共同富裕型民生需要依靠不断推进国家治理体系和治理能力现代化逐步实现。经济发展水平决定民生保障的总量和规模，进而促成"富裕"的民生状态。但是，只有确保全体成员公平共享改革发展成果，才有助于达到"共同"，实现公平共享和普遍富裕。从治理角度看，社会动荡乃至朝代更替不仅让民众生活在困苦之中，而且使得普通百姓失去了富裕生活的可能性。因此，避免动荡不安成为中国人的生存策略，也是中国人追求富庶生活的前提条件，民生始终成为长治久安的抓手。进入新时代，共同富裕型民生的实施给所有社会成员以安定有序、富庶生活的希望，坚定了社会成员对美好生活的信心信念，汇聚了共同富裕建设的社会合力，为推进国家与社会治理体系和治理能力现代化提供了强大发展动力。

## 第四节　共同富裕型民生的实现

共同富裕是不同于发达国家的一种全新的富裕形式，体现了鲜明的中国特色，展示了中国式现代化的本质要求，昭示着人类社会的发展方向。

### 一　马克思主义与中国具体实际相结合的必然结果

20 世纪 20 年代，马克思主义传入中国后，中国共产党人把消除两极分化、实现共产主义写入党章，由此开启了中国共产党带领人民从对大同理想的描绘走向共同富裕的实践探索。新中国成立后，毛泽东同志提出要逐步实现对整个农业的社会主义改造，"在农村中消灭富农经济制度

---

① 黎翔凤撰，梁运华整理：《管子校注》，中华书局 2004 年版，第 924 页。
② 黎翔凤撰，梁运华整理：《管子校注》，中华书局 2004 年版，第 252 页。
③ 王国轩、王秀梅译注：《孔子家语》，中华书局 2009 年版，第 117 页。
④ （清）王先谦撰，沈啸寰、王星贤点校：《荀子集解》，中华书局 1988 年版，第 224 页。

和个体经济制度，使全体农村人民共同富裕起来"①，鲜明地提出了"共同富裕"这一民生建设主张与民生事业发展目标。邓小平同志强调，社会主义的特点就是"共同富裕，不搞两极分化"②，通过鼓励一部分地区和一部分人先富起来，然后先富帮助和带动后富，最后达到共同富裕，从而确定了共同富裕型民生事业的实现路径。进入新时代，党和政府把共同富裕型民生纳入总体发展规划中，并进行试点建设，共同富裕型民生日益成为从历史的理想性转变为当下现实性的呈现。

　　改革开放以来，我们深刻总结正反两方面历史经验，认识到贫穷不是社会主义，着力打破传统计划经济体制中束缚社会生产力的部分，允许并鼓励一部分地区、一部分人先富起来，解放和发展社会生产力。21世纪以来特别是进入新时代，中国社会经济取得长足进展，经济总量跃居世界第二，区域、城乡协调发展取得新进展，党和政府提出京津冀协同发展、长江经济带发展、粤港澳大湾区建设、长三角一体化发展、黄河流域生态保护和高质量发展等区域重大战略，围绕深入推进西部大开发、振兴东北地区等老工业基地、中部地区崛起、东部率先发展等作出新部署。扎实开展精准扶贫，着力打赢脱贫攻坚战，现行标准下的9899万农村贫困人口全部脱贫，人民生活水平普遍得到提高，小康社会全面建成，中华大地上吹起向共同富裕进军的号角。

　　实现共同富裕，是建立在通晓历史的思想与实践、文化和社会基础上，反映了中国特色社会主义的本质要求。深刻把握新发展阶段民生建设的主题与主旨，将摆脱贫困与推进共同富裕统筹协调起来，把精准扶贫与逐步实现全体人民共同富裕协调起来。为此，中央支持浙江省高质量发展建设共同富裕示范区，通过总结浙江省共同富裕的民生建设经验，探索共同富裕型民生建设路径，形成共同富裕型民生建设的经验集成与示范引领，为全国其他地区建设共同富裕型民生提供省域范例，推动富裕型民生向共同富裕型民生的转型升级，夯实共同富裕型民生建设的实践根基。

　　总之，在发展基础上追求全民共享、推动实现共同富裕是中国同心圆社会结构不断外化的结果，是绵延数千年文化结构的使然，也是家国

① 《毛泽东文集》（第六卷），人民出版社1999年版，第437页。
② 《邓小平文选》（第三卷），人民出版社1993年版，第123页。

天下一体文化、胸怀天下大同观念的内在要求及其在民生领域里的延展和显现，体现了整体主义方法论下中国社会发展的历史过程性与不断实践性的统一，是中国特色社会主义民生事业发展的必然追求，体现了把马克思主义基本原理与中国具体实际、同中华优秀传统文化相结合的必然产物与必由之路。

## 二　共同富裕型民生的建设任务

共同富裕型民生是对富裕型民生的扬弃，是富裕型民生发展的高级阶段，它表明民生建设中大多数社会成员进入富裕生活状态，先富带动后富、一起走向共同富裕成为社会的主要状态，富裕型民生成为这个社会的基本类型及主要样式，而托底型、基本型以及改善型民生所涵盖的人口规模相对较小，整个社会实现了普遍繁荣与普遍富裕。从覆盖面看，共同富裕型民生着眼于社会整体，它所覆盖的人口是社会的主要部分，体现了共同富裕型民生的结果指向性，而富裕型民生所覆盖的人口可以很少，只要民生制度能够覆盖部分民众的富裕生活，都可以称为富裕型民生。

我们的共同富裕型民生是十四亿人口整体迈进富裕生活，其规模超过世界上所有发达国家的人口总和，是人类历史上的伟大创举。中国共同富裕型民生的建成和实现，彻底改写了富裕人口的世界版图，成为影响人类历史的一件大事。应该看到，实现共同富裕型民生具有高度的复杂性和艰巨性，只有坚持发展依靠人民、发展为了人民，切实认清形势、明确所处方位、创新实现方式、明确实现途径、优化实现手段，主动解决制约我国共同富裕目标实现的难点、堵点及痛点，特别要着力解决长期以来困扰共同富裕实现的地区差距、城乡差距、阶层收入差距问题，着力完善初次分配、再次分配和三次分配，逐步推进全体人民共同富裕，助力共同富裕型民生的尽快实现。因此，共同富裕型民生不是整齐划一、步调一致的平均主义民生，不是少数人富裕的民生，绝对不是没收富人财富、杀富济贫的民生。

我们的共同富裕型民生不仅是物质生活富裕的民生，而且也是精神生活富裕的民生，是物质生活与精神生活都富裕的民生。物质贫困不是社会主义，精神贫乏也不是社会主义。其中，物质生活富裕是共同富裕型民生的前提与保证，物质生活不富裕乃至贫穷则不可能算作共同富裕型民生；精神生活富裕则是共同富裕型民生的内在需要，离开了精神生活的富裕则无法真正实现共同富裕型民生。一定程度上，精神生活的富裕作为共同富裕型民生的内在要求体现了社会主义共同富裕不同于资本主义共同富裕的鲜亮底色与鲜明特色。这意味着，共同富裕型民生必须始终坚持社会主义核心价值观，切实加强理想信念教育，大力弘扬中华优秀传统文化，壮大人民精神力量，丰富人民精神生活，促进人的全面发展。

共同富裕型民生指向民生事业的建设目标，强调民生建设目标不只是为了解决底层民众的基本生活问题，而且要通过社会经济的发展、民生项目的投入推进全体社会成员奔向共同富裕，共同富裕成为整个社会的民生建设方向。此时，整个社会中依然并存托底型、基本型以及改善型等民生类型，但民生建设的目标指向共同富裕并致力于实现共同富裕。这意味着共同富裕型民生的实现是一个长期的历史过程，并非一朝一夕就能瞬间完成，需要经济发展、民生项目投入、民生福祉优化以及民生待遇的普遍提升，让越来越多的民众生活在较为富裕状态中，需要共同理想的塑造与形成，共享价值观念的恪守与践行，这使得共同富裕型民生呈现过程性与逐步实现性特征。于是，共同富裕型民生就具有物质性与精神性、当下性与未来性、现实性与可能性相统一的品格与特性。

**三　共同富裕型民生的实现路径**

共同富裕型民生是分阶段逐步实现的民生。社会主义的发展有其阶段性特征，表现为从初级到中级最终奔向高级阶段，特别是当代中国仍然处于社会主义的初级阶段。不仅如此，社会主义初级阶段也有一个不断发展的历史过程。这种阶段性、历史性特性内在地决定了我们的共同富裕型民生建设不可能一蹴而就，只能分阶段、分步骤逐步达到，表现为由局部到整体、由少数到普遍的统筹推进过程。

一方面，要加强共同富裕型民生项目的建设与完善，按照富裕特别是共同富裕的标准和要求审视各类民生项目，明确作为富裕型民生最高阶段的共同富裕型民生注重的就是"社会成员共同"与"社会整体"，切实加强民生项目或民生待遇的共同部分，也就是普遍的部分予以投入和建设，探讨哪些公共文化体育等设施的提升能够丰富民众的精神生活，夯实共享的文化价值观念，分析哪些共同性的民生项目或待遇的提高能够促进社会成员整体的富裕，哪些民生类型的设置能够极大地改善社会成员的福祉水平，哪些民生设置的补充与提升更能够推进那些不太富裕或尚未富裕的社会成员迈进富裕型民生行列之中、并显著提升处于基本型民生乃至托底型民生的社会成员福利水平，从而去优化民生项目设置，提高民生建设标准，提升民生项目品质，分阶段全过程推进共同富裕型民生的建成。

另一方面，要加强共同富裕型民生建设的韧性。共同富裕型民生的实现是一个脚踏实地、久久为功、持续推进的过程，不可能一劳永逸、瞬间实现。因此，在推进共同富裕型民生建设的同时仍然要加强基础性特别是兜底性民生建设，着力解决民众急难愁盼问题，满足民众多样化的生活需求，不断提高幼有所育、学有所教、劳有所得、病有所医、老有所养、住有所居、弱有所扶的水平，确保民众安居乐业、社会秩序井然有序、精神风貌昂扬向上，民众的获得感、幸福感和安全感更加充实、更可持续，杜绝出现今天致富明天返贫现象。

同时，发挥人民群众的首创精神，激发民众投身到共同富裕型民生建设的伟大实践中。紧紧依靠人民、注重以人为本、尊重人民主体地位是中国革命与建设取得成功的重要法宝，也是改革开放以来经济社会领域取得成功的宝贵经验。民众是共同富裕型民生建设的主体，实现共同富裕型民生要最大限度地汇聚民智、激发民力，充分调动民众的积极性、主动性和创造性，从群众的鲜活实践中汲取智慧，提高破解共同富裕型民生建设难题的能力与本领，让一切创造社会财富的源泉充分涌流出来，扎实提升民众生活品质，为共同富裕型民生的实现提供源头活水。

# 第十四章　提高保障和改善民生
# 水平的支撑保障

政策在民生体系建设以及事业发展中起到示范性、引领性以及导向性作用，政策决定着一个国家或地区民生事业的框架结构及内容体系，左右着民生制度的制定与实施。民生政策要通过民生制度的施行才能转化为民众的生活项目、生活获得及生活服务，才能将保障和改善民生水平落到实处。

## 第一节　提高保障和改善民生水平的政策支撑

政策是民生事业发展的依规和准绳，无论是托底型民生、基本型民生还是改善型民生乃至富裕型民生的实施都离不开民生政策的引领。这就需要我们在提高民生政策认识的基础上积极完善民生政策，形成有助于提高保障和改善民生水平的政策体系。

### 一　注重民生政策的整合性

民生政策是一个历史与现实、个别与整体的连续性存在。一方面，民生政策是一个历史的产物，当代人所执行的民生政策都是过去甚至历史上业已存在的政策规定，这些历史性的民生政策成为当代人进行政策活动的"无条件前提"。另一方面，民生政策总要直面现实问题、解决当下本国或本地区的国计民生，现实遇到何种问题、需要解决哪些现实问题自然就成了民生政策制定与出台的出发点与着力点。这就需要注重民生政策的历史性追问，将各个历史阶段的民生政策梳理出来，剖析它们对于那个时代治国安邦的价值及功效。同时也要总结不同历史阶段某一民生政策的实施状况，评价该民生政策的实施绩效，为当下民生政策的制定提供可资借鉴的经验。因此，如果说民生就是民生史，那么民生政策就是民生建设史的抽象概括，制定提高保障和改善民生水平政策，首先是要加强民生政策的历时性整合，在历史经验中思考当下民生政策，在当下民生政策中涵养历史，汲取民生政策的历史智慧，一个尊重历史、注重从历史中走来的民生政策一定能够面向未来、走进未来并引领未来。

在注重民生政策过去与现在整合的同时要加强不同民生政策间的整合。为了研究人的基本生活或出于开展民生建设的需要，人们通常将民生划分为若干领域及项目，对每一项民生政策进行讨论、规范和规定，由此逐渐形成针对各个领域的民生政策，这些民生政策解决人们日常生活的某个方面而非全部方面的生活需要，解决国家社会建设或社会治理中的某些问题而非全部。实际上，无论是社会建设还是社会治理，哪怕民众的生活需求，它是一个不可分割的有机整体，某个方面、某个层面乃至某个"点"的民生政策供给总和只能近似地拼装成社会整体而不是整体本身。这就需要对不同的民生政策进行整合，既包括对针对不同群体所设置的同一类民生政策加以整合，逐步形成面向全体社会成员的民生政策；也包括整合不同类型的民生政策，形成一个覆盖对象、覆盖领域更加宽广的民生政策类型，特别是要重点整合涉及人的康养或颐养的养老、医疗及长期护理保险等政策，打通政策界限，增进这类政策整合融合；自然也包括诸如托底型、基本型、改善型以及富裕型民生内部各政策的整合。

不仅如此，还要特别关注不同地区的民生政策整合。民生政策涉及人口流动与人口变迁以及工业化与城市化发展等因素，在长期的民生建设实践中，全国各地结合自身实际出台了具有地方特色的民生政策，据此制定了相应的民生制度，有些地区的民生政策侧重于保基本，而有的地区注重提质量；有的强调拓展民生福祉的供给对象，而有的偏向于拓展供给领域与范围；有些地方的民生政策关注外来人口，而有的地方则要考虑人口大量外出后留守人口的民生政策。因此，民生政策包含各地的选择、价值与偏好，"以中立的价值立场讨论社会政策是没有意义的事情"①。随着地区差距的缩小、人口流动的便捷，地区之间的共存性日益增强，这就需要整合不同地区的民生政策，打破民生政策的省域藩篱，

---

① ［英］理查德·蒂特马斯：《蒂特马斯社会政策十讲》，江绍康译，吉林出版集团有限责任公司 2011 年版，第 12 页。

形成更具整合性与兼容性的民生政策框架，更好地促进人的自由迁徙与流动，这是各地完善民生政策的基本追求。

**二　坚持民生政策的强制性**

民生政策是社会政策的核心，在某种程度上甚至可以说是社会政策的全部。现代西方政策科学主要针对和解决的问题就是福利问题，而福利关涉民生福祉，以福利为表征的民生政策与人们的生活最直接相关。民生政策的制定与实施、改革和完善均涉及人们的福利待遇重新调整与配置问题，它不可能自发完成，需要在一定强制力情境下方可有效开展行动。这种强制性既可以表现为国家的意志力，也可以依靠民间社会的力量特别是乡规民约等非正式制度的约束。总体上看，随着社会的发展，公权力部门的强制力在民生政策设计与执行中作用越来越大、地位越来越高。

首先，民生政策制定主体具有强制性。政策有广义与狭义之别，广义的民生政策涵盖政府公权力部门以及社会组织制定的一切关涉民众生活的正式或非正式的安排，而狭义的民生政策是由政府公权力部门开展的包括政策议题设置、政策问题识别、进行政策动议、促进政策合法化、推动政策执行到开展政策评估全过程的行动，由此凝练而成具有稳定性的民生政策条文。其中每一个环节都由政府公权力部门强力推行，经历过如此环节磨合的民生政策一旦取得合法性地位就意味着它内含强制性特征。民生政策离不开政府，处于支配性地位的就是政府及其公权力部门，强制性成了附着在民生政策之上的特性，本身带有强制性色彩，有了政府强力推行可以确保政策目标实现。反过来，如果没有一个强制性国家制度或公权力部门，完全依靠乡规民约而没有公权力部门的支撑，民生政策目标很难达成。

其次，民生政策内容具有强制性。政策文本与政策内容是民生政策的核心，也是体现民生政策目标与政治价值观念的重要方面，不同的政策内容体现出不同的治国理政宗旨与目标。从政策文本看，无论是乡规民约，还是政府各项民生政策，都规定了福利项目、福利义务、福利权利及福利待遇，实际上也就规定了哪些福利民众可以获得，哪些福利还不可以获得；哪些福利是这类民众获得，哪些福利则是其他民众获得。这些福利项目及福利待遇是在福利资源有限性前提下的现实安排，权利与义务、范围与边界等规定清楚，具有强制性特征，通过福利项目与内容的设置可以很好地调整人与人之间的社会关系。

再次，民生政策推行与实施需要强制性。民生政策在执行中建构，也在"建构中执行"①。民生政策的执行并非自发进行，它需要强制力推动并得以保障，这是由于以下两方面。一方面，群众的基本民生需要通常是刚性的而非弹性的，缺乏强制性的民生政策执行而过分强调主体自由裁量权运用，很难使民众的刚性需要得到有效满足，不能实现民生政策目标。另一方面，民生政策推行时涉及再分配问题，仅靠道德与文化力量难以持续，而仅靠市场分配会导致民生政策停滞不前。例如，最低生活保障政策具有很明显的刚性特征，此政策的执行就是政府根据相关法律规定，依靠自身公权力面向有需要的贫困人群发放最低生活保障金，使受助者的基本生存条件得到保障。如果只依靠自发性的收入分配而不是强制性的再分配，就无法实现资金的有效发放，无法真正保障刚性的基本生存需求。

最后，民生政策改革与完善需要强制性。民生政策的实施是不断改革与完善的过程，民生政策的改革与完善不是主观的任意，而是客观的要求，必须以相对强制的手段使民生政策的完善符合客观规律。但不管怎样，任何一种改革都是福利再分配，涉及各方主体的利益调整，必然引起利益受损者哪怕潜在受损者的反对，因此，要想推进民生政策改革必须要采取较为强制的手段和办法。反过来，如果民生政策改革与完善缺乏必要的强制性，那么就很有可能偏离民生事业改革的初衷。当然，有些民生政策经过改革与完善后会以法律的形式呈现出来，无疑使得这样的民生政策具有了强制性。

### 三 强化民生政策的发展性

提高保障和改善民生水平的目的是促进人与社会的全面发展，这就要求注重民生政策的发展性，从发展的角度去制定与完善各项民生政策，用不断发展的民生政策去适应始终追求进步和发展的人的生活需要。

首先，民生政策的完善要着眼于人与社会的发展。变化、发展是事物发展的本性，世界上一成不变的东西只有"任何事物都是在不断变化的"这条真理，作为增进人类福祉的民生政策理应随着变化了的内外部因素而调整政策内容、政策形式以及实现方式，任何一项民生政策只有

---

① Anderson, J. E., *Public Policy-Making*, New York: Praeger, 1975, p. 79.

顺应人与社会的变化而作出改变，这样的民生政策才更具生命力。一方面，民生政策是解决人的需要的政策，适应于人、满足于人是民生政策完善的根本依据，只有适应于人的民生政策才能得到民众的支持。另一方面，民生政策的完善离不开它所处的时代，时代成了民生政策完善的现实土壤，社会经济发展水平是完善民生政策的现实依据，以便确保完善后的民生政策既不超越于社会经济发展水平又不成为社会经济发展的制约。实现人与社会协调发展是民生政策完善的基本遵循，也是民生政策完善的评价尺度。例如，新中国成立后中国的减贫政策特别是贫困线政策的调整就体现了人与社会发展相统一的维度。

其次，民生政策的完善要在连续性基础上预留发展的空间。"空间"表现为幅度、范围及大小，体现出一定的界限，民生政策空间是指民生政策内容及其表现形式以及实现方式具有一定的机动性。作为一条基本规律的"民生政策适应人与社会的发展"不是绝对的，绝对的适应、完全的等同永远不会存在，所谓"适应"只是近似的、无限的接近，因而是相对的、动态的，具有一定的波动性。这就要求我们既要保持民生政策的连续性和稳定性，最大限度减少民生政策的改革给民众带来生活上的不便；也要给民生政策的发展预留空间，让民众能够对自己的生活产生合理预期，增强民众对民生政策改革的认同。另外，从政策科学本身来看，民生政策的改革与调整涉及政策问题界定与提出、政策议程设置和确立、政策方案及备选方案形成、政策执行与评估等众多环节，其中的每一个环节牵涉许多部门和利益主体，如果没有一定的政策空间，民生政策将陷入无休止的调整和改革之中，增添民众生活的不确定性。

最后，民生政策的完善要体现出发展性。发展性是政策能否具有科学性与客观有效性的基本尺度，也是民生政策行之有效的基本保证。这就要求民生政策依照民众日益增长的美好生活需要不断调整自己的表现形式与存在方式以及主要内容，从而适应新时代民众的生活需要，民生政策是否能够根据变动不居的环境进行变化调整，以满足现实层面中人民群众对美好生活的现实需要，就决定了民生政策是否具有发展性以及客观有效性，凡是能够根据民众需求及时做出积极回应与优化调整的就是好政策，反之，因循守旧、踟蹰不前、固守信条的政策就会失去政策本身应有的生命力和实际效能，必将被淘汰和遭到否弃。例如，将孝纳入民生政策起源于周朝的"尊礼"以"事人"，春秋时期的孔子将"孝"

与"悌"结合起来使之具有调整亲子关系的内涵，汉代进一步提升了"孝"的社会地位，实行"举孝廉"制度，实行"以孝治国"。当然，隋唐之后，一度将"孝"极端化，甚至出现了"割股疗亲"这一愚昧的做法，不过"孝廉方正"仍然是清朝进官入仕的重要途径。民国时期国民政府将"孝"与"忠"作为中华民族立国之本。新中国成立后，政府重视包括"孝"在内的传统文化在民生领域的作用，并不断加以改造，赋予其新内涵。这表明，任何一项民生政策乃至民生观念都需要进行调整，才能更好地嵌入时代发展。

# 第二节　提高保障和改善民生水平的政策内容

民生政策具有时效性，不同的发展阶段需要不同的民生政策。民生政策的内容与形式、目标和任务等在很大程度上受到社会经济条件的影响。进入新时代，民生政策要增进民众福祉、不断满足人民群众对美好幸福生活需要乃至促进全体人民实现共同富裕，这就需要着力完善民生政策内容，建立起从托底型到富裕型以及共同富裕型民生政策体系，加强民生政策供给与实施，并在政策实施中不断加以调整。

## 一　强化政策分层分类供给

结合民生类型分类供给民生政策，可将民生政策划分为托底型民生政策、基本型民生政策、改善型民生政策和富裕型民生政策。这些民生政策并不是随着时间推移而此消彼长，相反，它们相互依存、共同形成具有层次性和整体性的民生政策体系，为保障和改善民生提供政策支撑。

第一，强化托底型民生政策。解决社会问题特别是最基本的社会问题是政策制定的初衷，任何时候、任何发展阶段都不能忽视民生托底属性。完善托底型民生政策，必须将体现托底原则的项目、标准、支出及调整从法律层面予以强制，规定无论社会发展到哪一个阶段都必须划定托底型民生范围及内容，强调托底型民生项目、标准要随着社会特别是民众最基本生活所需而进行调整，托底型民生支出必须随着社会经济的发展进行调整，从而确保托底型民生政策的制定与执行、调整与优化具有法律依据，确保托底型民生政策运行和完善更具科学性与可持续性。具体来说，优化与完善托底型民生政策的关键在于合理设置维持人们生存所需的底线，这条底线与人的最基本生存成本、生活所需相挂钩，而且还会随着社会经济的发展以及整个社会的认同有所调整与提高。它不仅与托底所需项目、资金的量有关，而且也与这些项目、资金供给后个人的获得感与满意度有关，因而是质和量相统一的过程。应该看到，托底型民生所设定的项目不能仅仅划定为物质性的现金、食品或生活必需品，它还要兼顾到未来社会里个体需要更多的社会性必需品，特别是少子化、高龄化社会所需要的关怀照护、心理慰藉与心理辅导等服务，以及未来信息技术的发展使得互联网服务与智能设备成为最基本需要的必需品，托底型民生政策应该予以考虑和兼顾。

第二，夯实基本型民生政策。基本型民生体现出民众生活的常态，它针对衣食住行等日常生活需要，能够给予人们有尊严的生活。基本型民生涉及人群最广，为了满足这类群体日益增长的美好生活需要，必须拓宽供给渠道，优化支出结构，创新供给手段，完善供给体系，从而将社会财富积累转化为切实的生活保障资源。随着社会的发展，民生政策满足基本需求的门槛越来越高，因此需要严格落实基本型民生项目，从不断变化、动态发展角度提升供给水平。特别是我国城乡之间、地域之间以及行业之间，民众基本生活水平差距较大，因而需要补齐民生待遇短板，促进地区、区域、行业之间的待遇协调和平衡，确保处于较为弱势地位的群体获得相对更好的待遇，切实增进社会整体幸福感。应该看到，AI 等技术的广泛应用，给人们的生产方式、劳动关系、生活方式带来巨大变革，同样需要强化基本型民生政策的调整与供给，取消一些不合时宜、民众不太需要的项目，增加体现时代特色和未来生活需要的项目种类。比如，随着生活水平的提高，生活条件和工作条件也就是"工作尊严""有尊严的生活"等就成为基本型民生要求。再如，高度老龄社会逐步到来，基本药物的供给要充分考虑到衰老造成的各种慢性病，基本日常生活项目的供给要考虑贴合老年人衣食住行所需的各式产品。

第三，布局改善型民生政策。改善型民生项目更加齐全、内容更为完善、治理水平更高、民众能够各安其分，民众较高层次的需要特别受到重视。相较于基本型民生，改善型民生政策的施行要求政府、市场、社会组织乃至家庭等各种责任主体都能够充分发挥活力、创造价值，建构起更为公正的社会分配秩序，体现在民众初次、二次和三次分配中能够吃到"更大且更均匀的一份蛋糕"。相比于基本型民生，它具有更突出民生供给的综合性、完善性与发展性，兼顾民众需求的差异性与个别性。随着社会经济的发展，托底型与基本型民生政策得到充分实施，这两类民生所覆盖的人口比例有所降低，而改善型人口占社会总人口的比重有所提高，社会各界更加重视改善型民生政策，优化改善型民生类型设计与投入结构，充实改善型民生项目资金与服务资源，扩大改善型民生的人群覆盖面。不仅如此，面对快速的人口老龄化与高龄化，照护服务特别是优质的照护服务日益成为改善型民生的重要组成部分，成为改善型民生政策的重要内容。另外，随着气候变化和全球变暖，极端天气气候事件的频繁发生深刻影响民众生活，应对极端天气气候事件有可能成为改善型民生政策所关注的议题，为改善型民生政策提供新内容，由此使得改善型民生的社会治理功能更加广泛而深入。

第四，扩大富裕型民生政策。富裕型民生在整个民生体系中处在最高层次，它保障水平最高、项目最为齐全，能够为部分高收入群体提供更为个性化的服务，并为实现全体社会成员的共同富裕提供基础、指明方向。因此，富裕型民生政策自然就以共同富裕作为价值导向和价值追求。不仅如此，随着人们对美好生活的新期待，同样需要给富裕型民生政策留出政策发展空间，使之紧跟和回应人们对"最好民生"的需要，促进人的自由而全面发展。应该看到，富裕型民生目前还只是少数人的生活，面向未来，随着社会经济的发展以及收入分配的完善，共同富裕的社会图景逐渐实现，民生政策越来越有能力提高人们的富裕水平，推进社会实现共同富裕。

**二 关注共同富裕型民生政策**

民生建设从富裕走向共同富裕，表明整个社会实现了普遍繁荣与普遍富裕，蕴含民生建设的高水准与高质量，体现了民生建设的理想性追求，成为国家治理体系及治理能力现代化的重要标志，彰显中国特色社会主义民生建设的方向。共同富裕型民生是一个历史生成范畴，浸润着中国人的文化与生活方式，其理念诞生于先秦并且零星地出现在那个时代的政策主张及有限的政策实践上。真正将共同富裕作为民生建设行动指南的则是中国共产党及其百年实践探索，体现出共同富裕型民生由潜在到显在、由抽象到具体，进而由理想到现实的过程，深刻体现了社会主义本质要求，更是新时代党统领全局，使民生保障和民生建设迈向新台阶所提出的新发展目标。因此，提高保障和改善民生水平，应当积极构建共同富裕型民生政策，助推共同富裕型民生社会。

共同富裕型民生是生活美好、平衡充分、共同实现社会善治的富裕型民生，共同富裕型民生政策是富裕型民生政策的飞跃，它致力于建立生活美好、治理高效、民众共享和公平均衡的民生，是富裕型民生政策的最好表现形式。首先是美好生活的民生。它要求在"好"生活中彰显"美"、实现"美"，做到"好"与"美"结合。其中，"好的生活"体现在全体社会成员的物质生活完全自主、生活环境怡人、生活服务齐全等方面，而"美"的生活还可以体现在精神充实、追求向上、富有意义以及提升境界等方面。其次是平衡充分的富裕民生。充分、殷实、优渥是共同富裕型民生的必要条件，而平衡、协调与共享构成共同富裕型民生内在要求。当然，平衡、充分、殷实乃至优渥是一个过程性概念，不是整齐划一、没有差别、完全均等的富裕，强调梯次建设、逐步实现。再次是共同实现的富裕民生。"共同"与"富裕"结合起来成为共同富裕型民生的两个最基本维度，"共同"构成了实现路径、实现方式与呈现结果。它强调富裕权利的共享，认为每一位社会成员都有共享社会经济发展成果的权利，注重富裕机会的人人享有，致力于优化环境、提供均等发展机会进而让更多的人通过自己的辛勤劳动实现富裕的民生。最后是社会善治的富裕民生。共同富裕型民生为实现各安其分、各得其所、各美其美的社会善治提供了民生支持，而社会善治为共同富裕型民生建设提供了良好社会环境，两者相得益彰、有机结合，扎实推进共同富裕型民生建设。

为了迈向以共同富裕为旨趣的富裕型民生政策，需要从政策理念、政策目标、政策内容、政策实现及政策保障等方面加以提炼与完善，剖析哪些民生政策仅停留在富裕型层面尚未体现共同富裕型理念和目标、方略与行动，哪些民生政策没有给共同富裕留下发展空间及发展路径，哪些民生政策的供给水平还达不到共同富裕的高度及程度，等等，进而切实补齐民生政策短板，形成共同富裕型民生政策体系。当然，共同富裕型民生政策要想发挥其功能还需要强化民生政策监督，便于人们及时总结共同富裕型民生政策的实践经验，找出其存在不足并进一步加以优化、提升，形成更加完善而科学的共同富裕型民生政策体系。

**三　推动共同富裕型民生政策实现**

推进以共同富裕为主要目标的富裕型民生建设体现了我们这个时代

的使命担当。共同富裕型民生的实现需要政府及社会各界的共同推进，不断健全民生政策体系，完善民生保障制度，加强民生投入以缩小区域及城乡差距，形成共建共治共享的民生建设环境，促进人与社会全面发展。

一是完善共同富裕型民生制度。按照制度经济学的看法，"有效率的经济组织是经济增长的关键"①，而这种"有效率的组织"需要依靠制度创新，所以，制度特别是创新的制度就构成了其中的关键因素。从这个角度看，完善共同富裕型民生制度，就是明确要开展共同富裕型民生制度的建设，让共同富裕型民生成为民族复兴的抓手，激发全体社会成员把建设它作为自身的生活愿景，理顺它在整个民生类型体系中的关系，确立它所处的最高位置以及能够成为富裕型、改善型、基本型乃至托底型民生的指引。为此，既要加强共同富裕型民生制度内容的探讨，形成涵盖物质生活、服务保障、精神追求、价值实现等有机统一的制度内容体系，构建内容全面、体现共同富裕旨趣的民生制度框架类型，避免单一的物质性制度内容的局限性。

二是注重共同富裕型民生投入。投入是共同富裕型民生政策能够顺利实施的可靠保证与不二法门，只有率先进行必要的民生投入才有可能产生生产性的功效，没有必要的民生投入绝对不可能形成共同富裕型民生政策，不可能产生出一批民生项目，所谓"民生具有生产性"功能只能是一句空话。当然，共同富裕型民生项目的投入要根据各地经济社会发展水平予以适当调整，注重吸取共同富裕试验区或示范区的投入方向及投入经验，满足所在地民众日益增长的对富裕生活的追求。同时，要注重与其他制度的配套，尤其要优化财政转移支付制度，完善个人收入和财产申报制度，形成有利于第三次分配的制度与规则，为共同富裕型民生制度的实现提供支撑。

三是营造共同富裕型民生氛围。我们所要建设的共同富裕型民生不是少数人的福利专享，不是特权阶层的福利集聚或福利固化，而是透过民生项目的建设激发全体社会成员各尽所能地创造财富，推动全社会朝着共同富裕这个目标前进。这就需要在完善富裕型民生制度与政策基础

① ［美］道格拉斯·诺斯、罗伯斯·托马斯：《西方世界的兴起》，厉以平、蔡磊译，华夏出版社1989年版，第1页。

上，营造良好的共同富裕型民生建设氛围。为此，要贯彻以人民为中心的民生建设理念，支持一部分地区建设共同富裕型民生示范区，着力破除不利于共同富裕型民生建设体制机制障碍，通过统筹区域、统筹城乡、统筹经济社会、统筹项目及待遇，鼓励实施民生领域内的高质量发展超越，将实现共同富裕作为民生建设事业的归宿。企业要通过科技投入与科技创新，实施更高质量的就业，提高职工福利水平，积极承担社会责任，提升民生建设质量。因此，要完善企业内部员工评价、奖励机制，搭建可用于员工自我提升、自我发展的资源网络，以满足在职员工的自我发展与追求富裕的需求。社会要形成创新共同富裕的民生建设理论与实践的活力，释放共同富裕型民生建设动能。家庭及家族作为重要的福利供给主体在民生建设中处于基础性地位，要充分挖掘这一组织的福利供给、福利改善以及福利增进功能，成为共同富裕型民生建设的坚强堡垒，助推共同富裕型民生政策的落地生根、开花结果。

## 第三节　提高保障和改善民生水平的制度建设

"制度"通常指依照客观实际要求，基于权威律令和民间习俗所形成的一整套用于约束社会成员的规范，同时对社会现实起到再塑造作用。《易·节》有云："天地节而四时成，节以制度，不伤财，不害民。"[①] 以及"泽上有水，节。君子以制数度"[②]，此类言论都体现出制度具有常态性、普遍性和规训性，强调制度必须以遵循客观规律为原则。提高保障和改善民生既是一种举措，同时需要在实践中将其固化为长期存在的一项重要国家社会制度。

### 一　加强民生保障制度的整合

诺思认为，有效率的经济组织是经济增长的关键，一个有效率的经

---

① 《十三经注疏》整理委员会整理，李学勤主编：《十三经注疏·周易正义》，北京大学出版社 1999 年版，第 240 页。

② 《十三经注疏》整理委员会整理，李学勤主编：《十三经注疏·周易正义》，北京大学出版社 1999 年版，第 240 页。

济组织在西欧的发展正是西方兴起的原因。① 有效率的经济组织能够使个人的经济努力的私人收益率接近社会收益率，而维系经济组织有效率运行的则是制度。在民生保障领域，民生制度的完善有助于民生资源的优化配置。

第一，加强民生保障制度的横向整合。民生保障制度的横向整合主要对同一民生制度下各群体或各地区实行的制度的整合。首先，以基础普惠和共同富裕为基本遵循，确立全民共享发展成果的民生制度建设思路，以全局及系统的眼光审视民生保障制度，传承民生保障制度的基础普惠，强调民生保障的全民性，有计划减少补缺型制度安排。其次，以共享为制度行动准则，注重民生保障制度的横向公平，强调民生保障制度要促进每一位民众共享发展成果，以此深化财富分配与服务供给的公平性，统筹区域之间、人群之间的协调发展，减少地区民生保障制度之间人口流动的困难与阻碍，促进资本、人力、技术等生产要素的无阻碍流通，扭转不同地区、不同群体财富过分集中问题，实现区域之间的协调发展。再次，以全局为制度整合立足点，站在民生事业发展的全局高度这一高起点谋划各项民生制度，探寻制度之间整合的现实条件，从缴费方式、缴费标准和待遇水平差异不大的项目做起，循序渐进，规划民生制度的逐步并轨乃至融合。而差异性较大的民生制度需要加大改革力度，努力为民生保障制度整合创造条件，减少制度区隔障碍。

第二，促进民生保障制度的纵向整合。民生保障制度的纵向整合体现在不同层级参与主体的联系与联动。民生保障制度的制定与实施涉及中央及地方政府的设计，各级政府在民生制度的设计、运作中起到主体作用，这就需要加强不同层级政府部门制定的民生保障制度的整合，避免简单的自上而下的制度制定与执行，实行自上而下与自下而上的纵向制度有机整合，防止单纯依靠上传下达、各自为政甚至相互冲突的制度制定与实施局面，促进制度上下贯通、确保有效执行。民生保障制度涉及社会各阶层利益，需要政府统摄各层级力量，积极吸纳社会主体参与制度执行，促进正式组织与非正式组织、公共部门与私营部门的衔接，让他们参与到民生保障制度建设中来，增进民生保障制度的自上而下认

---

① ［美］道格拉斯·诺斯、罗伯斯·托马斯：《西方世界的兴起》，厉以平、蔡磊译，华夏出版社 1999 年版，第 5 页。

同。民生表达了民众的生活，民生保障制度直接关乎个人的生活安排及未来可能，因而需要拓宽民众表达诉求的渠道，倾听民众的声音，以期更加灵活、及时而有针对性地进行项目调整和制度变革。

第三，推进民生保障制度的发展。民生保障制度的整合应随着时代变化而调整，虽然它优先托底线、保基本，但其目标远大，总是追求共享社会经济发展成果，总是追求更加美好的生活，因而民生保障制度总会着眼于富裕型民生乃至共同富裕。从绵延数千年的民生保障制度来看，中国的民生保障制度已经从最初的劝课农桑、轻徭薄赋、灾害赈济等发展到现代的社会保险、社会救助以及社会服务等制度体系，体现了民生保障制度的发展性品格与美好性追求。随着社会经济的发展特别是百姓生活需要的提升，他们不再满足于"维持生计水平""保障自身安全"等基本的生活保障，而是要着眼于人的发展性、人的提升性方面进行主动谋划，以便在一个高度整合的民生保障制度中实现自我完善与自我发展。为此，民生保障制度应当不断寻求新的制度领域、新的制度组合以及新的项目规划。比如，少子化与老龄化的来临，不再稳固的家庭将获得更加瞩目的地位，应推进民生保障制度予以设计；随着科技进步、传统岗位的大幅削减，更加科技的产品与服务成为民生保障制度的重要内容，并为人们提供闲暇时间的服务项目；在富裕程度不断提高的情况下，应该逐渐提供全民的精神与心理健康服务，以提升民生项目类型的全面性。

第四，形成民生保障制度的中国模式。我国民生保障制度浸润了历史文化的特有表达，脱胎于新中国现代化建设的独特经验。面对百年未有之大变局以及人类命运共同体的世界，中国的民生保障制度将日益得到世界的认同，成为福利资本主义世界之外的可行选择。因此，应加强民生保障制度的国际交流与合作，通过政府考察、政府间组织、民间交流等多种方式扩大民生保障制度的影响，让世界了解中国民生保障制度框架与内容、项目及待遇、模式和功能。不仅如此，随着各国人员往来频繁，日益融入彼此生活，应通过平等协商，在各有关国家之间形成具有广泛认可度的规章条款，提升这些条款的合法性与强制性，让中国的民生保障制度更具世界性。

## 二　完善基础普惠的民生制度

民生保障制度的整合是为了制度执行更为高效，使发展成果减少民生保障待遇分享的身份限制，畅通无阻地惠及人民群众，努力地提升基础普惠水平。

第一，坚持民生保障制度基础普惠准则。基础普惠是民生保障制度的初衷，体现了人们的朴素追求，民生福利的普惠供给有助于长治久安。一方面，基础普惠强调民生制度建设要充分发挥保基本作用，减少社会矛盾。另一方面，它确立人人享有而非一部分群体享有高水平保障、其他群体低水平保障或无保障的原则，有助于构建更加公平、覆盖广泛、减少排斥和差别对待的民生保障制度。从民生保障制度类型上看，基础普惠贯穿于各种民生类型中并为共同富裕的民生提供价值指引和方法准则。其中，托底型民生的基础普惠侧重于享有对象的全面性以及最基本生活需求的无条件性保障，这是一种制度化的设置与安排；基本型民生的基础普惠着眼于人们日常生活的需求，使最大多数人口及家庭能够更加体面、更有尊严地立于社会中；改善型民生的基础普惠聚焦于个人更高水平生活的要求，让他们有机会提升自我，享受更美好的生活；富裕型民生的基础普惠指向共同富裕，力求得到充裕的保障和福利，为迈进共同富裕的民生国家提供支持。

第二，突破民生保障制度的身份限制。世界上所有国家的民生保障制度最初总是建立在不同身份基础上，这是一条普遍规律。这些身份限制有些是正式的，比如对公民身份、残疾人证明、学籍注册等方面予以规定和加以限定，而有的则是非正式的，如种族歧视、性别歧视在民生制度制定与执行中同样发挥作用。这些身份限制并不必然随着经济社会发展而松动，有时反而会予以强化。为此，推进民生保障制度的完善与发展，很重要一点就是推进民生保障制度"去身份化"，减少福利享有资格的身份准入条件，特别是与出生地、工作地相关的身份限制，在打破城乡居民参保身份限制基础上推进，充分保障城乡人口流动，不断地缩小城乡之间各项目待遇水平差距。对于一些典型的隐性身份，鼓励新的家庭分工，淡化制度执行者与服务提供者的身份，使民生保障制度设计和执行更加具有公平性和普遍性。

第三，提升民生保障制度的包容程度。就业是民生之本，提升民生保障制度的包容性就是要增强就业的包容性，最大程度取消职业准入的年龄限制、性别限制、健康程度限制、健康等级限制以及居住地限制甚至国别限制，鼓励所有社会成员不受歧视地获得就业机会，享有就业待遇与就业福利。在就业过程中要促进职业等级类型和职业技能鉴定覆盖对象的兼容性与普遍性，也就是说要针对所有从业人员设置职业评价等级类型，让每位劳动者都能获得与之相称的职业等级称号。基于此，民生保障制度应当超越具有一般性的供给和服务人群的传统分类，还要积极探索移民、新就业群体等的需求，促进所有从业人员的职业认同及福利认同，最大程度上增进社会团结。

### 三　强化民生保障制度的执行

民生保障制度的生命力就在于执行，通过坚强有力的执行使得各项民生保障制度顺利实施并发挥制度功效，若不能通过执行将各种设计想法落到实处，民生保障制度则就成了摆设。加强民生保障制度的执行，不断提升民生保障制度运行效率，可以满足民众基本生活需要的同时避免民生保障资源浪费。

第一，强化民生保障部门的制度执行意识。制度的执行者是人，再好的民生保障制度，如果得不到执行人的践行，就是挂在墙上、存在档案里的一纸空文。民生保障制度执行部门要树立尊重规则、严守责任、服务大众意识，不折不扣地执行已经出台的各项民生制度。特别是领导干部中的关键少数要自觉维护民生保障制度权威，充分发挥民生保障制度的威力。加强对一般行政人员的专业培训，使他们自觉地遵守制度去全面规范地执行制度，谨防形式主义、官僚主义和懒政怠政思想与行为，切实将民生保障制度优势更好转化为治理效能。

第二，完善民生保障工作部门的执行制度。如何执行各项民生政策及制度本身也需要建立起上下贯通、执行有力的制度体系，因而需要紧跟民生事业的发展，根据民生事业的需要补齐民生保障执行制度的短板与弱项，以完善的民生执行制度保障各类民生制度的有效执行，以民生制度的实施反观民生执行制度的漏洞并及时加以完善，让民生制度与民生执行制度相互促进、相得益彰。为此，要强化民生执行制度的执行机制、问责机制及奖惩机制，奖勤罚懒、奖优罚劣，确保民生部门工作人员在严守工作底线、不碰工作红线的基础上提升工作荣誉感和责任感，激励民生部门工作人员锐意进取，迸发更高工作热情，为民生事业目标的实现提供行政保障。

第三，强化民生保障工作部门的执行监督。社会保障和社会福利领域普遍存在"奥肯漏桶"问题，如果不加以科学有效的监督，"奥肯漏桶"现象在中国民生保障制度中同样存在。只有对资金、人力等民生投入进行精准有效的监督，才能够为民生制度执行的提升提供保障。为此，在民生投入初始阶段，要组织力量科学测算投入方向、投入结构、投入总量以及投入成效是否最优；民生保障制度设立阶段，反复斟酌各项议程的合理性，增强制度设立透明度；民生保障制度执行阶段，确保各环节合法合规，强化民生制度执行人员的责任意识，自觉接受群众监督；民生保障制度总结阶段，采取多方参与、多法并用的综合评估方式，切实提升民生保障制度的执行效率。

# 第四节　提高保障和改善民生水平的制度保证

　　走进全面建设社会主义现代化国家发展阶段，直面百年未有之大变局，民生保障制度的改革要以一体化民生保障制度为改革引领，以增强个人发展能力、激发社会活力为改革动力，提高保障和改善民生水平，推进民生国家的建立，实现社会善治。

## 一　以一体化民生保障制度为改革引领

　　一体化是民生保障制度的价值属性与改革追求，这种一体化既可以是某个群体某个项目的一体化，也可以是所有社会成员的一体化。以一体化作为民生保障制度的改革引领，有助于推进民生事业的发展。

　　第一，提出一体化改革目标。各个国家在民生事业特别是民生制度建设中都面临着个别制度推进而制度体系建设滞后也就是碎片化有余而一体化不足问题。我国作为一个幅员辽阔、人口众多、经济总量虽然位居世界第二但人均尚未进入世界前列的大国，在相当长的一段时期内，民生保障制度难以实现一体化有其客观因素。但是，随着全面建成小康社会以及中华民族伟大复兴目标的确立，积极推行各民生项目在省级乃至国家层面的整合就是一个客观趋势，这就需要民生保障事业在制度层面率先推进一体化建设。这种一体化不仅表现为区域性民生制度进行全国一体化整合，从大陆地区覆盖到港澳台的一体化民生制度整合，各民生种类在制度层面进行一体化改革，而且要求整个民生制度体系改革的一体化。通过民生保障制度的一体化改革，增进所有中华儿女对国家的认同感与向心力，助推民族复兴伟业的实现。

　　第二，确立一体化工作任务。从个人生命历程上讲，一体化应当体现在生老病死葬等民生保障事业的全部方面，需要制度层面补齐民生项目短板，比如在"生""葬"两个环节尚未形成一套普遍性、整体性的制度安排，这就要求补齐短板，通过制度建设将服务质量拉到同一个层次，使各个项目能够进行衔接。基于此，要结合社会经济发展情况特别是民众的民生保障现实和期待，从各个维度乃至全部维度明确一体化民生制度建设的任务、目标及要求，并切实加以分解、实施与完善，以充分发挥一体化民生保障制度的国家及社会治理效能。

第三，设立一体化管理机构。一体化管理机构是民生保障制度一体化建设的客观需要，代表了民生保障制度在国家治理体系中的应有地位，是提高保障与改善民生必要的组织形式。围绕一体化民生保障制度建设，将分散在税务、法务、人社、民政、医疗卫生、工会以及军人事务等领域的有关民生功能在制度层面整合起来，形成一个统领性的民生事务管理机构，以民生事务部去统领整个国家的全部民生事业，避免民生事业各自为政、相互分散、条块分割局面继续延续下去。一体化的管理机构不仅能够在制度执行上减少许多障碍，更能在保持自主性的同时发挥原来各个部门的专业性，没有统一的管理机构，一体化项目组合及制度体系即使形成也难以有效实施。

**二 以激发活力为民生保障制度改革动力**

活力保证了民生保障制度生生不息运转，是民生事业发展生命力的体现，代表了民众对民生保障制度的自信。激发活力需要民众、机构、政府共同参与，形成民生保障制度发展的巨大动能。

第一，激发活力意味着民生保障能够为民众提供发展机会，提升自给自足以及自我发展的能力。因此，政府及社会各界应当采取更多手段激发民众发展活力，促进有助于改善民众生活水平、增进个人与社会融入的资产建设和资产积累，尤其要关注相对不富裕的群体，要加大资产建设力度，让他们能够缩小与中高收入群体的收入差距，进而增进这类群体的社会获得感与认同感。

第二，增加民生财政投入，优化民生财政投入结构，在托底型、基本型民生供给得到充分保障情形下，着力于提升改善型、富裕型民生供给，以激发所有社会成员的动力与活力。为此，要在制度层面探讨民生财政投入总量、投入结构及投入方向，形成科学的民生财政投入关系，形成既满足民众日益增长的美好生活需要又能促进经济发展与社会善治的民生投入关系制度化设计及安排。

第三，发展社会服务机构。社会发展总是要满足个体差异性的整体发展，它注重发展的系统性以及社会的有机性，因此它总会调动社会各个主体特别是社会机构的积极性，尤其是发挥这些机构在改善人居环境、提高教育水平、促进更好就业、保护个人权益等方面的功能。应在发挥捐赠税收优惠的同时试点征收遗产税，拓宽面向社会大众的捐赠渠道，鼓励民众开展回馈社会的公益慈善活动，为他们提供更多奉献社会的机会，调动他们参与民生事业发展的热情。

### 三 以民生国家为民生保障制度改革方向

民生保障制度改革是一项事关国家治理的复杂工程，它涉及民生国家这一治理体系及建设目标等议题，它通过解决民众的生活需要问题去实现国家与社会治理目标，体现出中国提高保障和改善民生水平的建设具有不同于欧美发达国家的改革和发展路径。

首先，民生国家是社会善治的总揽。"民生国家"是一个中国特色学术话语体系内的范畴，它内涵中华民族的历史绵延，秉承社会本性及民众本位，熔铸于治国理政行动，并由民生建设予以引领，因而不同于发达国家的个人本位，表明了国家在整个社会福利事项中的主动性与人为性，国家主动融入整个社会建设事业，通过国家与社会、国家与民众的有机统一开展整个社会治理，这就形成了对那种片面强调主客对立的福利国家所追求的权利性的超越，展示出项目齐全、普遍整合、活力迸发、共同富裕、全面发展的民生建设图景及社会治理状态。

其次，民生国家是社会善治的目标。把民生当成治国安邦的重要组成部分，从治国安邦的高度去发展民生事业，实现民生与治国、民生与国治也就是社会善治的目标，"民"与"国"就不是彼此对立而是统一，所谓民生国家就是民众安居乐业、社会长治久安的国家。各项社会保障及社会福利制度要以国家及社会治理为旨归，以符合民生国家为要义，建设民生国家需要以善治、长治久安为民生建设总揽，以社会善治为建设目标，民生国家的提出为民生保障制度的改革指明了方向。民生国家成为民生保障制度自信和话语体系自信的重要表现。

最后，民生国家以和谐天下为己任。海外华人华侨与我们同根同源，他们为中华文化海外传播以及祖国社会经济发展作出贡献，理当共享祖国发展成就。为此，应完善华人华侨加入祖国民生保障制度相关法规，简化华人华侨参保缴费手续，为华人华侨加入祖国民生保障制度打开窗口、提供便利。在此基础上，站在四海一家、天下大同的高度探索其他国家民众加入我国民生保障制度的渠道及通道，将我国民生保障制度框架、保障方式、项目内容、资金给付与结算方式等主动对接，为国家之间民生保障制度换算提供技术保障与支持。

# 第十五章　提高保障和改善民生水平的实现路径

当前，我国已进入高质量发展阶段，提高保障和改善民生水平不能只是注重物质投入与保障，它还需要我们加强服务保障，形成效能更加优化的民生投入。在此基础上，完善民生建设方式方法，加强对民生建设过程监管，确保民生事业朝向更高质量更可持续方向全面迈进。

## 第一节　优化民生建设投入

保障投入是民生政策得以贯彻落实的内在保证，是民生项目得以发挥作用的重要前提，没有充足的民生投入绝不可能形成完备的民生制度和民生项目。这样的投入包括资金、人员、设施以及服务等，涉及民生投入效能的优化与提升。其中，资金投入是提高保障和改善民生水平的根本保证，人员投入是关键，设施投入是基础，服务投入是催化剂，而投入效能是检验民生投入是否科学合理的尺度。

### 一　加强资金投入

资金投入是提高保障和改善民生水平的物质基础。只有较为充足的资金投入才能形成保障水平适中、可持续性强的民生保障体系，满足民众日益增长的美好生活需要。

第一，从投资主体看，政府是民生事业投入最重要的主体。在托底型民生和基本型民生中政府应该充分保证财政投入能够托住民众最基本的生存需要，切实保障民众基本生活，而在改善型民生和富裕型民生中政府不但要保障财政投入保持一个合理比例，还要肩负起吸引社会力量进行民生投资重任。这就要充分发挥政府的投资主体作用，筑牢公共资金投入基础，提高财政性民生保障投入水平。此外，还要盘活社会资源，激发社会活力，发挥社会资金投入功能，大力发展慈善事业，引导各界人士积极捐助，完善"三次分配"机制。

第二，从投入强度看，加强资金投入就是要形成较为稳定的结构和投入比例，不因经济波动而变动，特别是要确保民生保障与城乡八大类消费品及服务价格总和之间形成内在联系。其中，托底型民生占主导的地区，民生资金投入要优先满足底层民众的基本生活需要，要保证城乡八大类消费品和服务价格总和的 60% 的民生投入用于托底型民生的建设，结余部分主要用来发展基本型民生，适当发展改善型民生和富裕型民生。

第三，从投入结构看，由于不同时空中民众的生活需求存在差异，不同类型民生其资金投入要据此优化，使之更加科学合理。因此，在资金投入规模保持基本稳定的条件下要优化不同类型的民生资金投入结构，让资金投入倾斜于民众最需要的那部分项目。在经济欠发达地区，以托底型和基本型民生为主，资金投入强调优先倾斜于最基本的民生项目，用以保障底层民众的生活需求；在经济较为一般的地区以基本型民生为主兼顾改善型，资金投入应优先保证覆盖范围最广的那部分项目，用以满足最广大人民群众的生活需求；经济较为发达地区则以改善型民生建设为主，并适当发展富裕型民生；而在经济发达地区，则以改善型民生和富裕型民生为主，资金投入鼓励向个性化的民生项目倾向，用以满足民众多样化的生活需求。

第四，从投入规范看，要在稳步推进民生事业健康发展的同时将资金投入纳入法律规范中，规范各投资主体的投资责任和各主体应该承担的投资比例，并对民生资金的投入规模、投入方向、投入结构及投入效能进行绩效考核，以保证民生资金投入的科学性与可持续性，防止因责任不清、比例不明而导致不同主体相互推诿扯皮，阻碍民生事业发展。同时，规范不同类型民生保障和不同类型民生项目的民生资金分配比例关系与结构，避免因为民生资金滥用和浪费而损害民生福祉。

**二　强化人员投入**

人员投入是民生事业发展的关键条件，是提高保障和改善民生水平的动力来源。人员投入数量决定民生功能是否得以全面发挥，而人员结构及水平决定民生事业能否行稳致远。人员投入包括政府民生部门从业人员投入，以及民生事业专业人才、志愿者设置包括智能机器人等投入。

第一，要加强政府民生部门从业人员队伍建设，为提高保障和改善民生事业提供人才保证。政府民生部门从业人员是民生建设的主要力量，要想建设好民生保障制度应该使他们树立执政为民、为民谋利意识，重视民生议题，关注民生事项。在此基础上，根据不同层次民众生活需求，综合运用技术和方法对下至村落、乡镇、县区，上至省市、国家的民生部门从业人员数量进行测算，科学规划政府从业人员数量，动态调整从业人员岗位结构，使政府从业人员多向民生相关部门倾斜。

第二，要加强民生事业专业人才队伍建设，为民生事业发展提供人才支撑。民生事业专业人才包括护理员、康复员、育婴师、家政服务员、健康师、理疗师、社会工作者等。要扎实开展专业人员职业教育，依托各级各类职业学校和高等教育院校培养护理、康复、理疗、心理、社会工作等专业人才，扩大民生事业专业人才队伍。积极开展民生事业从业人员职业能力和业务素养鉴定和考核，对于未达到标准的专业人才加强职业培训，特别是职业精神塑造与教育。要畅通民生类专业人才的职业晋升通道，完善他们的薪酬体系和福利体系，提高他们的岗位满意度及社会认同度。

第三，要挖掘守望相助、邻里互助等优秀传统文化中的志愿精神以促进民生功能发挥。志愿者是推动民生保障高质量发展的一支重要力量，在传统文化中滋养出志愿基因，提高保障和改善民生水平必须深挖这种志愿服务精神，将其作用于民生领域，衍生出民生保障志愿队伍。这需要在社会中营造"人人为我，我为人人"的互助氛围，探索符合中国国情的志愿服务道路。可以将有余力为社区继续发光发热的老年人组织起来，使他们能够在社区矛盾调解、老旧小区改造、高龄津贴发放、社区困难人口摸排帮扶等事务中发挥作用。同时，鼓励村民成立志愿小组，鼓励志愿者对鳏寡孤独老人辅以陪伴照料。

第四，要加大智能机器人在民生事业中的研发与投入力度。开发出能够服务人类日常生活需要的智能机器人，让它们从事依靠纯粹人力无法做到或者做不到位的工作，切实改善民众生活质量，提升民众生活水准，满足保障和改善民生事业的发展需要。

### 三 加大设施投入

基础设施是加强社会建设和增进民生福祉的重要内容。设施投入尤其是基础设施的投入是提高保障和改善民生水平的重要手段，保障和改善民生要特别重视加强交通通信、医疗卫生、文体活动等设施的投入。

一是加大交通通信类基础设施的投入。我国发展不平衡不充分问题仍然突出，重点领域民生建设任务仍然艰巨，道路交通建设则是其中的重要一环。正所谓"要想富，先修路"，我们要加强贫困地区公路、铁路、水运、海港、市内交通等交通设施的建设，从而发挥道路建设的经济效益、社会效益和环境效益。也要加大水利等公共工程建设，防止民众因水致病、因水致贫，还需要加大公用事业的投入力度，加强电力、电信、环境保护等建设。

二是要加大康养及颐养设施类投入，结合人口与经济演变趋势合理测算地区医院、卫生防疫站、妇幼保健院、基层诊疗所、养老院、护理院或敬老院等规模及空间分布并予以优化以持续满足民众基本的医疗需求。要加大无障碍设施特别是城市盲道、无障碍卫生间、无障碍电梯、残疾人康复中心等建设，保证他们能够满足基本生存需求，防止居无定所、无人照料等问题的发生。

三是加大文娱体育设施和教育文化艺术设施的投入，前者包括体育馆、游泳馆、游乐园以及带有公益性质的园林风景区、广场、公园等；后者不但包括图书馆、博物馆、文化馆、美术馆、展览馆等公共基础设施，还包括音乐厅、影院、剧场等带有半收费性质的基础设施。这两种设施投入能够丰富广大民众的精神生活，提高民众生活品质。它们是任何社会任何发展阶段都必须予以保证的设施。

为此，要保证基础设施建设的政策和资金支持。要充分发挥政府在基础设施政策制定中的作用，使基础设施建设有可靠来源。还需要充分调动金融资本、社会资本甚至是个人资本，吸引和鼓励这些社会投资主体的资金投入。要强化基础设施建设的质量意识，加大对基础设施建设的考核力度，监督基础设施建立的过程，引入市场等第三方评估机制评估基础设施建设的成果，防止基础设施无法满足民众的基本需求。要合理优化基础设施布局。综合考量各地区人口数量和结构，利用大数据、云计算等方式对各地基础设施需求进行调查，统筹协调、分地区分层级合理布局，尤其要重点关注农村地区和中西部地区民众的基础设施需求，优先发展经济欠发达地区的基础设施，加强对这些地区基础设施的投入。随着民生水平的提高，人们对基础设施需求也在发生变化，民生保障应根据民众实际需要，动态调整基础设施建设。

**四　扩大服务投入**

服务投入是民生事业发展的强大动力，是满足民众需求、化解社会矛盾、提高人民幸福感、确保社会公平正义的催化剂。促进民生事业的发展需要加大基本公共服务、福利性社会服务以及个性化社会服务的投入。

要加大基本公共服务投入。基本公共服务是民众生命延续的必要性条件和制度化保障，应大力推进基本公共服务供给，尤其是推进义务基础教育、就业促进、医疗保健、养老保障、住房安全等方面基本公共服务均等化。要加大福利性服务投入，保障老年人、残障人士、慢病患者等弱势群体基本生活需要，保障他们的基本生活。同时，福利性服务提供应从注重生存性向注重发展性转变，倾向于能力培养和素养提高。要加大个性化社会服务投入，以满足经济地位较高的民众高标准、优质化需求。随着民生层次不断提高，人们对民生服务追求也在提升，需要更多地致力于个性化社会服务投入。

为此，应加快推进民生服务体系建设，推动民生服务高质量内涵式发展。明确各项民生服务的内容和作用范围，面对民众日益增长的民生服务需求，政府不可能完全供给，要明确不同群体民生服务需求的种类和数量，合理规划各类民生服务供给。在发挥政府供给基本公共服务和福利性服务功能的同时，广泛吸引社会力量投入各类民生服务的建设，通过民生服务的监督与评估保障服务供给的质量。要推进民生服务城乡一体化建设，引导优质的民生服务由城市向农村延伸，优化各项民生服务的资源配备，保障民生服务的供给结构、供给规模与人口的分布格局相适应。要建立规范化个性化的社会服务供给机制，充分激发市场活力，争取更多的市场组织参与到个性化社会服务供给中，充分利用市场组织的灵活性和高效性，为民众提供更加周到的社会服务，让民众感受到改善型和富裕型民生所带来的生活质量的提升。此外，还要大力推进民生服务标准化建设和信息化建设，探索各类民生服务的经费保障标准、质量建设标准、流程供给标准，充分发挥信息建设对民生服务供给的引领作用。

## 第二节　注重民生建设方法

方法是了解事物、分析事物的手段。民生事业不断取得新进展，实际上是一个不断丰富"方法"的过程，注重民生建设方法是提高保障和改善民生水平的重要保证。民生建设需要由点到面、统筹兼顾和优化结构。

**一 由点到面推广民生事业**

民生事业建设是一个实践过程，它需要由点到面、总结经验逐步推广。在中央政府的支持下由地方政府根据自身实际情况选择试点地区进行试验，从中提炼出可供广泛复制的经验，从而吸引更多地区乃至全国学习和效仿。

一是做好民生事业试点工作。建立相关试点工作小组，搭建组织架构，了解该地区民生建设的现状，分析该地区民众的需求。在此基础上，由试点工作小组根据相关的民生事项制定标准化、规范化、科学化的试点实施方案。为保证民生事业的试验按照预定方案进行，除了要求相关部门对民生事业试验点的试验进展情况进行指导，还要开展相应的跟踪性调研，定期对进展情况进行检查，以及时反馈民生事业的试验结果。

二是开展民生事业的试点工作评估。当民生事业试点工作周期性完成后，要设立全面科学的指标体系进行阶段性评估，以检验民生事业试点工作的成效并总结经验。其中，要综合评估民生政策的推广、民生项目的实施、民生待遇的提高是否具有财政可负担性，衡量试点工作是否对地方财政造成影响；要科学评估民生事业试点工作所产生的社会效益，判断经过民生事业试验后是否能够解决民众的民生问题，满足民众的民生需要，提高民众的民生水平，提升民众的生活质量；要仔细评估民生事业试点工作是否有利于人口的流动。此外，为保证评估工作顺利开展，可以采用第三方评估方式进行评估。对于评估后验收合格的试点地区，可以建立民生事业试点工作的示范区，对于评估后验收不合格的试点地区，则要么改进试点方案，要么终止下一步的试点工作。

三是以点促面做好民生事业试点成果的推广。民生事业的推广不是一步到位的，当完成第一个阶段的民生事业试点工作后，就要总结试点地区民生政策推广、民生项目落实、民生待遇提高等方面的经验，发现这些经验的共性和特性，就进一步扩大试点地区做出总体安排，确定民生事业试验区的规模。根据所要推广的民生事业特点选择性推广，加强新增的民生事业试验点彼此之间的沟通，以及新增试验点和上轮试验点的沟通，通过交流学习借鉴相关经验，保证试点工作的质量和速度。

### 二　统筹兼顾筹划民生事业

民生保障作为国家治理的重要手段，体现治国理政目标，必须站在国家战略高度统筹兼顾筹划民生事业。这既是新时代对民生事业发展在面临复杂而艰巨任务时提出的新要求，也是民生保障发挥整体性功能的可靠保证。

要统筹城乡民生事业发展。由于历史和现实原因，城乡之间民生事业发展差距较大，农村地区民生事业发展落后于城市，这严重阻碍了农村居民共享民生建设发展成果。统筹区域民生事业发展，与较发达地区和发达地区相比，欠发达地区民生事业发展缓慢、发展水平相对较低，一定程度上无法满足民众生活需要。要统筹民生事业建设中的央地关系，明确中央与地方在其中扮演的角色。从总体来看，要兼顾经济建设与民生建设共同发展，避免民生建设与经济建设发生脱节，防止造成民生建设的片面性。兼顾不同群体民生需求的满足，尤其是兼顾个人民生需求与集体民生需求之间的关系，避免将个人民生需求与整体民生供给相对立。因此，提高保障和改善民生水平需要提高统筹兼顾的能力。

一是提高统筹城乡民生事业发展的能力。民生事业发展的城乡格局与国家的政治体制和政府制定的政策密切相关，必须充分发挥各级政府在统筹城乡事业发展中的主导作用，各级政府部门和领导干部对于统筹城乡民生事业发展具有直接责任。领导干部应树立正确的政绩观和全面的统筹观，确立执政为民的民生思想，妥善处理领导干部任期有限与民生事业建设无限的关系。要加快户籍制度、劳动用工制度、社会保障制度等改革，构建城乡民生事业协调发展的制度安排，推动农村民生事业的长远发展。

二是提高统筹区域民生事业发展的能力。民生事业发展要从全局出发，衡量不同地区民生资源的布局，全面了解不同地区民众的民生需求大小，合理控制不同地区民生待遇差距。科学制订合理的区域民生事业发展规划，缩小经济欠发达地区、较发达地区和发达地区民生事业差距。特别要注重把民生资源向欠发达地区倾斜，拓展该地区民生项目种类，提高该地区民生待遇标准，促进该地区民生事业提质升级。

三是提高统筹中央与地方民生建设的能力。中央应该对民生建设进行总体规划，为构建具有指向性的民生任务、民生目标、民生计划提供整体性行动路线；地方应该遵从中央的行动指南，根据地方民众的生活习惯、行为方式、民众需求探索建立符合地方特色的民生事业，还要将零散的民生保障整合为区域性的民生保障有机体，进而构筑成熟的民生保障体系。

四是提高统筹经济建设与民生建设的能力。要厘清经济建设与民生建设之间的关系，既不能将经济建设与民生建设对立起来，也不能简单将经济建设与民生建设等同起来。民生建设与经济发展水平有关，受到经济发展水平的影响，因此应该促进经济的发展，让政府更加重视民生建设，从而使社会有稳定的资金投入民生事业发展中。要树立全民共享的发展理念，保障全体社会成员不但能够共享经济发展的成果，还能够共享民生事业发展的成果。

五是提高统筹民生建设中不同群体民生需求满足的能力。要对不同群体的民生需求展开深入而全面的调查，科学把握不同群体民生需求的大小、变化和发展趋势。要处理好个人需求与社会整体需求之间的关系，避免单纯地追求平均主义。强调个人需求内含于集体需求之中，进而在进行民生事业规划时应该遵循整体主义的方法论思想，强调个人作为群体的一员受惠于国家整体性民生保障战略。

### 三　优化结构发展民生事业

提高保障和改善民生水平是一个不断优化结构的过程，在优化资源结构、项目结构、群体结构、层次结构中推动民生事业健康发展。

一是优化民生事业的资源结构。在各地区经济条件和社会发展水平存在较大差异的情况下，包括人力、财政在内的民生资源应该优先向农村地区、欠发达地区倾斜，优先向托底型民生类型和基本型民生类型倾斜，优先向民生项目中最能满足人们基本生活需要的项目倾斜，优先满足处于托底型民生中的弱势群体的民生需求。要不断反思民生事业发展过程中遇到的问题，总结各地民生建设经验，把增进弱势人口的民生福祉作为民生事业发展的出发点和落脚点。

二是优化民生事业的项目结构。要对全体社会成员的民生项目需求进行分析，对民生项目进行系统的设计，厘清不同类型的民生项目的职责定位和作用，防止因为定位模糊而导致民生项目之间交叉重叠，造成民生资源的浪费。例如，养老与医疗是民生事业持续发展的两个重点，要重点优化养老项目结构和医疗项目结构。首先明晰老年人面临的失能失智、疾病与贫困等风险，加快优化长期护理项目、医疗保健项目、收入保障项目结构。要明确基本医疗保险、大病保险、医疗救助等项目之间的关系，明晰职责定位和功能，积极整合同种类型的医疗项目。

三是优化民生事业的群体结构。随着流动人口不断增长，应逐渐降低民生事业与户籍之间的联系，尤其是降低救助类民生项目以及普惠型民生项目与户籍之间的关联性，以此保障流动人口的民生权益。要优化社会保险的制度设计，积极应对未来可能出现的无雇佣关系的社会，工伤、失业等保险制度可能将不再需要，所以不但要降低劳动关系在参保中的作用，放宽灵活就业、新业态等人员的参保条件，还要不断优化、整合社会保险项目，以便能够适应未来劳动力市场的变化。

四是优化民生事业的层次结构。要明确不同时空以及不同社会经济发展水平下民生事业的层次。现阶段处于基本型民生层次，随着经济发展水平提高，人们所处的民生层次会相应提高，在未来社会将处于改善型甚至富裕型民生层次。明确处于不同层次的民生事业依旧同时存在多种民生类型，因而要区分不同层次下同一民生类型的职责定位，做好相关制度安排。例如，托底型民生在层次较低的民生事业中的职责定位是满足民众最基本的生存权，而在未来物质财富极大丰富条件下的高层次时期则将追求实现发展权。因此，不但应根据社会经济发展水平调整民生事业的层次，还要调整不同层次民生事业中同一民生类型的职责定位。

# 第三节　加强民生建设监督

民生建设事关全体人民的共同利益和社会和谐稳定。对民生建设进行监督是确保提高保障和改善民生事业行稳致远的重要保证。通过党委监督、权力机关监督、司法机关监督、监察机关监督以及民众监督等形式推动民生事业高质量发展。

## 一　加强党的监督

党的领导地位决定着其有能力对民生建设实施监督。提高保障和改善民生水平需要落实党在民生监督中的主体责任。

强化纪检机关的民生监督。通过纪律检查委员会对参与民生建设的领导干部的党纪政纪进行全面监督，加强对民生领域各类职务违法犯罪案件的查处力度，尤其注重扶贫救灾、社会保障、教育就业、征地拆迁、三农问题等民生领域的职务犯罪。履行党的监督执纪问责职责，以纪律为标尺判断领导干部的民生建设行为，做到有错纠错、违纪即查，通过问责将民生监督落到实处。

建立民生监督巡视巡察网络，强化巡视成果的运用。巡视巡察要坚持为人民谋福祉的价值取向，致力于发现和解决民众在基本农田补偿、生态环境、乡村振兴、工资收入、交通住房等方面反映强烈和急难愁盼的民生问题，满足民众日益增长的美好生活需要。巡察组要发挥好密切联系群众作用，注重实地走访，倾听民声民意，发现民生问题应立即向巡察工作领导小组请示汇报并进行分析研判，通过约谈相关负责人，主动介入调查，坚持立行立改，及时解决民生问题。在此基础上，举一反三，加大巡察力度，加强巡察频次，积极排查相关民生事项，推动解决民众感受最直接的民生问题。

## 二　强化权力机关的监督

民生建设旨在提高人民的生活水平，因而有必要受到人民的监督，全国人民代表大会和地方各级人民代表大会作为人民行使国家权力的机关，有权监督民生建设情况。

发挥各级人大及其常委会的法律监督作用。认真行使人大及其常委会的立法权，强化在民生立法提案、审议、表决、公布等立法运作中的功能，完善民生建设法律体系，为民生监督提供法制保障。加强各级人大及其常委会对各级人民政府参与民生建设过程中宪法和法律实施情况的监督，加大对各级政府部门违反相关法律法规参与民生事项行为的惩戒力度，审查就民生问题发布的各项规范性文件和司法解释，监督各级政府在民生建设过程中是否做到有法必依、执法必严、违法必究。

发挥各级人大及其常委会对本级人民政府民生建设的工作监督。各级人大及其常委会要突出监督重点，选取人民最急切、最紧迫、最需要的民生问题，特别是义务教育、医疗卫生、收入分配、养老保障等，听取和审议人民政府工作报告。对各级政府的民生建设工作进行财政监督，包括国民经济和社会发展计划中的民生事项以及国家预算中的民生建设预算，防止做出阻碍民生事业高质量发展的不正确、不恰当、不合理决定。

发挥各级人大及其常委会对司法机关的监督。各级人大及其常委会听取和审议本级人民法院和人民检察院的工作报告，对民生领域的司法活动进行监督。人大代表可以通过定期或不定期的视察检查工作对民生建设过程中的司法审判进行监督，重点监督国家司法制度在处理民生案件的司法活动中是否得到遵守。

各级人大及其常委会要对参与民生建设的领导干部的任免进行监督。通过政绩监督对参与民生建设的领导干部进行提拔、罢免或撤职，保证民生领域人事任免的合法性，加强领导干部在民生事业中的勤政廉政建设，防止他们做出有损民生福祉的违法行为。此外，各级人大及其常委会还可以在自己职权范围内就民生建设事项成立专门的调查委员会，对民生问题进行调查，进而形成调查报告，通过调查报告对民生建设进行监督。

### 三 注重司法监察机关的监督

司法机关作为社会公平正义的最后一道防线，肩负着保障民众合法民生权益的职责，监察机关作为监督民生建设的关键部门，在民众民生权益保障中发挥重要作用。因此，提高保障和改善民生水平需要注重司法机关和监察机关对民生建设的监督。

司法机关将涉民生案件作为工作重点，聚焦农民工工资、医疗损害、抚养费、赡养费、扶养费、工伤事故、交通事故等案件开展涉民生案件专项行动，加强法检两院的合作，对涉民生案件优先立案、优先办理。

强化人民检察院"巡回监察"办案模式，开展民生资金专项工作行动，侦破危害民生资金的职务犯罪案件，深入基层摸排调查梳理民生资金底数，为民生监督打好基础。要开展民生资金保护专项宣讲行动，加强与扶贫、农业、社保等民生资金使用和监管部门的合作与配合，促进民生资金合理使用，同时注意延伸民生资金监督平台，调动基层群众参与民生资金监督的积极性。

人民法院要创新办案模式，开展"云上共享法庭"提高涉民生案件的办案效率。同时利用宣传展板、微信公众号等多种形式进行民生监督宣传。人民法院还要筹集司法救助金，对于生活无着的涉案民众加大司法援助力度，畅通民生司法援助渠道，完善以诉讼为主的民生司法救助，确保民众的民生权利一旦遭到侵害，能够及时获得司法帮助，让民众感受到司法温度。

监察机关将参与民生建设的公职人员是否依法履行职责作为监督的重点。对民生建设过程中涉嫌贪污受贿、玩忽职守、利益输送、浪费民生资源等行为进行调查，并对违法人员处分，对失职人员问责。

此外，要强化监察机关对参与民生建设的公职人员的日常监督。通过民众反映、座谈走访等形式了解相关公职人员参与民生建设时的履职情况，通过听取民生建设的工作报告和述职述廉等形式评估公职人员的工作成效。监察机关还要定期和不定期开展民生建设专项检查活动，解决民众反映强烈的民生问题。

## 四 重视社会大众的监督

民生保障的出发点和落脚点在于民众，民生建设过程理应受到民众监督，可以说民众监督是民生建设监督的最好形式。民众可以通过信访向政府部门就社会保障、土地征用、医疗卫生、房屋拆迁、劳动就业、教育公平等民生问题直接提出批评、要求和建议，也可以就民生建设过程中公职人员违法违纪行为向有关部门申诉、控告或者检举。此外，报纸、广播、电视、网络等新闻媒介具有舆论传播速度快、信息量大、覆盖面广等特点，使民生问题短期内产生巨大的社会影响，因而舆论监督是民生建设监督的重要一环。

为此，要提高民众的民生监督意识，增强民众的民生监督积极性，不断提升民众发现民生问题的能力，在全社会营造良好的民众监督民生建设的氛围。要加强民生建设信息公开，有关部门要主动披露与民生相关的信息，例如年度民生建设总结、民生建设计划以及民生建设简报等，使民众能够及时了解各项民生信息。通过信息公开，民众可以了解政府在民生建设中做了什么、正在做什么、将要做什么以及做得怎么样，从而积极参与民生建设监督，及时提出自己对民生建设工作的建议。

要扩大民众监督的方式，保障民众可以采用多种渠道进行监督，可以利用信息技术建立民众监督的网络平台，创建微信公众号、建立微信小程序、建立专门的民生监督网站、开发民生监督软件等，保证民众进行民生监督的便捷性。此外，要保证民众反映民生问题的过程可以追踪，监督的结果可以查询，使民众的监督落到实处。

对于舆论监督，要厘清民生监督的方向和尺度，把握民生舆论监督立足点，体现为新闻媒体在对民生事项进行报道时要回到民众根本需求上。这要求加强舆论工作者思想政治教育，提高他们正确把握民生建设舆论导向的自觉性，提升他们的职业素养和职业敏感度，加强民生建设的舆情研判，充分了解和掌握社情民意，将舆论的焦点对准民生问题，保证舆论监督公平公正，符合社会事实。

# 第十六章　民生国家的建立：提高保障和改善民生水平新起点

持续不断开展民生建设，切实提高保障和改善民生水平，满足人民群众日益增长的美好生活需要，推动共同富裕社会的建设，努力为国家长治久安提供源头活水与不竭动力，民生成为国家治理体系与治理能力现代化的重要抓手和有机组成部分，国家成为新时代民生事业发展的关键要素，民生内嵌于国家，成为国家社会职能的集中体现，民生国家成了保障和改善民生的新起点及可靠保证。

## 第一节　在民生研究中找回国家

自古以来，中国有关民生的论述都是治国理政取向，从而为朝廷树立起政治规范。进入新时代，我国社会主要矛盾已经从以往的"人民群众日益增长的物质文化生活需要同落后的社会生产之间的矛盾"转变为"人民日益增长的美好生活需要和不平衡不充分的发展之间的矛盾"①，这就必须把保障和改善民生提高到国家建设"基本方略"这个高度，"坚持在发展中保障和改善民生"。某种意义上，这一解释很好地契合了中国保障和改善民生建设的社会性质。当然，也有从市场演化理论视角出发，强调民生建设是生产性的，民生建设既是市场的必然要求，也是维系市场的重要手段，具有深厚的市场诱因。代表性的观点认为，发展经济、做大经济总量、应对经济危机的挑战内在地需要保障就业，所以就业就成为经济持续健康发展的"优先目标"和突出亮点，以就业为代表的民

---

① 习近平：《决胜全面建成小康社会　夺取新时代中国特色社会主义伟大胜利——在中国共产党第十九次全国代表大会上的报告》，人民出版社 2017 年版，第 11 页。

生建设是顺应市场变化的结果。

　　国家在民生建设中具有独特解释价值。比如，以加尔布雷思为代表的制度主义学派认为发达国家不是完全依靠市场或社会的力量而是通过一系列制度及政策形成对技术的控制，使得技术阶层成为"高度生产"的引领者、"高额收入"所有者以及社会发展的主导者①，国家通过制度安排使得整个社会实现充分就业，摩擦性失业让位于结构性失业，全社会的教育、就业、社会保障、社会服务等民生事业得到了前所未有的发展，整个社会进入丰裕阶段，福利供给大大超过人们的福利需求。这表明，国家是影响民生建设的关键力量。国家是参与制度变迁的行动者，它"通过提供政治竞技场所和组织结构，以界定经济行动发生的空间场所为手段"影响政策制定、部署与执行，进而形塑和影响包括民生建设变迁的路径与方案选择。② 这就是说，理解中国的民生建设事业同样离不开对国家及其民生建设过程的把握。

　　1985 年，西达·斯考切波、彼得·埃文斯等人编辑了《找回国家》（Bringing the State Back In）一书。他们认为，不应该把国家单纯当作诸社会力量角力的舞台，而是把国家视为一个积极的行动者，强调国家自主性、国家能力在历史变革与政治运动中的作用。③ 其中，斯考切波在《保护士兵和母亲》（Protecting Soldiers and Mothers）中分析了 19 世纪 80 年代至 20 世纪 20 年代美国形成的异于欧洲的福利模式。此书关注美国国家结构对社会群体能力与目标的独特影响，以及政策反馈随时间推移对政治的重塑作用。福利国家发展的研究成为"找回国家"学派的重要研究领域，而理解国家建构以及国家政策与结构的影响已成为社会科学理论化议程的核心。④

　　国家对于民生研究显然十分重要，但这并不意味着民生国家的研究全然遵从斯考切波等人的方法。一方面，中国的国家与政治结构具有特殊性，斯考切波《保护士兵和母亲》中的美国政治选举、立法制度、施

---

① 转引自贺卫、伍山林主编《制度经济学》，机械工业出版社 2003 年版，第 47 页。

② ［美］约翰·L. 坎贝尔、J. 罗杰斯·霍林斯沃思、利昂·N. 林德伯格：《美国经济治理》，董运生、王岩译，上海人民出版社 2009 年版，第 339 页。

③ Theda Skocpol, "Bringing the state back in: Strategies of analysis in current research", in Peter B. Evans, *Dietrich Rueschemeyer*, *Theda Skocpol*: *Bringing the State Back In*, Cambridge University Press, 1985, p. 137.

④ Skocpol, T., "Bringing the state back in: Retrospect and prospect (the 2007 Johan Skytte prize lecture)", *Scandinavian Political Studies*, Vol. 31, No. 2, 2008, pp. 109-124.

政重点、政策逻辑等许多方面不同于中国，尤其是中国民生政策自上而下地推行，在施政过程中如何达成团结力量以形成善治是民生国家的建设重点。另一方面，"找回国家"学派存在方法论局限性，正如鲍勃·杰索普所言，希达·斯考切波（Theda Skocpol）；迈克尔·曼（Michael Mann）等人的方法对于之前"以社会为中心"的研究来说，并无多少创新；而截然分开国家与社会特别是国家管理者与社会力量、国家权力与社会权力，将是这种理论的一个基本谬误。[①] 中国的民生建设恰恰是国家主导的同时积极吸纳社会力量，国家与社会力量往往并行不悖。事实上，唯有建设民生国家才能够避免福利国家难以摆脱的市场取向与功利取向矛盾，才能实现民生建设的社会本性。

为此，本书试图从国家作为制度变迁决策者角度去分析中国保障和改善民生事业的逻辑，认为中国民生事业快速发展的决定性因素在于国家及其所制定并实施的政策，国家成为民生事业发展的决定性变量，并与社会性力量形成合力，推动民生国家的形成，民生国家的建立为保障和改善民生提供了有力保证。

## 第二节　民生国家对福利国家的超越

经过改革开放 40 多年的建设，中国逐步建成了较为完备的社会保险、社会救助以及公共服务体系，极大地保障和改善了人民群众生活水平。由此形成了一个兼具理论与实践的问题：中国是不是一个福利国家？它包含两方面的问题。其一，中国符合西方模型中福利国家的标准吗？其二，中国是否应该朝着福利国家建设？我们认为，民生国家在中国历史文化与制度基础上获得生命力，我们追求着一种更适合自己的民生国家道路，民生为本的福利建设将实现对欧美福利国家的超越。从国家治理角度分析福利国家的危机，能够凸显民生国家的超越。

### 一　福利国家的危机

20 世纪 80 年代开始，福利国家危机论层出不穷。而近年来全球金融

---

① Bob Jessop, "Bringing the state back in (yet again)：reviews, revisions, rejections, and re-directions", *International Review of Sociology*, Vol. 11, No. 2, 2001, pp. 149-173.

危机、新冠疫情全球暴发给福利国家带来了前所未有的挑战。以往对于这些危机的讨论带有整体性的制度分析色彩，而非简单的收支计算。

第一，福利国家的发展环境发生剧变，面临着治理方面的难题。首先，紧缩性财政政策、福利支出相对削减导致越来越多残补式的福利或选择性的福利，福利国家越来越沦为应付社会领域危机的政策兜底工具①，实际上，紧缩性政策最为受益的是垄断寡头。② 其次，受新自由主义与新管理主义的影响，欧美国家一度奉行合同制治理，通过所谓政企合作，私人部门供给社会福利状况日益显著，人们甚至会因高昂的保险费用而破产，这是"多缴多得长缴多得"之商业原则应用在社会福利领域的极端后果。再次，社会团结与社会心态方面，福利国家使普通民众承担了宽泛的福利责任，弱化了家庭邻里间的道德网络，而社会保险金的大量浪费将对社会团结产生巨大挑战。人们逐渐丧失了对国家改良福利的信心，对福利国家组织的忠诚度和身负历史责任感的集体意识也减弱了。③ 最后，福利国家的制度刚性与制度惯性使其难以灵活地进行调整。传统福利制度基于标准工人家庭的假设使其无法应对全球化、新技术、难民潮、老龄化、女性主义等带来的要求与挑战。④ 不仅如此，代议制民主下福利承诺成为政党争取选民的必备条件，加剧福利政策的不稳定性。

第二，福利国家的治理结构本身具有无法调和的弊端。新马克思主义者认为福利国家存在三个方面的矛盾：在社会资源和生产组织化层面，许多福利政策与公共支出实行非市场原则，这会挤压资本主义市场原则的适用空间；在经济层面，不断增长的公共福利支出会压制资本主义积累的期望成效；而在政治层面，如果福利国家的弊病继续加深，其原本缓和民主与资本主义关系的功能将会失效。⑤ 克劳斯·奥菲指出，经济系统、政治—行政系统、规范（合法性）系统之间的关系是危机出现与解

① 张严：《资本主义福利国家的当代困境与内在悖论》，《国外理论动态》2019年第1期。

② 冯玲玲、程恩富：《从政治经济学视角认清西方福利制度变动及其实质》，《东南学术》2020年第2期。

③ 靳继东：《在规范和经验之间：福利国家的制度基础及现实挑战》，《经济社会体制比较》2015年第2期。

④ 吕普také：《21世纪欧洲福利国家面临的新挑战》，《武汉大学学报》（哲学社会科学版）2020年第1期。

⑤ 舒建华：《现代资本主义福利国家的结构性矛盾——新马克思主义的福利国家批判理论》，《理论月刊》2015年第4期。

决的关键，并就此提出了许多可能性。① 奥菲还指出，如果直接取消福利国家，那么社会将会崩溃，他深刻地指出："尽管资本主义不能与福利国家共存，然而资本主义又不能没有福利国家。"② 与福利国家共存带给资本主义的后果很可能是破坏性的，而取消福利国家其后果则是毁灭性的。

第三，福利国家与民生国家根本的分野在于它背离了福利制度的社会本性。在新自由主义主导下，福利国家过于依赖市场经济以及私人企业管理原则，市场原则主导的福利改革必然不利于再分配和去商品化，从而使社会不公情况持续恶化。实际上，市场规则也是一种社会规则。按照波兰尼对市场与社会嵌入关系的分析，市场经济子系统应当在社会总系统中运转，如果国家的公共供给、福利政策的出台与实施完全市场化，将社会系统距离化和对象化，就会完全背离其赖以生存的社会系统，也就违反福利国家的社会本性。福利国家危机的本质就是其对社会本性的背离，这个后果不仅仅是福利政策持续性的危机、国家治理的结构性危机，更会带来文化危机。

总体而言，资本主义生产体制与民主制度仍是人们思考福利国家出路的焦点，这些视角对于民生国家应对全球性的、历史性的变局有借鉴意义，然而福利的社会本性与国家治理功能被严重忽略。

**二 民生国家的探索**

国家是民生事业发展的重要动力，也是民生事业的可靠保障。我国民生事业的发展由国家主导，按照"社会转型—问题出现—国家介入—方案搜寻—民生建设—制度变迁"这一逻辑演进，国家对民生事业的定位与认知、制度建构与政策行动是关键。从制度主义角度看，民生国家不是天生就有的，它的出场有一个制度化过程，体现了民生国家认知与建构的制度与逻辑。为此，我们将新中国成立以来中国民生事业的发展概括为区隔型、补缺型、维稳型以及制度型这一演进过程。

第一，区隔型认知与建构。20 世纪 50 年代，面对西方国家的全面封锁，新生的共和国按照马克思主义关于"经济是基础"的科学论断，借鉴其他社会主义国家的民生建设经验去设置民生项目、构建民生体系、

---

① ［德］克劳斯·奥菲：《福利国家的矛盾》，郭忠华等译，吉林人民出版社 2006 年版，第 59—68 页。

② ［德］克劳斯·奥菲：《福利国家的矛盾》，郭忠华等译，吉林人民出版社 2006 年版，第 7 页。

开展民生建设，认为作为从落后农业国诞生而来的新中国只能采取以农补工办法、采取服务于完整工业经济体系的民生制度及政策设计，所有民生项目只能优先解决占人口总数较少的城镇特别是城市人口，建设这类群体的民生事业是社会主义制度优越性的集中体现。在这种认知下，我们将整个民生事业人为地划分为城市与乡村、官办与民营、公营与私立、单位与个人等相互对立的模式类型，并据此建立起二元分割的民生项目，形成以户籍为基础的二元民生体系：对机关事业单位及国有企业员工建立起包括免费教育、免费医疗、免费住房、退休养老、充分就业、几乎免费公共服务在内的单位制特征较为显著的民生项目体系；农民则依托农村基层组织建立起教育、合作医疗、五保供养等集体特征较为明显的民生项目体系，民生项目的建设能力及建设水平深受村集体自身的影响，有些民生项目如养老、住房、基本公共服务等政府规划建设得极少，各民生项目更多地着眼于兜底线，致力于解决特定人口的最基本生活需要，民生建设水平普遍较低。

第二，补缺型认知与建构。改革开放以后，随着国家重心转移到经济建设上来，政府加快从计划经济体制向社会主义市场经济体制转变，逐步弱化了民生事业的政治属性而强化了其经济属性，强调包括民生在内的一切非经济事业均具有生产性功能，应当充分发挥民生事业服务经济发展的功能，把民生事业当作解决经济问题的工具以及促进经济发展的手段，由此对民生事业的认识发生了根本性转变。基于这样的认识，政府及社会各界优先发展经济，按照"集中力量办大事"原则优先建设那些能够保障和促进经济发展的民生项目。在民生机构上，强化政府的人事管理而淡化就业服务功能，国家层面分设人事、劳动两部委，将越来越多的进城务工人员纳入劳动部门管理。20世纪80年代末，政府在原劳动部基础上组建劳动和社会保障部，试图统筹各阶层人员的社会保险，解放原来束缚在企业身上的就业培训、失业安置、社会保险等职能，将其予以社会化，努力扫除经济发展障碍；在项目设置上，剥离原来附属于机关事业单位及国有企业身上、个人不需要缴费就可获得的退休养老金及公费医疗等项目，将之改为需要个人缴纳参保费用的社会保险项目，以降低财政的民生支出成本；在民生职能上，将原来附属于国有企业的劳动服务公司所承担的就业培训、转岗、待业等项目划归人力资源部门，给原来需要由企业投入的商场、食堂、医院、学校等全部松绑，由政府有关部门统筹整个社会的就业培训、劳动力转移、基本公共服务等，同时在社会保险中增加工伤、生育、失业等险种科目，最大限度地甩掉制约企业发展的包袱；从民生待遇上，设置多标准的缴费办法，不仅允许企业选择符合自身收益最大化的民生投入方案，还允许企业延缓缴纳员工的各项福利费，让企业控制劳动力支出成本，释放企业活力与内生动力，促进整个社会的经济发展，由此形塑出一种以经济建设为中心、各项民生事业服务于经济发展的补缺型民生事业。

第三，维稳型认知与建构。21 世纪以来，中国全球化、市场化、工业化以及城市化进程加快，推动中国经济总量进入前列，人均经济总量超过 1000 美元并快速增长到 3000 美元。但是，经济总量的增加、收入分配方式的多样化不仅带来了收入差距的扩大，使得城乡居民收入之比从 1995 年的 1.8∶1 扩大到 2003 年的 3.2∶1，基尼系数一度超过 0.5 的国际警戒线标准，由此带来了民生事业发展的极度不平衡，例如，"谁家的孩子谁抱走"基础教育政策的实施使得地区之间文化教育条件及文化教育水平的差距越来越大，西部地区、民族地区的农村尤其落后，许多农村贫困孩子失学、辍学；还带来了许多严峻的社会问题，全国刑事犯罪数量从改革开放之初的每年 55.7 万件激增到 2008 年的 488.5 万件，社会治安事件从最初的 123.5 万件增长到 2008 年的 741.2 万件①，全国每年各类上访数量一度突破 1000 万起，罢工等社会事件时有发生，很有可能掉进西方国家曾经出现过的"中等收入陷阱"中去。面对社会矛盾尖锐、社会冲突频发情形，政府及社会各界采取了许多民生改革措施。例如，废除了执行长达五十多年的《收容遣送办法》，改为《城市生活无着的流浪乞讨人员救助管理办法》。又如，针对辍学儿童的增多所引发的社会问题，修订了《义务教育法》，规定所有适龄儿童均可享受免费的义务教育，解决了各类人员特别是外来务工人员的子女就地接受免费义务教育的问题。再如，针对失业率的提高，政府不仅针对各年龄段、各类人员开展就业培训，出台消灭零就业家庭政策，允许企业缓交社保、按最低档缴纳社保，还设置了稳定就业岗位补贴等措施以鼓励企业不裁员及少裁员。另外，为了解决因病致贫和因病返贫这一突出的社会问题，政府试点新型农村合作医疗以及城镇居民基本医疗保险，做到医疗保险广覆

---

① 转引自陆学艺《当前中国社会生活的主要矛盾与和谐社会建设》，《探索》2010 年第 5 期。

盖。总体上看，保底维稳、"花钱买平安"、维护社会稳定大局的民生建设理念得到了广泛认可。

第四，制度型认知与建构。进入新时代，随着社会各界对民生认识的深化，党和政府加快民生建设步伐，脱贫攻坚战取得决定性进展，教育事业全面发展，城镇新增就业年均 1300 万人以上，覆盖城乡居民的社会保障体系基本建立，人民群众的健康水平大幅提高，以民生为纽带的社会治理体系更加完善，推动中国特色民生事业迈进制度化时代。就民生体系而言，涉及教育、就业与收入分配、社会保障、脱贫、健康、社会治理、公共安全等八个方面；就民生类型来说，制度化的民生体系包含托底型、基本型、改善型以及富裕型等四种类型，各种类型的民生保障水平不一，其中，托底型民生侧重于社会救助，基本型民生偏向于保障基本生活需要，改善型民生是一种生活宽裕的民生类型，与小康社会的建设目标相适应，而富裕型民生则适应更加幸福安康的现代化强国建设需要；就民生方略来讲，强调在发展中切实保障和改善民生，以便在幼有所育、学有所教、劳有所得、病有所医、老有所养、住有所居、弱有所扶上不断取得新进展，促进全体人民共同富裕；就民生原则而言，民生事业的制度化不是政府的单一责任，需要政府、市场、社会及家庭与个人协力，做到责任共担、项目共建、问题共治、成果共享，共建共治共享就成了民生事业发展的基本原则；就民生目标来说，国家通过积极行动建成了世界上最大的社会保障体系，实行精准扶贫战略，打赢脱贫攻坚战，各项社保项目正在实现从有到优的转变，通过一系列扎实的民生建设去创新社会治理，维护社会和谐稳定，确保国家长治久安，人民安居乐业，"安居乐业、长治久安、美美与共"构成了民生事业的建设目标，从而勾画出一幅完整的民生国家建设图景。

**三　民生国家的超越**

如果从俾斯麦主导的《疾病社会保险法》开始算起，现代福利的建设已有 150 年的历史。一些代表性的福利国家曾经取得巨大成就，20 世纪 70 年代起面临着"冻结的福利国家景观""永久性紧缩"等深重危机。相比之下，中国建立的民生国家不是简单地诉诸公民资格、公民权利的彰显，不是简单地将市场规则移植进来，它在历史绵延、制度本性及目标引领等方面具有超越于西方福利国家的属性。

第一，民生国家内涵的历史绵延。通常认为，福利国家是在"二战"

后的几年间建立起来的，仿佛从"济贫法时代"一下跳跃到"二战"后的"黄金时代"，产生历史断裂感的原因正是文化传统的忘却，使得西方社会福利缺乏历史的广延性，其对待历史的排斥性，使其被当下的、表象的社会思潮所左右。正如福山所言，西方政治传统背后的那些济贫、互助、慈善、博爱文化几近丧失，被一座座政治身份的山头切割得支离破碎。① 与此不同，我们具有深厚的福利文化历史与制度实践基础，许多举措一直延续至今。这就使得我们的民生观念具有绵延性，五千年绵延不绝成为我们这个民族保持活力的根源。以民为本、兴仁政、保民安民、家国同构等民生观念具有浑厚的力量，为民生国家的建设提供了价值基础与社会规范。

第二，社会本性的秉承。如果说人民是国家的主人与主体，那么，民生国家的提出意味着它要壮大社会力量，调动所有社会成员进行增进自身福利建设的行动，使社会能够适应民众日益增长的美好生活需要。巧合的是，无论近代有识之士对民生国家的倡导，还是改革开放以来民生国家的制度化探索，都彰显了民生国家的社会本性。实际上，欧洲福利国家最初的建设理念是由慈善组织会社、费边社成员以及后来的社会民主主义者所塑造，因此对社会活力的恢复和成员互助的坚持都寄予厚望。但是，当敌视社会大众与民主力量的新自由主义理论主导福利国家建设时，大量的福利项目再商品化，市场手段在福利改革中大行其道，社会性被市场性所遮蔽，社会性得不到重视，福利国家一步步退化为安全国家。与此不同，民生国家能够摆脱对市场的依赖，并维护经济系统与社会系统的良性互动，整合最广泛的资源进行民生建设，以打造普遍整合的福利体系，这是国家社会职能的使然。另外，以人为本、底线公平、基础普惠、共同富裕等观念的提出意味着民生建设及其民生国家的塑造不能偏离社会本性，而人民群众对美好生活的向往要求国家稳步提升民生建设水平，更好地担当起维护社会公平、稳定与团结的责任。

第三，治国理政的聚焦。对福利国家来说，人们往往不重视它在国家治理层面的意义，而是将其还原成一系列福利资本主义的经济与政治制度。尽管斯考切波、伊恩·高夫、保罗·皮尔森等人从国家、治理或整体性角度对福利国家展开研究，但就整个西方福利国家建设实践来看，

---

① Francis Fukuyama, *Identity: Contemporary Identity Politics and the Struggle for Recognition*, Profile books, 2018.

很少从国家治理角度展开行动，政策设计和改革往往多变、分散，充满着价值观的矛盾与冲突。

但是，民生在中国过去是一个治理范畴，现在和将来仍然是一个具有治国理政意蕴的范畴。新中国成立后特别是进入新时代，民生保障在国家治理体系处于战略位置，民生国家的出场要求从民生建设及民生治理高度去进行社会建设与社会治理，直至用民生去关照政治经济的发展，让民生在国家各项事业中处于统领性地位和全局性地位，这就使得民生成为一整套治理体系。就经济而言，民生国家的出场意味着经济发展的最终结果不仅体现在经济总量的增加上，更要落脚到经济结构的优化特别是民众生活水平的改善上；就政治来说，民生国家的出场强调政治发展及政治建设要以人民满意不满意为旨归，特别是人民的生存与发展权益是否得到保障为旨归；就社会而言，它针对的是社会整体状态，即社会是否整体上可控、是否实现社会各美其美、美美与共，是否以及多大程度上促进并实现社会善治，而非只关注个体的个别情况。于是，民生成为国家治理体系的有机组成部分，治理就成了民生范畴的应有之义。

第四，民生国家依靠民生引领。从历史上看，民生是中华数千年文明延续发展的核心议题，巩固民生才能稳定人心、稳定社会，民生成为治国理政之要。新中国成立后，政府更加关注民生，不断提高人民群众的生活水平，在幼有所育、学有所教、劳有所得、病有所医、老有所养、住有所居、弱有所扶上不断取得新进展。民生成为治国安邦的大问题，成为政治经济建设的落脚点，成为检验我们改革开放成果的重要标准，不仅检验经济发展的成就要看民众的生活水平有没有提升，就连文化及生态建设都要落脚到民众的日常生活中，民生成为各领域的方向标和评价尺度，凸显其在国家治理体系中的引领性地位。

## 第三节　民生国家的图景

民生国家是中国人民自主探索出的一条社会建设之路，是追求大同社会的行动方案，因此必须立足当下，放眼未来。那么，民生国家的未来将是一番怎样的图景？随着人工智能时代的到来，民生国家的建设遇到了哪些新问题？

## 一 项目齐全的民生

民生国家提供的项目应当涵盖物质、服务、精神、价值等全方面，只有在这些方面都没有短板，且达到高水平、高质量，才能确保人们自身价值的彰显与实现。否则，尽管物质上富裕，但服务上可能缺失，精神上可能空虚，价值上可能沉沦。尤其当未来人类社会发生颠覆性变革时，人们将会产生更加多样的需求，这就要求民生国家的各个项目与时俱进，积极捕捉随着人群多样化、社会变革而出现的新需求，不断地开拓新门类。总体而言，民生既涉及生老病死葬、衣食住行娱等各类"可见的"的项目，还包括服务、心理、价值实现等一些不容易被测量甚至"不可见"的方面，这些方面难以直接量化与比较，但却是反映民生国家建设质量的重要参照。由于需求的变化不仅仅是社会情境与技术发展催生的，它还与社会价值观紧密地联系在一起，未来民生国家在精神和心理方面项目的开拓上尤其值得关注。

## 二 普遍整合的民生

民生国家关注的是治理问题，重在如何以民生保障实现社会的善治，未来的民生国家将完全实现普遍整合的民生保障制度。民生作为社会治理的核心与政治、经济一起成为国家治理体系的有机组成部分，是整个国家治理体系及治理能力现代化的集中体现与逻辑必然。因此，民生国家将持续地把民生建设当作国家治理的核心主题。在未来，唯有继续坚持民生建设的重要地位，才能使国家治理紧紧围绕人民的幸福生活展开，并进一步提升社会善治的水平。这需要更高水平的治理手段去化解社会矛盾，回应人们的需求。

基于此，未来的民生国家将依靠 AI 技术体系的渗透性和协同性，通过互联网平台、大数据、生物信息识别等手段，打破各种制度设置之间的壁垒，从而建立起普遍整合、高度精准又不失灵活性的民生保障系统。一方面，AI 技术将推动人社信息的整合。过去分散在政府与市场各部门的户口、学历、就业、参保情况、信用状况、财务水平乃至购物偏好、病历、兴趣爱好等信息将被 AI 系统充分整合，从而实现社会福利供给与需求的精准匹配，个人不仅能够享受更加符合自身情况的福利标准，还会得到许多个性化的物质供给和服务。另一方面，AI 技术将推动不同福利项目的整合。现行的社会福利项目各有各的运作方式、服务对象和待遇标准，无法配合起来提供更完善的社会安全网和生活助力。更重要的是，失业、工伤等项目会因行业与工作的减少、社会的富裕而趋于消失，AI 系统将所有社会福利项目整合起来，对这些项目进行删除、归类与调整。另外，由于 AI 技术可以最大限度地整合原来分布于各部门、各项目中的信息与资源，电子化的福利系统便可以根据部分信息推测出其他信息，把握未来越来越灵活的人口流动，恰当地处理各种特殊人群的福利申请和特殊的福利安排。

### 三　共同富裕的民生

物质的极大丰富是高水平民生国家建设的必要条件。在未来图景中，我们将身处一个丰裕社会中，不仅民生保障的各个层次是完善的，而且总体上趋于富裕。AI 技术是经济发展的强劲动力，AI 与经济社会各领域相结合，推动国民经济各领域各部门高质量增长。一方面，要做大蛋糕，通过 AI 技术、产业结构调整、人力资源优化等途径实现经济的跃迁，将工业社会转变成一个全新的智能社会。另一方面，民生保障制度将会更加积极地发挥再分配的作用，大大减少阶层之间的差距，通过技术手段极大吸纳社会的闲置资源，并将资源分配效率最大化。另外，AI 本身也可以作为一种产品或服务直接参与民生保障的各个环节。由于有了更智能的 AI 系统、更灵敏的传感器和更优质的材料，民生保障制度能够提供相应的设备，使盲人看得见，使义肢更加适合人们的身体，老年人、婴幼儿群体能够享受更智能的照顾型服务，社会大众能够享受更智能的伴侣型服务，社会服务的智能化将使每个人都受益，成为民生国家的重要特质。尽管民生保障的四个层次客观存在，但是它们的项目数、质量、资金投入、覆盖范围、可及性得到全方位的提升。这样，即便是社会上最弱势的群体，也能获得富足和令人满意的保障。这个民生体系的完善还在于，能够精准地关照每个人的需求，使他们获得适当的福利供给、社会支持与服务，使得人人各得其所。

### 四　激发活力的民生

民生国家之所以能够激发活力，是因为民生国家作为福利的最好形态、社会建设的最佳状态、社会执行的和谐状态，为人们展示出生活理想，揭示了美好生活状态，因而就有可能调动民众开展民生项目、民生事业建设的积极性。特别是 AI 技术在民生事业领域中的深度使用极大提升了民生服务项目的品质以及民生项目供给的便利性、周到性与可及性，比如给失能者提供功能全方位的身心辅助，为老人与儿童提供更加贴心的智能照顾服务。不仅如此,民生国家的建立让每个人的基本生活得到充分保障,并向着改善型乃至富裕型民生前进,在此情形下就有可能最大限度地激发起广大民众创造财富的动力与活力。这样,人们积极参与劳动生产,积极参与民生建设,不仅仅是为了提升自己的能力,为自己的生活谋求保障,更是通过社会参与实现自己的人生价值,增加民生资源的积累,提升民生治理的效能,从而维持民生发展的大好局面,这是民生国家激发活力的充分体现。

**五 全面发展的民生**

在未来,人类的生产生活方式将会出现颠覆式发展,人们对美好生活的认识也将发生巨变。因此,民生国家在追求人的自由而全面发展的路途中,必须有长远的目光,深刻把握各种变革。比如:未来人们对国民身份的认识产生变化,民生保障国际合作与转移更加频繁;AI 技术、大数据技术、生物技术等一系列创新最大程度地改造了人类、家庭与社会。对于未来的民生国家来说,这些问题不是一个一个来,而是叠加在一起;这就要求我们坚定价值追求,以高超的治理手段渡过难关,实现民生的飞跃。其中,AI 等技术体系对人的发展产生巨大贡献:相应的技术与设备可以为儿童、老人、残障人士赋能,从身体改造到健康照顾再到情感关怀充分覆盖;它们取消了大多数工作岗位,使人类不必面临繁重的劳动与遭遇工伤。在人本身、人的劳动与人的生活发生颠覆式变革的情况下,民生国家不仅要紧跟人民群众日益增长的需求,还要满足日益多样化的需求、不断产生的新需求,从而为人的全面自由发展提供充分的保障。

进一步说,在民生国家图景中,共同富裕的民生不仅仅在于物质上的丰裕,或者人与人之间富裕程度的协调,更在于个人自由而全面的发展,这是一种后物质主义的民生图景,强调人们在物质生活与精神生活上均达到满足。并且,民生国家既要鼓励人们积极进取,为社会民生作出更大贡献,又不能消磨人的进取心;既要鼓励社会弱势群体保持斗志,以实际行动实现更美好的人生,又不能在帮助的过程中损害他们的尊严。由于产业与工作岗位的变化,大部分人无须工作也能体面地生活。民生国家积极鼓励人们适应无工作的生活状态,并通过其他劳动形式获得意义、尊严与认可,充分享受闲暇生活,满足人们在培养兴趣爱好、提升自身能力、享受新兴生活方式等方面的追求,从而使每个人都有条件和能力实现自己的人生价值。

# 主要参考文献

一　著作

（一）马克思主义经典文献

《马克思恩格斯选集》，人民出版社 2012 年版。

《马克思恩格斯选集》（第 23 卷），人民出版社 1972 年版。

《马克思恩格斯选集》，人民出版社 1995 年版。

《德意志意识形态·节选本》，人民出版社 2018 年版。

《列宁全集》，人民出版社 1990 年版。

《毛泽东选集》，人民出版社 1991 年版。

《邓小平文选》，人民出版社 1994 年版。

《邓小平文选》，人民出版社 1993 年版。

胡锦涛：《高举中国特色社会主义伟大旗帜　为夺取全面建设小康社会新
　　胜利而奋斗——在中国共产党第十七次全国代表大会上的报告》，人
　　民出版社 2009 年版。

《习近平谈治国理政》（第一卷），外文出版社 2018 年版。

《习近平谈治国理政》（第二卷），外文出版社 2017 年版。

《习近平谈治国理政》（第三卷），外文出版社 2020 年版。

《习近平谈治国理政》（第四卷），外文出版社 2022 年版。

（二）古籍和中文著作

《安海志》修编小组编：《安海志》，1983 年版。

（汉）班固：《汉书》，中华书局 2005 年版。

（清）毕沅：《续资治通鉴》，中华书局 1957 年版。

《春秋左传正义》，中华书局 1962 年版。

（晋）陈寿：《三国志》，中华书局 2013 年版。

（晋）陈寿，（宋）裴松之注：《三国志》，中华书局 1999 年版。

陈曦译注：《六韬》，中华书局 2016 年版。

（宋）程颢、程颐：《二程集》，中华书局 2004 年版。

（清）陈立：《白虎通疏证》，中华书局 1994 年版。

程树德：《论语集释》，程俊英、蒋见元点校，中华书局 1990 年版。

邓拓：《中国救荒史》，北京出版社 1998 年版。

（清）董诰等编：《全唐文》，中华书局 1983 年影印版。

（西汉）戴圣：《礼记》，胡平生、张萌译注，中华书局 2017 年版。

方勇、李波译注：《荀子》，中华书局 2015 年版。

方向东译注：《新书》，中华书局 2012 年版。

冯契：《中国哲学范畴集》，人民出版社 1985 年版。

（南朝宋）范晔：《后汉书》，中华书局 2012 年版。

（唐）房玄龄等：《晋书》，中华书局 2012 年版。

费孝通：《乡土中国》，上海人民出版社 2006 年版。

顾迁译注：《淮南子》，中华书局 2012 年版。

顾迁译注：《尚书》，中州古籍出版社 1979 年版。

郭忠华、刘训练：《公民身份与社会阶级》，江苏人民出版社 2007 年版。

郭仁成：《尚书今古文全璧》，岳麓书社 2006 年版。

（清）黄宗羲：《明儒学案》，中华书局 2008 年版。

黄晖：《论衡校释》，中华书局 1990 年版。

黄怀信、张懋镕、田旭东：《逸周书汇校集注》，上海古籍出版社 1995
  年版。

何宁：《淮南子集释》，中华书局 1998 年版。

贺卫、伍山林主编《制度经济学》，机械工业出版社 2003 年版。

金耀基：《中国民本思想史》，法律出版社 2008 年版。

纪宝成：《中国古代治国要论》，中国人民大学出版社 2004 年版。

景天魁：《福利社会学》，北京师范大学出版社 2010 年版。

景天魁：《底线公平福利模式》，中国社会科学出版社 2013 年版。

景天魁：《底线公平：和谐社会的基础》，北京师范大学出版社 2009
  年版。

（汉）贾谊撰，阎振益、钟夏校注：《新书校注》，中华书局 2000 年版。

（清）孔广森：《大戴礼记补注》，中华书局 2013 年版。

李小宁：《民生论》，人民出版社 2015 年版。

李一中：《马克思主义民生思想中国化及其当代价值研究》，浙江工商大学出版社 2019 年版。

李安宅：《〈礼仪〉与〈礼记〉之社会学的研究》，上海人民出版社 2005
　　年版。

黎翔凤撰，梁运华整理：《管子校注》，中华书局 2004 年版。

（唐）令狐德棻等：《周书》，中华书局 1971 年版。

（后晋）刘昫等：《旧唐书》，中华书局 1975 年版。

（汉）刘安著，许慎注：《淮南子》，上海古籍出版社 2016 年版。

李明政：《意识形态与社会政策》，洪叶文化事业有限公司 1998 年版。

（战国）墨翟：《墨子》，李小龙译注，中华书局 2016 年版。

慕平译注：《尚书》，中华书局 2009 年版。

青连斌：《中国民生建设的路径》，中共中央党校出版社 2013 年版。

《十三经注疏》整理委员会整理，李学勤主编：《十三经注疏·尚书正
　　义》，北京大学出版社 1999 年版。

（清）孙诒让：《周礼正义》，中华书局 1987 年版。

《孙中山选集》，人民出版社 1981 年版。

（清）孙希旦：《礼记集解》，中华书局 1989 年版。

（汉）司马迁：《史记》，中华书局 2013 年版。

（北宋）司马光：《资治通鉴》，中华书局 2014 年版。

尚学锋、夏德靠译注：《国语》，中华书局 2007 年版。

（梁）沈约：《宋书》，中华书局 2013 年版。

（明）宋濂等：《元史》，中华书局 2013 年版。

苏宝荣：《〈说文解字〉今注》，陕西人民出版社 2000 年版。

（明）宋繻：《古今药石》，中华书局 1985 年版。

（东晋）陶潜：《陶渊明集》，王瑶编注，作家出版社 1956 年版。

（元）脱脱等：《宋史》，中华书局 2013 年版。

（元）脱脱等：《辽史》，中华书局 2013 年版。

《唐陆宣公集》，浙江古籍出版社 1988 年版。

（汉）王符著，（清）汪继培笺，彭铎校正：《潜夫论笺校正》，中华书局
　　1997 年版。

（清）王先谦：《后汉书集解（上、下）》，中华书局 2006 年版。

（清）王先谦撰，沈啸寰、王星贤点校：《荀子集解》，中华书局 1988
　　年版。

（清）王先谦撰，沈啸寰、王星贤点校：《荀子集解》，中华书局 2013 年版。

（明）王守仁：《王阳明全集》，红旗出版社 1990 年版。

吴毓江：《墨子校注》，中华书局 1993 年版。

（唐）魏徵等：《隋书》，中华书局 2011 年版。

（北齐）魏收撰：《魏书》，中华书局 2013 年版。

（清）王先慎：《韩非子集解》，中华书局 1998 年版。

王国轩、王秀梅译注：《孔子家语》，中华书局 2009 年版。

王利器：《盐铁论校注》，中华书局 1992 年版。

王文锦：《礼记译解》，中华书局 2016 年版。

王叔岷：《庄子校诠》，中华书局 2007 年版。

万丽华、蓝旭译注：《孟子》，中华书局 2007 年版。

谢耘耕：《中国民生调查报告》，社会科学文献出版社 2014 年版。

（梁）萧子显：《南齐书》，中华书局 2013 年版。

许维遹：《吕氏春秋集释》，中华书局 2016 年版。

（宋）薛居正：《旧五代史》，中华书局 2012 年版。

（汉）荀悦撰，（明）黄省曾注：《申鉴注校补》，中华书局 2012 年版。

（战国）荀况：《荀子》，杨倞注、耿芸标校，上海古籍出版社 2014 年版。

杨伯峻：《孟子译注》，中华书局 2005 年版。

杨伯峻：《孟子译注》，中华书局 2015 年版。

杨伯峻：《春秋左传注》，中华书局 1990 年版。

杨伯峻：《论语译注》，中华书局 2017 年版。

严运楼：《中国特色社会主义民生三维向度》，上海社会科学院出版社 2017 年版。

杨国枢、文崇一：《社会及行为科学研究的中国化》，"中研院"民族学研究所 1982 年版。

杨天宇：《周礼译注》，上海古籍出版社 2004 年版。

（清）颜元：《颜元集》，中华书局 1987 年版。

袁愈荌译诗，唐莫尧注释：《诗经全译》，贵州人民出版社 1993 年版。

周世辅、周文湘：《周礼的政治思想》，东大图书股份有限公司 1981 年版。

曾运乾：《尚书正读》，中华书局 1964 年版。

周明初校注：《山海经》，浙江古籍出版社 2010 年版。

周掌胜等编：《三字经》，浙江古籍出版社 2003 年版。

郑大华、任青：《孙中山》，团结出版社 2011 年版。

张纯一：《晏子春秋校注》，中华书局 2017 年版。

（清）张廷玉等：《明史》，中华书局 2013 年版。

（明）张居正：《张居正奏疏集》，华东师范大学出版社 2014 年版。

（明）张居正：《张太岳集》，上海古籍出版社 1984 年版。

骈宇骞等译注：《贞观政要》，中华书局 2009 年版。

赵尔巽等：《清史稿》，中华书局 1977 年版。

张世亮、钟肇鹏、周桂钿译注：《春秋繁露》，中华书局 2012 年版。

张锡琛点校：《张载集》，中华书局 1978 年版。

（三）中文译著

［德］克劳斯·奥菲：《福利国家的矛盾》，郭忠华等译，吉林人民出版社
　　2011 年版。

［德］克劳斯·奥菲：《福利国家的矛盾》，郭忠华等译，吉林人民出版社
　　2006 年版。

［丹麦］埃斯平-安德森：《福利资本主义的三个世界》，苗正民、滕玉英
　　译，商务印书馆 2010 年版。

［日］武川正吾：《福利国家的社会学》，李莲花等译，商务印书馆 2011
　　年版。

［美］托马斯·库恩：《科学革命的结构》，金吾伦、胡新和译，北京大学
　　出版社 2003 年版。

［韩］朴炳铉：《社会福利与文化》，高春兰、金炳彻译，商务印书馆
　　2012 年版。

［英］莱恩·多亚尔、伊恩·高夫：《人的需要理论》，汪淳波等译，商务
　　印书馆 2008 年版。

［美］罗伯特·诺奇克：《无政府、国家和乌托邦》，姚大志译，中国社会
　　科学出版社 2008 年版。

［英］诺曼·巴里：《福利》，储建国译，吉林人民出版社 2005 年版。

［英］亚当·斯密：《国富论》，王亚南等译，商务印书馆 1981 年版。

［美］丹尼尔·贝尔：《后工业社会的来临——对社会预测的一项探索》，
　　高铦等译，商务印书馆 1984 年版。

［匈牙利］雅诺什·科尔奈、［美］翁笙和：《转轨中的福利、选择和一致性》，罗淑锦译，中信出版社 2003 年版。

［印度］阿马蒂亚·森：《以自由看待发展》，任赜等译，中国人民大学出版社 2012 年版。

［美］詹姆斯·米奇利：《社会发展：社会福利视角下的发展观》，苗正民译，上海人民出版社 2009 年版。

［英］安东尼·吉登斯：《第三条道路——社会民主主义的复兴》，郑戈译，北京大学出版社 2000 年版。

［法］埃米尔·涂尔干：《社会分工论》，渠东译，生活·读书·新知三联书店 2000 年版。

［美］罗伯特·金·默顿：《论理论社会学》，何凡兴等译，华夏出版社 1990 年版。

［英］理查德·蒂特马斯：《蒂特马斯社会政策十讲》，江绍康译，吉林出版集团有限责任公司 2011 年版。

［美］乔纳森·H. 特纳：《社会学理论的结构》，邱泽奇等译，华夏出版社 2001 年版。

［美］塔尔科特·帕森斯：《社会行动的结构》，张明德等译，译林出版社 2012 年版。

［瑞典］博·罗思坦：《正义的制度：全民福利国家的道德和政治逻辑》，中国人民大学出版社，2017 年版。

［美］戴维·麦克利兰：《渴求成就》，商务印书馆 1966 年版。

［美］道格拉斯·诺斯、罗伯斯·托马斯：《西方世界的兴起》，厉以平、蔡磊译，华夏出版社 1989 年版。

［美］约翰·L. 坎贝尔、J. 罗杰斯·霍林斯沃思、利昂·N. 林德伯格：《美国经济治理》，董运生、王岩译，上海人民出版社 2009 年版。

二　论文

陈明华等：《中国城市群民生发展水平测度及趋势演进——基于城市 DLI 的经验考察》，《中国软科学》2019 年第 1 期。

陈世香、谢秋山：《居民个体生活水平变化与地方公共服务满意度》，《中国人口科学》2014 年第 1 期。

陈世平、乐国安：《城市居民生活满意度及其影响因素研究》，《心理科学》2001 年第 6 期。

程中培、乐章：《美好生活的社会保护水准：社会政策体系中基本生活需要标准的建构》，《求实》2020 年第 2 期。

丁建定、罗丽娅：《试论中国共产党民生思想的发展》，《中州学刊》2020 年第 6 期。

丁元竹：《民生保障和社会治理制度的核心要义——基于功能、历史逻辑、愿景视角》，《开放导报》2019 年第 6 期。

杜惠敏等：《习近平新时代民生观的逻辑维度研析》，《理论导刊》2020 年第 9 期。

窦孟朔、窦建爽：《新时代的民生内涵与建设路径》，《科学社会主义》2018 年第 5 期。

邓玉枝：《两汉时期廉政与勤政措施述论》，《南都学坛》1993 年第 2 期。

冯玲玲、程恩富：《从政治经济学视角认清西方福利制度变动及其实质》，《东南学术》2020 年第 2 期。

高和荣、赵春雷：《中国传统社会民生建设的基础》，《西北大学学报》（哲学社会科学版）2019 年 6 期。

高和荣：《民生的内涵及意蕴》，《厦门大学学报》（哲学社会科学版）2019 年第 4 期。

高和荣：《新时代民生保障制度的类型转向及特征》，《社会科学辑刊》2020 年第 3 期。

高和荣：《论民生的结构与功能》，《江淮论坛》2019 年第 6 期。

高和荣、张娜：《道民、假民、赋民：论西汉时期的减贫政策》，《中国社会经济史研究》2021 年第 4 期。

高和荣：《民生国家的出场：中国保障和改善民生的实践与逻辑》，《江海学刊》2019 年第 3 期。

高和荣：《底线公平：新时代中国社会保障的价值要求》，《厦门大学学报》（哲学社会科学版）2018 年第 3 期。

高和荣、夏会琴：《托底型民生保障水平的测度》，《社会保障研究》2020 年第 6 期。

高和荣、张爱敏：《中国传统民间互助养老形式及其时代价值：基于闽南地区的调查》，《山东社会科学》2014 年第 4 期。

高和荣：《论托底型民生》，《北京师范大学学报》（社会科学版）2020 年第 3 期。

国务院发展研究中心"中国民生调查"课题组:《中国民生满意度继续保
　　持在较高水平——中国民生调查 2019 综合研究报告》,《管理世界》
　　2019 年第 10 期。

关博、邢伟:《筑牢以人民为中心的多层次民生保障体系》,《宏观经济管
　　理》2018 年第 5 期。

关信平:《论当前我国社会政策托底的主要任务和实践方略》,《国家行政
　　学院学报》2016 年第 3 期。

高传胜:《在包容性发展中保障与改善民生——改革开放以来我国民生发
　　展实践总结》,《国家治理》2018 年第 45 期。

黄靖雅:《德惟善政,政在养民——中华道统的民生关注》,《宗教哲学》
　　2018 年第 84 期。

侯为民:《习近平民生思想的三个维度——学习习近平总书记系列重要讲
　　话体会之七十四》,《前线》2015 年第 2 期。

韩喜平、巩瑞波:《"四个全面"战略布局的民生导向解析》,《南京社会
　　科学》2015 年第 8 期。

韩喜平、宋浠睿:《新时代视域下孙中山民生主义评析》,《湖湘论坛》
　　2020 年第 1 期。

韩喜平、孙贺:《共享发展理念的民生价值》,《红旗文稿》2016 年第
　　2 期。

韩喜平、孙贺:《突破保障和改善民生的认识误区》,《湖北社会科学》
　　2015 年第 1 期。

韩裕民:《适度普惠型福利模式探索》,新时期中国社会福利制度转型理
　　论探索获奖论文集,2009 年。

何文炯:《社会保障何以增强兜底功能》,《人民论坛》2020 年第 23 期。

贺方彬:《供给侧结构性改革与改善民生》,《中南大学学报》(社会科学
　　版)2017 年第 2 期。

景天魁:《探索适合中国的民生建设新路》,《学习与探索》2019 年第
　　8 期。

景天魁:《底线公平与社会保障的柔性调节》,《社会学研究》2004 年第
　　6 期。

蒋大椿:《孙中山民生史观析论》,《中国社会科学》2000 年第 2 期。

贾毓慧、冯帅章:《中国城镇就业质量指数研究》,《调研世界》2020 年

第 6 期。

贾康等：《"民生财政"论析》，《中共中央党校学报》2011 年第 2 期。

贾玉娇、杨佳：《"底"在哪里？如何"兜"？——全面建成小康社会背景下社会救助兜底保障研究》，《河南社会科学》2021 年第 5 期。

姜文芹：《民生类基本公共服务绩效指标体系构建》，《统计与决策》2018 年第 22 期。

靳继东：《在规范和经验之间：福利国家的制度基础及现实挑战》，《经济社会体制比较》2015 年第 2 期。

刘明松：《马克思的民生思想及其当代价值》，《马克思主义研究》2019 年第 8 期。

刘武根、艾四林：《论共享发展理念》，《思想理论教育导刊》2016 年第 1 期。

刘晋祎：《论共享发展的逻辑脉络、科学蕴含与推进路向》，《改革与战略》2017 第 4 期。

刘晔：《加快建立以民生福祉为中心的现代财政制度》，《厦门大学学报》（哲学社会科学版）2018 年第 3 期。

刘培林等：《共同富裕的内涵、实现路径与测度方法》，《管理世界》2021 年第 8 期。

林祖华：《论民生的内涵和特点》，《理论与改革》2012 年第 3 期。

林南等：《生活质量的结构与指标——1985 年天津千户户卷调查资料分析》，《社会学研究》1987 年第 6 期。

罗来军：《"坚持全面深化改革"的内涵和实质》，《前线》2017 年第 12 期。

李文：《我国改革开放以来的民生福祉增进》，《广东社会科学》2019 年第 1 期。

李璐：《健全与两个百年目标相适应的民生制度体系》，《宏观经济管理》2017 年第 10 期。

李路路：《中国社会四十年的变革与当前面临的挑战》，《中央社会主义学院学报》2018 年第 3 期。

李志强等：《民生指标体系构建及赋权方法研究》，《江西社会科学》2012 年第 9 期。

李有发：《民生需求及其结构：一个社会学视角的理论分析》，《甘肃社会科学》2014 年第 5 期。

李琼等：《2002—2015 年中国社会保障水平时空分异及驱动机制》，《地理研究》2018 年第 9 期。

李胜会、熊璨：《社会保障财政支出：城乡效率差异及原因》，《公共管理学报》2016 年第 3 期。

吕普生：《21 世纪欧洲福利国家面临的新挑战》，《武汉大学学报》（哲学社会科学版）2020 年第 1 期。

陆学艺：《当前中国社会生活的主要矛盾与和谐社会建设》，《探索》2010 年第 5 期。

穆怀中、陈曦：《城乡养老保险梯度协调系数及其社会福利改进效应研究》，《经济学家》2014 年第 9 期。

沈坤荣、马俊：《中国经济增长的"俱乐部收敛"特征及其成因研究》，《经济研究》2002 年第 1 期。

聂鑫：《近代中国社会立法与福利国家的建构》，《武汉大学学报》（哲学社会科学版）2019 年第 6 期。

彭华民、黄叶青：《福利多元主义：福利提供从国家到多元部门的转型》，《南开学报》（哲学社会科学版）2006 年第 6 期。

乔榛、田明珠：《民生发展与经济增长：基于民生指数的分析》，《社会科学研究》2018 年第 3 期。

钱宗范：《康雍乾三皇帝"藏富于民"经济思想探析》，《清史研究》1997 年第 4 期。

青连斌：《当前中国社会稳定的影响因素及其对策》，《科学社会主义》2012 年第 2 期。

孙来斌、刘近：《中国民生概念发展史论要》，《湖北社会科学》2014 年第 6 期。

舒建华：《现代资本主义福利国家的结构性矛盾——新马克思主义的福利国家批判理论》，《理论月刊》2015 年第 4 期。

谭之博等：《省管县改革、财政分权与民生——基于"倍差法"的估计》，《经济学》（季刊）2015 年第 3 期。

童星：《新时代民生概念辨析》，《内蒙古社会科学》（汉文版）2019 年第 1 期。

唐祥来：《新时代中国特色社会主义民生财政理论创新和制度建设》，《经济与管理评论》2018 年第 4 期。

尚晓援：《"社会福利"与"社会保障"再认识》，《中国社会科学》2001 年第 3 期。

王欢明、陈司：《民生类公共服务支出的横向均等化测度及影响因素研究》，《大连理工大学学报》（社会科学版）2019 年第 2 期。

王政武：《新时代共享民生保障体系构建——基于我国社会主要矛盾新变化的视角》，《长白学刊》2019 年第 5 期。

王增文、邓大松：《基金缺口、缴费比率与财政负担能力：基于对社会保障主体的缴费能力研究》，《中国软科学》2009 年第 10 期。

王思斌：《我国适度普惠型社会福利制度的建构》，《北京大学学报》（哲学社会科学版）2009 年第 3 期。

王思斌：《积极托底的社会政策及其建构》，《中国社会科学》2017 年第 6 期。

王青、王娜：《民生统计指标体系的构建与评价》，《统计与决策》2014 年第 17 期。

王德文：《制定社会救助标准的国际经验与政策启示》，《中国民政》2015 年第 7 期。

岳经纶、刘洋：《新兴福利国家：概念、研究进展及对中国的启示》，《中国社会科学评价》2020 年第 4 期。

岳经纶、刘璐：《中国正在走向福利国家吗——国家意图、政策能力、社会压力三维分析》，《探索与争鸣》2016 年第 6 期。

岳经纶、方萍：《民生财政的量度：民生支出若干概念的比较分析》，《中国公共政策评论》2015 年第 9 期。

俞佳立等：《中国居民健康生产效率的动态演进及其影响因素》，《中国人口科学》2020 年第 5 期。

俞可平：《治理和善治：一种新的政治分析框架》，《南京社会科学》2001 年第 9 期。

郁建兴、任杰：《共同富裕的理论内涵与政策议程》，《政治学研究》2021 年第 3 期。

杨立雄、杨俊：《提升最低生活保障标准对财政支出和经济增长的影响研究——以北京市为例》，《江淮论坛》2016 年第 5 期。

张弥：《民生幸福指标体系的构建：一个初步框架》，《科学社会主义》

2014 年第 3 期。

郑功成：《中国民生保障制度：实践路径与理论逻辑》，《学术界》2019
年第 11 期。

张桥：《民生：中国共产党始终关注的一个重大的基本问题》，《思想理论
教育导刊》2010 年第 5 期。

张志刚、徐雯、祝建华：《杭州市“社会救助共同体”改革的探索实践》，
《中国民政》2021 年第 8 期。

张香云：《民生指标体系的构建及评价导向》，《中国统计》2010 年第
6 期。

张馨：《论民生财政》，《财政研究》2009 年第 1 期。

张严：《资本主义福利国家的当代困境与内在悖论》，《国外理论动态》
2019 年第 1 期。

郑功成：《以民生福祉新提升促进共同富裕取得新进展》，《中国纪检监
察》2020 年第 24 期。

朱火云等：《基础普惠型高龄津贴制度研究》，《人口学刊》2015 年第
1 期。

赵辉：《民生科技发展探析》，《学习与探索》2009 年第 6 期。

三 外文

（一）著作

Crosland, A. , *The Future of Socialism*: *New Edition with Foreword by Gordon
Brown*. Little, Brown Book Group, 2013.

Christian Aspalte, "Real-typical and ideal-typical methods in comparative so-
cial policy", in Bent Greve, ed. , *Routledge Handbook of the Welfare
State*, Routledge, 2018.

David Garland, *The Welfare State*: *A Very Short Introduction*, Oxford Universi-
ty Press, 2016.

Furniss, N. and Tilton, T. , *The Case for the Welfare State*, Bloomington: In-
diana University Press, 1977.

Gough, I. , *The Political Economy of the Welfare State*, Macmillan Internation-
al Higher Education.

Goodman, Roger, and Ito Peng, "The East Asian welfare states: Peripatetic
learning, adaptive change, and nation-building", *Welfare States in Tran-*

*sition*: *National Adaptations in Global Economies*, 1996.

Harvey, D. , *A Brief History of Neoliberalism*, New York: Oxford University Press, 2007.

Hamilton L. A, *The Political Philosophy of Needs*, England: Cambridge University Press, 2003.

Jones, Catherine, "The pacific challenge", *New Perspectives on the Welfare State in Europe*, 1993.

Kennett, P. , ed. , *A Handbook of Comparative Social Policy*, Edward Elgar Publishing, 2004.

Martindale, D. , "Sociological theory and the ideal type". in *Symposium on Sociological Theory*, Row, Peterson and Company, 1959.

Manfred Max-Neef, "Development and human needs", in Paul, Ekins & Manfred Max-Neef (ed. ), *Real-Life Economics*: *Understanding Wealth Creation*, London: Routledge, 1992.

Olsen, N. , *The Sovereign Consumer*: *A New Intellectual History of Neoliberalism*, Springer, 2019.

OECD, "Executive summary", in *How's Life? 2020* Measuring Well-being, Paris: OECD Publishing, 2020.

Seeleib - Kaiser, Martin, ed. , *Welfare State Transformations*: *Comparative Perspectives*, Basingstoke: Palgrave Macmillan, 2008.

Theda Skocpol, "Bringing the state back in: Strategies of analysis in current research", in Peter B. Evans, *Dietrich Rueschemeyer*, *Theda Skocpol*: *Bringing the State Back In*, Cambridge University Press, 1985.

Wilensky, H. and Lebeaux, C. N. , *Industrial Society and Social Welfare*: *The Impact of Industrialization on the Supply and Organization of Social Welfare Services in the United States*, New York: Russell Sage Foundation, 1958.

Weber Max. "'Objectivity' in social science and social policy", In: Weber Max, editor. *The Methodology of the Social Sciences*. Glencoe, IL: The Free Press, 1949.

（二）论文

Abrahamson, P. , "The welfare modelling business", *Social Policy and Administration*, Vol. 33, No. 4, 1999.

Bob Jessop, "Bringing the state back in (yet again): reviews, revisions, rejections, and redirections", *International Review of Sociology*, Vol. 11, No. 2, 2001.

Bambra, C, "Sifting the wheat from the chaff: A two-dimensional discriminant analysis of welfare state regime theory", *Social Policy and Administration*, Vol. 41, No. 1, 2007.

Burlacu M I, "The population' income, expenses and savings as descriptive aspects of the standard of living", *Series Economic Sciences*, Vol. 16, No. 2, 2016.

Birčiaková, N., Stávková, J., & Antošová, V., "Evaluating living standard indicators", DANUBE: *Law, Economics and Social Issues Review*, Vol. 6, No. 3, 2015.

Doyal L, Gough I, "A theory of human needs", *Critical Social Policy*, Vol. 4, No. 10, 1984.

Deeming, Christopher, "Defining minimum income (and living) standards in Europe: Methodological issues and policy Debates", *Social Policy & Society*, Vol. 16, No. 1, 2015.

Deepa Narayan, "Voices of the Poor: Can Anyone Hear Us?" *Journal of International Development*. 2000, 13 (3).

Francis. Fukuyama. *Identity: Contemporary identity politics and the struggle for recognition*, Profile Books, 2018.

Holliday, Ian, "Productivist welfare capitalism: Social policy in East Asia", *Political Studies*, Vol. 48, No. 4, 2000.

Johanna Kuhlmann, "What is a welfare state?" in Bent Greve, ed., *Routledge Handbook of the Welfare State*, Routledge, 2018.

Keshet, Y., "Classification systems in the light of sociology of knowledge", *Journal of Documentation*, 2011.

Klepacki, Bogdan, and Małgorzata Gotowska. "Sustainable development and the standard of living in the eu-objectification of measurement for applications of knowledge", *Studia I Materialy Polskiego Stowarzyszenia Zarzadzania Wiedza/Studies & Proceedings Polish Association For Knowledge Management*, 2013.

Lin K, Wong C K, "Social policy and social order in East Asia: an evolutionary view", *Asia Pacific Journal of Social Work and Development*, Vol. 23, No. 4, 2013.

Martin Powell and Armando Barrientos. "An audit of the welfare modelling business", *Social Policy & Administration*, Vol. 45, No. 1, 2011.

Maureen Ramsay, "Human Needs and the Market", *Avebury*, 1992.

Polozhentseva, Yulia. "Inequality in social standard of living in the international context", *The Economic Annals-XXI Journal* is included into eight international indexation databases, 2016.

Powell, M., Yörük, E., and Bargu, A., "Thirty years of the Three Worlds of Welfare Capitalism: A review of reviews", *Social Policy & Administration*, Vol. 54, No. 1, 2020.

Skocpol, T, "Bringing the state back in: Retrospect and prospect (the 2007 Johan Skytte prize lecture)", *Scandinavian Political Studies*, Vol. 31, No. 2, 2008.

Wawrzyniak, Dorota, "Standard of living in the European Union", *Comparative Economic Research*, Vol. 19, No. 1, 2016.

# 后　记

　　民生连着民心，民生关系社会安危，民生问题是一切工作的出发点和落脚点，保障和改善民生是巩固执政基础的关键。提高保障和改善民生水平，让改革发展成果更多更公平惠及全体人民，朝着实现全体人民共同富裕不断迈进，是民生事业的初心与使命。进入新时代，为适应人民群众日益增长的美好生活需要同不平衡不充分发展之间的矛盾的转变，党和政府及社会各界更加重视保障和改善民生，加强和创新社会治理，一大批惠民举措落地实施，人民生活不断改善，获得感显著增强。这就为探索符合中国国情的民生保障制度提供了实践基础。

　　本书作为教育部哲学社会科学研究重大课题攻关项目《新时代提高保障和改善民生水平研究》（编号：18ZJ043）的主要成果，在历时五年的思考、研究过程中，本成果一改现行的、将民生划分为若干社会保险项目的总和做法，在概念整体上紧紧围绕提高保障和改善民生水平的理论基础及理论依据、实践基础与实践依据、实践方略和实践路径等展开，着重探讨提高保障和改善民生水平如何做到"兜底线、织密网"，如何衡量提高保障和改善民生水平以及民生水平的提升如何得到保证与实现等问题，贯穿于其中的就是对"民生"范畴本身进行前提性反思与追问，进而把民生当成具有鲜明中国特色、体现中国历史与文化特质的概念，能够在实践上对发达国家所提出的社会保障或社会福利概念进行超越。因此，民生就不只是社会保险、社会救助、社会互助的总和，不拘泥于社会福利政策的解读，也不是发达国家社会政策特别是福利项目的简单复制，它蕴含着治国理政的价值追求与使命担当，体现了"天下一家"的人类命运共同体理念和情怀，因而是一个独具中国特色的概念范畴体系。

　　基于这样的理解，本书在撰写过程中并没有单独讨论养老、医疗、生育、工伤、照护、救助以及教育、住房、就业等问题，自然也就没有单独讨论社会治理等议题，因为个体的总和并非等于全体。本书将民生作为一个整体来看待，剖析民生的四种类型，讨论作为一个整体性概念的民生供给能力及供给水平，探讨如何切实提高保障和改善民生水平。

本书大部分内容是笔者围绕所主持的教育部哲学社会科学研究重大课题攻关项目而公开发表的研究成果。2019 年 1 月 12 日，课题组在厦门大学举办了《新时代提高保障和改善民生水平研究》开题报告会。教育部评价中心李建平主任、南京大学童星教授、上海财经大学杨翠迎教授、武汉大学向运华教授、江西财经大学李春根教授以及厦门大学朱仁显教授、陈工教授、陈武元教授等校内外专家对项目进行了全面分析探讨，就下一步如何更好开展研究提出了宝贵意见与建议。本次开题报告会进一步明晰了课题研究思路、研究框架以及重难点。

2020 年 11 月起，在取得部分阶段性成果后，课题组采取线上与线下相结合方式数次举行小型研讨会，论证不将民生拆分为各项目独自研究的可行性与可靠性，并逐步确立了整个书稿的写作提纲、写作思路与写作目标，将首席专家公开发表的成果、课堂讲授的思想内容以及学术研讨的思路框架等打散后形成新的逻辑体系，讨论细化每一章、节、目的写作要求，有的章节交给首席专家的博士生补充材料、扩充成书稿样态，每完成一个章节内容交由首席专家进行审读与修改，不满意的部分由首席专家重新撰写，如此循环直至最终完成整章内容。各章内容完成后，首席专家再次进行思考、修改与完善。

2021 年 7 月，各章初稿完成后进入第一轮集中讨论、修改阶段。首席专家对整个文稿进行集中讨论与修改。为了确保本书的写作质量，2021 年 9 月起首席专家多次组织讨论、修改与完善，确保各章内容成熟定型。2022 年 1 月起，首席专家每一章安排三位博士生进行交叉审读、质疑和校对，经常召开小型研讨会进行专题讨论，凝聚学术共识，最终完成整个书稿的定稿。

在本书撰写过程中，参与提纲讨论、章节扩充、文稿校对以及交叉审稿的有陈丽霞、范绍丰、柳小琴、夏会琴、王青芸、王宇峰、王瑞新、张冯、张娜、周宇、周晓梦等。另外，曲阜师范大学赵春雷副教授、北京工商大学杨建海副教授、北京石油化工学院赵春燕副教授等在写作提纲上贡献了许多智慧。

本书的顺利出版，要感谢中国社会科学出版社姜阿平主任以及朱华彬老师，姜主任将此书稿推荐给朱老师编辑，朱老师对出版流程、交稿要求及书稿质量等进行了详细指导，确保了本书的顺利出版。

应该看到，民生不仅描述了中国人的生活状态，而且承载着中国人的治理理念及治理方略，因而是一个博大精深、日日维新的范畴。本书对民生的理解仅仅打开了一个窗口，仍然存在着偏颇乃至谬误之处，唯请同道中人批评指正，共同推动中国民生事业的发展。

高和荣

2022 年 9 月 23 日